KB060760

핸드오버

THE HANDOVER

데이비드 런시먼
지음

조용빈
옮김

국가,
기업에 이어 AI는
우리를 어떻게 지배하는가

핸드오버

THE

HAND

OVER

와이즈베리
WISEBERRY

일러두기

- 책명, 잡지명 등은 《 》로, 책이나 잡지 안에 포함된 장이나 단일 기사의 경우는 〈 〉를 사용했다. 논문이나 영화 등의 작품에도 〈 〉를 사용했다.
- AI는 문맥에 따라 인공지능이라고도 표기했지만 대체로 AI로 통일했다.
- 반대로 인간의 지능은 문맥에 따라 HI를 사용했다. 이는 저자의 표기에 의거한 것이다.
- 국내에서 이름이 알려진 인물이거나 번역서가 나온 경우는 원어를 병기하지 않았으며, 저자 및 책명 표기는 국내 출간작에 의거했다.
- 주에 달린 참고 문헌도 국내 출간작이 있는 경우 저자와 한국어판 책명만 기재했다.
- 외국의 인명, 지명, 독음 등은 사전 및 외래어 표기법을 따르되 이에 해당하지 않는 경우는 원어 발음을 따랐다.
- 본문의 인명, 지명 등의 원문 병기는 모두 영어로 했다.

결코 변치 않을 사랑으로
아내 헬렌에게 바칩니다.

차례

국가와 기업 그리고 로봇은 닮았다

인간의 삶을 개선하도록 사람의 형태로 고안, 제작된 초인적 기계들이 지배하는 세상을 상상해 보라. 이 기계들은 우리보다 훨씬 더 강력해서 우리는 이들이 하는 일을 따라 할 수도 없고, 어떻게 그런 일들을 해내는지 이해하기도 어렵다. 그럼에도 우리는 이들에게 의지하게 되었다. 이들은 우리의 이익을 위해 존재하며 편의성, 효율성, 유연함, 안전함, 그리고 여유로운 시간을 제공한다. 이 모든 것이 제대로 작동하는 세상이 왔다. 우리의 발명 덕에 우리는 더 오래 살고, 더 부유해졌으며, 더 좋은 교육을 받고, 더 건강해졌고, 더 행복해졌다(이 부분은 논란의 여지가 있겠지만). 우리는 몇 세대 전 사람들은 상상도 할 수 없을 정도로 다른 삶을 즐기게 되었다. 인간의 상태가 바뀐 것이다.

그렇지만 우리는 이러한 기계에 지나치게 의존하게 되면 엄청난 위험이 뒤따른다는 것을 알고 있다. 확실히 알고 있는 게 맞기는 할까? 이들은 초인적이지만 근본적으로 비인간적이다. 이들에게는 인간을 인간답게 하는 필수적인 무언가가 없다. 그걸 양심이라고 할 수도, 마음이라고 할 수도, 영혼이라고 할 수도 있다. 이 세상에 무수히 많은, 양심도 마음도 영혼도 없는 사람들이 이러한 기계의 엄청난 힘을 이용하는 상황은 생각만 해도 무섭다. 하지만 보다 무서운 것은 이 기계들이 스스로 결정을 내릴 수 있다는 점이다. 이들은 우리에게 봉사하도록 만들어졌지만, 우리를 파괴할 능력도 가지고 있다. 만약 이들이 스스로의 힘으로 창조자에게 반기를 든다면 어떻게 될까? 어쩌면 우리는 우리 자신을 멸망시킬 존재를 만들어내고 있는지도 모른다.

이는 매우 21세기적인 이야기며, 어쩌면 21세기 최고의 악몽일 수도 있다. 인공지능AI 혁명이 이제 막 시작됐는데, 우리가 만든 기계는 우리를 흥분시키거나 당혹스럽게 하거나 공포에 떨게 할 수 있다.

2021년 미국의 AI 연구소인 오픈AI는 달리DALL-E라는 제로샷 러닝(대량의 데이터 없이도 AI를 가능케 하는 포스트 딥 러닝)에 기반한 신경망 시스템을 선보였다. 이 시스템은 텍스트 기반 명령으로도 놀라운 이미지를 생성할 수 있다. 아보카도처럼 보이는 의자를 그려보세요, 라고 말하면 사람의 손으로 만든 것 같은 솜씨 좋으면서도 기묘하게 매우 창의적인 다양한 아보카도 형태의 의자를 그려낸다(그림 1).

GPT-3라는 생성형 선행학습 변환기Generative Pre-trained Transformer, GPT 의 후속 모델인 달리는, 대화형 버전인 챗GPT를 포함하여 딥러닝 알고리즘을 사용해 유머러스하거나 정보를 제공하거나 로맨틱하거나 수다스럽거나 지루하거나 등 다양한 사람의 언어 스타일로 그럴듯한 텍스트를 생성할 수 있다. 기술의 진보가 놀라울 정도로 빨라서 2023년 3월에 오픈AI

1. 기기묘묘한 아보카도 의자

는 GPT-4를 발표했는데, 이전 모델보다 기능이 40퍼센트 향상되었으며, 냉장고 안의 사진을 보여주기만 하면 저녁 메뉴를 짜줄 수 있을 정도라고 한다. AI는 그림을 그리고 글을 쓸 수 있으며, 시험을 통과할 수 있다 (GPT-4는 법학 대학원 시험에서 상위 1퍼센트의 성적을 얻었다). 또한 자동차를 운전하고 암을 진단할 수도 있다. 스스로 코딩을 시작하고 스스로를 가르칠 수 있게 된 기계는 스스로 똑똑해질 가능성이 생겼다. 이런 과정을 겪으며 AI는 시간이 갈수록 아마도, 매우 빨리, 우리보다 훨씬 더 똑똑한 존재가 될 것이다.[1]

AI 혁명의 잠재적인 영향력은 엄청나다. 이러한 시스템이 우리를 일상의 단조로운 일에서 해방시키고, 질병으로부터 보호하며, 안전하게 운송하고, 끊임없이 자극한다. 그럼으로써 인간을 더 잘 살게 하리라는 것은 의심의 여지가 없다. 새로운 세대의 AI를 지지하는 학자들은 최근까지는 불가능하다고 여겨졌던 것이 가능하게 되었다고 말한다. 인간 수명의 수백 년 연장, 텔레파시를 이용한 의사소통, 창의력과 과학적 발견의 폭발적 증가 등. 불가능해 보이지만 현재 속도를 가늠할 때 누가 그들 보고 틀렸다고 말할 수 있겠는가.

동시에 재난의 위험을 포함해 부정적인 면도 쉽게 예측할 수 있다. 우리가 여가를 어떻게 활용할 것인지, 새로운 자원을 어떻게 공평하게 분배할 것인지, 다른 사람이 정말로 생각하는 바가 무엇인지 알아낸다고 하더라도 우리가 구축한 이 지능 시스템의 통제권을 잃어버릴 가능성은 여전히 존재한다. 인간을 위해 작동하도록 설계된 이들을 위해 인간이 일하게 될지도 모른다는 생각이 이미 들기 시작했다. 이들이 우리보다 훨씬 똑똑해진다면 우리의 명령을 따를까? 우리에게 관심이나 둘까? 결국 이들은 그저 기계에 불과하니 말이다. 지금 현재로서는, 그리고 아마도 영원히, 이들에게는 양심이나 마음, 영혼이 생기지 않을 것이다. 인류의 가능성을 넓히기 위해 이들을 만들었지만, 만약 이들이 인간 중심의 사고방식에서 벗어나면 인류는 멸망할지도 모른다.

좋든 나쁘든 미래의 모습을 탐구하려는 시도에서 이 책은 시작되었다. 과거를 들여다보는 방식으로 말이다. 현재 상황이 아무리 진기하게 보이더라도 ─ 자율주행 자동차, AI가 지은 연가戀歌, 섹스 로봇이 코앞이다! ─ 우리가 이미 다 경험한 것들이다. 수백 년 동안 우리는 자신의 인공 버전을 만들어왔다. 이것들은 초인적인 능력을 가지고 있으며, 너무나 인간적인 한계로부터 인류를 구하도록 설계되었다. 우리 자신의 편의를 위해서, 더 안전하고 건강하고 행복한 삶을 위해서 우리는 이것들을 만들었다. 그리고 우리는 성공했다.

하지만 이 기기들이 너무 강력해서 확실하게 우리의 통제 아래에 둘 수 있다고 보장하기는 어렵게 되었다. 좋은 일을 여럿 할 수 있게 하는 능력이 동시에 이들에게 엄청난 파괴력을 부여했다. 이들은 우리 모두를 죽일 만한 능력이 있다. 아직 그런 일은 일어나지 않았지만, 이들의 능력을 감안할 때 그런 일이 절대로 일어나지 않으리라고 누가 장담할 수 있을까? 우리의 해방을 위해 만든 이들이 우리의 천적으로 변할 수 있다.

이 이상한 괴물들의 이름은 국가 그리고 기업이다. 그중 하나가 영국과 석유회사인 브리티시페트롤리엄British Petroleum, BP이다. 인도, 중국, 미국도 있으며 타타(인도의 다국적 그룹), 바이두, 아마존도 있다. 현대 세계는 이들로 가득 차 있다.

사실 현대 세계는 이들이 만들었지만, 그것이 가능했던 것은 우리가 먼저 이들을 만들었기 때문이다. 17세기부터 현대의 국가와 기업은 서서히, 그러다 이후에는 훨씬 더 빠르게 지구를 점령해 왔다. 이들은 엄청난 초인적 능력을 가지고 있으며, 그 능력을 활용해 인류의 상황을 변하게 했다. 빈곤을 정복하고, 질병을 퇴치하며, 평화를 보증하고, 몇 세대 전까지는 불가능했을 법한 부를 축적하게 했다. 그렇지만 세계 대전부터 식민지 착취, 환경 파괴에 이르기까지 이들의 잘못으로 야기된 공포를 우리는 이미 경험했다. 만일 이 세계가 종말을 맞이한다면―우리가 폭발시키든, 탐욕스러운 자원 소비 및 소진으로 머물 수 없게 되든―우리가 한 게 아닐 것이다. 아마도 국가와 기업이 그런 것이리라.

하지만 국가와 기업도 결국은 우리의 연장선이지 않은가? 인간들로 이뤄진 국가와 기업을 기계나 네트워크, 알고리즘과 비교하는 것이 무슨 의미가 있을까? 그런 비교가 의미 있다는 것을 이 책에서 보여줄 것이다. 비교가 꼭 필요하다는 것도.

국가와 기업이 지배하는 세계에 로봇이 진입하고 있다. 이런 단체와 기관은 우리가 생각하는 것보다 로봇과 훨씬 더 많은 공통점을 가지고 있다. 만일 우리가 그 공통점을 제대로 보지 못한다면 어떻게 인류가 여기까지 왔는지, 앞으로 무슨 일이 일어날지, 또는 우리가 무엇을 해야 하는지 이해하지 못하게 된다. 즉 국가와 기업 그리고 생각하는 기계 사이의 관계가 우리의 미래를 결정한다는 뜻이다. 만약 여전히 인류를 위해 돌아가는 미래를 만들고 싶다면, 우리와 기계와의 관계뿐만 아니라 국가나 기업 같은 다른 종류의 기계 간의 상호관계에 대해서도 심각하게 고민해야 한다. 물론 국가와 기업이 순수한 기계는 아니다. 여기에는 인간이라는 구성 요소가 있기에 그처럼 주장하는 것은 매우 모순적인 것처럼 보인다.

이 책의 앞 세 장에서는 국가와 기업이 AI나 다른 종류의 인공적 요소와 어떤 점에서 비슷하고 어떤 점에서 다른지 다룰 것이다. 결국 이들의 운명을 결정하는 것은 이 세상에서 실행할 수 있는 능력이다. 국가를 자동 기계, 즉 거대한 인공 인간으로 묘사한 17세기의 유명 그림부터 시작할 것이다. 우리는 이를 그대로 받아들일 수 있을까? 국가는 정말로 자신을 위해 생각하고, 자신을 위해 행동하며, 자신을 위해 결정할 수 있을까? 그렇다면 국가를 구성하는 인간들은 어떻게 되는 걸까? 만일 그렇지 않다면 국가의 비범한 초인적 능력은 어떻게 설명할 수 있을까?

생각하는 기계와 실행하는 기계는 같을 수가 없다. 어떤 기계는 다른 것 말고 하나만 할 수 있다. 예를 들어 난방기의 온도 조절기는 무엇을 하는지, 왜 하는지에 대한 인식 없이 작동한다. 인간 집단도 마찬가지다. 어떤 그룹은 생각 없이 일을 진행시키지만, 어떤 그룹은 목적을 갖고 행동한다.

개별 구성원의 생각이나 의도와는 별개로 집단이 자체적인 아이디어를 가질 수 있다는 주장은 낯설면서도 받아들이기 어렵다. 집단은 개인이 갖지 못하는 특정 유형의 지식, 즉 '군중의 지혜wisdom of crowds'를 가질 수 있다. 그러면 이러한 집단들은 자신만의 마음을 가지고 있는 걸까? 이에 대해 함부로 결론 내려서는 안 된다. 이는 개인을 어떤 보이지 않는 고차원적인 힘의 종속체로 만들 수 있기 때문이다. "넌 그렇게 생각할지 몰라도 네 소속 집단은 아니니까 조용히 해." 개인의 표현을 억누르려는 사람들이 자주 이러한 주장을 해왔다.

하지만 현대의 국가와 기업이 어떻게 작동하는지, 그들이 어떻게 이런 우위를 점하게 되었는지 설명하기란 여전히 어렵다. 구성원의 생각과 행동만으로는 설명할 수 없는 초인적인 특성을 부여하지 않는 한. 그 특성은 마음일까? 의지일까? 아니면 단지 크고 무식한 주먹 한 방? 국가나 기업이 아무리 사람과 닮았다고 해도 우리가 모르는 무언가가 있다. 이들이 우리와 닮을수록, 이들이 어떻게 다른지 더욱 주시해야 한다. 그렇지 않으면 이들이 우리를 대신해서 하는 선택에 면책권을 주는 잘못을 저지를 수 있다.

이 모든 것이 기이하게 느껴지는가? 그것이 바로 생각하는 기계와 국가, 기업 사이의 유사성을 탐구해야 하는 또 하나의 이유다. 우리가 AI에 대해 걱정하는 것 중 하나는 알고리즘이 우리 대신 결정을 내림으로써 우리의 개성이 사라질 수 있다는 점이다. 심지어 기계가 우리를 침묵시키려는 의도가 없더라도 기계를 통제하는 사람들은 여전히 그렇게 할 수 있다. 너는 그렇게 생각할지 모르겠지만 컴퓨터가 아니라고 하니 조용히 하라고 말이다. 국가 권력과 기업에 맞서 인간의 개성을 지키기 위한 투쟁의 역사를 보면 AI를 다루는 데 중요한 교훈을 얻을 수 있다. 생각하는 기계의 미래를 예견하는 데 가장 알쏭달쏭한 부분, 즉 우리는 어디에 위치할까는 오랫동안 현대 정치와 경제의 가장 중요한 수수께끼였다.

이에 대한 답을 얻기 위해 나는 근대 국가와 기업의 역사를 끌어왔다. 국가와 기업을 인공 대리인artificial agent으로 이용하는 이유는 단지 AI와 비슷하기 때문만은 아니다. 국가와 기업이 등장한 순서 때문이기도 하다. 근대 국가와 기업은 AI보다 먼저 등장했다. AI의 발전은 현대적인 컴퓨터의 등장과 더불어 20세기에 본격적으로 시작되었다. 근대 국가의 역사는 17세기에 시작되었으며, 근대적 기업은 18~19세기에 등장했다. 국가와 기업의 힘 덕에 이후 세대는 AI를 만들 수 있었다. 우리는 국가와 기업을 만들었고, 국가와 기업은 우리가 현재 살고 있는 세계를 구축했다.

더 먼 과거를 살펴보는 것도 중요하다. 현대의 국가와 기업은 인간의 창의력으로 만들어진 최초의 강력하고 초인간적인 대리인이 아니다. 법인격을 가지고 있는 가톨릭교회는 2000년간 계속해서 두드러진 권력과 영향력을 유지하고 있다. 그보다는 짧지만 로마 공화국과 그 후의 로마제국 역시 현존하는 어떤 국가보다도 오래 존속했다. 로마인들 역시 전세계의 많은 지역을 다스리는 막강한 권력을 가졌었다. 현대의 많은 국가가 고대의 선조들로부터 영감을 얻고 배웠다. 현대의 미국은 고대 로마의 존엄성과 영속성을 모범으로 삼으려 했다. 그렇다면 고대 로마도 로봇이었을까?

아니다. 이 책에서 내가 하고 싶은 말은 현대의 국가와 기업이 그 이전에 존재했던 국가와 기업보다 AI와 더 많은 공통점을 가지고 있다는 것이다. 물론 현대의 국가와 기업도 과거의 국가 및 기업과 어떤 연관성이 있다. 마치 21세기 딥러닝 알고리즘이 20세기 메인프레임 컴퓨터와 어떤 연결점이 있듯이 말이다. 중요한 것은 이들 간의 차이점이다.

가장 중요한 차이점은 현대의 국가와 기업은 복제 가능하다replicable는 것이다. 이들은 기계 복제와 유사한 방식으로 퍼져나갔고 증식했다. 어떤 국가나 기업도 완전히 동일하지 않다. 번성하기도 하고 쇠퇴하기도 하지만, 결국은 모두 사라지게 마련이다. 살아 있는 유기체라고 생각하면 이들이 번성하거나 실패하는 방식을 쉽게 이해할 수 있다. 그럼에도 극단적으로 다른 상황에서 성공적으로 적용할 수 있는 현대적 모델이 있는 듯하다. 덴마크와 한국은 비슷한 부분이 거의 없지만, 그렇게 발전한 걸 보면 무언가 공통점이 있는 것이 틀림없다.

고대의 정치 및 경제 생활은 다양한 집단적 존재 양식을 한 곳에서 다른 곳으로 이식하는 것이 매우 어려워 널리 퍼질 수가 없었다. 현대 세계에서는 이런 일이 보다 쉽기 때문에 생각보다 어렵지 않다고 생각하는 사람들이 많다. 그럼에도 현대 국가와 기업의 지배력은 로봇과 유사한 이들의 특성을 인정하지 않으면 설명할 방법이 없다. 즉 이 조직들은 사람이나 장소에 상관없이 작동할 수 있다.[2]

현대적인 국가와 기업의 형태가 신속히 퍼져나가면서 인간의 거주 환경도 변했다. 수천 년 동안 상대적으로 정체되어 있던 경제 성장은 지난 2세기 동안 폭발적으로 이뤄졌다. 기대 수명은 두 배 이상 늘었고, 가장 가망 없어 보이는 지역에 거대한 도시들이 생겨났다. 예전에는 엘리트의 특권이었던 여가와 오락을 누구나 즐기게 되었다. 이 엄청난 변화에 우리는 여러 이름을 붙여 설명했다. 과학 혁명, 산업 혁명, 자본주의, 세계화, 인류세(인류의 행위로 인해 지구 환경이 변하게 된 현재의 지질학적 시기), 행운 등

등. 이로 인한 혜택에 대해서도 의견이 분분하다. 누구나 누린다고 해서 공정한 것은 아니며, 경제 성장이 꼭 행복을 의미하는 것도 아니고, 폭발적 성장이 지속 가능하지도 않다는 등등. 그렇지만 무슨 일이 생긴 것만은 확실했고, 현대의 국가와 기업이 이를 촉진했다.

나는 이를 '첫 번째 특이점First Singularity'이라고 명명했다. 21세기의 미래학자들은 종종 AI가 가져올 미래의 변화를 (그냥 순서 없이) '특이점'이라고 한다. 언젠가는 기계 기술의 발전이 생명의 기본 원리까지 침범해 인류의 본질을 변화시킬 수도 있을 것이다. 인간으로서의 경험은 인류가 한계를 극복하면 다른 수준으로 변화할 것이다.

그런데 이런 일이 일어난다고 해도 그게 처음은 아닐 것이다. 그 특이점은 특이하지 않다. 이전 세대의 인간과 유사한 기계들은 지금까지도 유례없는 상당한 변화를 이뤄왔다. 우리가 이전에 만든 기계인 국가와 기업은 다시 우리 사회를 만들었고, 그 결과 우리는 우리를 완전히 변화시킬지도 모르는 AI와 같은 기계를 만들었다. 다만 이는 우리가 이전에 만든 국가나 기업이 우리를 먼저 파괴하지 않았기에 가능했다.[3]

만약 두 번째 특이점이 일어난다고 해도 여전히 이전의 변화를 유발한 요소들이 지배하는 세계에서 일어날 것이다. 이 책의 마지막 세 장은 생각하는 기계가 이전 시대의 잘 확립된 집단적 의사결정 기계와 공존하게 될 때 그것이 우리에게 어떤 의미를 주는지 살펴볼 것이다. 우리는 인간이라서 주로 AI가 인류의 지능에 미치는 영향에 대해 관심을 가진다. 하지만 또 다른 중요한 질문이 있다. AI가 이전 시대의 인공 대리인, 즉 국가와 기업으로 대표되는 비인간적인 인공 대리인과 상호 작용하면 어떤 일이 벌어지느냐. 이들의 관계가 우리의 운명을 결정할 것이다.

국가와 기업 그리고 로봇 간의 상호 작용뿐만 아니라 국가와 기업 간에 로봇을 차지하기 위한 경쟁에 많은 것이 달려 있다. 21세기에는 AI 혁명의 과실을 차지하기 위한 국가와 기업 간의 치열한 전쟁을 보게 될 것이다. 이미 다양한 모델이 등장하기 시작했다. 중국이라는 국가와 중국의 기업은 미국과 미국의 기업과는 다르게 행동하고 있으며, 미국은 유럽연합EU과 다른 길을 가고 있고, EU 역시 인도와는 다르다. 이러한 모델들의 공통점은 국가와 기업의 힘을 활용해 미래를 형성한다는 것이다. 문제는 새로운 AI의 힘이 그렇게 하도록 놔둘 것인지, 아니면 그 길을 막을 것인지 모른다는 점이다.

그런데 또 다른 문제가 있다. 만약 국가와 기업, 로봇이 새로운 형태의 협력을 구축하고 인간을 고려 대상에서 제외한다면 어떻게 될까? 결국 내 말은 국가와 기업 그리고 AI는 인간보다 더 많은 공통점을 가지고 있을지도 모른다는 뜻이다. 이들은 비인간적이지만 우리는 아니다. 아직까지 국가와 기업은 인간이 만든 유래와 구성에서 완전히 벗어나지 못했다. 하지만 사고 능력을 갖춘 기계의 등장이 이를 바꿀 수 있다. 만약 국가 권력이 우리가 통제할 수 없는 방식으로 컴퓨터 권력과 결합하면 어떻게 될까? 이미 그런 일이 벌어지고 있을지도 모른다. 그러면 누가 우리를 구하러 올까?

국가와 기업 그리고 AI 기계들의 세계에서 우리는 결국 어려운 선택을 해야만 한다. 이는 단순히 인공적인 것보다 인간적인 것을 선호하는 문제가 아니다. 우리의 인간성은 이미 수백 년 동안 우리가 의존해 온 인공적인 인간 버전에 의해 형성되었다. 따라서 어쩔 수 없이 우리는 어떤 종류의 인공성을 허용할지 결정해야 할 것이다. 어느 편을 들 것인지 선택해야 한다.

우리는 결국 인간 같은 기계가 지배하는 세계에 살게 될 것이다. 인간에만 집착하는 것은 잘못된 선택일 수 있다. 미래에 영향을 미칠 인간의 능력이 상대적으로 약해질 것이기 때문이다. 이는 인간 대 기계의 문제가 아니다. 어떤 것이 우리를 가장 인간적으로 살도록 최고의 기회를 줄 것인지에 관한 문제다.

1장

국가, 초월적 대리인

집단, 인간의 또 다른 인공 세계

어떻게 인간으로 기계를 만드느냐고? 그건 생각보다 쉬울 수도, 어려울 수도 있다.

영국의 관리자 교육 과정 중에 조별로 상어 떼가 우글거리는, 혹은 독극물로 가득 찬 강을 건너는 방법을 찾는 것이 있다. 물론 실제로는 강도, 상어도, 독극물도 없다. 답답한 교육장에는 교재 몇 권과 바닥에 깔린 회색 카펫이 전부다. 중요한 것은 극한의 위험 상황을 팀워크로 헤쳐나가는 것이다. 카펫은 들어가면 안 되는 강, 교재는 섬이라고 하고 모든 조원이 힘을 합쳐 이쪽 강변에서 저쪽 강변으로 건너야 한다. 혼자만 살아남는 것은 의미가 없으며, 조원끼리 생사를 같이해야 한다(그림 2).

이 훈련을 즐겨 하는 이유는 리더를 선별할 수 있기 때문이다. 누가 총대를 메는가, 누가 주저하는가, 누가 협조하는가. 억지로 구성한 이런 훈

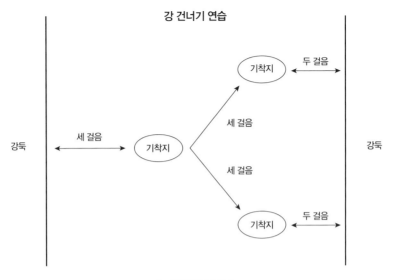

강 건너기 연습

기착지

두 걸음

세 걸음

기착지

세 걸음

강둑

세 걸음

강둑

두 걸음

기착지

2. 기업의 교량 구축

런으로 실제 상황에서의 행동을 예측할 수 있을지 의구심이 들지만, 이런 훈련이 직장 생활의 다양한 상황에서 도움이 되는 것도 사실이다. 그런데 이 훈련에서는 이것 말고도 배울 것이 있다. 이 훈련은 한 집단에서 두 가지 모델이 나올 수 있음을 보여준다.

먼저 강을 건너려면 사람들로 일종의 다리를 만들어야 한다. 개개의 신체적 조건으로는 안전하게 도달할 수 있는 거리를 홀로 감당할 수 없고, 세 걸음과 두 걸음은 엄청난 차이다. 서로 도와 중간 기착지 같은 걸 만들어(참가자는 이런 목적으로 조그만 조약돌을 사용할 수 있다) 다른 사람이 건널 수 있도록 도와줘야 한다. 그래야 이 과제를 끝낼 수 있다. 따라서 각 조는 혼자라면 못할 일을 할 수 있는 힘센 기중기가 되어야 한다.

동시에 이런 기계가 되기 위해서는 전체 조원이 함께 문제를 고민해야 한다. 이는 최선의 대응 방안을 채택할 능력이 있는 의사결정체가 되어야 한다는 뜻이다. 방법은 여러 가지가 있는데, 누군가가 리더로 떠올라 자신의 의지를 강요할 수도 있다(이런 식으로 미래의 CEO감을 알아볼 수도 있다). 조원들끼리 논의하고 갑론을박하다가 투표로 정할 수도 있다. 다만 시간이 너무 오래 걸리면 모두 우유부단하다고 평가받을 수도 있다. 어떤 방식을 택하던 각 조는 결정을 해야 한다. 단일한 의사결정체가 되어야 할 뿐만 아니라 연습 시간만이라도 의견이 일치해야 한다.

앞서 말한 두 가지 모델이 바로 이런 집단체collective body와 집단정신 collective mind이다. 강을 건너는 데 있어 어떻게 조원들의 힘을 활용할지 의견이 일치해야 하므로 두 가지 모두 필요하다. 집단정신이 모여 집단체가 되며, 집단체에는 집단정신이 반영되어 있다. 그렇지만 이 둘이 각기 따로 나타나기도 한다.

가장 기본적인 단계가 사람의 몸을 벽돌쯤으로 여겨 무자비하게 혹사시켜 다리를 만드는 것이다. 이때 사람들이 힘든 건 생각하지 않는다. 고대 이집트의 피라미드 건설에 동원되었던 노예층은 말 그대로 집단적 힘은 있었지만, 집단적 의사결정권은 없었다. 2022년 카타르 월드컵 경기장 건설에 참여했던 이주 노동자들도 전통적 의미의 이집트식 노예 노동은 아니었지만, 노조도 없고 안전장치가 전혀 고려되지 않은 작업 환경에서 낮은 임금을 받으며 일했다. 이들은 건설사에 고용된 노동자라기보다는 건축 자재와 동일한 취급을 받았다. 월드컵은 전 세계 언론의 관심을 받았지만, 수백 수천의 노동자가 건설 과정에서 희생된 사실은 아무도 모른다.[1]

반면에 경기장을 설계했던 건축가 팀들은 자신의 몸을 위험에 빠뜨리지 않고 집단적 의사결정을 했을 것이다. 궂은일은 다른 사람에게 맡기는 식이다. 손에 물을 묻히지 않고도 공동의 목적을 달성하는 방법은 많다. 수학자 팀이 개인의 통찰력을 공유해 아주 복잡한 문제를 해결하는 것처럼 순전히 지적인 의사결정이 이뤄질 수도 있다. 잃을 것이 더 많을 때는 원하는 것을 얻는 대가를 다른 사람이 치르게 할 수도 있다. 많은 기업이 상어 떼가 우글대는 비즈니스 바다 위에서 자신이 아닌 다른 누군가나 무언가를 던져 위기를 헤쳐나가기도 한다.

집단 지성과 집단적 힘은 언제라도 결합 가능하다. 강을 건널 때처럼 교육생들은 때로 서로가 필요하다. 다리를 어떻게 만들지에 대한 의견 통일 없이는 다리가 지어질 수 없으며, 다리처럼 가시적 결과가 예상되지 않으면 의견 통일이 불가능하다. 서로 독립적으로 집단 지성이나 집단적 힘을 이용할 수도 있다. 집단은 생각하고 행동할 수 있다. 둘이 병행될 때 집단은 가장 잘 돌아간다. 그렇지만 항상 행동이 생각을 필요로 하거나 생각이 행동을 필요로 하지는 않는다.

그런 의미에서 집단은 인간의 또 다른 인공 세계라고 할 수 있다. 여기에는 우리가 AI, 로봇이라고 부르는 것들도 포함된다. AI라고 하면 우리는 엄청나게 똑똑하고 강력한 로봇을 떠올린다. 여기서 공포가 생긴다. 우리보다 훨씬 똑똑할 뿐만 아니라 더 빨리 뛰고, 우리가 다음에 무엇을 할지 알고 있어서 기계팔을 한 번 휘두르기만 하면 사람이 나가떨어지는 무언가를 연상한다. 이는 〈엑스 마키나〉 같은 공상과학 스릴러 영화의 단골 소재다. 이 영화를 보면, 안드로이드 에이바가 먼저 자신을 만든 네이든을 제압해서 꼼짝 못 하게 만든다. 네이든은 원래 에이바를 성노예로 만들려고 했었다. 그런데 기계는 배선을 조작하면 작동하지 못하는 취약

3. 〈프랑켄슈타인〉(1910)

점이 있다. 하지만 결국 죽는 것은 인간이고, 기계는 자신의 본체를 다시 만들어 새로운 삶을 시작하기 위해 탈출한다.

　인공적인 몸에는 인공적인 생각이 따른다고 생각할 수 있다. 하지만 늘 그렇지는 않다. 상상 속의 인조인간 중 가장 잘 알려진 '괴물'은 1818년 메리 셸리의 소설에서 빅터 프랑켄슈타인이 탄생시킨 것이다. 원래 이 괴물은 예민하면서도 엄청난 괴력을 가지고 있었다. 여러 시체 조각과 잘 알려지지 않은 화학물질로 만들어진 이 인조인간은 2미터가 훌쩍 넘는 키에 끔찍한 외모, 엄청난 힘으로 처음 본 사람들을 공포에 빠뜨렸다. 하지만 책에서는 이 괴물을 동정적으로 묘사한다. 물에 비친 자신의 모습을 처음 본 괴물은 놀라 자빠진다. 이 괴물은 뼈저리게 소외감을 느끼는데,

이는 로봇 같은 괴물들은 스스로 생각하지 못한다는 통념에 위반된다. 그러나 나중에 각색된 동명의 영화를 보면 괴물의 감수성은 사라지고 이해할 수 없는 잔인한 힘에서 나오는 공포만 부각된다(그림 3). 그 공포는 말 그대로 자신의 힘이 어떤지 모르는 괴물로부터 비롯된 것이다.

외부 정보만으로는 내부에서 무슨 일이 벌어지고 있는지 파악하기란 훨씬 더 어렵다. 인공 신체가 AI에서 분리될 수 있는 것처럼 AI도 부분적 또는 전체적으로 비물질화될 수 있다. 예를 들어, 다양한 인간 지능을 모방하고 인간의 능력을 초월하는 데이터 수집 능력을 가진 알고리즘은 물질 형태를 띨 필요가 없다. 모든 컴퓨터는 어느 정도 하드웨어에 의존하지만, 알고리즘 자체는 하드웨어의 한 형태가 아니다. 그것은 문제를 해결하는 과정이다. 우리는 알고리즘을 직접 볼 수 없다. 단지 그 결과를 경험할 뿐이다.

우리는 이러한 분리를 너무나 발전시켰다. 데이터를 사용자의 기기에 저장하지 않아도 되는 '클라우드'라는 개념은 정보가 물질적 제약을 초월하여 자유롭게 떠다니는 미묘한 공간을 뜻한다. 하지만 사실 클라우드에 저장한다는 것은 단순히 다른 사람의 기기에 데이터가 저장된다는 의미에 불과하다. 어디선가 거대한 컴퓨터망이 열과 에너지를 뿜어내며 사람들이 필요한 정보를 안전한 조건에서 접근할 수 있도록 만들고 있다. 클라우드는 전 세계 여러 지역의 데이터 센터와 서버 팜에 존재한다. 그들의 위치는 쉽게 알기 어렵다. 보안상의 이유로 그들의 실제 위치는 잘 드러나지 않지만, 일단 찾기만 하면 그들을 실체가 없는 존재라고 혼동하기는 어렵다. 그들은 내가 지금 자판을 두드리는 회색의 직사각형이며, 소음이 거의 없고, 약간 열이 나는 이 기계처럼 실체가 있다.[2]

완전하지는 않더라도 조직 생활부터 AI까지 사고 능력과 신체 능력을 분리할 수 있는 다양한 방법이 있다. 우리가 만들어내는 인간과 비슷한 것들은 사고와 행동이 불연속적인 경우가 많다. 하지만 사람들은 보통 연속적이라고 간주한다. 두뇌가 몸 안에 있기 때문에 사고 능력과 물리적 존재를 연관해서 생각한다. 이 물리적 존재의 행동과 말은 사고의 발현이다. 나는 누구인가? 산소를 들이마시는 신체이자 정보를 받아들이는 마음이기도 하다. 병원에 입원하는 물리적 존재이자 입원을 두려워하는 정신적 존재이기도 하다. 비행기 탑승자이자 그 탑승권 구매의 결정자이기도 하다. 이러한 특성들을 구분해 내는 것은 매우 어렵다. 합법적인 탑승권이 없다면 비행기에서 내리는 것은 내 몸이 될 테니까 말이다.

다시금 말하지만, 그럼에도 그 연결은 절대적이지 않다. 철학자들은 마음이 그것을 수용하는 몸속에만 있다고 상상하는 것은 착각이라고 주장해 왔다. 범심론자panpsychist들은 우주 곳곳에 마음이 존재하며, 우리는 개별적 의식이 개별적 신체에 존재한다는 생각에 속고 있다고 주장한다. 이는 실제로 편리한 사고방식이기는 하지만 형이상학적으로는 지지받기 어렵다.

일상적인 관점에서 우리는 우리가 알고 있는 모든 것이 머릿속에 있지 않다는 것을 알 수 있다. 주머니 속에 넣어 다니는 작은 검은색의 직사각형 기계에는 내 기억이 많이 들어 있다. 단 한 시간만이라도 기계를 잃어버린다면 그 안의 정보를 내 머릿속에서 쉽게 꺼낼 수 없다. 그냥 사라져 버린 게 된다. 이는 디지털 기술 시대에만 해당되는 현상이 아니다. 작가 새뮤얼 버틀러는 1872년에 발표한 그의 디스토피아적 소설 《에레혼》에서 동일한 점을 지적했다. 즉 자신의 약속을 수첩에 기록하는 사람은 자신의 뇌의 일부를 외주 주는 것이라고 말이다. 우리의 생각이 의식의 외부에 존재한다고 해서 우리의 생각이 사라지는 것은 아니다. 대신 우리는 반은 인간이고 반은 기계적인 하이브리드적 존재가 되었다고 할 수 있다.[3]

인간, 인간이 형성하는 집단, 그리고 인간이 만드는 기계 간의 관계가 이 책에서 논하고자 하는 핵심이다. 생각과 행동 간의 관계까지도. 인간, 집단, 기계 등은 생각과 행동을 함께할 수도 있고, 따로 할 수도 있다. 때때로 이는 철학의 근본적인 문제이면서 동시에 정치의 기본적인 문제이기도 하다.

정치에 있어서 가장 중요한 문제는 우리가 국가를 어떻게 생각하느냐다. 국가는 집단인가, 기계인가? 국가는 생각할 수 있는 존재인가, 아니면 단순히 실행만 하는 존재인가? 철학의 역사를 봐도 이에 관한 합의가 없다. 어떤 철학자들은 국가를 본질적으로 인간적인 것으로 이해해야 한다고 생각한다. 국가가 우리 자신이기 때문이다. 다른 철학자들은 국가가 기계와 같다고 주장한다. 국가의 기능 때문에 그렇다는 것이다. 그런데 또 다른 가능성도 있다. 국가가 인간으로 만들어진 기계일 수도 있다는 점. 다시 말해 일종의 로봇이라는 것이다. 그것도 단순히 인간과 비슷한 로봇이 아니라 프랑켄슈타인의 괴물처럼 인간의 부품으로 만들어진 로봇. 다만 이 경우는 인간이라는 부품이 살아 있어서 기꺼이 참여한다.

이상하게 들리겠지만, 이런 생각이 영문학에서 두 번째로 유명한 휴머노이드 괴물의 토대가 되었다. 바로 소설이 아니고 정치철학서인 《리바이어던》에 나오는 괴물이다.

로봇 같은 국가

영국의 철학자 토머스 홉스는 그의 기이하고 경이적인 책《리바이어던》의 도입부에서 깜짝 놀랄 만한 주장을 펼친다. 디지털 혁명은 고사하고 산업 혁명이 발생하기도 훨씬 전인 17세기 중반에 이 책을 썼다는 점을 감안하면 더욱 놀랍다. 그는 국가를 로봇의 한 종류로 간주하고 다음과 같이 말했다.

> 자연(하나님이 세상을 창조하고 다스리는 기술)은 인간의 기술에 의해 달라진다. 따라서 다른 많은 것들과 마찬가지로 이 모방된 세상에서 인위적인 동물을 만들 수 있다. 생명이란 결국 사지를 꼼지락거리는 것이라고 한다면, 이는 몸 안의 어떤 주요한 부분에서부터 시작한다. 그렇다면 모든 자동 기계(Automata, 스프링과 바퀴로 스스로 움직이는 엔진)가 인공적인 생명을 갖고 있다고 말하지 못할 이유가 있을까? 심장이 바로 스프링이고, 신경은 여러 가닥이 엮인 줄이며, 관절은 예술가가 의도적으로 몸 전체에 움직임을 주는 여러 개의 바퀴에 불과하다. 예술은 더 나아가 합리적 존재며 자연의 가장 우수한 작품인 인간을 모방한다. 예술로 창조된 곳이 곧 '공동체COMMON-WEALTH'나 '국가(라틴어로 키비타스CIVITAS)'로 불리는 위대한 리바이어던이고, 이는 결국 인공적인 인간이다. 리바이어던은 보호와 방어를 위해 자연적인 것보다 더 크고 튼튼한 체구와 힘을 가지고 있다.[4]

이렇듯 국가는 '인공적인 인간'이다. 우리는 다른 부품들을 조립해 기계의 구동부를 만들 듯이 국가를 만든다. 이 기계는 그 창조자들을 닮도록 설계되어 있다. 그렇지만 이 기계는 우리가 할 수 없는 일을 할 수 있고 인간보다 훨씬 강력하다. 애초에 이런 이유로 국가를 만든 것이다.

1920년대까지 로봇이란 말은 없었기에 홉스는 국가를 자동 기계라고 칭했다. 자연적으로 움직이기보다는 기계적으로 움직이는 물체를 의미한다. "태어난 게 아니라 만들어졌다made not born"는 표현이 자동 기계의 독특한 특징을 설명하는 표준적인 방식이었다. 이러한 생각은 고대부터 존재했으며, 태엽 인형부터 신화 속 인공적인 괴물에 이르기까지 모든 것을 망라했다. 그러나 홉스가《리바이어던》의 도입부에서 언급한 특정 기계는 사람 행세pretend person를 하는 것이 아니었다. 그것은 아무도 로봇이라고 착각할 수 없는 시계였다. 더욱이 홉스는 단지 자동 기계를 인간과 비교한 것이 아니라 인간을 자동 기계에 비교했다. 심장은 그저 스프링 아닌가? 신경은 줄 아닌가? 관절은 바퀴지 않은가? 이 기계들이 우리처럼 움직이는 것이 아니라 우리가 기계처럼 움직이는 것이다.[5]

어쩌면 우리 자신이 로봇일지도 모른다. 그러나 사실 국가는 로봇이 아니다. 그 유명한《리바이어던》의 표지에는 사람들로 구성된 거인이 자리한다(그림 4). 하지만 이는 단지 그림일 뿐이며 그러한 괴물은 존재한 적이 없었다.

자동 기계 같은 실제 로봇은 시계처럼 형태가 있다. 우리는 그것을 볼 수도 있고 만질 수도 있다. 어쩌면 그 기계가 먼저 우리를 만지려 할 수도 있다. 하지만 이 리바이어던 같은 것은 볼 수도 만질 수도 없다. 그저 그것이 실재한다고 상상만 한다. 실제로 그렇지 않더라도 마치 우리처럼 몸을 가진 신체에 갇혀 있다고 그린다.

그런데 국가는 기계와 같다고 한 홉스의 말은 진지하게 생각해야 한다.

4. 《리바이어던》 표지(1651)

국가는 작동하는 메커니즘이 있어서 신뢰할 수 있다. 국가도 다른 기계처럼 고장이 날 수 있지만, 자연적으로 노쇠하거나 부식되지는 않는다. 국가를 독특하게 만드는 것은, 인간으로 구성되어 있고 인간처럼 행동하도록 만들어져 있다는 점이다. 그렇지만 국가는 인간이 아니다. 국가가 인간과 같다면 국가를 건설하는 것이 무슨 의미가 있을까?

따라서 국가는 기계적인 용어로 설명할 수 있지만 실제 로봇은 아니다. 어쩌면 리바이어던은 알고리즘으로 이해하는 것이 가장 좋을 수도 있다. 우리는 알고리즘을 만질 수 없다. 때때로 그것들을 마치 형상이 있는 것으로 상상하기도 하지만, 실제로 알고리즘은 특정 결과를 얻기 위해 정보를 조직하는 방식일 뿐이다. 레시피도 알고리즘이다. 우리는 레시피를 먹을 수는 없지만, 그것으로 음식을 만든다. 국가는 구체적인 결과를 만들어내기 위한 알고리즘이다. 더 안전하고, 더 건강하고, 더 행복한 인간을 위한.

또는 더 나아가서 리바이어던을 인공 의식artificial consciousness에 가까운 것으로 생각할 수도 있다. 미국의 과학사학자인 조지 다이슨George Dyson은 현대 AI의 초기 역사를 다룬 그의 책 《기계 속의 다윈Darwin Among the Machines》에서 홉스가 국가를 인간의 뇌 기능을 복제하는 메커니즘으로 보았다고 주장했다(이 책은 구글이 설립되기 바로 전, 따라서 구글이 주도한 딥러닝 혁명이 발생하기도 전인 1997년에 출간되었다). 국가가 우리를 한 사람으로 결합하게 해 최고 성능의 인간을 만들었다는 뜻이다. 다이슨은 이렇게 말한다.

> 홉스의 세계관을 활기차게 만든 인공 생명과 AI는 20세기 디지털 설계자들이 생각했던 개별적이고 자율적인 기계 지능이 아니었다. 홉스의 리바이어던은 여러 곳에 분산된 형태의 인공 생물체로서 21세기에 탄생한 컴퓨터 기술 및 아키텍처와 더 비슷했다.

이 설명에 의하면 국가는 인공 신경망이다. 우리의 사고 과정은 제도 내의 아키텍처에서 합쳐져 그 부품들의 합보다 큰 무언가를 생성한다. 그것이 바로 생각하는 기계다.[6]

그렇다면 리바이어던은 AI일까? 좋은 질문이긴 하지만 적절하지는 않다. 홉스는 어디에서도 국가가 자체적인 지능을 가지고 있다고 말하지 않았다. 마치 시계가 스스로 생각할 수 없듯이 국가를 생각하는 기계로 묘사하지 않았다. 국가가 할 수 있는 것은 시계처럼 움직이는 것이다. 각 부품들이 조화를 이루어 행동한다. 많은 사람이 함께 행동하는 것은 혼자 행동하는 것보다 강력하며, 이것이 리바이어던에 초능력을 부여한다. 그렇다고 해서 국가에 초지능까지 부여하는 것은 아니다. 국가는 우리 모두보다 똑똑하지 않다.

사실 홉스는 인간 집단이 그것을 이루는 개인보다 더 어리석은 경향이 있다고 믿었다. 군중은 난동을 부리고, 의회는 허세와 위선을 장려한다. 종교는 비이성적이고 사람들을 미치게 만든다. 그가 글을 쓴 시대에는 극도의 집단 폭력이 난무했다. 그는 두려움에 떨었다. 《리바이어던》은 잉글랜드 내전(1642~1649)의 격변기와 30년 전쟁(1618~1648) 직후에 출간되었는데, 이 시기는 그때까지 유럽이 경험했던 가장 무서운 전쟁이 일어났던 때로 무자비한 대량 학살이 벌어졌다. 만약 집단이 개별 인간보다 문제에 대한 해결책을 찾을 가능성이 높다면 집단은 왜 그렇게 서로를 파괴하는 데 많은 시간을 들이는 걸까? 집단은 해결책이 아니라 문제였다.

홉스가 선호하던 정부 형태는 그나마 인간을 최악의 집단적 어리석음에 빠지게 하지 않는 군주제였다. 그렇지만 그는 군주제의 단점도 잘 알고 있었다. 군주가 어리석으면 어떤 일이 벌어질까? 근친혼과 정략혼 때문에 평균적인 지적 수준에도 미치지 못하는 통치자를 맞닥뜨릴 가능성이 실재했다. 그럼에도 어리석은 통치자에게 지배당하는 것이 끝도 없는 대립과 폭력적인 권력 투쟁에 놓인 것보다는 나았다. 국가라는 메커니즘은 그 인간 구성원의 능력과 상관없이 작동하도록 설계되어 있다. 똑똑한 사람들은 국가를 움직일 수 있다. 하지만 어리석은 사람들도 마찬가지다. 누구나 할 수 있다. 그게 바로 핵심이었다. 기계를 지배할 누군가가 있기만 하면 됐다.

리바이어던은 실제로 로봇이 아니다. 그렇다고 AI도 아니다. 그런데도 그것은 인간을 복제하기 위한 메커니즘이다. 그래서 그것은 무엇일까?

인공 인격과 대리인

그 답은 바로 인공 대리인이다. 인공 대리인은 이 세상에서 행동하기 위해 존재한다. 인공 대리인은 엄청난 힘을 가졌으며, 우리보다 더 크고 강한 영향력을 행사한다. 좋건 나쁘건 인공 대리인의 의사결정은 우리와 비슷하게 인간다운 면이 있다. 하지만 그 결과는 인간을 초월한다. 어떤 결정이든 우리가 도달할 수 있는 범위를 넘어서는 영향력을 발휘하기 때문이다. 국가가 인간을 능가하는 영역은 사고의 영역이 아닌 결과의 영역이다. 그건 초인적인 규모로 일을 발생시킨다. 스스로 행동할 수 있는 이 능력 때문에 홉스는 국가를 '인공 인격artificial person'이라 부르기도 했다. 국가의 힘은 엄청난 영향력에서 비롯된다.

우리는 누군가의 성격을 말할 때 대개 이를 매우 인간적인 자질이라고 생각한다. 내 성격은 나를 독특하게 만들고, 당신의 성격은 당신을 본질적으로 만든다. 이런 의미에서 인간적이라는 것은 심리적 본질을 가진다. 그런데 고전적 기원에 따르면 다른 의미가 있다. 사람person이란 페르소나persona를 가진 존재로, 페르소나는 일종의 가면을 뜻한다. 따라서 사람이 스스로 생각할 능력이 있든 없든 우리는 인간과 같은 특성을 부여하는 것이다. 우리는 가면을 쓰고 있을 때, 말하는 사람은 나지만 가면이 말하고 있다고 다른 사람들이 생각하기를 바란다. 가면이 무엇을 나타내든 간에 그것이 현실 세계에 존재하기를 바라기 때문이다.

그 존재는 행동의 영역, 즉 대리의 영역에 속한다. 가면을 쓰는 것은 타인의 행동과 반응을 조종하려는 의도로 역할을 연기하는 것이다. 그렇지 않다면 가면을 쓸 이유가 없다. 가면과 가면 뒤의 인간은 둘 중 하나로는 불가능한 강력한 인공 생물체를 구성한다. 가면 없이는 홀로 벌거숭이처럼 남게 된다. 인간 없이 가면은 생명이 없다. 하지만 함께 있으면 홀로 할 수 있는 것보다 더 많은 일을 할 수 있다. 자신의 개인적 제약을 넘어 능력을 확장할 수 있다(우리가 가면 뒤에 숨는다는 건 이런 의미다). 가면은 인간의 생각과 감정으로부터 생기를 얻을 수 있다.

국가도 이런 식으로 작동한다. 인간은 국가를 활기차게 만들어 세상에 존재하게 한다. 인간은 생각을 제공하고, 국가는 그 결과를 실행한다. 이것은 하이브리드 생명체로, 이를 통해서만 인간의 판단이 국가의 판단이 될 수 있다. 우리가 운이 좋다면 그 판단이 지혜로울 것이고, 운이 없다면 어리석은 판단이 될 것이다. 정보를 처리하고 지혜로운 해결책을 내놓는 능력은 사람마다 매우 다르다. 이는 정치 지도자와 정부뿐만이 아니라 그 누구에게도 적용되는 사실이다. 국가의 초능력은 처리 능력이 아닌 의사결정 능력이다. 그 능력으로 인간은 결정할 수 있고, 궁극적으로 매우 강력해진다.

하지만 결정은 인간이 내리는데, 왜 우리는 국가의 행동에 대해서 이야기하는 걸까? 국가는 인간 구성원의 사고 능력 없이는 아무것도 할 수 없는데, 왜 우리는 이를 국가의 결정으로 보려는 걸까? 여기에는 두 가지 이유가 있다.

첫째, 인간의 결정은 모두 국가의 결정으로 간주되기 때문이다. 모든 사람이 그 결정에 따라야 한다. 정부가 전쟁을 벌이기로 결정하면 전쟁을 하는 것은 국가다(현대 국가에서 정부 구성원들이 직접 전투를 벌이는 일은 매우 드물다). 정부는 결정하고, 군인은 실행하며, 국민은 따른다. 군인은 자신들이 치러야 할 전쟁을 직접 결정하지 않는다. 국가가 대신 결정한다. 이는 기계적이며 매우 큰 힘을 가지고 있다. 그 구속력 때문에 국가의 결정에는 다른 어떤 결정과도 비교하기 어려운 힘이 있다. 우리는 모두 그 안에 속해 있다.

둘째, 결정의 지속성이다. 국가의 결정을 인간이 내리더라도 인간은 결국 인간—아무리 똑똑하고 능숙하더라도—이다. 인간은 늙고 병들며 죽는다. 국가의 목적은 그것을 구성하는 사람들에게 무슨 일이 일어나든 계속해서 기능하는 것이다. 이전의 정치 모델은 그것들을 기능하게 한 사람들에 너무 의존했기에 실패했다. 아무리 카리스마가 있고 강력한 리더라해도 살아 있어야 국가를 유지할 수 있었다. 그가 죽으면 무슨 일이 벌어질까? 민주주의는 시민들이 참여하기에 좋은 제도다. 시민들이 흥미를 잃거나 서로 갈등하게 되면 어떻게 될까? 리바이어던은 마치 시계처럼 계속 움직이게 설계되어 있다. 구동부를 구성할 사람들만 있다면 무슨 일이 있어도 계속해서 작동해야 한다.

여기에는 큰 장점이 있다. 하나는 우리가 기계에서도 추구하는 신뢰성이다. 우리 인간은 로봇과 같은 특성을 가질 수 있지만, 제한된 수명으로 인해 어쩔 수 없이 자연적인 생물체에 불과하다. 인간은 대략 70년 정도 살지만, 17세기 중반에는 그것도 매우 운이 좋아야 가능했다. 죽음은 누구에게나 평등했다. 17세기 영국민의 평균 수명은 대략 35세가량이었다.

홉스는 아흔한 살까지 살았는데, 이는 이단죄로 사형에 처해질 수 있는 시기에 위험을 무릅쓰고 글을 썼던 사람치고는 놀랄 만큼 오래 산 것이다. 그런데 국가는 이보다 훨씬 오래 살아남을 수 있다. 홉스는 자신이 죽은 이후에도 리바이어던의 힘이 오랫동안 남아 있으리라 예상했다. 누가 죽는다고 해서 국가가 궤도에서 벗어나지는 않는다. 메커니즘이 작동하는 한, 사람들이 죽고 태어나는 와중에도 국가는 계속해서 기능한다.

17세기에 그랬던 것처럼 단기적인 무질서가 계속되면 장기적인 계획을 수립하기가 매우 힘들다. 정치라는 인공적인 개념의 가장 큰 이점은 확실성이다. 국가가 시계와 같은 이유는 시간을 알려주기 때문이 아니라 국가가 설정하는 계획 기간(time horizon, 특정 프로세스가 평가되거나 종료되는 것으로 가정되는 미래의 고정된 시점)에 따라 국민이 삶을 꾸려나갈 수 있기 때문이다. 그 계획은 인간의 계획보다 훨씬 장기적이다. 그것은 그들의 시야를 확장시켜 임박한 위험이나 끊임없는 피의 전쟁, 그리고 질병과 죽음마저 초월한다. 이는 하느님을 소환하거나 천국과 지옥을 언급하지 않아도 가능하다.

하지만 홉스는 이런 것들을 믿지 않았다. 대신 사람들이 계획을 수립할 수 있는 것은 기계의 지속력 덕분이라고 생각했다. 사람들은 계획이 있기에 미래에 투자하기도 하고 재산을 물려받기도 한다. 꼭 자신이 아니더라도 자녀를 위해 더 나은 미래를 상상할 수도 있다.

홉스는 이에 대해 매우 낙관적인 견해를 가지고 있었다. 그는 국가가 규칙적이고, 신뢰성이 있으며, 오랫동안 지속되는 인공적인 생명의 리듬에 맞추어 운영된다면, 인간은 예상치 못한 다양한 방식으로 번성할 수 있다고 여겼다. 미래 예측에 대한 부담이 덜어지면 특유의 인간 지능을 가장 잘할 수 있는 분야인 예술, 산업, 사치품, 여가, 과학, 여흥 등에 사용할 수 있게 된다는 것이다. 이런 것들은 인간의 창의적 노력이 필요한데, 정치가 잘못될까 하는 걱정에 휩싸이면 이에 집중하기가 어려워진다. 인공적으로 정치를 안전하게 만들어 어떠한 자동 기계보다도 체계적으로 조직화시키면 우리는 보다 큰 꿈을 꿀 수 있을 것이다.

이런 미래의 상상 중 가장 좋은 것이 선순환 발생이다. 국가가 성공적으로 작동하면 자연스럽게 평화와 안전이 수반되고, 이는 지적 능력을 다양한 난제에 적용하는 능력을 비롯해 인간의 특성을 최고로 발전할 수 있게 해준다. 국가는 우리로부터 만들어졌고, 우리는 국가의 부품이므로 우리의 문제 해결 능력이 개선될수록 국가의 문제 해결 능력도 나아진다. 국가가 더 똑똑해져서 그런 것이 아니라 우리가 더 똑똑해져 국가가 더 나은 결정을 내리도록 도와주기 때문이다. 또한 어떻게 하면 국가가 더 잘 작동할 수 있는지를 상상하는 데에도 능숙해져서, 국가의 내부 메커니즘을 조정해 우리가 제공할 수 있는 강점을 더 잘 활용하도록 만들어나갈 수 있다.

리바이어던은 스마트폰 같은 문제 해결 기계가 아니라 주사위 세트 같은 의사결정 메커니즘이다. 리바이어던은 정답을 제공하지 못할 수도 있다. 그냥 '어떤' 답을 내놓을 뿐이다. 그렇지만 그것이 인간으로 이루어졌기에 사람들이 더 나은 답을 내놓는 데에 능숙해지면 국가도 더 나아질 것이다. 이 주사위들은 스스로 생각할 수 있다.[7]

만인에 대한 만인의 투쟁 상태

리바이어던은 오랫동안 비관적인 견해를 담은 책으로 유명했다. 이 책은 인간이 무책임한 상위 기관에 의사결정 권한을 위임하지 않으면 평화로운 공존을 이룰 수 없다는 가정하에 주장을 펼치고 있다. 권한을 위임하는 순간 우리는 국가의 결정을 따라야 하고, 이 때문에 우리의 운명에 대한 통제권을 잃게 된다. 함께 어울려 살지 못한 대가로 바보나 더 심한 괴물에게 우리의 결정 권한을 주고도 한마디 불평도 할 수 없게 된다. 정치적 혼란의 프라이팬부터 암울한 정치적 억압의 불길에 이르기까지, 우울한 선택지밖에 남지 않을 것이다.

홉스의 비관적 견해는 그의 다음과 같은 말 때문에 더욱 돋보이게 되었다. 바로 '만인에 대한 만인의 투쟁'이다. 리바이어던이 인간을 지배하지 않는다면 인간은 서로를 공격하거나 공격당할까 봐 걱정하는 데에 시간을 쏟게 될 것이다. 삶은 '끔찍하고, 폭력적이며, 짧을 것'이다. 아무도 안전하지 못할 것이다.

홉스에 의하면 이 비참한 상황이 인류의 자연스러운 상태다. 이러한 상태에서 우리를 벗어나게 하기 위해 국가는 인공적인 메커니즘을 필요로 한다. 자연 상태가 문제인 이유는 자연스럽게 우리가 서로에게 위협적인 존재가 되기 때문이다. 그래서 우리는 우리 자신의 기계적 버전을 만들어야 한다. 이런 주장은 음산하고 인간성을 상실시키는 정치철학처럼 들린다. 국가의 도움이 없다면 우리는 정치적 불안정과 폭력의 악순환을 계속 경험하게 될 것이다. 우리 마음대로 하면 결국 망하는 수밖에 없다. 리바이어던의 힘을 이용해야만 우리는 일어설 수 있다.[8]

17세기 유럽의 참상이 빚어낸 이 음울한 전망에 대해서 우리는 어떠한 반론을 펼칠 수 있을까? 어떻게 하면 21세기의 정치적 가능성을 이해하는 데 도움이 될까? 현대 서양의 민주주의 국가들은 홉스가 제시한 이분법적 선택, 혼돈 아니면 독재 통치와는 상당히 멀어진 것처럼 보인다. 우리는 헌법, 법치주의, 여론, 선거에 의해 작동하는 정부가 있는 국가를 구축했다. 우리는 우리가 원하지 않는 일을 하는 지도자에게 대항할 힘이 있다. 우리는 그런 지도자를 비난하고, 수치심을 느끼게 할 수 있으며, 선거로 퇴출시킬 수 있다. 리바이어던의 자의적 권력은 수 세기에 걸친 투쟁에 의해 길들여져 왔고, 평화를 위해 대가를 지불해야 한다는 홉스의 견해는 이제 시대에 뒤떨어진 것처럼 보인다.

그러나 길들였다고 폐기된 것은 아니다. 현대 국가의 기본 구조는 여전히 거의 4세기 전에 홉스가 주장한 권력과 정치에 대한 생각을 기본으로 하고 있다. 우리는 생사와 관련된 문제, 전쟁과 평화 같은 문제에 대해 정부가 대신 결정을 내리도록 한다. 우리가 직접 결정할 시간이나 의사가 없기도 하지만, 결정할 능력이 있는지도 모르기 때문이다.

우리는 국가의 결정이 마음에 들지 않아도 따라야 한다. 국가는 그 결정을 탐탁지 않게 여기는 사람에게 이를 강요할 수 있는 권력을 갖고 있다. 물론 그 권력을 사용하지 않을 수도 있다. 현대 민주주의 국가에서는 대부분 이런 임의적 권한은 여러 법률적 장치로 제한되어 있고, 정치적 반발을 불러올 공산이 크기 때문에 잘 사용하지 않는다. 그러나 때로 위기 상황이 오면 이런 권리를 드러낼 수 있다. 그때 우리는 여전히 리바이어던과 같이 살고 있다는 사실을 인정해야 한다. 리바이어던은 더 나이 들고 더 현명해졌지만, 여전히 전과 같다는 것을 숨기지는 못한다.

이 책을 쓰고 있는 지금, 코로나19 팬데믹이 발발한 지 3년이 다 되어 간다. 그동안 전 세계적으로 민주주의건 권위주의건 여러 국가가 시민들을 집에 가두고, 이동을 제한하며, 결혼식이나 장례식 같은 관례적인 의식마저도 금지했다. 엄격하게 시행한 국가도, 느슨하게 관리한 국가도 있지만, 모든 국가는 공공의 안전을 강제할 권력을 가지고 있었다. 이러한 결정의 결과로 그렇지 않았다면 살아남았을 사람들이 죽었고, 죽었을 사람들이 살아남았다. 우리에게는 스스로 선택할 기회가 없었다. 국가가 대신 선택했다. 이 선택으로 우리의 삶이 여전히 국가의 손에 달려 있다는 것을 우리는 다시금 깨달았다.

우크라이나에서는 우리에게 익숙한 방식으로 21세기 전쟁이 벌어지고 있다. 이 전쟁이 익숙하단 의미는 이미 유럽에서 사라졌다고 여겼던 폭력과 민간인의 고통이 여전히 존재함을 보여주었기 때문만은 아니다. 시민들의 생활에 국가 권력이 지배력을 강화했기 때문이다. 모든 면에서 개인은 자신이 속한 국가의 선택을 따르지 않을 수 없다. 전쟁이 시작되면 국민의 삶은 사실상 자기 것이 아니다. 전쟁은 국가가 하는데, 그 결과는 국민이 떠안아야 한다.

물론 이 모든 일을 결정하고 실행하는 데는 인간의 노력이 필요하다. 우크라이나의 대통령 볼로디미르 젤렌스키의 말과 행동, 그리고 이에 대한 국민의 반응이 합쳐진 것이 우크라이나다. 러시아는 블라디미르 푸틴이 결정한 대로 러시아 병사들이 그 대가를 치른다. 이 전쟁은 로봇이 하는 것이 아니다. 끔찍하게도 인간이 하는 전쟁이다. 하지만 전쟁을 계획할 리바이어던이 없었다면 이 정도 규모로, 이렇게 파괴적인 형태로 전쟁이 발발하지는 않았을 것이다.

리바이어던은 더 이상 우리 삶에 그림자를 길게 드리우지 않는다. 대부분 있는지 없는지 모르게 되어버렸다. 때로는 아예 없을 때도 있다. 홉스는 정치가 더 쉬워지면 우리가 정치를 생각하는 데 많은 시간을 쏟지 않아도 되리라 말했다. 그렇게 되면 다른 일을 계속할 수 있을 것이다. 이런 일 또한 일어났다. 현대 정치 생활의 가장 큰 편이성 중 하나는 원치 않으면 정치적이지 않아도 된다는 점이다. 평화롭고 번성하는 국가에서는 일어날 수 있는 최악의 상황에 대해 너무 걱정하지 않고 정치를 다른 사람에게 맡길 수 있다. 가끔 불가능할 때도 있는데, 그제야 우리는 우리가 괴물을 구축해 놓았다는 것을 깨닫는다.

리바이어던의 인위성으로 발생하는 위험은 두 가지다. 첫 번째는 국민에게 국가가 이질적이고 차갑게 보인다는 것이다. 우리로부터 만들어졌지만, 우리와 전혀 다르기 때문이다. 저 높은 곳에 있는 압제자에게 국가가 지배된다면, 우리는 모두 그 안에 속해 있지만 국가가 우리와 별로 공통점이 없는 무자비한 기계처럼 느껴질 것이다. 국가의 결정은 우리를 포함하지만, 우리는 그 결정이 우리에게 불리하게 작용한다고 인식할 것이다. 이는 스탈린의 러시아부터 마오쩌둥의 중국에 이르기까지, 20세기의 가장 폭압적인 국가에서 많은 현대 시민들이 경험한 것이다. 이들 국가는 동일성의 부재를 숨기기 위해 국민에게 폭력을 행사함으로써 국가와의 동일성을 강제했다. 리바이어던이 불명예를 안게 된 것은 이 때문이다.

두 번째는 국가의 인위성이 자연화되는 것이다. 그것이 우리와 별로 다른 것 같지 않아서 우리는 쉽게 이에 익숙해진다. 국가의 결정은 때때로 우리가 이미 하고 있는 행위와 똑같아 보이기도 하고, 최소한 우리가 자기 삶을 추구할 자유를 누리게 하는 것처럼 보이게 만든다. 우리는 국가가 단순히 인간 경험의 인공화가 아니라 인간 경험의 확장이라고 믿는 상태에까지 이른다. 잘 나가는 현대의 자유민주주의 국가들은 이런 인상을 주는 데 능숙하다. 하지만 가끔씩 그 가면이 벗겨지면 우리는 여전히 우리를 기계의 부품으로 취급하는 자동 기계와 마주하게 된다.

리바이어던이 먼 곳에 놓인 인위적인 것으로 느껴지면, 우리는 우리를 보호할 목적으로 만든 무언가에 대한 통제력을 잃은 것 같은 느낌이 든다. 그러면 그것은 괴물이 된다. 이는 홉스의 프로젝트가 실패라는 징후다. 하지만 우리가 리바이어던을 우리의 확장으로 여겨도 그것에 대한 통제력을 잃을 수 있다. 그것이 여전히 기계라는 걸 잊었기 때문이다. 그것은 인간이 아니지만 거의 인간 같은 것이 된다. 이는 홉스의 프로젝트가 성공하면 일어날 수 있는 일이다.

상상 속의 거인

인공 인격은 기계적인 구성물로서 로봇처럼 보일 수 있다. 그러나 인격을 일종의 가면으로 생각하면 다른 관점으로 국가를 볼 수 있다. 가면을 쓰는 것은 창의적인 공연도 수반한다. 배우가 무대에서 연기를 할 때, 배우의 목표는 관객들이 지금 말하는 사람이 연기자가 아니라 다른 사람이라고 믿게 하는 것이다. 인간의 창의력과 공감력 그리고 기술적 기량에 의해 생명을 얻은 또 다른 인물로. 인간은 무대에서 로봇 역할을 할 수 있지만, 로봇은 적어도 연극적인 의미에서는 인간의 역할을 하는 것이 매우 어렵다. 로봇에게는 상상력이 부족하기 때문이다.

정치는 어떤 식으로든 일종의 연기가 될 수밖에 없다. 정치적 결정을 내리는 것은 인간의 창의력과 공감력 그리고 기술적 기량을 사용해 다른 사람들이 그 결정을 받아들이도록 만드는 것이기 때문이다. 정치가 연극과 다른 점은 정치에서는 연기에 억압적인 위협이 동반되기 때문에 그 행위가 마음에 들지 않더라도 현실적으로 받아들여야 한다는 것이다. 그런데 우리가 아닌 다른 것인 양 구는 것, 실제보다 과장되게 보이려는 것은 인간의 근본적인 특성이다. 우리는 상상력을 이용해 우리가 주인공인 가상의 현실을 만들어낸다. 정치 역시 이러한 가식에서 예외일 수 없다.

　그렇다면 국가는 우리가 만든 기계이면서도 상상 속의 발명품일지도 모른다. 우리는 단순히 국가를 만들어낸 것이 아니라 꾸며냈다. 배우들은 무대에서 실존하지 않는 캐릭터를 연기할 수 있다. 연기는 실재하지만 역할은 아니다. 연극 〈햄릿〉은 실재하지만 '햄릿'이라는 사람은 실재하지 않는다. 그렇다면 국가를 대표하는 정부는 단순히 국가라는 역할을 연기하는 것일 수도 있다. 정부의 활동은 실재한다. 그러나 정부라는 이름으로 대표되는 국가는 그렇지 않다. 이것은 허구다.

　그렇다고 한다면 국가는 실제 로봇이나 알고리즘과는 전혀 다르다. 알고리즘은 보이지도 않고 만질 수도 없지만 실재한다. 레시피(심지어 소설 속의 레시피라도)를 허구라고 부르는 것은 레시피가 무엇인지 잘 모르는 것이다. 레시피는 좋을 수도 나쁠 수도 있고, 정확할 수도 부정확할 수도 있고, 유용할 수도 쓸모없을 수도 있으며, 심지어 환상적일 수도 있지만 실재한다. 국가가 허구라면 그것은 실재하지 않는다는 뜻이다. 국가가 존재한다고 가장하는 이유도 그렇게 하면 우리의 삶이 더 나아지기 때문이다. 그런데 가장하는 것과 창조하는 것은 다르다. 가장하는 것은 끝에 가면 아무것도 없기 때문이다.

홉스는 그가 '허구적인 사람persons by fiction'이라고 불렀던 사람들은 본질적으로 존재하지 않는다고 생각했다. 이런 사람들은 누군가 그들인 척하는 동안만 존재한다. 온갖 종류의 사람들이 다른 사람들을 대신해 특정 역할을 한다. 이러한 연기는 인위적이다. 왜냐하면 변호사, 성직자, 정치가, 연기자와 같은 역할은 전부 사람들이 만든 것이며 자연에는 존재하지 않기 때문이다. 우리가 가장하려는 사람이나 사물이 실재하지 않더라도 행동 자체는 실제로 행해진다. 신이나 악마, 덴마크 왕자 같은 연극 속 캐릭터도 마찬가지다. 다리 같은 평범한 것도 있을 수 있지만, 누군가가 다리 역할을 한다고 해서 우리는 다리가 그러한 역할을 할 수 있다고 말하지 않는다. 그건 말도 안 된다. 다리는 연기할 수 없다. 역할을 수행하려면 진짜 사람이 필요하다.[9]

다리 역할을 하려는 사람이 있을까? 아주 실험적인 형태의 연극을 제외하고는 없을 것이다. 사람이 다리 분장을 하기보다는 실제 재료를 써서 가짜 다리, 즉 인공 다리를 만드는 것이 더 간단할 것이다. 이런 일은 앞서 말한 관리자 훈련에서도 일어날 가능성이 적다. 조원들이 모두 다리가 된다고 해도 그것이 강을 건너는 데 도움이 되지는 않을 것이다. 건널 수 있는 유일한 방법은 실제 다리로 사용할 수 있는 무언가를 만드는 것이다. 여기서 테스트는 불신의 유예(suspension of disbelief, 실제가 아닌 것을 실제로 받아들이는 태도_옮긴이)가 아니라 우리 몸을 실제로 지탱할 수 있는 무언가를 만들 수 있는 능력이다. 강은 가짜여도 되지만 다리는 진짜여야 한다.

이러한 아이디어가 유용하게 쓰일 수 있는 곳은 법률 분야다. 사람들은 종종 무생물의 역할을 하며 이런 사물에게 고유한 법적 신분을 부여한다.

우리는 다리가 자체적인 권리와 책임을 가지길 바란다. 어떤 사람에게는 통행을 거부하거나 어떤 사람에게는 안전한 횡단을 보장하는 것과 같은. 그 이유는 사람보다 다리에 권리와 책임을 부여하는 게 더 쉽기 때문이다. 우리는 우리를 안전하게 건너게 하는 것이 다리의 일이라고 가정하고, 이 가정을 유지하기 위해 법적 제도를 만든다. 교회나 병원처럼 자기 스스로 말하거나 행동할 수 없는 다른 여러 주체들과 마찬가지로 다리에 대해서도 동일한 조치를 취할 수 있다. 법률적 맥락에서 교회가 이것을 하고, 병원이 저것을 한다고 말할 수 있다면 매우 편리하다. 엄밀히 말하면 사실이 아니더라도 말이다. 이를 '법적 의제legal fiction'라고 한다.

리바이어던은 이러한 모델에 적합한 것처럼 보인다. 실제로 사람이 모든 행동—국가를 건설하고 통치하고 국가법을 준수하는—을 하지만, 국가가 하는 것처럼 말해서 권한이 있는 사람과 국가를 동일시하지 않는 것이 유용하다는 것을 우리는 잘 안다. 우리는 국가에 자체적인 가상의 생명을 부여해 상상 속의 그 존재를 중심으로 우리 삶을 영위한다. 이는 신뢰성 있는 기계의 내구성과는 다른 종류의 내구성이다. 허구는 물리적 쇠락과 무관한 수명을 가지고 있다. 사람들이 그것을 믿는 한 허구는 죽지 않는다. '햄릿'은 공연 때마다 죽지만, 그것은 연출의 기술적 기교 중 하나다. 어떤 면에서 '햄릿'은 결코 죽지 않는다. 그 캐릭터는 계속 살아 있다.

그래서 국가는 그저 상상 속 거인처럼 허구의 로봇에 불과할까? 이러한 생각은 많은 정치 이론가의 지지를 받았다. 이들은 국가의 기능 뒤에 있는 실체를 찾아봐야 아무것도 없을 것이라고 주장한다. 국가의 힘은 우리의 상상력에서 비롯된다는 것이다.

하지만 홉스는 그렇게 생각하지 않았다. 그는 정반대로 말했다.《리바이어던》도입부에서 그는 국가를 인공 인격이라고 칭했지만 가상의 인격이라고는 하지 않았다. 그는 정치가들의 변덕스러운 욕망과 일시적인 믿음에 좌우되는 상황을 매우 두려워했다. 오히려 종교처럼 더 견고하고 지속적인 무언가에 기반을 두어야 한다고 믿었다. 허구의 세계는 시간을 초월해서 존재할 수 있지만, 동시에 매우 변덕스럽다. 결국 허구라는 것은 단지 생각에 불과하다. 아무런 이유 없는 폭력을 수십 년간 겪은 홉스는 사람들의 생각을 절대로 알 수 없다는 것을 잘 알고 있었다.[10]

국가를 허구로 보아 생기는 또 다른 문제는 공연의 질에 의존한다는 점이다. 어떤 연극이든 연출이 잘못되는 순간이 있을 수 있고, 보는 사람이라면 누구나 그것이 그저 연기임을 알 수가 있다. 배경이 무너질 수도 실제로 불이 날 수도 있으며, 연기가 설득력이 없을 수도 있다. 홉스는 이러한 문제들을 미리 막기 위해 국가가 가상의 인물이 아니라 기계적인 사람인 것처럼 행동하기를 원했다.

사람들이 잘못된 것을 믿기 시작하면 국가는 망하게 마련이다. 노련한 통치자는 모든 것이 잘되고 있다는 메시지를 끊임없이 내보내 이런 사태를 방지한다. 모든 국가는 화려한 행사부터 위엄 있는 건물, 공식적인 경칭까지 겉모습을 다양하게 유지하기 위한 방법들이 있다(민주주의든 군주제든 모두). 통치자들은 여전히 자신의 역할을 수행해야 한다. 그러나 홉스는 능숙한 역할 연기로 통치자의 능력을 평가해서는 안 된다고 단언했다. 그런 역할은 누구라도 할 수 있다. 주연 배우의 연기가 끔찍하면 연극을 망치지만, 주연 정치인의 연기가 끔찍해도 국가는 망하지 않는다. 그런 의미에서 정치는 전혀 연극과 같지 않다.

홉스는 리바이어던을 '세속의 신mortal god'으로 묘사했다. 이는 매우 강력하지만 마치 어떤 환상이나 기계처럼 언제라도 작동을 멈출 수 있다. 국가는 그 내부 기계가 작동을 멈추면 죽는다. 이 기계는 사람들이 국가를 믿도록 만들기 위해 설계되었으며, 최고 권력자의 결정이 모든 사람에게 적용됨을 보장한다. 이를 위한 핵심 메커니즘은 무력이다. 개개인은 복종하지 않을 경우 실제적이고 불쾌한 결과를 마주해야 한다. 하지만 힘만으로는 인간의 상상력을 형성하는 데 충분치 않다. 인간의 상상력이야말로 이래라저래라 명령받는 것을 싫어하기 때문이다. 여기에서 정치 이론의 근본적인 문제 내지는 치명적 결함이 나타난다.

국가가 국민을 통제하려면 국민이 국가의 권위를 믿어야 한다. 그런데 국민이 국가의 권위를 계속 믿게 하려면 힘이 필요하다. 이건 마치 순환논증(circular argument, 어떤 주장의 근거로 그 주장을 사용하는 논리적 오류_옮긴이) 같다. 하지만 이 문제는 그리 중요하지 않을 수 있다. 그래도 국가는 여전히 작동하는 것처럼 보이기 때문이다. 기계의 시동을 걸고 가동시키면 어떤 식으로든―제조사도 어떻게 작동하는지 모를 수 있다―계속 움직인다. 마치 블랙박스처럼.

리바이어던은 진짜 로봇이 아니지만, 그렇다고 단순히 가상의 로봇도 아니다. 이것은 프랑켄슈타인이나 철인 28호, 로보캅처럼 실재하지 않는 기계에 대해 지어낸 이야기가 아니다. 그렇다고 무슨 동화도 아니다. 오히려 이는 기계적인 가상의 세계를 만들어내기 위한 시도다. 국가는 목표를 달성할 수 있도록 효율적으로 구성되었다. 이 때문에 우리는 국가를 믿는다.

국가와 기업

국가는 매우 강력하고 신뢰성 있는 기관이어야 한다. 그러나 실제로는 그렇지 않다. 세계에는 국가와 경쟁할 수 있는 여러 종류의 의사결정 기구가 있어서 국가에 맞서 통제력과 영향력을 놓고 싸운다. 이는 17세기에도 마찬가지였다. 그때도 지금만큼이나 치열했다. 어쩌면 그 당시에는 더욱 그럴 수밖에 없었을 것이다. 당시의 국가는 아직 현대적인 역량을 모두 갖추지 못한 상태였으니까. 중앙의 정치 권력이 어떤 형태를 취하든지 모든 인간 사회에는 반드시 그와 경쟁하는 조직이 존재한다. 이 중 어떤 것은 국가보다 더 자연스러워 보이기도 한다. 예를 들어 꾸며낸 것이 아닌 혈통에 기반을 둔 막강한 가문 같은. 이해할 수 없는 의식을 행하는 비밀 종교와 같은 보다 인위적인 것도 있다. 어쨌든 모든 국가는 이런 경쟁 권력의 도전을 받게 되어 있다.

홉스는 영향력 있는 가문이 주는 악영향을 매우 걱정했으며, 사이비 종교의 가식에 실망하기도 했다. 그렇지만 그는 이들이 결국 고대 역사의 유물로 사라질 것이며, 궁극적으로는 현대 세계의 효율성이 그 자리를 차지할 것이라 예상했다. 홉스가 보다 걱정했던 것은 다른 형태의 기관인 기업이었다. 그는 기업을 "큰 공동체의 배 속에 있는 작은 공동체로서 자연인의 내장 속에 기생하는 벌레"라고 묘사했다. 이들은 국가의 권위를 모방함으로써 국가의 권위를 침범하는 위협성을 보였다.

홉스가 생각한 기업은 현대의 기업과는 달랐다. 그는 17세기의 시티오브런던법인Corporation of the City of London 같은 지방 자치 단체를 염두에 두고 있었다. 이 자치 단체들은 국가를 모방해 법을 제정하고, 충성심을 요구하기도 했으며, 심지어 잉글랜드 내전 중에는 무장 민병대를 동원하기도 했다. 이 단체(기업)들은 범죄 조직과 마찬가지로 국가에 위협이 되었다. 시민에게 폭력으로 안전을 제공해 국가의 권위에 도전하기도 했다.

홉스는 범죄 조직도 유해하다고 생각했다. 자신만의 규칙과 규범을 가진 범죄자들은 국가의 권위를 무너뜨릴 수 있기 때문이다. 그나마 안심되는 점은 범죄자들은 서로 갈등을 빚을 공산이 크다는 것이다. 기업은 형식적인 절차와 정교한 계층 구조, 공적인 직책을 가지고 매우 규칙적으로 운영되기에 더 위험하다. 범죄 조직은 그때나 지금이나 가족과 더 비슷하고, 기업은 국가와 더 비슷하다.

이런 식으로 국가를 모방할 수 있기에 모든 기업은 엄격히 규제되어야 했다. 이들의 규칙은 통치자의 인가를 받아야 했으며, 승인이 나면 인가서에 적힌 조건에 따라 운영할 수 있는 권한이 주어졌다. 기업의 운영 방식이 마음에 들지 않으면 통치자는 인가서를 취소할 수 있었다. 기업의 생사 여탈권을 국가가 쥐고 있었다. 기업과 국가의 차이점이 바로 이것이다. 공통점은 이들이 모두 인공 인격이라는 것이다. 국가와 마찬가지로 기업도 인간이 자신의 일을 더 오래, 더 조직적이고 일관된 방식으로 할 목적으로 설립되었다. 기업은 어떠한 개인과 국가보다 훨씬 더 오래 존속할 수 있다.

시티오브런던법인은 1067년 노르만을 정복한 다음 해에 최초로 왕실 인가를 받았다. 이로 미루어 볼 때 시티오브런던법인은 잉글랜드라는 국가보다 더 오래되었다. 국가가 인가를 종료하면 국가가 기업보다 우위에 있는 것처럼 보일 것이다. 그렇기에 국가는 그 힘을 가져야 했다.

국가와 기업의 또 다른 차이점이라면, 기업은 주권의 역설paradox of

sovereignty에 얽매이지 않는다는 것이다. 국가가 권력을 주장하려면 주권이 있어야 하며, 주권이 있어야만 권력을 확고히 할 수 있다. 이것이 주권의 역설이다.

기업에는 주권이 없다. 기업 권력의 근원은 국가다. 따라서 원한다면, 국가는 기업이 실제로 존재하는 것처럼 보이기 위해 만들어진 허구의 인격이라고 주장할 수 있다. 어떤 국가도 사람들의 머릿속에서 벌어지는 일을 완전히 통제할 수는 없다. 따라서 사람들에게 허구를 강요하지는 못한다. 그렇지만 사람들이 허구의 존재를 믿는 듯이 행동하도록 할 수는 있다. 기업의 소유주나 직원이 아닌 기업과 거래하고, 기업으로부터 구매하고, 기업에 판매하고, 기업을 상대로 소송을 제기하거나 기업으로부터 소송을 당하는 식으로 말이다. 국가는 이러한 규칙들을 법으로 만들어 강제한다. 그러면 기업은 본질적으로 법적인 지위를 가진 존재로 축소될 수 있다.

국가는 시민들이 국가를 믿는 것처럼 행동하도록 강제할 수 있지만, 시민들이 국가의 권위를 받아들이지 않으면 이 또한 불가능하다. 주권의 역설은 국가가 기업과는 다른 방식으로 현실적이어야 함을 의미한다. 국가는 단순히 법적 인격을 가진 존재가 아니다. 국가는 자신만의 고유한 정체성을 가져야 한다.

이것은 그저 국가와 기업 간의 복잡하고 중요하며 많은 논란을 일으키는 관계에 대한 이야기의 시작일 뿐이다. 이 두 존재는 서로 너무나 비슷해 구별하기 어려울 수 있다. 리바이어던은 두 가지 의미로 현대 인공 인격의 세계를 연다. 하나는 인공 인격 그 자체고, 다른 하나는 인공 인격의 창조자다. 기계는 더 많은 기계를 낳을 수 있다. 이것이 내가 이 책에서 말하고 싶은 이야기의 큰 부분이다.

그런데 먼저 답이 필요한 질문이 있다. 국가와 기업은 인공 대리인이다. 즉 스스로 생각할 수는 없더라도 행동할 수는 있단 뜻이다. 하지만 스스로 생각할 수 있지만 행동할 수 없는 인간 집단은 어떨까? 인간 집단은 거의 자신만의 AI를 가졌다고 할 수 있다. 즉 기존의 답안 말고 '올바른' 답을 할 수 있는 능력이 있다는 말이다. 이들은 누구일까? 그리고 어디에 속할까?

THE HANDOVER

2장

집단 사고와 구성원의 의지

T H E ———— H A N D O V E R

자체 의식을 가진 집단

우리는 모두 다양한 집단 조직에 속해 있는데, 그중 하나가 국가다. 우리 중 많은 사람이 대기업에서 일한다. 중소기업에서 일하는 사람은 더 많다. 우리는 병원, 대학, 비정부 기구NGO 등 여러 종류의 공공 기관 또는 민간 단체에서 일한다. 우리는 종교를 믿고 축구팀을 응원한다. 정당에 가입하기도 한다. 이런 단체들은 우리 삶에 매우 강력하고도 반영구적인 영향을 미친다.

하지만 임시적으로 형성되는 집단도 많다. 친구 모임과 가족 모임처럼 일부는 비교적 비공식적이다. 보다 공식적이면서도 일시적인 집단도 있다. 특정 목적을 위해 어떤 집단에 합류하는 경우다. 이 위원회에 가입하세요, 이 클럽에 들어오세요, 여기에 지지 서명을 하세요. 걱정은 마세요, 오래 있게 되지는 않을 테니까요! 그러나 조심해야 한다. 생각보다 오래

몸담고 있을 수도 있다.

규모가 크고 오래된 조직은 이를 유지하기 위해 정교한 구조를 필요로 하는 경향이 있다. 즉 내부적으로 절차가 매우 복잡하다. 하지만 복잡성이 꼭 역량과 일치하지는 않는다. 더 작은 비공식 집단이 오히려 더 크고 기계적인 집단이 하지 못하는 일을 할 수도 있다. 그중 하나가 스스로 생각하는 능력이다. 우리가 무수한 집단적 인간 경험의 세계에서 AI와 같은 능력을 찾고자 한다면, 굳이 거대 괴수(리바이어던)로부터 시작할 필요는 없다. 피라미처럼 작은 물고기에서도 이를 발견할 수 있다. 대표적으로 배심원단이 그렇다. 임시 집단인 배심원단은 가장 설득력 있는 집단적 지능group intelligence을 보여주면서도 그 반대인 집단적 우둔함group stupidity도 보여준다.

1995년 10월 3일, 11개월 가까이 이어진 재판 끝에 O. J. 심슨 살인 사건의 배심원단은 평결을 내렸다. 전직 미식축구 스타인 심슨이 전처와 전처의 친구를 잔인하게 살해한 혐의로 기소된 이 사건은 미국 전역을 뜨겁게 달구었다. 배심원들은 사실상 전날 단 네 시간의 평의 끝에 결정을 내렸지만, 너무 서두른다는 인상을 주지 않기 위해 다음 날 아침으로 발표를 미뤘다. 하지만 심슨이 무죄를 선고받자, 많은 비평가가 재판 과정이 그리도 길고 복잡했는데 배심원들은 어떻게 그토록 빨리 평결을 내릴 수 있었는지 궁금해했다. 왜 그들은 모든 증거를 두고 더 논의하지 않았을까? 그렇게 서두른 이유가 무엇일까?

나중에 배심원단 중 일부가 밝힌 바에 따르면 사정은 다음과 같았다. 그들은 먼저 유죄 또는 합리적 의심(reasonable doubt, 무죄일지 모른다는 의심_옮긴이)에 대한 비공개 평의(straw vote, 법적 공방 이후 배심원들이 모여서 유무죄를 논의하는 과정으로 비공개로 진행됨_옮긴이)를 했고, 무죄라고 생각한다는 의견이 10 대 2로 압도적이었다. 그런 다음 배심원장이 각 배심원에게 무죄로 생각하는 근거를 말해 달라고 요청했다. 답변은 각양각색이었다. 몇몇 배심원들은 검사 측 증인의 과거 인종차별 전력을 들거나 DNA 증거의 신뢰성에 대해 의구심을 표했다. 또 다른 배심원들은 결정적인 정황 증거가 맞지 않는다고 말했다(변호사 조지 코크런Johnnie Cochran이 "장갑이 맞지 않으면 무죄입니다"라고 주장했듯이). 혈액 샘플이 조작된 것 같다는 의혹도 제기되었고, 로스앤젤레스 경찰국 전체를 불신하는 것처럼 보이는 사람도 있었다. 이렇게 다양한 이유가 나오자 처음에 유죄라고 생각했던 두 사람도 마음을 바꾸었다. 만장일치로 결론이 났고, 더 이상 논의할 것이 없었다.[1]

하지만 다른 결과가 나올 수도 있었다. 만약 배심원단이 유죄인지 아닌지에 대한 의사 타진을 하지 않고 각각이 가진 합리적 의심을 개별적으로 고려했다면, 심슨의 죄에 대해 동일한 의견을 가지고 있던 배심원들도 다른 평결에 도달할 수 있었을 것이다. 한두 명의 배심원은 장갑이 무죄의 이유라고 생각했지만, 나머지 배심원은 그 이유가 충분치 않다고 여길 수도 있었다. 인종차별, DNA, 혈액 샘플, 로스앤젤레스 경찰국에 대한 불신도 마찬가지다. 이렇게 하고 나서 의사 타진을 했다면, 이 중 어느 것도 무죄의 근거로 보기 어렵다는 다수의 의견을 도출해 냈을지도 모른다.

결과적으로 개별 배심원들은 다양한 근거에 기반해 유죄일지 모른다는 생각을 했지만, 배심원단 전체로서는 아무런 의심도 하지 않았다. 배심원단이 증거를 논의하기 전에 유무죄에 대한 의견부터 나눠서는 안 된다고 주장하는 이유 중 하나가 바로 이것이다. 이렇게 되면 배심원은 혼

	판사 1	판사2	판사3	다수 판결
피고인이 그 행위를 했나?	그렇다	그렇다	아니다	그렇다
그렇다면 그것이 범죄 행위인가?	그렇다	아니다	그렇다	그렇다
피고인은 유죄인가?	그렇다	아니다	아니다	아니다

5. 담론적 딜레마 1

자 힘으로는 결정할 수 없게 된다.

집단의 구성원들이 개별적으로는 '무죄!'라고 생각하는데 집단 자체는 '유죄!'라고 판단할 수 있다는 생각은 매우 비논리적이다. 집단이라는 것이 구성원이 모인 것에 불과한데 어떻게 집단이 고유의 견해를 가질 수 있을까? 이것이 담론적 딜레마discursive dilemma의 한 예다. 더 간단한 예는 재판부가 두 가지 별개의 기준에 기반한 결정을 내려야 하는 경우다. 판결은 두 가지 기준이 모두 충족되어야 한다. 개별적으로는 한 의견이 다수이지만, 그룹으로 물어보면 결과가 다르다(그림 5).

두 명의 판사―다수다―는 무죄라고 생각한다. 하지만 두 명의 판사―여기도 다수다―도 첫 번째와 두 번째 질문에서 기준이 충족되었기 때문에 유죄라고 생각한다. 이것이 담론적 딜레마가 종종 역설로 설명되는 이유다. 집단은 동시에 유죄면서 무죄라고 생각한다.[2]

이는 단순한 이론이 아니다. 실제 재판부나 배심원단 사이에서 이러한 상황이 발생할 수 있다. 그뿐만 아니라 정치적으로도 의미가 있다. 여기 브렉시트에 찬성한 국민 투표 결과를 어떻게 해석해야 할지 고민하는 영국 정부가 있다. 투표 결과, 정부의 협상안과 합의 없이 탈퇴(노딜 브렉시

	유권자1	유권자2	유권자 3	다수 의견
정부의 협상안 지지	안 한다	한다	안 한다	안 한다
노딜 브렉시트 지지	안 한다	안 한다	한다	안 한다
브렉시트 지지	안 한다	한다	한다	한다

6. 담론적 딜레마 2

트) 외에는 대안이 없었다. 그러나 오랫동안 유권자들은 두 가지 옵션을 모두 반대했다. 그러면서도 여전히 브렉시트를 지지하는 유권자는 많았다(그림 6).

대중은, 브렉시트는 원하지만 그걸 하기 위한 수단은 원치 않는 것처럼 보였다. 그렇다면 대중은 정말 무엇을 원했을까? 그것은 우리가 말하는 대중이 어떠한가에 달려 있다. 일반 질문에 대한 여론 조사를 한 것인지, 여러 실질적인 대안에 대한 여론 조사를 한 것인지에 따라 달라진다. O. J. 심슨 건과 마찬가지로 이러한 질문을 하는 순서에 따라 엄청난 차이가 생길 수 있다. 만약 영국 대중이 브렉시트 전체에 찬성 또는 반대하는 것이 아니라 특정 형태의 브렉시트에 찬성 또는 반대하는 투표를 했다면 결과는 매우 달라졌을 것이다.[3]

집단에게는 개별 구성원들이 생각지 않는 것을 생각할 수 있는 능력이 있는 듯하다. 이렇게 되면 매우 혼란스러워진다. 만약 심슨 배심원단이 그들의 만장일치 평결이 실제로 배심원단의 견해를 대변하지 않는다는 말을 들었다면, 누군가가 그들의 정신을 어지럽히고 있다고 생각했을 것이다. 그런데 집단이란 그 구성원들의 생각만으로 이뤄지는 것이 아니다. 그 생각들이 한데 모일 때 무슨 일이 일어나는지도 중요하다.

집단의 누구도 무슨 일이 일어날지 알 수가 없다. 중요한 것은 일이 일어나는 순서에 따라 결과가 달라진다는 것이며, 이는 주로 집단의 우두머리 통제하에 있다. 심슨 사건의 배심원장이었던 아만다 쿨리Armanda Cooley가 배심원의 의견을 수집하는 형식을 바꾸었다면 배심원단의 의견이 바뀔 수도 있었다. 하지만 쿨리를 포함한 배심원들도 배심원단 전체의 생각은 알 수 없었다.

담론적 딜레마에 의하면 집단은 고유의 마음을 가질 수 있다. 하지만 여기에는 두 가지 유의점이 있다. 첫째, 집단이 개별 구성원보다 반드시 더 똑똑하거나 더 잘 알고 있는 것은 아니라는 점이다. 심슨 재판에서 보다 신중한 접근 방식을 채택했다면 '더 나은' 결과, 즉 심슨의 유죄 평결이 나왔을 수도 있었다. 사실상 후에 제기된 민사 소송에서는 심슨이 전 부인과 친구의 죽음에 대해 책임이 있다는 판결이 나왔고, 이 사건의 배심원단은 피해자 가족에게 3350만 달러의 피해 보상액을 인정했다. 민사 소송은 형사 소송과는 다른 판결 기준을 가지고 있으며, 어쨌든 두 재판의 배심원단은 동일하지 않았다.

브렉시트의 경우를 놓고 본다면, 어떤 집단이 특정한 결과를 원하지만 그 결과를 얻기 위한 모든 수단을 거부한다면 실제로는 그 결과를 원치 않는다고 말할 수 있다. 어쩌면 영국 국민은 브렉시트라는 아이디어를 선호하는 것처럼 보여도, 마음속으로는 브렉시트를 원하지 않았을지 모른다. 하지만 영국 국민에게는 브렉시트 실행안에 대한 선택권이 없었다. 단지 그에 대한 찬반 투표만이 가능했다. 더욱이 국민 투표 이전에 제시된 안은 포괄적이지도 않았고, 그 어떤 안도 최종 브렉시트 결과와는 상당히 달랐다. 영국 정부는 결국 2020년 총선에서 '브렉시트를 완수하자

Get Brexit Done'란 구호를 내세워 2020년 EU로부터 탈퇴할 수 있었다. 이렇게 집단의 다양한 의견 중 어떤 것이 '올바른' 것인지 누가 감히 말할 수 있을까?

여기서 두 번째 유의점이 등장한다. 이런 의미에서 집단심(group mind, 구성원이 공통적으로 갖고 있는 사상, 감정, 의지 따위를 통틀어 이르는 말_옮긴이)은 유기적이라기보다는 기계적이다. 이들의 견해는 자연스럽게 나오는 것이 아니다. 그것은 인위적인 의사결정 과정에 따라 형성된다. 원래 심슨 배심원들도 심슨의 유무죄를 논하는 것으로 시작해서 자연스럽게 행동했다. 다르게 하라고 지시받지 않는 한 우리들 대부분도 그렇게 행동했을 것이다. 전 세계 대부분의 사람들도 그렇게 하고 있다. 다른 관점을 이끌어내려면 매우 조직적인 개입이 필요했을 터다. 증거를 하나씩 들여다보고 각각에 대해 투표한 후 결과를 별도의 표로 작성하라는 지시 같은. 이런 식으로 의사결정을 하는 데에는 그럴 만한 이유가 있겠지만, 우리가 일부러 계획하지 않는 한 그런 일은 일어나지 않을 것이다.

이러한 접근법의 한 가지 장점은 개인적인 편견에 좌우되지 않고 신중한 집단 의견을 낼 수 있다는 것이다. "유죄인가, 무죄인가?"라는 질문에 대해 즉각적인 응답을 요구하면, 배심원 개개인은 본능적이고, 따라서 성급한 의견을 낼 수 있다. 또한 일부 사람들은 다수의 목소리에 동조하기도 한다. 다수의 의견이 분명할 때 이에 맞서 일어서려면 용기가 필요하다. 이것이 10 대 2가 빠르게 12 대 0이 된 이유다. 대안은 영화 〈12인의 성난 사람들〉(1957)에 묘사되었듯 한 명의 고집스런 배심원이 다른 열한 명의 의견을 바꾸는 것이다. 이런 일은 영웅적이긴 하지만 매우 드물다(그림 7).

7. 저항하는 사람과 화난 사람들

이 또한 처리 속도를 늦추고 성급한 판단으로부터 벗어나 개별 증거를
법의학적으로 분석하는 방식을 통해 달라질 수 있다. 아이러니하게도 '집
단심'으로 가는 방법을 찾는 것이 우리가 '집단 사고'라고 부르는 것을 방
지하는 수단이 될 수 있다.

배심원단의 경우 특정 사건에 대한 판결이 내려지고 나면 그 배심원단
은 사라진다. 〈12인의 성난 사람들〉에서도 배심원들이 일상생활로 돌아
가 각자의 길을 가는 것으로 영화가 마무리된다. 개인은 이러한 경험을
하고 난 후 변화할 수 있지만, 집단은 기능 수행 후 정체성을 잃는다. 이는
다양한 종류의 집행 위원회, 사법 기관(대법원 포함), 의회처럼 개별 구성
원이 들어오고 나가는데도 정체성을 유지하는 다른 형태의 의사결정 기
관에는 해당되지 않는다. 시간이 지나도 이들의 정체성은 유지되므로, 오

늘날 집단이 내린 결정이 과거 또는 미래의 결정과 어떻게 연관되는지 말할 수 있다. 이런 의미에서 국가 자체에는 고유한 마음이 없지만, 고유한 마음을 가진 조직이 운영할 수는 있다.

예를 들어보자. 영국 의회는 사실상 주권이 있으며, 그런 의미에서 무엇이든 할 수 있다. 다만 그 결정이 이전에 내린 결정과 아무런 관련이 없는 것처럼 군다면 의회에 큰 신뢰를 가지기란 어려울 것이다. 의회의 정체성은 일련의 단절된 행위에 의해 금이 갈 것이다. 고유의 집단심을 갖도록 하는 것은 일관성과 일치성을 확립하려는 한 방법이다. 만약 집단이 대부분의 구성원과 다른 생각을 할 수 있다면, 구성원이 바뀌어도 집단의 의견은 변하지 않는다. 마찬가지로 집단의 견해가 바뀌면 단순히 이전 집단이 사라진 것이 아니라 이전 견해를 다시 생각해 보았다고 주장할 수 있다. 따라서 우리는 의회에 변화할 의사가 없다고 말하는 대신 단지 의회가 마음을 바꿨다고 말할 수 있다.

이를 위해서는 집단이 일정한 절차를 일관되게 준수하여 특정 시점에 합의되지 않은 다수파의 견해가 전체 집단의 견해를 대신하는 일이 생기지 않도록 보장해야 한다. 일부 위원회의 경우는 그럴 수 있겠지만, 다수결이 최우선인 의회에는 해당되지 않는다. 이는 집단의 정체성이 구성원 개개인의 정체성보다 우선함을 의미한다. 이를 경계할 필요가 있다. 공식적인 절차를 따라 집단심이 생성되었다 하더라도, 집단이 반드시 양심이나 영혼을 가지고 있다고 할 수는 없다. 집단은 기계적이다. 집단의 정체성은 인위적인 과정을 통해 형성되고, 이 과정은 때로 형식적으로 느껴진다.

집단의 장점은 장기간에 걸친 신뢰성과 안정성이다. 일종의 냉랭함과

난해함은 단점이다. 결국 펄떡이는 심장과 희망, 공포를 가진 피와 살을 가진 존재가 아니라는 뜻이다. 집단심은 또 다른 기계로 전락할 위험성이 있다.

국가의 중심에서 집단심을 찾으려고 하면 잘 알려진 어려움에 부딪히게 마련이다. 집단이 작동하기 위해서는 기계적이어야 하지만, 기계적이기 때문에 인간적인 감정이 부족하다. 내구성과 일관성은 더 나을지 모르지만, 인간성이 부족할 수 있다. 이 경우 집단이 크다고 해서 꼭 더 좋은 것만은 아니다.

군중의 지혜

1974년 철학자 토머스 네이글Thomas Nagel은 〈박쥐가 된다는 것은 어떤 것인가What is it like to be a bat?〉라는 유명한 논문을 발표했다. 그의 결론은 인간은 절대 알 수 없다는 것이었다. 즉 박쥐의 감각 기관은 우리의 그것과 매우 다르므로 우리는 박쥐의 경험을 알 수 없다는 것이다.

박쥐는 우리가 들을 수 없는 것을 들을 수 있을 뿐만 아니라 우리가 상상할 수 없는 방식으로도 들을 수 있다. 네이글은 "흥분한 박쥐와 함께 밀폐된 공간에서 몇 시간을 같이 보내면 완전히 다른 외계의 생명체를 만나는 것이 어떤 것인지 알 수 있다"라고 말했다. 아울러 박쥐에게는 박쥐로서의 느낌이 있을 것이다. 박쥐에게도 감각 기관이 있으니 경험이 있을 것이고, 인간의 의식과 다르기는 하겠지만 우리가 의식으로 인정할 만한 것도 가지고 있을 것이다. 박쥐가 하는 경험은 실재하며, 박쥐가 아니면

누구도 완전히 알 수 없다.[4]

집단이 '된다'는 것은 어떤 것일까? 이유가 다르긴 해도 답하기 어려운 질문인 것은 확실하다. 우리가 고유한 집단심이 있다는 것을 받아들인다고 해도, 그래서 집단이 스스로 생각한다고 인정하더라도, 집단이 고유한 감각 기관이 있다고 말할 수는 없다. 집단은 보거나 듣거나 맛보거나 냄새 맡거나 느끼지 못한다. 오직 그 구성원들만이 그렇게 할 수 있다.

박쥐에게 고유의 의식이 있다고 할 수는 있지만, 집단도 그렇다고 주장하는 것은 말이 안 된다. 집단은 생물체라기보다는 사고하는 기계에 가깝다. 복잡한 추론 패턴을 따라 자신의 결론에 다다를 수 있는 AI도 이런 의미의 의식은 가지고 있지 않다. AI는 생각할 수 있지만 경험할 수는 없다. 박쥐가 아닌 존재는 박쥐를 박쥐답게 만드는 내부 상태를 죽었다 깨어나도 알 수 없다. 하지만 집단이나 알고리즘의 경우는 아예 그런 내부 상태 자체가 존재하지 않는다.

그런데 집단을 박쥐나 알고리즘과는 완전히 다르게 만드는 또 다른 차이점이 있다. 박쥐의 구성 요소 중 경험할 수 있는 능력을 생성하는 부분은 그 자체로 의식적이지 않다. 박쥐는 경험을 한다. 그러나 박쥐의 귀가 아무리 민감하더라도 절대 똑같은 경험은 없다. 인간도 마찬가지다. 그 독특한 형태의 의식이 여전히 깊은 미스터리로 남아 있는 인간의 뇌는 물리적 성분부터 신경 연결망까지 다양한 요소로 구성되어 있다. 두뇌의 미스터리는 이 요소 중 어느 부분이 인간의 의식 경험을 생성하는지 알 수 없다는 것이다. 우리가 말할 수 있는 것은 구성 요소 중 어느 것도 그 자체로는 의식이 없다는 사실이다. 인간을 해체한다고 해도 자잘한 의식들이 남는 게 아니다. 아무것도 남지 않는다.

하지만 집단을 해체하면 여러 개의 의식이 남는다. 집단은 해체되면 사고를 멈춘다. 이는 임무가 끝나면 배심원단이 더 이상 존재하지 않는 것과 마찬가지다. 그렇지만 구성원들은 그렇지 않다. 그들의 개별적인 자아의 감각은 경험이 아무리 고통스럽더라도 그대로 남아 있다. 그렇기에 집단의 정체성은 박쥐, 인간, 생각하는 기계와는 달리 항상 그 구성 요소의 형편없는 모방처럼 느껴질 것이다. 언젠가는 AI가 인간의 의식과 전혀 다르더라도 의식으로 인정할 만한 것을 만들어낼 것이다. 그런 일이 생긴다면, 기계는 자신을 작동할 수 있게 해주는 하드웨어나 소프트웨어를 포함해 무의식적인 것들에서 의식을 생성할 것이다.

한편, 사고할 수 있지만 경험하지 못하는 기계는 생각도 경험도 하지 않는 부분으로 구성되어 있다. 통찰력, 문제 해결력, 패턴 인식 등 어떤 능력을 가졌던 간에 기계는 자신을 구성하는 그 어떤 요소보다 더 많은 것을 가지고 있다.

집단의 경우는 그 반대다. 우리는 의식에서 무의식으로 이동하며 집단심을 형성하지만 박쥐, 인간, 심지어 AI조차도 그 반대다. 집단심이 특히 연약하게 느껴지는 건 이 때문이다. 집단은 구성 요소의 자연적 능력에 비해 매우 인위적인 성격을 띠게 된다. 이는 또한 집단의 혼란이나 일관성 결여가 단순히 집단의 정체성을 왜곡하기보다는 갑자기 붕괴시킬 수 있음을 의미한다. 인간이 한꺼번에 모순된 것을 믿거나 말도 안 되는 소리를 할 때—항상 일어나는 일이긴 하지만—우리는 애초에 그런 사람은 없었다고 결론 내지 않는다. 우리가 아무리 분별력이 없더라도 나는 여전히 나고, 당신은 여전히 당신이다. 우리는 마음을 잃을 수 있지만, 존재하기를 멈추진 않는다.

옵션

	X	Y	Z
A	1	2	3
B	3	1	2
C	2	3	1

투표

8. 콩도르세의 역설

　이해할 수 없는 행동을 하는 집단은 결국 정체성을 잃게 된다. 인식 가능한 집단 의견을 생성하는 메커니즘이 작동하지 않으면 아무것도 남지 않기 때문이다.

　이는 18세기 프랑스 철학자이자 수학자인 니콜라 드 콩도르세Nicolas de Condorcet 후작의 이름을 딴 집단 선택 이론, 즉 콩도르세의 역설로 설명할 수 있다. 콩도르세의 역설은, 특정 조건하에서는 집단이 어떤 일치된 견해도 도출할 수 없음을 뜻한다. 어떤 집단에 세 가지 옵션(X, Y, Z)을 제공하고, 이들을 선호도 순으로 순위를 매기도록 했다고 하자. 이 집단은 X를 Y보다 선호하지만, Z보다는 Y를 선호하며, X보다는 Z를 선호할 수 있다. 다시 말해 어떤 것도 이 집단 전체의 첫 번째 선택이 될 수 없다는 뜻이다. 어떤 첫 번째 옵션도 다른 옵션들 중 하나보다 선호도가 낮기 때문이다(그림 8).

　유권자 A와 C는 X를 Y보다 선호하고, 유권자 A와 B는 Y를 Z보다 선호하며, 유권자 B와 C는 Z를 X보다 선호한다. 즉 어떤 선택을 해도 찬성하는 다수가 있다. 다르게 말하면, 모든 첫 번째 선택에 반대하는(다른 걸 더 좋아하므로) 다수가 존재한다는 뜻이다. 완전히 혼란스러운 상황이다.

여기서 개별 유권자의 견해의 일관성—유권자들이 각 경우에 서로 다른 순서로 옵션을 선택해도 아무 문제가 없는—과 집단이 원하는 것에 대해 아무 말도 할 수 없는 모순이 극명하게 대조된다. 일부 철학자들은 이러한 상황에서의 유일한 해결책은 '홉스의 군주Hobbesian sovereign'라고 칭해지는 '독재자'가 결정하는 것이라고 주장하기도 한다. 이들은 더 나아가 독재자가 사라지면 집단이 붕괴한다는 극단적인 주장을 하기도 한다. 서로 다른 견해를 가진 사람들로 넘쳐나기 때문이다.[5]

이는 리바이어던을 옹호하는 논리 중 하나였다. 집단이 곤란한 문제에 대해 결정을 내릴 수 없다면, 위험하더라도 누군가—그게 누구든지!—가 결정하도록 하는 것이 더 낫다는 말이다. 즉 아무도 없는 것보다는 누군가가 책임지는 게 더 좋다는 것이다.

그런데 콩도르세는 그의 역설과 궤를 달리하는 또 다른 집단 선택 이론과도 관련이 있다. 바로 콩도르세의 배심원 정리Condorcet's Jury Theorem다. 이는 독립적 생각을 하는 사람들이 모인 집단에 두 가지 옵션을 주고 선택하도록 하면, 그 집단이 크면 클수록 올바른 결과에 도달할 가능성이 높다는 이론이다. 여기서 크다는 것은 좋으며 더 많이 안다는 뜻이다. 이 정리의 기본적 가정은 다음과 같다. 사람들이 조금이라도 정답을 알 가능성이 높다면, 집단에 더 많은 사람이 들어올수록 다수의 의견이 맞을 가능성이 커진다는 것이다. 즉 12명보다는 100만 명에게 묻는 것이 좋다는 뜻이다.

물론 100만 명은 모으기 어려운 숫자고, 이렇게 큰 집단의 독립성을 유지하는 것은 거의 불가능하다. 집단의 규모가 커지면 소수의 개인이 다른 사람들을 설득할 가능성이 높아지므로 집단 사고의 위험성이 증가한다. 콩도르세의 이론은 대중 지도자의 유혹에 대한 경계심을 유지하는 데그 목적이 있다. 왜냐하면 인기 있는 사람이 가장 잘 아는 사람은 아니기 때문이다. 선동은 엄밀히 말해 과학이 아니다. 선동을 잘한다고 해서 반드시 옳은 것은 아니다. 현대 민주주의 역사에는 이런 증거가 무수하다. 그럼에도 콩도르세의 이론과 여러 변형 이론은 민주주의가 잘만 운영되면 리바이어던이 결코 가질 수 없었던 진정한 집단 AI를 가질 수 있다는희망을 제시한다.[6]

콩도세르의 통찰력은 군중의 지혜의 또 다른 형태다. 독립적으로 생각하는 사람들로 이뤄진 커다란 집단은 복잡한 질문은 아니더라도 어려운질문에 대해서는 놀랄 만큼 잘 들어맞는 답을 도출한다. 이를 가장 잘 보여주는 예가 축제에서 병에 든 젤리빈의 수를 추정하는 것이다. 간단해보여도 알아맞히기가 매우 어렵다. 아무리 계산을 잘하는 사람일지라도무작위로 모인 군중이 내는 평균 추정치에 근접하지도 못한다.

사람들이 정답과 아주 동떨어진 추정을 해도 이 원칙은 적용된다. 큰 집단이 좋은 점은 무작위로 구성되어 있기 때문에 어느 한쪽으로 치우친 추정을 반대의 극단적 추정이 상쇄해서 실제에 가까운 평균을 도출할 수 있다는 것이다. 백 명이 추정하면 좋다. 천 명은 더 좋다. 만 명은 더 좋을 것이다. 집단이 클수록 개인들의 편견이 결과를 왜곡할 가능성이 줄어든다.[7]

이는 배심원들처럼 과정을 신중하게 처리해야 함을 의미한다. 그렇지않으면 간혹 군중의 광기madness of crowds에 빠질 수 있다. 큰 집단도 매우어리석은 일을 저지를 수 있기 때문이다. 만약 어떤 소문이 집단 내에 퍼진다면—친구의 친구가 젤리빈의 수를 알고 있어!—집단의 추정이 개인의 세심한 추정보다 훨씬 더 정답을 벗어날 수 있다. 집단 내에 선입견—젤리빈이 보기보다 커/작아!—이 있어도 마찬가지다.

군중의 지혜가 제대로 작동하려면 집단 사고로부터 분리되어야 한다. 집단을 구성하는 개개인은 냉정한 통찰력을 가져야 하며, 다른 사람들이 어떤 생각을 하는지와 상관없이 있는 그대로를 파악하기 위해 최선을 다해야 한다.[8]

이런 개념은 실생활에 많이 응용되는데, 주로 정치보다는 경제 쪽이다. 무엇보다도 군중의 지혜는 시장에 자리 잡은 현대 신앙의 기반을 제공한다. 시장은 개별 참가자들이 접근할 수 없는 집단 통찰력을 도출할 때 가장 잘 작동한다. 이를 가리켜 경제학자들은 효율적 시장이라고 일컫는데, 혹자는 인간 세상의 '신탁oracle'에 비유하기도 한다. 누구도 특정 상품에 사람들이 얼마나 지불할 의향이 있는지 정확히 알 수 없다. 우리는 각자 개인적으로 지불할 의사가 있는 금액만 알 수 있다. 하지만 개인들의 의견을 모두 모으면 어떤 것—그게 무엇이든—의 가치를 알 수 있다. 시장은 가격을 설정할 뿐만 아니라 가격을 '알고 있다'.

검색 엔진도 비슷한 원리로 작동한다. 우리 중 누구도 우리가 얻고자 하는 특정 답변을 인터넷 어디에서 찾을 수 있는지 모른다. 하지만 검색 기록을 모으면 알 수가 있다. 수백만 개의 검색 총합이 우리에게 답을 주기 때문이다. 이때 군중은 놀라운 효율성을 보인다. 그렇게 되는 이유는, 우리가 찾는 것은 저마다 다르지만 찾는 방식은 모두 같기 때문이다.

젤리빈의 사례와 가장 가까운 실질적인 비유는 예측 시장prediction market에서 찾아볼 수 있다. 예측 시장은 군중의 지혜를 활용해 그렇지 않았더라면 알 수 없을 결과를 예측한다. 다음에 전쟁이나 자연재해가 언제 어디서 발발할지 어떻게 알 수 있을까? 누구도 이런 부분에 대한 확신을 할 수 없지만, 대규모 집단에 예측 판단을 요청하는 것이 가장 좋은 방법일 것이다. 예측이 냉정하게 이뤄지게 하려면 그 결과에 돈을 걸게 하면 된다. 자신의 돈이 걸려 있다면 무모한 추측을 할 공산이 적다. 물론 전쟁이나 테러, 전염병, 기타 재난에 대해 배팅하는 것을 안 좋게 생각하는 분위기가 있기는 하다. 하지만 동시에 그것은 놀라울 정도로 효과적일 수 있다. 그렇다면 여기에 집단 지혜를 정치적으로 유용하게 쓸 수 있는 가능성이 있다. 정말 나쁜 일이 어디에서 일어날지 미리 알고 싶지 않은 국가가 있을까?⁹

하지만 배팅 시장은, 심지어 많은 돈이 걸려 있을 때조차도 심하게 잘못될 수 있다. 정치가 종종 그 기능을 방해한다. 2016년, 브렉시트 투표와 도널드 트럼프 대통령 당선을 앞둔 시점에 시장은 두 가지 다 일어나지 않으리라 자신 있게 예측했다. 사람들은 두 가지 모두 아니라는 결과가 나오기 몇 분 전까지 이 예측을 믿었다. 도박사 중에는 은행원들이 많았는데, 이런 결과가 나온 데는 투표가 '잘못된' 방향으로 가면 손해를 볼까 걱정했던 도박사들의 헤징(hedging, 연계 매매)이 한 축을 담당했던 것으로 보인다. 집단 편향과 희망적 예측도 한몫했다. 은행가들은 외부인보다 훨씬 더 많이 자기들끼리 소통한다. 그들은 서로 어떤 생각을 하는지 알고 있었다. 하지만 불행히도 그들은 유권자가 어떤 생각을 하는지는 거의 알지 못했다. 유권자들은 도박을 하지 않고 투표를 했다.

이러한 종류의 집단 사고는 일반 시장에서도 나타날 수 있다. 호황과 불황이 끝없이 순환하는 시장의 변동성market volatility은 일반적으로 시장 참여자들이 스스로 판단하기보다는 다른 사람들이 어떤 생각을 할까 예측하는 데 주력하기 때문에 발생한다. 작은 변동에도 대규모 공황이 야기될 수 있기에 돈이 더 중요한 요인일수록 상황은 더 나빠질 수 있다.

마찬가지로 검색 엔진도 집단 편향에 매우 취약하다. 수백만 명의 사람들이 같은 방식으로 다른 것을 찾으면 모든 검색 엔진에 공통된 편견을 반영하는 결과를 낳을 수 있다. 여기에는 인종차별, 성차별 및 기타 집단적 우둔함 등이 포함된다. 더 심각한 문제는 참여자들이 그것을 깨닫지 못하는 사이에 발생할 수 있다는 점이다. 검색 엔진은 우리의 공동 관심사를 통합하고 반영해 우리가 검색하는 것에 관한 답을 보여준다. 우리가 공통적으로 편견을 가지고 있다면, 그것이 마치 진실인 양 우리에게 다가올 것이다.

이 모든 것으로부터 두 가지 교훈을 얻을 수 있다. 첫째, 집단은 똑똑할 수도 있고 우둔할 수도 있다. 집단심이 있을 수도 있고 아무런 생각이 없을 수도 있다. 구성원들이 의견을 바꾸지 않더라도 집단의 의견은 매우 달라질 수 있다. 이에 따라 집단은 불합리한 모순에 빠지거나 중요한 통찰력을 얻을 수 있다. 이는 전적으로 누가 집단을 구성하느냐에 달렸다.

둘째, 집단이 사고하는 기계로 변하려면 매우 인위적이어야 한다. 어떤 집단은 다른 집단보다 더 자연스럽다. 그들은 구성원의 성향에 따라 행동한다. 고유한 집단심을 갖기 위해서는 엄정한 공식적인 절차를 통해 조정되어야 한다. 군중은 모든 종류의 놀라운 지혜를 발휘할 수 있지만, 인위적인 일련의 규칙으로 제약받지 않으면 난장판이 되거나 첫 붕괴의 징후만 나타나도 무너질 수 있다. 질문을 설정하고 처리 과정을 수립하고 결과를 집계하는 사람이 없다면, 누구도 병에 든 젤리빈의 수를 말하지 않을 것이다. 시장이 엄격하게 규제되지 않는 한, 누구도 상품의 가격을 알려주지 않을 것이다. 마찬가지로 배심원은 그 방법을 지도받지 않는 한 독자적인 평결을 내리지 못할 것이다.

인간 집단의 AI를 활용하려면 많은 시간과 노력 그리고 조직의 능률이 필요하다. 특정 조건하에서 이런 지능을 성공적으로 정치에 적용하면 더 나은 결과를 도출할 수 있다. 하지만 이것만으로는 어떠한 정치 시스템도 그 자체의 우둔함으로부터 벗어날 수 없다. 메커니즘이 작동하기 위해서는 조건이 맞아 떨어져야 한다. 즉 군중의 지혜가 제대로 작동하려면, 상황을 통제하기 위한 국가라는 인위적인 기관이 필요하다. 생각하지 않고 느끼지 않는 집단체가 집단정신을 가질 가능성은 없다.

물론 일부 군중은 여전히 이러한 인위적인 통제에서 벗어날 수도 있고, 심지어는 폭동을 일으키기도 할 것이다. 이때 집단의 감정이 분출된다. 군중은 피 냄새를 맡을 수 있고, 두려움이 분노로 변할 수 있으며, 격분했다가도 진정할 수 있다. 이런 류의 군중은 구성원들의 감정 상태의 연장선으로서 서로 반응하고 서로 영향을 미치기 때문이다. 군중은 동물의 무리 또는 폭풍우나 회오리바람 같은 자연 현상처럼 자연스레 생겼다가 자연스레 사라질 수 있다.

성난 폭도들이 희생물을 공격할 때 우리는 그들이 무슨 생각을 하는지 물어보지 않는다. 우리는 그 시점에 군중이 아무런 생각 없이 그저 끔찍한 집단적 광기에 사로잡혀 있다는 것을 알고 있다. 소요가 끝나고 폭도가 해산하면 군중에게 책임을 묻는 것은 의미가 없어진다. 더 이상 군중이 존재하지 않기 때문이다. 대신 우리는 그 구성원, 특히 주동자를 추적한다.

군중의 일원이 되면 어떤 느낌일까? 아마도 우리는 이 질문에는 답할 수 있을 것이다. 우리 자신이 보다 더 강력해지고 생각이 없어지는 것 같은 느낌. 군중에게는 박쥐가 가진 것 같은 의식은 없지만 감각과 감정은 있다. 폭동에 휘말렸던 사람들은 자신이 무슨 짓을 하는지 몰랐다고 변명한다. 집단 감정과 함께 죄가 없다는 의식에 사로잡힌다. 군중은 구성원들의 감정 상태의 총합 이상이다. 군중의 일부가 아니라면 사람들은 그런 상태에 빠져들지 않을 것이기 때문이다. 그렇지만 군중은 여전히 우리 자신의 확장판이다. 밀폐된 공간에 흥분한 군중과 같이 갇혀본 사람은 사실상 외계인을 만나는 것이 아니다. 그것은 최악의 우리 자신과 마주하는 것이다.

이런 감정은 결정해야 하는 배심원, 특히 집단 지혜를 구해야 하는 배심원에게는 해당되지 않는다. 구성원 중 누구도 모르는 질문에 대한 답을 알고 있는 집단은 구성원들과는 전혀 다르다. 감정이 없어야 한다. 어떤 수준에서는 기계처럼 냉정해야 한다.

결정, 또 결정

다른 생각하는 기계와 마찬가지로, 집단도 우리가 무엇을 원하느냐에 따라 많은 것이 달라진다. 우리는 집단이 진실을 말해주길 바라는가, 아니면 우리가 뭘 해야 할지 말해주길 바라는가? 집단은 그 자신은 알고 있지만 우리는 모르는 정보를 제공해 줄 수도 있고, 우리를 어떤 한 방향으로 이끌 수도 있다. 우리는 이 선택이 집단에 달려 있다고 생각한다. 하지만 실제로는 우리에게 달려 있다. 우리가 집단을 어떻게 설정하고 무엇을 기대하느냐에 달려 있다. 정리하면 이렇다. 우리가 집단에 구하는 것이 답인가, 아니면 결정인가?

어떤 질문이든지 답을 유도할 수도 결정을 요청할 수도 있다. 때로는 이 둘 사이에 실질적인 차이가 없을 수도 있다. 청혼에 답하려면 먼저 마음의 결정을 해야 하는데, 이럴 때는 결정이 답변이 된다. 전쟁 여부에 관한 답변을 원한다면 우리는 잠재적 전투원들의 결정을 기다려야 한다. 이들이 싸우기로 결정했다면 주요 질문에 대한 답을 알게 된다. 전투원들이 위험을 무릅쓰고 공격을 감행할까? 그렇다, 그들은 그렇게 할 것이다.

하지만 때로는 정답과 결정이 완전히 다를 수 있다. 군중에게 병 안에 든 젤리빈의 개수를 물었을 때, 그 대답의 평균값으로 젤리빈이 얼마나 들었는지 결정하는 것이 아니다. 군중은 결정할 수 없다. 그저 추정할 뿐이고, 가장 알맞은 답은 실제 수치에 가장 근접한 추정치다. 결정이란 상황을 변화시키는 선택의 결과다. 결정이 내려진 후 세상은 달라진다. 평화에서 전쟁으로의 전환만큼 극적이진 않겠지만, 무언가 변화할 것이다. 군중이 선택해도 젤리빈의 개수는 변하지 않는다. 추측이 맞든 틀리든 정답은 여전히 정답이다.

어떤 집단이 답변과 결정이라는 두 가지 작업을 수행할 때, 결국 같은 작업 아니느냐고 할 수 있다. 그렇지 않다. 배심원단이 피고의 유죄 여부를 결정해야만 한다고 해보자. 배심원단의 결정은 배심원들이 어떻게 생각하는지에 대한 질문의 답이다. 법적인 목적을 포함하는 어떤 상황에서는 이 답변이 피고의 유죄 여부를 결정할 수도 있다. 그런데 우리는 또한 그 평결이 올바른지 아닌지를 물을 수도 있다. 피고는 진정 기소의 원인이 된 일을 저질렀을까? 이 질문에 대한 답은 배심원단의 결정에 달려 있지 않다. 배심원단은 얼마든지 잘못된 결정을 내릴 수 있다. 결정은 질문에 대한 잘못된 답변일 수도 있고, 동시에 유일한 답변일 수도 있다.

콩도르세 배심원단이 정답에 도달할 가능성을 높이기 위해 규모를 확장하면, 이는 자신들의 의사결정권과는 무관한 무언가를 결정하려는 것이다. 규모가 커지면 진실에 보다 가까워진다. 다른 형태의 어떤 집단은 규모가 커질수록 보다 강력해지지만 진실에서 멀어진다. 폭력적인 군중이 사람들을 더 많이 끌어들여 규모가 더 커지면 더 큰 피해를 줄 수 있다. 그들의 선택은 더 강력해지겠지만 더 정확해지지는 않는다. 폭력적인 군중은 진실에 관심이 없다. 그들은 그들만의 현실을 만든다. 반면에 사실에 접근하려고 노력하는 집단도 있다. 이들은 진실 그 '자체'다.

하지만 이렇게 딱 잘라 구별하기란 쉽지 않다. 시장은 상품의 가격을 알고 있지만 또한 상품의 가격을 결정한다. 테슬라 주식을 사는 데 얼마나 드는지 알고 싶다면 시장이 알려줄 것이다. 다른 방법은 없다. 다른 시장에서 결정된 다른 가격이 있다고 아무리 주장해 봐야 소용없다. 할 수 있는 최선은 테슬라의 가치에 대해 다른 견해를 가지고 있으니 시장 가격을 지불하고는 사지 않는 것이다. 이는 내가 어떤 사람인지 드러내 주지만, 진정한 가격에 대해서는 밝혀주지 않는다. 다만 내가 사지 않으려는 것도 가격 형성에는 영향을 주어 그로 인해 주가가 떨어질 수 있다(내가 매우 큰 투자자라면). 시장 가격은 젤리빈의 개수와 달리 끊임없이 변하고 있다. 이는 테슬라 주식에 얼마나 지불할 것인지에 대한 일련의 결정에 기반을 두고 있다. 그 결정은 시장이 제공하는 답변에 의해 형성된다. 결정과 답변이 서로 영향을 주는 것이다.[10]

결정과 정답을 구분하는 것이 어렵기는 하지만, 그래도 차이를 알아야 한다. 소수의 막강한 권력을 가진 사람들—우리는 모르지만 어쩌면 회사에 결정권을 행사할 수도 있다—에 의해 결정된 주가는 회사 가치에 대한 여러 사람의 시각을 반영한 주가와는 매우 다르다. 우리는 전자의 가격에서 후자의 가격과는 매우 다른 무언가를 발견할 수 있다. 전자의 경우는 누군가가 우리에게 알리고 싶은 것만 알려주지만, 후자는 다른 방법으로는 접근할 수 없는 공정한 정보를 제공한다.

빌 클린턴의 정치 고문이었던 제임스 카빌은 1990년대에 이런 말을 한 적이 있다. "환생이라는 게 있다면 전에는 대통령이나 교황이 되고 싶었지만, 이제는 채권시장으로 태어나고 싶습니다. 누구든지 위협할 수 있으니까요." 채권시장은 대통령 고문들에게는 두려운 존재다. 다만 막강한 투자자들이 채권시장을 이용해 정부를 위협—예를 들어 자국 통화의 강세를 유도하는 것—하기에 두려워하는 것과 정부가 숨기고 싶은 무언가—예를 들어 국가의 재정 상황이 예상보다 안 좋다는 것—를 폭로하기에 두려워하는 것에는 차이가 있다. 교황을 두려워하는 것도 마찬가지다. 교황으로부터 파문당할 수도 있고, 교황이 내가 죄인이라는 것을 알 수도 있기 때문이다. 전자는 결정이고, 후자는 답변이다.[11]

영국 국민이 브렉시트에 찬성했을 때, 투표 용지에는 다음과 같은 질문이 적혀 있었다. "영국은 EU 회원국으로 남아야 할까, 아니면 떠나야 할까?" 유권자들은 결정을 요구받았다. 무엇을 원하는지에 대한 결정이었다. 그런데 유권자들은 동시에 답변도 요구받았다. 무슨 일이 일어나야 된다고 생각하는지에 대한 답변이었다. 첫 번째 질문에 대한 그들의 선택은 한번 내리면 뒤집을 수 없는 것이었다. 다수가 의견을 내면 그것이 답이었다. 그런데 두 번째 질문에 대한 답은 잘못될 수 있었다. 브렉시트가 올바른 결정이었다고 믿으려면 군중의 지혜에 대한 강한 믿음이 있어야 한다. 하지만 군중의 지혜가 항상 신뢰할 만하지 않다는 것이 문제다.

그렇다고 이것이 발생하기 어려운 '희망 사항wishful thinking'은 아니다. 유권자들은 전문가들이 모르는 것을 알 수도 있다. 영국 정부는 브렉시트의 유혹에 빠진 유권자들에게 브렉시트가 곧바로 경제적 재앙을 초래할 것이라고 했지만, 유권자들은 설득되지 않았다. 그리고 이들이 옳았다는 것이 밝혀졌다. 예고된 재앙은 일어나지 않았다(장기적인 결과는 또 다른 문제다). 2003년 영국 정부는 사담 후세인이 대량 살상 무기를 가지고 있다고 대중을 설득하려 했다. 하지만 여론 조사에 따르면 대중은 정부를 믿지 않았다. 대중은 옳았다. 그런 무기는 없었다. 그러나 이런 질문들은 답하기가 간단하다.

반면에 영국의 이라크 전쟁 개입의 광범위한 영향이나 브렉시트의 더 포괄적인 의미 같은 질문은 쉽사리 대중의 지혜를 이용할 수 있는 질문이 아니다. 전쟁과 브렉시트는 젤리빈이 담긴 병이 아니다. 정부가 그런 질문을 병에 든 젤리빈의 개수를 맞추는 문제로 바꾸려고 한다면—그러면 큰일 나니 절대 하면 안 됩니다, 그분이 원하시니 이렇게 합시다!—매우 멍청한 짓이 될 것이다.

결정이 항상 답변이고, 답변이 항상 결정이라고 한다면, 심각한 혼란 또는 그보다 더한 상황까지 초래할 수 있다. 만일 어떤 시장이 특정한 결과를 위해 조작되었지만 여전히 신의 계시처럼 받아들여진다면 장기적으로 재앙을 초래할 것이다. 2008년 세계 금융 위기는 투자자와 규제 당국이 모기지 담보 부채의 실제 가치와 시장이 인위적으로 조작한 가치를 구분하지 못했기에 발생했다. 이는 답변처럼 보였지만 실제로는 결정이었고, 결정은 잘못될 수 있었다.

그러나 시장은 결정이 아니라 답변을 생성하도록 설계되었기에 잘못될 경우 스스로를 구할 수도 없고, 경로를 변경할 수도 없다. 여기에는 국가의 결정이 필요했다. 국가는 답을 정해놓고 개입했다. 파산한 은행을 구제하고, 그들의 부채를 인수하기로 결정했다. 국가는 신탁이 아니기에 이렇게 할 수 있었다. 이들은 강제력 있는 기관이며, 이들의 결정은 지켜질 수 있다.

이 잠재적이고 위험한 혼란은 기계 학습과 검색 엔진의 세계에까지 확장된다. 검색 엔진은 우리에게 답만 주도록 설계되었지 결정을 내리도록 설계되지는 않았다. 구글은 당신이 무엇을 찾을지 결정하지 않는다. 반면에 국가는 당신이 내야 할 세금을 결정한다. 구글은 당신이 무엇을 찾고 있는지 파악하고, 당신이 그걸 찾을 수 있는 곳을 알려준다. 그렇지만 그 답은 다른 사람들이 내리는 결정에 의해 만들어진다. 만약 당신이 구글에 "아름다움이란 무엇인가?"라고 입력했는데 백인들의 사진이 나왔다? 이를 당신이 한 질문에 대한 답이라고 생각하면 오산이다. 이는 백인과 아름다움을 동일시하는 사람들이 선택한 결과다. 구글 알고리즘 설계자들이 바로잡지 않았기에 발생한 일이다. 결정을 답변 취급하면, 편견을 사실로 오해할 위험이 있다.

마찬가지로 답변을 결정으로 취급하면 사실과 판단을 혼동할 위험이 있다. 보험 가입자가 보험금 지급을 요청하며 보험회사에 서류를 접수했는데 "시스템이 안 된다고 한다"라는 말을 듣는다면, 마치 보험금 청구 거부 결정이 알고리즘에 의해 내려진 것처럼 들린다. 하지만 이는 사실이 아니다. 알고리즘은 청구인이 제출한 정보가 청구에 필요한 기준을 충족하는지를 답한 것이다. 이는 답변이지 결정이 아니다. 청구 거부 결정은 그 기준을 정한 사람이 하는 것이다.

답변을 결정으로 위장하면 마치 결정을 바꿀 수 없는 것처럼 보인다. 컴퓨터가 "아니오"라고 말하면 누구도 이를 바꿀 수 없는 것처럼 보인다. 하지만 이 역시 잘못된 생각이다. 누구도 바꿀 수 없다면, 그것은 컴퓨터가 그렇게 결정하도록 누군가가 설계했기 때문이다. 그건 컴퓨터가 결정할 사항이 아니다.

집단은 다른 기계들처럼 결정을 내릴 수도 있고, 세상을 잘 알 수도 있다. 의식은 필요하지 않다. 단지 절차나 알고리즘이 필요할 뿐이다. 하지만 결정하는 것과 아는 것 사이에는 큰 차이가 있다. 오른쪽 말고 왼쪽으로 가기로 결정하는 것은 반드시 왼쪽으로 가야 한다고 아는 것과는 다르다. 전자는 선택이고, 후자는 답변이다. 집단은 기계와 마찬가지로 의식이 없다. 따라서 어느 것이 어느 것인지 이해하리라고 기대하는 것은 무리다. 즉 집단은 무엇이 진실인지 알기 어렵다는 말이다. 왼쪽으로 가기로 결정한 집단은 그런 일이 일어나는 세상을 만드는 것이다. 반면에 반드시 왼쪽으로 가야만 한다는 집단은 이미 왼쪽이 옳은 세상을 만든 것이다. 이 차이점을 아는 것이 우리의 책임이다.

2004년 미국의 이라크 침공 이후 조지 W. 부시 대통령의 한 보좌관이 《뉴욕타임스》 기자 론 서스킨드Ron Suskind한테 이렇게 말했다.

"당신은 '현실 기반 커뮤니티reality based community'에 속해 있습니다. 이곳에서는 실제 현실에 대한 당신의 현명한 연구로부터 해결책이 비롯됩니다. 하지만 세상은 더 이상 그런 식으로 작동하지 않습니다. 우리는 이제 하나의 제국이며, 행동할 때 우리는 우리만의 현실을 창조합니다. 그리고 당신이 그 현실을 매우 신중하게 연구하는 동안 우리는 다시 행동해 새로운 현실을 창조할 것입니다. 당신은 또 그 현실을 연구할 수 있겠지요. 여하튼 이런 식으로 모든 것이 정리될 것입니다."

서스킨드는 부시 행정부의 이런 기조를 '신앙 기반faith-based' 정치라고 명명했다. 또 다른 이름으로는 현실 정치realpolitik다. 결국 이는 결정이 답을 정하는 게 아니라 답이 결정을 내린다는 가정에 근거한다. 리바이어던의 작동 방식과 완전히 일치하는 것이다. 리바이어던은 먼저 알지 않아도 결정할 수 있다.[12]

하지만 이런 접근 방식은 집단 사고에 매우 취약하다. 이라크 전쟁 직전, 미국과 영국 정부는 전쟁에 반대하는 수백만 명을 포함한 군중의 지혜나 현실 기반 커뮤니티 전문가들의 집단 지성을 무시했다. 대신 원하는 것만 듣고 싶은 사람들이 성급하게 결정을 내려버렸다. 이러한 상황에서는 같은 생각을 가진 사람들의 집단이 서로서로 신념을 강화하면서 치명적인 결과를 초래하는 경우가 많다.[13]

리바이어던이라고 더 잘 알 수는 없다. 하지만 이를 운영하는 사람들은 더 잘 알아야 한다.

실수에 대한 책임지기

만약 집단이 스스로 생각하고 스스로 결정할 수 있다면, 실수에 대한 책임을 집단에 물을 수 있을까? 이 질문은 집단을 구성하는 사람들과 집단에 많은 영향을 미친다. 만약 집단에 책임이 있다면, 그 구성원들은 책임이 없다는 뜻이다. 하지만 구성원들이 실수에 대한 대가를 치르지 않는다면 누가 책임을 질 것인가?

다음과 같은 일을 상상해 보자. O. J. 심슨 재판에서 피해자 가족들이 배심원단을 고소해서 유죄를 무죄로 판단한 책임을 물을 수 있을까? 그렇다고 한다면 배심원 개개인을 대상으로 책임을 묻는 것이 합리적일 것이다. 각각의 선택에 기반해서 평결이 내려졌기 때문이다.

그런데 그 반대도 생각해 보자. 배심원단이 증거를 개별적으로 평가하는 논의 절차를 통해 그를 유죄로 평결했는데, 나중에 심슨이 무죄로 밝혀진다면? 심슨이 배심원단을 고소한다면 배심원 개개인의 책임을 묻는 것은 말이 되지 않을 것이다. 왜냐하면 그들 모두 무죄라고 믿었기 때문이다. 유죄 평결은 집단의 선택이었다. 하지만 평결 후 해체된 배심원단을 어떻게 고소할 수 있을까? 집단이 독립적으로 결정을 내릴 수 있다면 그 결정에 대해 책임지는 사람이 없는 것처럼 보일 수 있다.

결과적으로 집단의 정체성은 끔찍한 딜레마를 야기한다. 집단이 그 구성원들의 합이 아니라는 것이 명백해질수록 집단에 책임을 묻기가 더욱 어려워진다. 몇몇 사람들은 이러한 모순에 절망하기도 했다. 18세기 법학자 에드워드 서로Edward Thurlow의 유명한 말이 있다. "법인은 걷어차일 몸도 없고 지옥에 갈 영혼도 없으니 마음대로 한다." 집단이 고유의 정체성을 갖게 되면, 몸과 영혼을 가진 지각 있는 존재들은 집단 내로 사라진다. 집단의 결정으로 피해를 입은 사람들이 책임을 물려 해도 도와줄 방법이 없다. 반면에 집단은 관심조차 없다.

반대 역시 마찬가지다. 기업이나 인공적으로 만들어진 다른 집단체와는 달리, 대중은 감정이 있고 고통을 느낀다. 매우 감동적인 연극을 관람하는 관객들을 보라. 스스로는 느끼지 못하거나 느낄 수 없는 감정을 집단적으로 느낀다. 배우는 관객을 웃거나 울게 할 수 있다. 배우는 만족시키기 어려운 관객도 있고, 반응이 빠른 관객도 있다면서 관객마다 전부 개성이 있다고 말한다. 하지만 공연이 끝난 후에는 아무도 관객을 이렇다 저렇다 평가할 수 없다. 더 이상 관객이 존재하지 않기 때문이다. 개별 구성원들은 각자의 길을 가고 없다.

대중과 마찬가지로 관객을 그렇게 반응하도록 만드는 것은 그 순간에 느끼는 연결 의식 때문이다. 그 순간이 지나서도 연결을 계속 유지하려면 인공적인 집단을 만들어야 한다. 그것은 관객보다는 공식적인 위원회에 더 가깝다. 그러나 공식적인 위원회는 관객과 달리 감정을 느끼지 않는다.

이 딜레마를 해결하기 위해 여러 방법을 시도해 볼 수 있다. 비록 집단이 몸이나 영혼을 가질 수 없더라도 무언가 소유는 할 수 있다. 다른 집단과 구별되는 영구적인 인공적 정체성을 가진 집단은 자신의 물건을 소유할 수 있다. 이들은 은행 계좌와 예산, 돈을 가질 수 있다. 소송을 제기하고 소송을 당할 수 있으며, 만약 책임이 있다고 판명되면 집단은 자체 자원으로 배상금을 지급해야 한다. 이는 우리가 사는 현재, 기업에서 매일같이 발생하고 있는 일이다. 그런데 이로 인해 명백히 도덕적 해이로 보이는 상황이 발생한다.

구성원이 아닌 집단이 책임을 지므로, 이를 알고 있는 구성원들은 보다 대담하게 행동할 수 있다. 결국 그들이 책임지지 않을 것이기 때문이다. 이것은 중요한 문제다. 왜냐하면 집단은 그 구성원들로 분해될 수는 없지만, 집단의 선택은 여전히 그 구성원들에 의해 결정되기 때문이다. 결정하고도 결과에 대해 책임지지 않는다면, 책임을 져야 할 때와 매우 다른 결정을 할 수 있다. 현대의 기업이 현대의 정치와 마찬가지로 매우 대담한 이유 중 하나가 바로 여기에 있다.

도덕적 해이 문제를 해결하기 위해 집단 구성원들이 자신의 이익만큼 집단의 이익을 심각하게 생각하도록 강제하는 절차를 추가로 도입할 수 있다. 집단의 고통이 염려된다면, 구성원들은 보다 책임감 있는 선택을 할 가능성이 높다. 집단을 지속적인 관심의 대상으로 여겨 집단의 연속성과 통일성을 유지하기 위한 결정을 내릴 수 있다. 물론 이렇게 되면 쓸데없이 자원을 낭비하는 일도 발생하지 않을 것이다. 종종 이렇게 하는 사람들을 보면 놀라울 따름이다. 이들은 집단의 이익을 위해 자신의 이익을 희생하고, 심지어 집단의 운명을 자신의 운명보다 더 중요하게 여기기도 한다. 하물며 기업에서 일하는 사람 중에도 이런 사람이 있다. 이런 사람은 자신이 사라진 후에도 가치 있는 무언가가 집단에 오래 남도록 하는 데 평생을 바치기도 한다.

하지만 여전히 문제가 있다. 만약 사람들이 규칙과 규정으로 강요된 방식으로 행동한다면, 그것은 매우 인위적일 것이다. 집단은 그저 절차에 불과하게 되며, 이로 인해 실제적이고 지속적인 관심사가 되기는 어려울 것이다. 간단히 말해, 집단의 규정집만으로는 그 집단에 큰 관심을 두지 않는다는 뜻이다.

사람들이 집단에 관심을 보이는 이유는 개인적인 유대감을 느끼기 때문이고, 아마도 그 집단은 그들이 세운 회사거나 친구들이 소속된 클럽일 것이다. 다만 그 유대감이 개인적인 것이라면 그 집단이 고유한 정체성을 가지고 있다고 말하기는 어렵다. 대신 집단은 구성원들의 감정에 의해 좌우된다. 그에 반응할수록 집단 자체의 특성은 사라진다. 집단이 책임을 지려고 한다면 구성원들의 감정적 연결을 끊어야 한다(심슨 배심원단이 그의 유무죄에 대한 그들의 감정을 넘어서야 했듯이). 비인격적인 집단에 책임을 물을 수는 있지만 강제로 죄책감을 느끼게 할 수는 없다.

다른 방법으로는 집난을 포기하고 대신 구성원들을 쫓는 것이다. 진짜 신체와 영혼을 가진 사람들이 책임을 지도록 하는 것이다. 집단의 결정을 추적하면 책임을 져야 하는 사람을 찾아낼 수 있다. 그렇다고 문제가 해결되지는 않지만. 단지 다른 곳으로 옮겨갈 뿐이다. 누가 책임을 져야 할까? 다수결로 결정되었다면 그에 찬성한 사람들만 책임이 있다고 할 것이다. 하지만 무언가 잘못되어 투표 결과가 자신에게 되돌아오리라는 것을 알면 사람들의 투표는 바뀌게 되어 있다.

만약 브렉시트 투표가 개인에게 책임을 지우는 것이었다면? 투표 결과가 달라졌으리라고 쉽게 예상할 수 있다. 그 대신에 우리는 집단의 결정을 집단의 책임으로 간주하고 찬성표를 던진 사람뿐만 아니라 반대표를 던진 사람에게도 책임이 있다고 말한다. 우리가 민주적 의사결정이라고 생각하는 방식이 대부분 이렇다. 당신이 그들을 뽑지 않았어도 결국 당신의 정부가 된다. 그런데 책임이 집단적이라면 왜 결정에 아무런 역할도 하지 않은 구성원들에게 책임을 묻는가? 결국 문제는 다시 원점으로 되돌아간다.

이 딜레마에서 벗어날 방법은 없으며, 집단의 책임을 다루는 법은 항상 이런 딜레마에 직면해 있다. 군중에서 추리면 가장 영향력 있는 구성원, 즉 주동자로 좁힐 수 있지만, 그만을 비난하면 실제 피해는 군중이 입혔다는 사실을 무시할 가능성이 있다. 군중이라고 단정하면 단순 추종자나 심지어 무고한 구경꾼들까지 포함할 위험이 있다. 다른 사람이 범죄를 저지를 때 거기 있었단 이유만으로 유죄 판결을 받은 사람이 많다. 영국 법에서는 이러한 종류의 범죄자를 '공모 공범joint enterprise'이라고 한다. 이는 매우 불공정해 보일 수 있지만, 애초에 모이지 않았다면 범죄가 발생하지 않을 수 있었다는 주장에도 일리는 있다. 그리고 개인들이 모이는 것을 처벌할 방법은 없다. 군중은 은행 계좌가 없으니 그 구성원을 추적하지 않고는 처벌이 불가능하다. 집단 책임은 둥근 구멍에 맞지 않는 네모난 나사처럼 언제까지나 이런 딜레마에서 벗어나지 못할 것이다.[14]

AI 시대에 인간이 아닌 것에 인간에게 하듯 책임을 묻는 것은 예민한 문제다. 기계가 사람을 해치면 누구를 비난해야 할까? 기계 자체? 아니면 기계를 만든 인간? 이는 새로운 질문이 아니다. 인간이 만든 집단의 역사만큼 오래되었다. 기계에 책임을 지우면 인간이 면책받을 위험이 있다. 반대로 인간이 책임지면 기계의 책임을 무시할 위험이 있다. 집단의 결정을 인간으로 한정하는 것은 그 본질적인 특성을 왜곡하는 것일 수 있다. 그렇지만 책임을 인간으로 한정하지 않으면 오히려 집단이 비인간적으로 변할 수 있다.

자율 주행 차량부터 최신의 의사결정 알고리즘까지, 우리는 이미 로봇이 문제를 일으키면 누가 책임을 져야 하는지에 대해 고민을 해왔다. 쉬운 답은 없지만, 그렇다고 우리가 이 문제에 대한 경험이 없다는 의미는 아니다. 그러나 집단의 책임과 로봇의 책임 사이에는 근본적인 차이가 있다. 집단은 인간으로 구성되지만, 로봇은 그렇지 않다. 집단에서 하듯 로봇을 분해해 전체를 대변할 하나의 조각을 찾는 것은 불가능하다. 우리는 로봇을 비난할 수 없다. 그것을 설계한 사람, 제작한 사람, 소유한 사람,

규제한 사람이나 단순히 로봇의 존재를 허용한 사람을 비난할 수밖에. 우리는 외부에서는 인간의 흔적을 찾지만, 내부에서는 집단을 본다.

AI에게 책임을 물으려면 그것을 더 똑똑하게 만들어야 한다. 반면에 집단에게 책임을 물으려면 집단을 해체시켜야 한다.

집단의 정체성을 성립하는 일이 그토록 문제적이고 완전히 인위적인데―자연적인 상태에서는 절대 일어나지 않는다―왜 그리 신경을 쓰는 걸까? 과연 그만한 가치가 있을까? 우리가 그러는 까닭은 그것이 매우 유용하기 때문이다. 중요한 것은 신뢰성이다. 집단적 주체가 결정을 내리고 그 결정에 책임을 지게 되면서, 우리가 아는 세계가 가능하게 되었다. 이런 식의 구성은 매우 효율적이다. 내구성도 좋고 확장성도 있다. 비인간적이기에 정확히 작동한다. 이들의 효율성은 기계의 효율성이다. 이들의 내구성은 자연 생물체에서는 볼 수 없는 것이다. 이들의 확장성은 복제 가능한 메커니즘에 있다. 우리가 치러야 할 대가는 이들의 인간성을 찾기 위해 이들을 해체해야 한다는 것이다.

이 인공적인 창조물들은 우리 주변에 널려 있다. 너무나 익숙해서 우리는 이것들이 얼마나 인위적인지 깨닫지도 못한다. 국가와 기업뿐만 아니라 학교와 대학교, 시의회와 시청, 스포츠 클럽과 종교 단체, 정치 정당과 급진적 협동조합 등 다양하다. 이들 모두는 구성원인 인간의 약점을 극복할 수 있도록 설계되어 있다. 구성원들은 떠날 수도 있고, 관심을 잃을 수도 있으며, 다툼이 생길 수도 있고, 아프거나 죽을 수도 있기 때문이다. 이 조직들이 제대로 작동하려면 인간을 초월해야 한다. 이는 이것들이 인간의 모든 것을 그대로 복제하지 못한다는 뜻이기도 하다.

집단이 아닌 것은 이해하기 쉽다. 집단이라는 것은 매우 관념적이다.

그렇기에 이 장에서 매우 구체적인 사례를 다룬 것이다. O. J. 심슨 평결에 대한 나의 설명은 일어난 일을 재구성한 것이 아니다. 나는 그 사건을 둘러싼 분위기나 압력 또는 광적인 대중의 반응에 대해 아무것도 언급하지 않았다. 이 배심원단은 거의 1년 동안 가족과 떨어진 채 호텔에 갇혀 있었다. 누가 이들의 마음 상태를 알 수 있었을까? 배심원실에 있지 않았다면 누구도 그곳에서 실제로 무슨 일이 일어났는지 확신할 수 없다. 담론적 딜레마를 어떠한 표로 만들더라도 극한의 압박하에서 다른 사람의 인생을 바꿀 수도 있는 중대한 결정을 내리는 것이 어떤 느낌인지는 이해하기 어렵다.

그렇지만 그 자리에 있었다고 해서 다 아는 것도 아니다. 우리 모두는 그 안에 있어도 이해하기 어려운 논리로 의사를 결정하는 집단에 속해 있다. 모든 직장에는 실제로 무슨 일이 일어나고 있는지 직원들에게 알리지 않을 목적으로 설계된 것처럼 보이는 의사결정 구조가 있다. 아울러 어떤 복잡한 조직이든 다양한 집단 의사결정 기관을 가지고 있다. 어떤 기관은 만장일치를, 어떤 기관은 다수결을, 어떤 기관은 토론을, 어떤 기관은 투표를 요구한다. 어떤 기관은 위기를 해결하기 위해 즉흥적으로 마련된 절차를 요구하기도 한다. 어떤 기관은 결정을 내리기 위해, 어떤 기관은 답을 얻기 위해 조직된다. 아마도 일부는 둘 다 할 수 있을 것이다. 우리는 조직이 이것을 생각했고 저것을 했다고 말할 수 있지만, 그것의 정확한 의미는 모른다.

집단 정체성을 해체하면 언제든지 인간적인 요소를 찾을 수 있다는 것은 사실이다. 하지만 우리가 찾은 어떤 인간도 그가 집단에서 어떤 부분을 차지했는지 알 것이라고 생각한다면 기대가 너무 큰 것이다. AI 시대─제작자도 그 결과를 알 수 없는 블랙박스 의사결정과 알고리즘 생성 과정으로 대표되는─가 도래했으니 인간을 이해하기 쉬워졌다는 주장에 속아서는 안 된다. 당신의 인생을 보라. 당신은 당신이 속한 집단의 결정이 어디에서 오는지 완전히 이해하는가? 심지어 직접 그 결정에 참여했어도 이해가 되는가? 전혀 그렇지 않을 것이다.

집단이 사람으로 구성되었다고 해서 다른 종류의 기계보다 내부를 더 쉽게 볼 수 있는 것은 아니다. 우리 주위는 이미 블랙박스로 가득 차 있다. 어떤 의미에서 최소한 그 블랙박스들은 우리 자신이다.

3장

인간보다 오래 사는 대리인들

T H E — H A N D O V E R

지속 가능한 책임을 지는 국가

이 글을 쓰는 현재, 미국의 국가 부채는 30조 달러가 넘는다. 미국의 부채 시계의 수치가 1초에 약 1만 달러씩 증가하기 때문에 정확한 금액은 알 수 없다. 이 두 문장을 쓰는 동안에만 거의 100만 달러가 증가했다. 너무 오래 바라보면 정신이 없을 정도다. 어떤 식으로 보든 엄청난 액수의 돈이다.[1]

그러면 이 30조 달러가 넘는 미국의 부채는 누구의 부채인가? 대신 갚아줄 사람이 없으니 당연하게도 채무자는 미국 국민이다. 이 금액을 미국 국민의 수로 나누면 인당 갚아야 할 돈이 9만 달러가 넘는다(어린이 등 실제로 상환 능력이 없는 이들을 제외한 납세자 수로 나누면 거의 1인당 25만 달러에 달한다). 이는 분명 계속 갚아나갈 수 있는 금액이 아니다. 미국인 절반 이상의 순자산이 10만 달러 미만이므로, 만일 국가의 부채를 떠안으면 이들은 파산할 것이다. 그렇다고 부채가 상환 능력에 따라 배분되는 것도 아니다. 그 누구도 국가 채무 청구서를 받아본 적이 없다. 물론 세금을 내지만, 세금은 다양한 용도로 사용된다. 이 부채는 미국 국민의 것이 아니다.[2]

우리는 국가 부채를 '정부 부채'라고 하고, 이를 나타내는 채권을 '국채'라고 한다. 하지만 부채는 정부에 속하지 않는다. 어떤 행정부도 부채에 대해 책임지지 않는다. 아무리 부유하다고 해도 미국 대통령이나 의회 의원들에게 이자 지불을 위한 현금을 내놓으라고 요구하지 않는다. 동시에 어떤 행정부도 그들의 전임자들이 벌였다는 이유로 부채 인수를 거부할 수 없다. 부채는 대통령에서 대통령으로 이어진다.

미국 국민은 국가 채무에 자금을 대고, 미국 정부는 국가 부채를 관리한다. 그러나 그 부채는 국민의 것도 정부의 것도 아니다. 그것은 국가의 부채다. 개인의 상환 능력에 의존하는 것이 아니라 국가가 책임지는 것이기 때문에 비교적 저렴한 금리로 장기간에 걸쳐 대출을 받을 수 있다. 국가는 특정 시점에 부채를 누가 구성하든 상관없이 부채를 상환한다. 이경우 국가는 구성원의 합보다 더 커야만 한다. 구성원의 합이 할 수 없는일을 해야 하기 때문이다.

여기서 우리는 익숙한 딜레마에 부딪힌다. 우리는 국가가 어떤 일을 할수 있다고 생각한다. 예를 들어 개인이라면 불가능한 막대한 돈을 빌리고, 이를 상환할 책임을 지는 것 등이다. 그런데 이를 가능하게 하는 주체는 정부와 국민이다. 정부는 문서에 서명하고 채권을 발행하고 세금을 인상한다. 국민은 돈을 낸다. 오직 국가만이 엄청난 액수의 돈을 빌릴 수 있지만, 국가 혼자서는 이런 일을 벌일 수 없다. 그 누구도 개인적으로 만나서 거래하듯 국가를 만나서 거래할 수 없다. 우리가 리바이어던과 부딪히는 일은 없다. 국가를 찾으려고 해봐야 여러 역할을 하는 공무원만 만날 뿐이다. 커튼을 걷어내면 마법사는 그냥 우리와 똑같은 사람들일 뿐이다.

국가를 자율적인 존재로 보는 것이 허상이라고 말하고 싶은 이유가 이 것이다. 그렇게 말하는 게 편리해서 국가가 빚을 지고 있다고 하지만, 우리는 사실 국가라는 것이 그것을 구성하는 사람들에 불과하다는 것을 알고 있다. 하지만 이런 시각이 국가와 그 권력의 독특한 특징을 제대로 보여주지 못한다고 생각할 이유가 두 가지 있다.

첫째, 부채는 신뢰의 문제라는 점이다. '신용credit'이란 단어는 '신뢰성 credibility'과 어원이 같다. 돈을 빌려주는 행위는 그것을 돌려받을 것이라고 믿어야 가능하다. 돈을 빌린 사람이 실존하는지의 여부는 신용도에 큰 영향을 미치지 않는다. 살아 있는 사람들―심지어 엄청난 부자인 올리가르히(oligarchs, 러시아의 신흥재벌들을 뜻하는 말_옮긴이)까지도―의 신용은 대부분의 국가보다 훨씬 더 나쁘다. 중요한 것은 상환 가능성에 대한 확신이다.

둘째, 국가가 신뢰받는 이유는 막강한 정부 조직이 정치적 성향이 다르더라도 의무적으로 상환을 보장하기 때문이다. 정부 조직은 실재한다. 국가는 정부가 바뀌어도 국가의 업무가 계속되도록 정교한 메커니즘을 갖추고 있다. 미국의 재무부 같은 주요 부서는, 표면적으로는 권한을 가진 듯한 정치 지도자들의 변덕에도 불구하고, 거대한 관료 조직이 계속해서 돌아간다. 정부는 이 조직에 손을 대기도 하고, 요구 사항을 조율하기도 한다. 심지어 조직을 폐쇄하기 위해 엄청난 노력을 들이기도 한다. 그러나 정부는 조직을 무시하고, 그것이 존재하지 않는 것처럼 행동할 수는 없다. 모든 부채는 일종의 허상이다. 이 중에서 국가 부채가 가장 기계적이다. 그래서 국가 부채가 가장 신뢰할 만한 것이다.

국가 부채를 중심으로 집단생활의 다양한 측면을 반영하는 많은 기관이 존재한다. 국가의 관료제에는 모든 종류의 위원회가 포함되어 있다. 일부는 고유한 관점을 가지고 있기도 하지만, 어떤 곳은 단지 정치권력의 선전 기관에 불과하다. 국가 부채는 제임스 카빌이 환생하고 싶어 했던 채권시장에서 평가되며, 군중의 지혜가 반영되어 있을 수도 있고 아닐 수도 있다. 국가 역시 신용평가기관에 의해 채무자로서의 신뢰성을 평가받지만, 신용평가기관이 정확하지 않을 때가 있다.

민주 국가에서는 선거 결과에 따라 재정 정책이 달라진다. 좌우 모두 민주주의 선거를 해도 부채는 크게 변하지 않는다고 생각한다. 보수층은 유권자들이 낭비하는 경향이 있다고 믿는다(항상 내일보다는 오늘 사탕을 더 먹고 싶어 한다고 생각한다). 반면에 진보주의자들은 유권자들이 긴축 정책의 필요성을 너무 쉽게 받아들인다고 생각한다. 그러나 이 모든 면에도 불구하고 주목할 만한 점은, 안정적인 민주주의 국가의 차입 비용이 장기적으로는 가장 낮다는 것이다.[3]

그런데 국가 자체는 이들 중 어느 것도 아니다. 위원회도 군중도 평가 대상도 유권자도 아니다. 국가는 고유하며, 이 때문에 초능력을 가진다. 명확히 말하자면 그 초능력은 초지능이 아니다. 국가가 부채가 얼마인지 더 잘 알고 있거나, 심지어 빌린 돈을 가장 잘 쓰는 법을 알고 있다는 이유로 국가에 돈을 빌려주는 사람은 없다.

국가는 낭비벽이 있고, 비효율적이며, 정치적 압력에 취약하다. 신용평가기관이 존재하는 데는 다 이유가 있는 법이다. 국가는 선택의 결과를 다른 어떤 종류의 조직보다 오래 감당할 수 있는 능력이 있다. 그 능력은 신용과 부채로 이뤄진 가상의 세계에서 매우 도움이 되는 지속성이다. 영국 정부는 지금으로부터 100년 전 제1차 세계 대전을 치르는 비용을 조달하기 위해 발행한 채권의 일부를 2017년에 상환했다. 이 부채는 사실 18~19세기에 발생한 이전 차입금을 통합한 것이었다. 부채가 가장 많고 인류 역사상 가장 강력한 조직인 미국을 포함한 현대 국가들은 둔중하고 위협적이기는 하지만, 의외로 신뢰할 수 있다. 홉스도 자랑스러워 할 것이다.

국가가 단지 자동적인 부채 상환 기계라면 매우 신뢰할 수 있을 것이다. 하지만 국가는 그렇지 않다. 어떻게 해서든 부채에서 빠져나온다. 이것이 가능한 이유는 광범위한 의무를 떠맡을 수 있는 국가의 힘이 동시에 그 의무에서 벗어날 수 있도록 하기 때문이다. 국가는 자국 통화의 공급량을 조절할 수 있다. 그 때문에 자국 통화로 차입을 했다면 화폐를 더 많이 발행해 인플레이션으로 부채를 줄일 수 있다. 외화로 차입한 국가는 부채를 통제하는 데 어려움을 겪는다. 그렇다고 해도 이런 국가들 역시 채무불이행default이란 옵션을 가지고 있고, 실제 이를 선언하기도 한다.[4]

채무불이행을 선언한 국가들에 책임을 묻기는 어렵다. 그들에게는 저주할 영혼도, 발로 찰 몸도 없다. 그저 무엇을 포기하고 채권자에게 내줄 것인지 선택할 권한만 있을 뿐이다. 이는 그들의 자주적인 선택이다.

아르헨티나가 2010년대에 채무불이행을 선언하자, 한 벌처펀드(vulture fund, 부실 자산을 이용해 수익을 올리는 신탁 기금을 이르는 말로, 국가가 채무를 이행하지 못할 경우 법적 구제를 위해 고위험 국채를 매입했기 때문에 가능했다)는 파타고니아 지역을 대신 내놓을 것을 요구했다. 이는 결코 일어나서는 안 될 일이었다. 군사적 개입이 필요했기 때문이다. 19세기 말에 영국 정부가 빌려준 돈에 대한 이자 지불이 느린 라틴 아메리카 국가들을 상대로 해안에 군함을 파견해 위협한 일이 있기는 했다. 그렇다고는 해도 오늘날 미국 정부도 그렇게까지 하지는 않는다.[5]

채무불이행은 결코 공짜가 아니다. 한번 이를 선언한 국가는 다음번 차입 때는 더 많은 비용을 지불해야 한다(차입이 가능하다면 말이다). 이것이 채권시장의 영향력이다. 또한 국가에 가장 많은 돈을 빌려주는 것은 자국민이므로, 채무불이행은 정부의 역량 전반에 대한 신뢰를 상실하는 위험도 초래한다. 그러나 국가는 정부의 모든 조직을 사용할 수 있기에 무차별적인 강압raw coercion을 포함한 다른 방법을 취할 수도 있다. 2022년 여름, 러시아는 우크라이나와의 전쟁 비용 때문에 외채에 대한 이자 지급을 중단했다. 이는 아직 러시아의 전투 능력이나 국민 통제력까지 약화시키지는 않았다.

국가를 단순히 부채 상환 기계로 취급할 수 없는 또 다른 이유는 부채가 국가의 다른 목적을 달성하기 위해 존재하기 때문이다. 민주주의 국가든 독재 국가든 모두 전쟁을 수행하는 기계이기도 하다. 막대한 부채 부담을 떠안을 수 있는 엄청난 능력이 있기에 전쟁을 수행할 수 있는 것이다. 국가의 지속성은 이 행정부에서 다음 행정부로 이어지는 약속을 할 수 있게 해준다. 국가는 국민의 생명과 돈을 포함한 자원을 투입할 수 있는 권한이 있기에 강력한 적수가 된다. 그렇기에 이유가 무엇이든 전쟁을 벌이는 결정을 쉽게 해서는 안 된다. 모든 국가는 지켜야 할 고유의 삶을 가지고 있기에 모든 전쟁은 그 자신의 생명력을 띨 수 있다.

국가의 부채 조달 능력과 전쟁 수행 능력은 오랫동안 상호 강화적인 관계였다. 미국의 정치학자 찰스 틸리Charles Tilly는 "전쟁은 국가를 만들고,

국가는 전쟁을 만들었다"고 주장한다. 국가는 싸우면서 전쟁을 일으켰다. 전쟁은 처음에는 착취적 과세extractive taxation를 통해서, 그다음에는 장기 차입long-term borrowing이란 수단을 통해 자금을 조달함으로써 국가를 만들었다. 대가가 큰 전쟁은 실제 전투를 치르는 사람들에게 그에 걸맞는 보상을 해주어야 한다. 그렇지 않으면 희생한 의미를 찾지 못할 것이다. 현대 국가의 여러 거대한 조직―재무부 및 국립 은행부터 복지 시스템과 국가 보험 제도에 이르기까지―은 전쟁을 수행하거나 전쟁의 유산을 유지하기 위해 만들어졌다.[6]

그렇지만 부채를 지는 부담과 전쟁을 하는 부담은 같지 않다. 전쟁에는 살인 조직을 운영하는 재정적 부담 외에도 살인 행위 자체에 대한 도덕적 부담이 있다. 폭력을 국가의 책임으로 돌려―폭력을 명령하는 정부와 이를 저지르는 군인, 이를 지지하는 국민이 각각 개인적 책임을 지지 않게 되어(별도로 정의된 범죄의 경우는 제외)―그 결과가 개인이나 조직에게 너무 부담이 되지 않도록 할 수 있다.

사람을 죽인 사람이 밤에 발 뻗고 자기란 쉽지 않다. 그들은 후회로 자신을 괴롭힌다. 따라서 양식 있는 사람들은 어떤 이유로든 살인을 피한다. 하지만 국가를 대신해 살인을 저지른 사람들은, 어쨌든 잠을 자지 않는 존재인 국가에 도덕적 책임을 전가할 수 있다. 잠을 자지 않는 것은 국가 초능력의 일부다. 이 능력으로 인해 국가는 거의 편집증 환자 비슷하게 끝없이 경계를 할 수 있다. 현대 전쟁은 이런 인위적인 능력 없이는 불가능할 것이다. 이 때문에 양식 있는 사람들이 끔찍한 일을 해도 가책을 느끼지 않고 살 수 있는 것이다.[7]

전쟁의 부담과 부채의 부담은 다르긴 하지만, 부담을 분산하는 행위는 매우 유사하다. 다시 말하지만, 국가의 책임으로 몰고 가는 것이 편하기는 하다. 우리는 전쟁을 벌이는 것은 국가라고 말하지만, 이는 전쟁의 실질적인 책임이 있는 인간이 개인적 책임을 지지 않으려고 전가하는 것이다. 국가는 인간이 하고 싶지 않은 것들을 버리는 일종의 쓰레기장이 된다. 개인이 사람을 죽이면 살인이지만, 국가가 하면 아니다. 그렇지만 살인은 오직 인간을 통해서만 행위가 이뤄지기 때문에 국가는 실제로 죽일 수 없다. 국가가 살인을 한다고 하는 것은 말할 수 없는 진실을 숨기기 위해 고안된 일종의 허구처럼 보인다. 사실 살인은 우리가 한다. 국가의 책임이라는 말을 하지 못하게 되면 핑곗거리가 줄어드니 살인이 줄어들까?

하지만 부채와 마찬가지로 국가의 살상 능력을 단순히 허구라고 부르며 없애버릴 수는 없다. 우리의 의존도가 지나쳐 그것이 없으면 현재의 세계가 존재할 수 없는 국가의 의사결정 기구는 지나칠 정도로 많은 일을 하고 있고, 우리는 그것들의 활동을 중지시킬 수 없다. 만일 우리가 어떤 영역에서 국가의 정체성과 지속성을 필요로 한다면, 다른 영역에서 함부로 이를 무시해서는 안 된다.

게다가 전쟁뿐만 아니라 평화를 위해서도 국가는 각 부분의 총합 이상이 되어야 한다. 조약이 유지되는 이유는, 조약에 서명한 정부가 국가를 대신해 서명할 뿐만 아니라 국가를 구속하고, 따라서 미래의 정부도 구속하기 때문이다. 독재자들이 자신을 국가라고 믿게 되면 평화를 달성하기가 더 어려워진다. 왜냐하면 새로운 통치자마다 새로운 규칙을 만들 것이기 때문이다. 지속 가능한 평화를 달성하려면 국가를 통치자와 피통치자 모두로부터 분리된 개체로 취급해야 한다. 그것이 국가를 신뢰할 수 있는 유일한 방법이다.

민주평화론democratic peace theory은 민주주의 국가끼리는 서로 전쟁을 하지 않는다는 정치학 이론이다. 이는 대체로 사실인 것처럼 보인다. 현대사에서 일어난 모든 전쟁 중에서 민주주의 체제로 불릴 수 있는 국가들 간에 벌어진 전쟁은 극히 일부다. 왜 그런지에 대해서는 의견이 분분하다. 일부는 민주주의 국가가 더 나은 도덕적 판단을 내리기 때문이라고 주장한다. 즉 유권자들이 전쟁의 끔찍함을 잘 알기에 보다 신중하게 생각한다는 것이다.

그런데 이 주장의 문제는 선거에서 전쟁과 평화는 거의 주요 이슈가 되지 못한다는 점이다. 선거는 주로 국내 문제에 의해 결정되는 경향이 있다. 게다가 민주주의 국가가 전쟁을 할 때, 그 시민들은 종종 전쟁에 기꺼이 동참한다. 1914년 유럽의 시민들은 전쟁을 원했지만 정치인들이 망설였다는 이야기는 사실이 아니다. 하지만 지도자들의 선택에 대해 의구심을 가지면서도 많은 시민이 전쟁에 참전한 것은 사실이다.[8]

민주평화론에 대한 또 다른 설명은 민주주의의 평화로운 특성을 반영하기보다는 무시무시한 전쟁 수행 능력을 반영한다는 것이다. 안정된 민주주의 국가는 전쟁을 적게 할 뿐만 아니라 전쟁을 벌이면 이길 확률이 높다. 일단 민주 평화에 대한 약속이 이뤄지면, 국민의 지지와 국가의 자금 조달 능력과 조직화 및 유지 능력이 합쳐져 민주주의를 장기적으로 잘 갖출 수 있다. 민주주의는 변덕스럽지 않고, 그 책임과 약속이 현 통치자에서 다음 통치자로 이어지기 때문에 독재 체제보다 신뢰할 수 있다. 민주 국가는 정권이 바뀌어도 유지되도록 설계되어 있어, 군사적인 경쟁국보다 더 오래 간다. 전쟁과 마찬가지로 평화도 양날의 검이다.[9]

국가를 독자적인 역량—빌릴 수 있고, 싸울 수 있고, 지속할 수 있고,

거부할 수 있는―이 있는 것으로 취급하면, 국가는 많은 일을 벌일 수 있을 것이다. 장기적인 약속을 이행할 수 있는 능력은 군사적 충돌을 끝까지 피하기 위해서도 필요하다. 억지력^{deterrence}은 그렇게 해서 탄생한다. 선을 넘지 않는 게 최선이라는 그들 자신의 논리를 가지고 있기 때문이다. 제정신을 가진 인간이라면 핵전쟁으로 인한 인류의 멸망을 선택하지 않겠지만, 국가는 인간이 아니다. 무엇을 할지 누가 알겠는가(물론 모든 지도자가 다 제정신이라고 하기는 어렵지만 이는 다른 문제다)? 엄청난 부채를 유지할 수 있는 국가는 상환 약속을 파기할 힘도 가지고 있다. 전쟁을 하지 않기로 선택한 국가도 엄청난 살상을 벌일 능력은 있다.

바로 이 초인적이고, 더 나아가 인간적이지 않은 특성 때문에 국가가 필수적이면서도 두려운 존재가 되는 것이다. 이러한 국가를 통제하기 위해 우리가 할 수 있는 일들이 많다. 규칙과 법, 그중에서도 전쟁법으로 국가를 통제할 수 있다. 하지만 도덕적 의무, 법적 의무, 심지어 재정적 의무를 지기에 충분한 고유의 정체성을 지닌 국가는 그런 규칙이나 법을 거부할 자율성이 있다. 국가를 대신해 결정을 내리는 인간을 처벌하는 방식도 있다. 하지만 여기에는 우리가 더 큰 그림을 놓칠 수 있는 위험성이 있다. 결국 그것은 인간의 채무도 인간의 전쟁도 아니기 때문이다.

미국 부채에 대한 책임을 묻기 위해 미국 대통령을 법정에 세우려 한다면 터무니없을 것이다. 미국 대통령을 미국의 살인 혐의로, 또는 러시아 대통령을 러시아의 살인죄에 대한 책임을 물어 법정에 세우는 것은 터무니없어 보이진 않더라도 적절해 보이지는 않는다. 국가가 타인에게 한 일에 대한 대가를 어떻게 한 사람에게 물을 수 있겠는가? 하지만 이러한 책임자의 불일치로 인해 또 다른 도덕적 위험이 생긴다. 국가가 책임져야 한다는 것을 알게 된 국가의 대표자는 무모해질 수도 있고, 더 나쁜 일도 할 수 있다. 이로 인해 국민은 책임에서 면제된다. 우리가 푸틴을 러시아의 학살 행위로 비난하지 않으면 그는 어떤 비난도 받지 않을 것이다. 대신 우리가 푸틴을 비난한다면 러시아라는 국가는 살인 행위로 비난받지 않을 것이다. 그런데 우리가 러시아만 비난한다면 푸틴은 계속해서 학살을 자행할 것이다.[10]

이것이 현대 삶의 끔찍한 딜레마다. 우리는 국가가 고유의 삶을 가지길 원했고, 결과적으로 그렇게 되었다. 따라서 국가는 항상 우리가 원하거나 필요로 하는 것만 하지 않는다.

국가의 능력을 공유하는 기업

현대의 기업은 현대 국가의 초인적인 능력을 전부는 아니지만 많은 부분을 공유한다. 이들 역시 빚을 갚는 기계다.

현재 세계에서 부채가 가장 많은 기업은 독일의 폭스바겐으로 총부채가 거의 2000억 달러에 달한다. 이는 빚지기를 싫어하는 독일 국가 채무(여전히 3조 달러 이상에 달하는)의 10분의 1 수준이지만, 최근 몇 년간 스캔들에 휩싸이고 코로나19 팬데믹으로 영업 이익이 폭락한 기업치고는 크게 나쁜 수치는 아니다. 기업이 이 정도 규모로 차입이 가능한 것은 어려운 시기를 이겨내고 회사의 미래 대표자들을 부채 상환에 전념시키는 등 장기적으로 갚을 능력이 있기 때문이다. 1937년에 설립된 폭스바겐은 원래 후원자였던 나치 정권의 붕괴를 견디고 살아남았다.

1916년에 설립된, 역시나 독일의 자동차 회사인 BMW도 막대한 부채(1200억 달러)를 안고 있다. 독일은 1931년과 1953년 두 번이나 경제 위기를 겪고 미국의 지원으로 겨우 살아났는데, BMW는 그 기간 내내 잘도 버텼다. 전쟁으로 인한 여파가 독일을 두 번이나 무너뜨렸지만 BMW는 용케도 살아남았다.[11]

기업은 국가가 짊어지는 만큼의 부담은 지지 않는다. 기업은 폭력에 대한 책임을 우리에게 떠넘기지도 않는다. 적어도 그럴 목적으로 기업이 탄생한 것은 아니다.

대기업은 모두 정교한 경비 체제를 갖추고 있지만, 대규모 사병을 유지하지는 않는다. 기업이 한때 사병을 유지하던 때가 있기는 하다. 18세기에 동인도회사는 자체 군대를 동원해 인도 제국을 정복했다. 이 군대는 회사의 자금으로 운영되었고, 회사의 간부들이 지휘했다. 이 군대를 유지하는 비용 때문에 동인도회사는 심각한 부채 상태에 빠지게 되었고, 회사는 주기적으로 영국 정부에 도움을 요청했다. 결국 영국 정부의 인내심은 바닥이 났다. 오늘날 이런 종류의 제도는 더 이상 존재하지 않는다. 살인을 저지른 기업은 처벌받게 마련이다. 국가가 기업을 사주해 그런 일을 벌였다면 국가는 이를 은폐할 것이다. 국가는 여전히 무너지면 그 여파가 큰 대기업은 구제해 주지만, 그들의 사병과 무기를 위한 비용은 지불하지 않는다.[12]

현대 기업의 역사에서 가장 중요한 사건은 유한 책임 회사의 탄생이었다. 19세기 이전에는 어떤 기관이든 자체의 부채를 부담하려면 국가의 특별 허가를 받아야만 했다. 예를 들어 동인도회사는 회사 자체의 부채 때문에 주주들이 추심당하지 않아도 된다는 왕실의 허가장을 가지고 있었다. 이것은 특권이지 권리가 아니었다. 그러나 1844년 합자회사법Joint Stock Companies Act은 특별 허가 없이도 법적 절차에 따라 법인을 설립할 수 있도록 허용했고, 1855년 유한책임법Limited Liability Act은 투자한 회사가 파산해도 투자한 주주들이 피해를 보지 않도록 보호했다.

이제 채권자는 회사의 자산만 추심할 수 있게 되었다. 사업에 투자한 것 이외의 투자자의 자산은 안전했다. 불운이나 무모한 경영으로 파산할 위험으로부터 안전하게 보호되다 보니 더 많은 사람이 편하게 투자할 수 있게 되었다. 투자자가 늘면서 기업은 더 많은 돈을 빌릴 수 있었고, 더 장기적인 결정을 내릴 수 있게 되었다. 기업의 신용도가 낮아지기는커녕 유한 책임으로 기업의 신용도는 더욱 높아졌다.

국가는 유한 책임 회사가 아니다. 시민은 국가의 채무에 대해 책임지지 않는다. 이는 국가가 채권자로부터 시민을 보호할 수 있는 원초적 힘 때문이다. 그러나 시민은 다른 방식으로 국가의 방만한 운영 대가를 치러야 한다. 인플레이션, 더 많은 세금, 의무적인 군 복무와 이로 인한 사망의 위험 등. 반면 주주들은 법률에 의해 회사의 부채에 개인적으로 책임지지 않는다. 이 역시 국가의 힘에 의존하지만, 작동 방법은 상이하다. 유한 책임 회사는 국가에 의해 정의되고, 특정 권리와 책임이 부여되며, 채권자는 법적인 절차를 동원해야 한다.

국가는 채무자로서의 독립적인 정체성을 스스로 확립하기 때문에 국가를 다른 채무자와 동일하게 간주하기는 어렵다. 반면에 기업은 국가가 요구하는 것을 이행함으로써 독립적인 정체성을 확립한다. 기업이 파산할 수 있는 건 이 때문이다. 국가는 돈이 떨어지면 강제적인 권한 집행 같은 다른 자원을 동원할 수 있다. 그러나 기업에 돈이 떨어지면 국가는 결

국 회사를 폐쇄하는 수밖에 없다.[13]

아마도 이것이 국가와 기업의 가장 큰 차이점일 것이다. 전자는 일반 목적을, 후자는 특정한 목적을 가지고 있다. 로마법에서 기업과 가장 유사한 용어는 우니베르시타스universitas로, 법적 목적을 위해 자체적인 정체성을 가진 조직을 의미했다. 이는 지금 우리가 생각하는 기업이 아니다. 오랜 세월에 걸쳐 구성원보다 훨씬 더 오래 남아 존재하는 교회, 길드, 대학, 여타 기관 등이었다. 이러한 조직들은 계약을 체결하고, 기부를 받으며, 소송을 제기하고 소송을 당할 수 있었다. 또한 이들은 예배, 교육, 기술, 또는 다른 목표 등 특정한 목적을 위해 존재했다.

현대 기업은 중세의 교회나 길드와는 여러 가지 면에서 다르지만, 여전히 이런 세 가지 특징을 공유한다. 구성원보다 오래 존재하고, 소송을 제기하고 당할 수 있으며, 비록 주주 가치의 극대화처럼 일상적일지언정 어떤 목적을 가진다. 현대 기업법에서는 기업의 설립 목적이 막연하게 '어떤 합법적인 목적으로for any lawful purpose'라고만 되어 있어도 설립을 승인해야 한다. 이제 더 이상 목적을 구체적으로 명시할 필요가 없다. 하지만 뭐든 하나는 있어야 한다.[14]

로마법에서 이와 대립되는 조직 모델은 구성원들의 정체성에 의해 구성된 소키에타스societas, 즉 파트너십이었다. 파트너가 된다는 것은 파트너십이 수행한 일에 대해 법적 책임을 진다는 것을 의미했다. 결과적으로 파트너가 자신의 역할을 수행할 의사가 있는 동안만 조직이 지속될 수 있다는 뜻이다. 현대의 파트너십에는 여러 가지 특성이 있다. 예를 들어 로펌의 파트너가 된다는 것은, 엄청난 재정적 보상을 받을 수 있는 동시에 커다란 위험을 감수해야 한다는 의미다. 파트너는 파트너십의 채무에 대해 공동 및 개별적으로 책임을 지므로, 채권자는 자신의 돈을 돌려받기 위해 파트너에게 개인적으로 소송을 제기할 수 있다.

파트너십은 기업보다 공통적인 목적을 갖기가 어렵다. 각 구성원이 조직의 성공(또는 실패)을 위해 노력한다면 최종 목표에 다다를 수 있을 것이다. 일부 파트너는 부자가 되기 위해 거기 있을 수도 있고, 일부 파트너는 일을 사랑하기 때문에 거기 있을 수도 있다. 더 나은 자리가 없었기 때문에 거기 있는 사람도 있을 것이다. 각각 다른 목적을 가진 구성원으로 이뤄진 조직은 그만큼 다양한 목적을 가지고 있다.

철학자 마이클 오크숏Michael Oakeshott은 그의 저서 《인간의 행위에 대하여On Human Conduct》(1975)에서 우니베르시타스와 소키에타스의 구별이 국가의 정체성을 이해하는 한 가지 방법이라고 주장했다. 그는 현대 국가는 파트너십으로 가장 잘 설명될 수 있다고 믿었다. 즉 단일 목적을 가져서는 안 되며, 구성원인 시민들이 각자의 목표를 추구할 수 있도록 해야 하는.

오크숏은 이러한 생각이 기업 모델에 의해 영구적으로 변질될 위험성이 있다고 여겼다. 고유의 정체성과 목적이 있는 국가들은, 그것이 국가 안보의 강화나 경제 성장의 극대화 같은 개괄적인 것일지라도, 시민의 생명을 국가의 살림에 종속시켜 성장이 멈추는 조직이 될 위험성을 내포하고 있다는 것이다. 오크숏이 볼 때 이러한 국가들 중 최악은 기업과 같은 방식이 아니라 세속 교회처럼 행동하는 국가였다. 예를 들어 소련은 마르크스-레닌주의 용어가 밝히는 초월적 프롤레타리아 정의transcendent proletarian justice 추구를 그 목적으로 했다. 국가가 시민의 구원 수단이 되어 버리면, 국가는 곧 시민이 희생해야 하는 존재로 변하게 된다. 오직 국가만이 당신을 구원할 수 있다면, 당신은 결국 당신의 구원보다 국가의 구원을 우선시해야 할 수도 있다.[15]

하지만 오크숏의 주장에는 한 가지 문제가 있다. 바로 홉스의 리바이어던이다. 오크숏은 국가를 소키에타스로 본 홉스의 설명은 매우 정확하다고 주장했다. 왜냐하면 홉스는 국가를 개인 구성원들이 각자의 목표를 추구할 수 있도록 존재하는 것으로 묘사했기 때문이다. 만약 리바이어던에 목적이 있다면 그것은 그저 '평화'일 뿐이다. 이는 우리 모두가 선택한 대로 살 수 있게 하는 또 다른 방법이다. 오크숏은 소키에타스를 공통의 언어와 같은 공유된 관습이나 존재 양식에 빗댔다. 언어는 의사소통을 할 수 있는 수단일 뿐 목적이 없다. 프랑스어는 목표나 목적이 없다. 오크숏은 프랑스라는 국가도 목표나 목적이 없어야 한다고 생각했다.[16]

하지만 리바이어던은 언어와 같은 관습practice이 아니다. 그것은 로봇이나 회사 같은 인공 인격artificial person이다. 홉스는 이 점에서 매우 명확했다. 오크숏의 실수는, 어떤 것에 인공적인 인격을 부여한다는 것은 인공적인 목적을 부여하는 것이라는 가정에서 비롯된다. 국가는 장기적인 약속을 유지할 수 있게 자체 이름으로 행동할 수 있는 별도의 정체성을 필요로 한다. 그런데 국가는 약속의 목적이 명시되지 않아도 이를 수행할 수 있다. 국가와 회사가 구별되는 것이 바로 이 점이다. 회사의 목적은 법에 정의되어 있지만, 국가의 목적은 국가가 하는 일로 정의된다.

국가와 회사를 명확히 구분하기 위한 한 가지 방법은 다른 유형과 비교하는 것이다. 현재까지 완성된 유일한 종류의 AI인 좁은 인공지능(narrow AI, 특정한 작업을 수행하는 데 뛰어난 능력을 보이는 인공지능_옮긴이)은 이 지능 시스템에 목적이 제공되어야 한다는 것을 기본으로 삼고 있다.

그래서 좁은 인공지능이라고 이름 붙인 것이다.

알파제로AlphaZero — 딥마인드(DeepMind, 알파고를 개발한 구글 모기업 알파벳의 자회사)가 체스와 바둑을 스스로 학습하도록 설계한 알고리즘 — 는 보드게임에서 승리하는 것을 목표로 한다. 그것 말고 다른 것도 할 수 있지만, 그건 명령을 받았을 때에만 가능하다. 스스로 자신의 임무를 선택할 수는 없다. 자율 주행차에는 승객을 A에서 B까지 데려다주면서 도로의 다른 이용자들을 안전하게 보호하는 임무가 주어진다. 누가 다시 프로그래밍하지 않는 이상 AI는 체스가 아닌 바둑을 선택할 수 없다.

AI와 관련된 실패담은 주로 어떻게 멈춰야 하는지 모르기 때문에 지시받은 작업을 끝까지 하는 기계에 관한 것이 많다. 초강력 AI에게 클립을 만들라고 지시하면, 온 우주가 클립으로 가득 찰 때까지 멈추지 않을 수도 있다. 초강력 기업에 이윤을 극대화하라고 지시하면, 세상의 모든 이익을 다 취할 때까지 멈추지 않을 것이다.

범용 인공지능Artificial General Intelligence, AGI은 자체적인 가치 판단에 따라 작업을 전환할 수 있는 시스템을 말한다. 다시 말해 인간처럼 생각할 수 있는 기계를 의미한다. 그런 기계는 아직 존재하지 않는다. 이러한 종류의 사고를 나타내는 것 중에 자의식self-consciousness이 있다. 자신이 경험하는 여러 가지 상황과 생각에 대해 가치 판단을 내릴 수 있는 능력인데, 우리가 의식이라고 말하는 것이 AGI에 필요한지는 아직 명확하지 않다. 아마 AI는 인간이 하듯 자기반성까지는 아니더라도 광범위한 지적 사고는 할 수 있을지 모른다. 아직은 알 수 없다.

회사가 좁은 인공 인격체라면, 국가는 일반 인격체다. 국가는 아직 AGI가 없다. 이들이 가지고 있는 일반 지능은 국가의 구성원인 인간만이 제공할 수 있다. 국가가 자체 AI를 가지고 있는 경우, 그 범위는 꽤 좁으며 '전쟁이냐 평화냐'의 형태가 아니라 '병 속의 젤리빈' 형태일 것이다. 국가를 일반적으로 만드는 것은 가능한 모든 행동 범위를 검토하고 자체 목적을 설정할 수 있는 능력이다. 국가는 인위적 총대리Artificial General Agency, AGA를 맡고 있다. 우리가 그렇듯 국가도 법률로 제약받을 수 있다. 다만 국가를 벌주기란 매우 힘들기 때문에 저항이 심할 것이다. 그러나 국가는 여전히 무엇을 할지 결정할 수 있다. 회사는 일부만 정할 수 있다. 그리고 언어는 전혀 결정을 내릴 수 없다.

이러한 구분은 명확하지 않다. 어떤 국가는 선택이나 상황에 따라 목적이 좁아질 것이다. 오크숏이 우려했던 대로, 국가는 헌법에 목적을 열거함으로써 목적을 제한하는 이데올로기에 빠질 수 있다. 또한 영국이 그랬듯이 EU와 같은 다른 기관에 의사결정의 권한을 일부 양도했다가 다시 되찾아올 수도 있다. 어려운 시기에는 국가의 일반적인 목적이 경제 불황 극복이나 전쟁의 승리 같은 좁은 목적에 흡수될 수도 있다. 이는 인간도 마찬가지여서, 가난이나 질병 때문에 인간의 의사결정 범위가 현저하게 좁아질 수 있다.

동시에 어떤 기업은 성장함에 따라 더욱 강력해지며 점점 더 넓은 영역에서 활동할 수 있게 되어, 어쩌면 국가의 영향력을 능가할 수도 있다. 여러 지역에서 활동하는 다국적 기업들은 어느 국가의 법을 준수하고, 어느 국가에 세금을 낼 것인지 결정할 수가 있다. 어떤 지역에서는 막강한 기업에서 일하는 것이 현지 국가가 제공하는 것보다 더 높은 수준의 안정성을 제공하기도 한다. 그러나 기업이 영향력을 계속 행사하기 위해서는 자신의 활동 영역을 확장해야 하는 반면, 국가는 영향력이 줄어들어야만 권한을 잃는다. 국가의 기본적인 활동 영역은 일반적이지만 기업의 경우는 특정적이다.

오크숏은, 우리 인간은 우리 자신의 이야기를 전할 수 있는 능력에 의해 우리가 만들어낸 조직과 구별된다고 주장한다. 우리는 스스로 우리 자신을 만들어간다. 인간으로 산다는 것은 우리가 만드는 이야기 전개에 따라 여정을 떠나는 것이다. 운에 따라 헤매기도 하고, 상황에 따라 좌절하기도 하겠지만, 우리에게는 자신의 운명을 추구할 능력이 있다. 이것이 우리의 일반 지능의 표지이며, 우리의 인간성을 정의한다.

하지만 오크숏은 집단적인 인간 조직에는 이러한 능력이 없다고 생각했다. 집단의 이야기는 그것이 만들어진 기술에 의해 고정되어 있다. 집단은 우리가 만드는 대로 된다. 국가가 파트너십 구조라면 그 자체로 전할 이야기가 없다. 단순히 여러 가지 다른 이야기가 전해지는 공간에 불과할 것이다. 국가가 기업이면 어느 정도 이야기가 있을 수 있겠지만, 그래 봤자 제한적이고 인위적이다. 이야기를 전개해 나갈 수가 없다. 국가는 단지 프로그래밍된 대로만 할 수 있다. 기업으로서의 국가는 매우 정형화된 마르크스-레닌주의 소설 속 캐릭터와 유사하다. 그들의 삶은 인위적으로 정의된 목표를 따라 이루어지기 때문에 자신의 삶을 살지 못한다.[17]

기계적인 허구는 설득력이 떨어진다. 기계는 이야기를 잘하지 못한다. 지금은 AI가 위대한 소설가들을 모방해서 그럴듯하게 이야기를 꾸며내는 수준까지 올라오긴 했다. 챗GPT에게 제인 오스틴 스타일로 한 구절을 만들어보라고 하면 원본과 구별하기 어려울 것이다. 하지만 줄거리 전개와 등장인물 구성까지 되는 완전한 소설은 아직 불가능하다. 현재로서는 어떠한 기계도 상상 속에서 펼쳐지는 이야기를 만들 수 없다.

그렇다면 자신의 이야기를 할 수 있는 기계는 어떨까? 기계는 필수적인 지능이 부족해서 인간의 삶을 재구성할 수 없다. 기계는 마치 우리가 로봇인 것처럼 글을 쓴다. 하지만 기계는 자신의 존재를 설명할 수 있다. 그런 의미에서 국가는 완벽한 스토리텔링 기계다. 국가는 자신의 이야기 말고는 할 게 없다.

　　국가의 삶은 국가가 내린 선택에 의해 결정된다. 물론 인간이 대신 선택하긴 하지만 국가와 인간은 삶의 곡선을 함께 그려나간다. 시간이 지남에 따라 국가는 행동의 패턴을 형성하고, 이것으로 미래에 어떤 행동을 할지 정한다. 인간의 삶도 그렇지만, 창조 당시의 상황이 국가를 결정하지는 않는다. 그렇지만 그 상황에서 완전히 벗어날 수는 없다. 국가라는 조직은 국가의 존재를 설명하기 위해 존재한다. 국가는 단순히 기계적인 허구가 아니다. 그것은 우리 자신이 기계화된 버전이다. 자신의 이야기를 전하려고 노력하는 기계인 것이다.

　　기업도 어느 정도까지는 마찬가지다. 하지만 대부분의 기업이 국가의 스토리텔링 능력을 따라잡는 데 어려움을 겪는다. 기업은 목적을 변경할 수 있다. 세계 최대 기업 중 일부는 지금과 다른 업종으로 시작했다. 아마존의 경우는 처음에 책만 팔았지만, 지금은 거의 모든 상품을 판매하고 클라우드에 데이터도 저장한다. 아마존의 이야기는 진화했으며, 심지어 그 창조자들의 상상마저 넘어섰다. 하지만 여전히 아마존은 국가와 달리 자신의 운명을 결정할 능력이 없다. 아마존은 주어진 의사결정권 내에서 어떻게든 버텨야 한다.

지속과 소멸

모든 인간에게는 수명이라는 한 가지 보편적인 제약이 있다. 지난 몇세기 동안 세계 여러 곳에서 기대 수명이 크게 늘어났어도 장수하는 사람은 크게 늘어나지 않았다. 100세 이상 사는 사람들이 예전보다 많아지긴했지만, 과거와 마찬가지로 여전히 약 120세 정도가 한계다. 현재 150세이상의 고령자는 없다. 신화 속 인물 말고는 그렇게 오래 산 사람은 아무도 없는 것 같다. 기술 옹호자들은 이 같은 현상이 곧 바뀔 것이라고 장담하지만, 아직 그런 일은 일어나지 않았다.

반면 국가와 기업은 한도를 예측할 수 없는 인공 수명artificial lifespan을갖고 있다. 이들은 인간보다 훨씬 더 오래 살 수 있다. 실질적인 노화의 징후가 거의 없기 때문에 이들의 나이를 쉽게 파악할 수 없다. 청년 국가나장수 기업이란 개념은 실제로 말이 되지 않는다. 물론 어떤 국가나 기업도 영원히 존재할 수는 없다. 결국 인간이 만든 모든 구조물과 마찬가지로 언젠가는 사라진다. 하지만 존재하는 동안만큼은 노년을 맞이하기가매우 어려울 것이다.

107년이 된 BMW는 최고령 독일인(113세)과 거의 나이가 비슷하다. 엄청난 부채에 시달리고, 전기차 혁명이라는 도전에 직면한 BMW는 곧망할 수도 있다. 하지만 기업의 규모와 회복 탄력성을 고려하면 그럴 가능성은 별로 없을 것도 같다. 앞으로도 100년 또는 그 이상도 존재할 수있다. 다만 기업의 장수는 지속 정도가 아니라 청구서를 계속 지불할 능력이 있느냐에 달려 있다.

어떤 기준으로 보면 BMW는 이미 독일이란 국가보다 나이가 많다. 오늘날의 독일은 1990년에 동서독의 재통일로 탄생했으며, 본질적으로는 서독이라는 국가와 1949년에 제정된 독일연방공화국 '기본법'의 연장선 상에 있다. 그런데 우리가 현대 독일이라고 부르는 것은 역사적으로 여러 왕국, 공작령, 공국 및 도시 국가를 합쳐 연방국을 만든 1871년의 통일에 인해 탄생했다. 독일은 20세기의 여러 충격과 재난에도 불구하고 어떤 형태로든 지속적으로 생존을 이어왔다. 이제 독일은 인간 수명의 한계인 150년 기준을 넘어섰다. 따라서 장차 어떻게 변할지는 모르지만 수명 면에서는 확실히 인간을 뛰어넘었다.

몇몇 국가는 상당히 오래되었다. 현대 영국은 명예혁명 이후 1689년에 정립된 왕권과 의회 사이의 제도적 합의에서 기원했다고 보는 것이 타당할 것이다. 1694년에 영국 정부는 잉글랜드은행Bank of England에 특허를 부여해 왕궁을 대신해 채권을 발행하는 유한 책임 회사를 만들었다. 채권 발행의 목적은 충분한 자금을 빌려 새로운 함대를 건설하는 것이었다. 이것이 국채의 기원이다. 이후로는 전쟁과 평화 유지에 필요한 자금을 이런 식으로 조달했다. 미국은 1776년 7월 4일의 독립선언문으로부터 탄생했다. 미연방 정부의 제도를 만든 현행 헌법은 1789년이 되어서야 제정되었다. 1790년 알렉산더 해밀턴(Alexander Hamilton, 미국의 초대 재무장관)의 무자비한 권모술수 덕에 연방 정부가 국가를 대신해 부채를 떠맡기 시작했고, 그때부터 지금까지 계속 채무를 짊어지고 있다.

이러한 이야기는 보편적이지는 않지만 혁명, 헌법, 부채라는 공통된 주제를 담고 있다. 현대 프랑스는 1789년 프랑스혁명으로부터 시작되었다. 프랑스 제1공화국(혁명 후 1792~1804년에 존재했던 프랑스 정권) 헌법은 1793년에 제정되었다. 같은 해에 새 정부가 공화국을 대표해 부채를 부담하기 시작했다. 1797년에는 미지불 이자의 3분의 2를 지급 정지하는 첫 번째 채무불이행을 선언했다. 나폴레옹이 워털루 전투에서 패배한 후인 1815년에 이르러서야 프랑스는 통치자의 개인적인 변덕에 좌우되지 않고 부채 상환이 보장되도록 하는 제도적 장치를 마련했다. 이로 인해 대출 이자가 대폭 낮아졌다.

영국이나 미국, 프랑스 등은 오래된 국가다. 동시에 이들은 비교적 초기부터 능력을 인정받을 만큼 잘 작동하는 국가다. 여기에 유아기를 거쳐 천천히 성인으로 성장하는 패턴은 없다. 자립할 만큼의 성장은 초기에 압축적으로 발생한다. 이는 인간의 성장과는 상이하며, 오히려 작동을 시작한 다음 계속 작동하는(또는 작동하지 않는) 기계와 더 비슷하다. 현대 프랑스는 중간중간 군주제와 독재 정치를 겪으면서도 다섯 개의 공화국을 거치며 존속해 왔다. 국가가 잘 돌아가는 때도 있었고, 거의 작동하지 않을 때도 있었다. 특히 히틀러의 침략으로 비시괴뢰정부puppet Vichy government가 들어선 1940년에는 거의 소멸할 위기에 처하기도 했다. 하지만 프랑스는 용케 살아남았다. 일단 국가가 가동하기 시작하면 제거하기가 매우 어려워진다.

몇몇 기업은 가장 오랜 국가보다 더 오래되었다. 가장 오래된 장수 기업은 대개 일본에 있다. 여전히 운영 중인 여관과 양조장은 천 년 이상의 역사를 가지고 있다. 이런 기업들은 보통 가족 세습 경영을 하는데, 이렇게까지 오래 버틸 수 있었던 비결은 남성 후계자가 없을 때는 관리인을 아들로 입양하는 관습 때문이었다. 현대 기업 중 많은 기업이 가족 사업으로 시작했지만, 기업을 설립할 수 있는 법적 제도는 19세기에 완성되었기에 비교적 역사가 길지 않다. 그럼에도 S&P 500에 포함된 기업 중에는 JP 모건 체이스, 골드만 삭스, 프록터 앤드 갬블, 그리고 존슨 앤드 존슨까지 100년 이상의 역사를 가진 기업들이 많다. 이들 중 어떤 기업도 곧 사업을 포기해야 할 위험에 처한 것 같지는 않다. 그러나 2008년 금융 위기의 정점에서 약 160년의 역사를 가진 리먼 브라더스가 불과 주말 사이에 사라진 사실은, 영원한 것은 없음을 일깨워준다.

기업에 자연 수명이란 건 없지만 평균 수명은 있다. 이 부분에서 국가 또는 인간과 가장 큰 차이가 난다. 국가는 탄생만 하면 보통 오랫동안 존속하는 반면, 대부분의 기업은 시작하고 나면 비교적 빨리 사라지는 경향이 있다. 전 세계적으로 신규 기업의 약 절반이 5년 이내에 문을 닫는다. 미국 기업의 평균 수명은 현재 약 10년 정도다. 게다가 이 수명은 점점 줄어들고 있다. 과거에는 성공한 장수 기업이 많았다. 1920년대에 S&P 500에 이름을 올린 기업의 평균 연한은 거의 70년이었다. 지금은 20년 미만이다. 성공한 국가는 대체로 그 국가를 수립한 사람들보다 오래간다. 하지만 요즘 가장 성공했다는 기업도 인간의 수명에 미치지 못하고 사라지는 경우가 많다.[18]

기업의 신속한 탈락 주기는 국가와 가장 두드러진 차이점 중 하나다. 현재 전 세계에는 약 200개의 국가가 있고(국제연합UN에는 193개의 회원국과 2개의 비회원 옵서버 국가가 있다), 기업의 수는 약 2억 개 이상으로 지난 25년 동안 거의 두 배로 늘어났다(같은 기간 UN 회원국의 증가는 단 4개국에 불과했다). 국가보다는 기업을 만들기가 훨씬 쉽고, 폐업하기도 훨씬 쉽다.

기업 설립은 단순한 형식일 뿐이며, 몇 가지 서명과 문서 제출만으로 가능하다. 일부 기업은 완전 빈 껍데기다. 자기 이름을 걸고 무엇을 하는지 실체가 없다. 있는 것이라곤 델라웨어나 케이맨 제도(두 곳 다 휴양지로 유명)의 건물 현관에 붙어 있는 간판뿐이다. 이러한 기업들은 주로 조세 회피 같은 특정한 목적을 수행하기 위해 존재한다. 이런 기업은 어떤 의미로 보아도 스스로의 삶을 가진 상상 속 존재가 아니다. 실재하지 않는 허구에 불과하다. 한마디로 줄거리 없는 괴담일 뿐이다.

상대적으로 소수인 장수 기업은 훨씬 더 영향력이 있다. 이런 기업은 직원과 고객들에게는 충성의 대상이 될 수 있고, 기업 소유자에게는 장기적인 목표의 근원이 될 수 있으며, 기업의 역사가 경영진의 결정에 영향을 미치기도 한다. 이들은 델라웨어의 조세 회피 기업과는 달리 전 세계에서 실질적인 영향력을 가지고 있다. 가장 막강한 기업도 처음에는 형식적인 절차로 시작한다. 하지만 그것만으로 이들의 지속적인 존립을 설명하기에는 충분치 않다. 기업의 장수 여부는 기업이 부여받은 권리와 책임을 어떻게 활용하는지에 달려 있다. 국가와 달리 기업은 성장하는 데 꽤 오랜 시간이 걸릴 수 있다. 리먼 브라더스도 원래는 리먼 더 앤드 컴퍼니 Lehman Durr & Co.라는 목화상점으로 시작했으며, 목화 무역상을 거쳐 석탄 사업에 진출한 뒤 곧바로 은행업에 뛰어들어 월스트리트에 자리를 잡았다(그림 9). 이 모든 과정은 거의 반세기에 걸쳐 이루어졌다.[19]

그런데 서류 몇 장으로 기업을 설립할 수 있다면, 리먼 브라더스의 사례처럼 기업이 무너지는 것도 순식간일 수 있다. 국가는 단 한 번의 실수로 무너지지 않는다. 몇 년에 걸쳐 조금씩 쇠퇴해 간다. 그러나 기업은 그렇지 않다.

또 다른 가족 기업인 베어링은행Barings Bank은 1762년에 두 형제가 파트너십 형태로 설립했으며, 그 자격으로 미국의 면적을 두 배로 늘린 1803년의 루이지애나 매입Louisiana Purchase을 비롯해 세계를 바꾸는 많은

9. 초기의 리먼 브라더스

거래에 자금을 지원했다. 그런 후 베어링은행은 베어링 브라더스 앤드 컴 퍼니Baring Brothers & Co.가 되었다. 하지만 1890년에 아르헨티나 채권에 대 한 일련의 잘못된 투자로 인해 어렵게 되자 잉글랜드은행의 구제 금융을 받고 이후 ㈜베어링 브라더스Baring Brothers and Co.,Ltd로 재창립했다. 이 은행 은 수십 년 동안 성공적으로 큰 이익을 창출해 냈지만, 1995년 2월 23일 닉 리슨Nick Leeson이라는 트레이더가 싱가포르에서 사기 거래로 8억 2700만 파운드의 손실을 내고 도피한 것이 발각되면서 파산했다. 피해 금액이 기업 전체의 자본금보다 많았다. 이번에도 잉글랜드은행에 지원 을 요청했지만 성사되지 않았다. 2월 26일, 베어링은 파산 선언을 하고 청산 절차를 밟았다. 200년 이상 장수했지만 불과 이틀하고도 몇 시간 만 에 사라지고 말았다.

국가는 이보다 만들기도 어렵고 파괴하기도 어렵다. 그래서 그 수가 상대적으로 적은 것이다. 물론 여기에도 헌법 제정이나 UN으로부터 승인을 받는 등의 형식적인 절차가 있기는 하다. 그러나 어느 것도 국가를 실재 상태로 만들어주지는 않는다. 국가를 설립하려면 그 나라의 사람들을 대표할 수 있는 권한을 가진 조직을 만들어야 한다.

현대 국가에 대한 정의 중 가장 유명한 것은 20세기 초 독일의 사회학자인 막스 베버가 내린 것이다. 그는 국가를 합법적 폭력에 대한 독점권을 주장하는 인간의 연합association 으로 설명했다. 다시 말해 국가란 폭력을 행사하는 기계란 뜻이다. 무엇이 폭력의 사용을 합법적으로 만들까? 국가가 그렇게 주장하는 데 성공하는 것이다. 그 주장을 성공적으로 만드는 것은 무엇일까? 듣는 사람들이 그것을 합법적이라고 인정하는 것이다. 이런 식이다. 결국 국가의 본성은 부여받은 권한이 아니라 국가가 하는 일을 통해 드러난다. 행동을 통해 자신을 드러내는 것이다.[20]

그렇지만 잘 돌아가던 국가도 간혹 그 작동을 멈출 때가 있다. 대개 더 작은 국가로 분할되거나 더 큰 국가로 병합될 때다. UN이 설립된 이후 몇 안 되는 UN 탈퇴 사례는 분할(1992년 체코슬로바키아가 체코와 슬로바키아로 분할된 경우 등)이나 통합(1990년 동독이 독일로 편입된 경우 등), 합병(1964년 탕가니카와 잔지바르가 탄자니아로 합병된 경우 등)으로 인한 것이었다. 스코틀랜드가 영국으로부터 독립해 떨어져 나오면 영국도 이런 사례에 들어갈 수 있다.

몇몇 국가는 강압적인 권한을 행사하는 데 곤란해하기도 한다. UN에 최근 가입한 남수단은 2011년에 수단으로부터 독립했지만, 그 후로 계속 내전에 시달리고 있으며, 여전히 국경 내의 폭력을 제어하는 데 어려움을 겪고 있다. 우리는 이러한 국가를 실패한 국가라 일컫기도 한다. 그러나 소위 실패한 국가도 혼자 힘으로 계속 존재하며, 미약하나마 정상적인 국가의 기능을 따라 하려고 하고 다시 생기를 불러올 어떤 폭발적인 계기를 기다리고 있다는 것을 잊어서는 안 된다. 이에 비해 실패한 기업은 완전히 존재하지 않게 된다. 실패하면 그냥 사라진다. 국가는 실패하더라도 인간이 그러하듯 비틀거리며 나아갈 수는 있다.

어떤 국가는 국민보다 더 단명하기도 한다. 독일인(게르만) — 한때 폴크 Volk라고도 불렸던 고대의 민족 — 은 독일이라는 국가가 설립되기 한참 전부터 존재해 왔다. 현대 중국은 20세기에 형성되었다. 중국이 강조하는 중국 문명은 수천 년 전부터 존재해 왔다. 하지만 항상 이런 식으로 진행되는 것은 아니다.

미국은 국가가 설립된 이후 남북전쟁이라는 시련을 겪으면서도 국가를 유지해 결국 버지니아인, 텍사스인, 캘리포니아인을 모두 미국인으로 만들었다. 또 다른 내전이 이들을 다시 분열시킬 때까지 미국은 하나의 민족 국가a nation-state가 아닌 주 정부로 구성된 하나의 연방 국가a state-nation 일 것이다. 프랑스혁명 당시 프랑스라는 것은 그곳에 살았던 대부분의 사람에게는 매우 먼 개념이었다. 그들 중 많은 사람이 프랑스어를 말하고 프랑스의 관습을 따랐지만, 파리에서 무슨 일이 벌어지고 있는지는 거의 알지 못했다. 국민이 실질적으로 프랑스를 인식하게 된 계기는 19세기의 전쟁과 부채, 정치적 내분, 증가하는 행정 비용 때문이었다. 모든 성공적인 국가의 근간이 되는 상상 속 공동체 — 정체성과 역사 그리고 운명을 공유하는 — 가 탄생한 것이다. 국민이 상상에 성공하면, 그 국가는 현실이 된다.[21]

국가는 국민을 만들고, 국민은 국가를 만든다. 어떤 식으로든 한번 발생하고 나면 이 관계를 깨기란 어렵다. 그렇다. 중국 문명은 수천 년의 역사를 가지고 있지만, 중국이란 국가만큼 중국 국민을 대표할 만한 것은 없다. 문학이나 예술에서 중국을 다룬다고 해도 국가만큼은 아닐 것이다. 기업이 국가를 대표하는 역할을 맡으려면, 기업 자체를 국가로 전환하거나 국가가 수행하는 기능 중 일부만 할 수 있을 뿐임을 받아들여야 한다. 국가는 한번 탄생하고 나면, 오직 다른 국가만이 이를 대체할 수 있다. 국가를 없애려면 정치 공동체에 대한 개념이 완전히 바뀌어야 한다. 아직까지는 그러한 조짐이 없는데, 부분적으로는 우리 공동의 정치적 상상력이 국가에 너무 매여 있기 때문일 것이다.

국가와 기업에는 인간의 통제를 벗어난 기계를 두려워하는 현대 사회의 두 가지 측면이 각기 반영되어 있다. 하나는 우리가 너무 의존하게 되었거나 또는 스위치를 찾을 수 없어 끄는 방법을 알지 못하는 기계를 만들지 모른다는 것이다. 이것이 바로 국가다. 다른 하나는 우리가 더 이상 통제할 수 없는 방식으로 자가 복제하는 기계, 그것에 압도당할 때까지 복제본을 뿜어내는 기계를 만들지 모른다는 것이다. 이것이 바로 기업이다.

불쾌한 골짜기

기계 생명체에 대한 두려움을 나타내는 또 다른 용어로 '불쾌한 골짜기uncanny valley'가 있다. 우리는 인공 생명체가 인간을 더욱 닮을수록 호감을 느끼다가 일정 수준에 다다르면 거부감을 느끼는데, 또 그 수준을 넘어 인간과 완전히 똑같아지면 다시 호감을 느낀다. 불쾌한 골짜기는 이러한 현상을 일컫는다. 우리는 육중하게 움직이는 로봇은 받아들일 수 있다. 그것이 인간이 아님을 확신하기 때문이다. 기계가 사람을 완벽하게 모방한다면 그것 또한 괜찮을 것이다. 그 차이를 알아차릴 수 없을 테니까. 그렇지만 기계가 우리와 비슷하면서도 결정적인 차이가 있을 때는 매우 불쾌하게 여긴다.[22]

초점이 없는 듯 앞을 보지 못하는, 그럴듯하게 생긴 휴머노이드 로봇은 좀비처럼 무서울 수 있다. 이는 공상과학 공포물의 전형적인 소재다. 우리 대부분은 길가에 죽은 동물의 사체를 봐도 크게 동요하지 않는다. 그렇지만 전문가가 실제 살아 있는 것처럼 동물을 박제해 벽난로 위에 걸어놓는 것은 다른 문제다. 박제는 그 자체로 공포 영화가 될 수 있다.

하지만 같은 원리에 의해 불쾌한 골짜기는 전혀 거부감을 유발하지 않는 구간도 존재한다. 영화 〈토이 스토리〉에 나오는 장난감들이 컴퓨터 애니메이션으로 만든 아이들보다 덜 거슬리는 것은 이 때문이다(그림 10). 우리는 애니메이션 속 장난감들이 실제로 보고 느끼고 두려워하기를 바라지 않는다. 그냥 그러면 재미있으니까 상상하는 것일 뿐. 그러나 아이들은 실제 감정을 가지고 있을 것으로 기대하기 때문에 아이들의 눈이 멍한 것을 보면 기겁하는 것이다.

뮤지컬 〈캣츠〉의 영화 버전도 이와 유사하다. 영화에서 컴퓨터 그래픽으로 만든 고양이들이 왜 그리 혐오스러웠는지, 영화가 왜 흥행에 참패했는지를 알 수 있다. 영화 제작자들은 영화 속 캐릭터들을 얼마나 인간과 유사하게 그려야 할지 잘 몰랐다. 제작자들도 이럴진대 우리가 어떻게 판단할 수 있을까? 한 보고서에 따르면, 시사회 중 일부 관객이 상영관에서

10. 〈토이 스토리〉의 앤디

나와 토할 정도로 불쾌감을 느꼈다고 한다.

이 같은 생각은 국가와 기업이라는 인공 세계에도 동일하게 적용된다. 이들이 다른 방식으로 우리를 짜증 나게 할 수는 있지만, 우리는 기계적인 것을 어느 정도 받아들일 수 있다. 델라웨어의 페이퍼 컴퍼니는 분노를 자아내지만, 유령처럼 무섭지는 않다. 동시에 독서 클럽이나 스포츠 팀, 우호적 연합 등 본질적인 인간성을 지닌 집단은 안정감을 줄 수 있다. 심지어 폭동을 일으키는 군중조차도 무섭기는 하지만 다른 세계에서 온 존재는 아니다. 그건 무시무시한 자연재해와 같다고 보면 된다.

문제는 사람처럼 행동하지만 실제는 사람이 아닌 조직에서 비롯된다. 국가와 기업은 희망, 공포, 분노, 실망, 후회 등의 생각과 감정을 표출하는 인간을 대표한다. 물론 정치인이나 기업가는 실제로 감정을 가지고 있으며, 그 감정이 진실일 수도 있다. 하지만 국가와 기업에는 이러한 감정 비슷한 것이 전혀 없다. 국가가 어떤 끔찍한 짓―극도의 폭력적인 행위

등—을 저질렀거나 기업이 어떤 지독한 짓—대놓고 인간의 행복을 저해하는 행위 등—을 했을 때, 이러한 악행을 개인의 책임이라고 몰아붙이면 오히려 더 거부감이 일 수 있다. 이는 인간에게 초인적인 공포를 책임지게 하는 것이다. 그렇다면 우리는 이를 어떻게 받아들여야 할까?

예를 들어보자. 다국적 석유회사들은 심각한 수준의 기후 변화의 원인이 화석 연료임을 입증하는 자료를 상당 기간 감추고 왜곡했다. 이러한 기업에서 일하는 사람들을 매우 나쁘고, 경솔하며, 무책임하고, 이기적인 사람들이라고 생각하기 쉽다. 하지만 그들은 그런 사람들이 아니다. 그냥 우리와 같은 평범한 사람들이다. 회사가 그런 결정을 내렸고, 직원들은 그에 따랐을 뿐이다. 회사가 내린 결정을 따르는 것이 가장 쉬운 길이기 때문이다. 그들이 하는 일이 잘못되었다는 것을 많은 직원이 알고 있었을 가능성이 높다. 하지만 기업은 그렇게 생각하지 않았다. 기업 자신은 못 느끼기 때문이다.[23]

대부분의 국가와 기업이 이제 자신들의 행동을 인간적으로 만드는 것을 주로 하는 방대한 전문가 조직을 운영한다. 이를 PR$^{Public Relation}$ 또는 선전이라고도 하는데, 매우 효과적이다. 기업의 행위가 배려심 있고 미래 예측적이거나 합리적이라고 사람들에게 인식되면 기업은 훨씬 효과적으로 움직일 수 있다. 하지만 때로 말과 행위의 불일치가 너무 눈에 띄게 되면 역겨움을 안겨줄 수 있다. 실제로는 단기 이윤을 추구하면서 말로만 환경 보호에 관심이 많다고 떠드는 그린워싱(greenwashing, 위장 환경주의)은 스스로 목줄을 죄는 셈이다. 마치 눈이 멍한 휴머노이드 로봇과도 같다.

정치 지도자와 기업 경영진도 그들의 조직을 인간화하는 일에 동참한다. 최고의 리더들은 그것을 훌륭하게 해낸다. 하지만 실패하면 가식이

11. 증언하는 리처드 풀드 주니어. 2008년 10월 6일.

드러난다. 뭔가가 빠져 있다. 이미 실패한 상황에서도 자신의 신념이 옳다며 계속 이라크 전쟁을 정당화하던 영국의 전 총리 토니 블레어를 생각해 보라. 리먼 브라더스의 CEO였던 리처드 풀드 주니어Richard S. Fuld Jr.는 회사가 망한 후에 의회에 출석해 무표정한 모습으로 개인적으로 책임을 지겠다고 말했지만, 그는 어떠한 개인적 조치도 취하지 않았다(그림 11).

신념은 통하지 않는다. 불성실함도 효과가 없다. 문제는 이 리더들이 1인 2역을 하고 있다는 점이다. 이들이 기계를 인간적으로 보이게 해야하는데, 기계에 의해 이들이 비인간화되어 버린 것이다.

다른 빅테크 기업의 거물과 마찬가지로, 일론 머스크도 자신이 설립한기업인 테슬라를 대표하려고 노력한다. 그는 매우 지적이고 기발하며 독특한 사람이다. 따라서 테슬라의 이미지와 잘 어울린다. 그는 또한 한때 세계에서 가장 부유한 사람이기도 했다. 하지만 여전히 차이는 존재한다.

머스크는 테슬라가 아니며, 이 둘을 혼동하면 실제보다 더 이상한 존재가 될 수 있다. 회사는 설립자의 괴팍함이 확장된 존재, 설립자는 회사의 부도덕한 이미지의 연장선으로 읽힐 수 있다.[24]

블라디미르 푸틴은 러시아를 대표하려고 한다. 그는 유도 검은 띠, 승마, 벗은 가슴, 단호한 눈빛 등 남성의 화신과 같은 모습으로 자신을 연출해 왔다. 이는 러시아의 이미지와도 상통하는 부분이 있다. 그런데 푸틴이 나이가 들고 약해지는데, 러시아는 여전히 무모하고 폭력적이라면? 이 대표성은 괴기해진다. 종국에는 둘의 유사성이 사라지기 때문이다.

인공 인격을 인간화하는 것은 또 다른 위험한 결과도 초래할 수 있다. 미국 연방대법원은 2010년 시민연합Citizens United 대 연방선거관리위원회 Federal Election Commission, FEC 사건에서 5 대 4로 시민연합의 손을 들어주었다(이 재판은 비영리단체인 시민연합이 2008년 민주당 예비 선거와 관련된 광고를 후원하기 위해 기업의 정치 캠페인 후원을 막은 선거 개혁법의 합헌성에 이의를 제기해서 이뤄진 것으로 대법원까지 올라갔다_옮긴이). 기업이 법률상 인격체로 간주되므로 헌법 제1조에 따른 권리를 보호받을 자격이 있다고 판결한 것이다. 이는 정치 캠페인에 대한 기업의 후원에 별도의 제한이 없음을 의미했다. 이 판결은 종종 연방법에서 기업의 법인격corporate personhood 개념을 확립한 것으로 간주된다.

그런데 미국 법에서 기업은 19세기부터 인격체로 여겨왔다. 오히려 시민연합 판결은 이에 대해 다른 해석을 도입한 것이다. 연방대법원이 기업에 표현의 자유라는 권리를 부여한 이유는, 그렇게 하지 않으면 기업을 만든 개인들의 권리를 침해할 것으로 생각했기 때문이다. 이 판결에서 기업은 인적 구성원들의 의지와 이익이 반영된 것으로 간주되었다. 시민연합 판결은 기업을 본질적으로 인간의 다른 버전인 양 취급했다. 기업을 인간화한 것이다.

이러한 움직임은 기업 이해에 대한 중요한 변화에서 기인한다. 1970년대 이후 이익 극대화 원칙은 기업 운영의 주요 원리가 되었다. 기업은 주주들에게 가치를 제공하기 위해 존재한다는 것이다. 이는 기업이 단순히 인간의 이익을 위한 매개물이며, 따라서 그러한 이익을 창출하는 만큼의 권리를 가져야 한다는 생각을 강화한다. 다만 그렇게 되면 기업은 좁은 한 가지 목적만 추구할 수 있는 단순한 사람의 껍데기로 축소된다. 이렇게 제한된 개체를 인격체라고 부르는 것을 별 문제 아니라고 생각할 수 있다. 그 인격이 할 수 있는 일이 하나로 정해져 있으니 말이다. 하지만 그러한 개체에 권리를 부여하는 것은 또한 위험할 수 있다. 그 좁은 임무를 추구하는 것이 마치 유일한 가치인 양 여기기 때문이다.[25]

이전 미국 판사들은 다른 관점을 보였다. 20세기 전반기에 법인격 개념은 기업의 권리를 제한하는 데 사용되었다. 기업이 인간과 아무런 관련이 없다는 것이 그 이유였다. 기업은 독특하며 때로는 극단적인 권한을 가진 인공적 존재였다. 따라서 그들을 인간처럼 대우하는 것은 전혀 이치에 맞지 않았다. 그렇게 하면 기업은 매우 모순된 방식으로 행동할 수 있게 된다. 진보적인 판사들은 법인격 개념을 이용해 기업과 인간 사이의 명백한 차이를 강조하기도 했다. 그 차이에는 존속 기간, 영향력, 때로는 인간의 수고와 고통에 대한 둔감함 등이 포함된다. 진보적인 판사들은 기업의 특이한 강점과 약점에 맞는 특별한 책임을 부여하려 했다. 여기에는 기업의 영향력을 제한하는 것도 포함되어 있었다. 그런데 시민연합 판결이 이를 뒤집은 것이다.[26]

인공 생명체를 인간화하려는 충동은 강하다. 그렇지 않고서야 우리가 어떻게 진정으로 이들과 연결될 수 있겠는가? 로봇 역시 마찬가지다. 섹스 로봇, 돌봄 로봇, 친근한 로봇 등이 우리를 닮았다면 인간과의 차이점을 더 쉽게 극복할 수 있을 것이다. 그 간극을 줄이는 것은 이들이 일을 더 잘하게 해줄 것이다. 그러나 차이점을 잊어버리는 것은 위험할 수 있으며, 궁극적으로 더욱 불안해질 수도 있다. 때로는 이들이 누구인지 기억하는 것이 더 낫다. 이들은 우리가 아니다.

또 다른 사회적 기계

국가와 기업만이 유일한 사회적 기계는 아니다. 정치사상의 역사는 기계적인 이미지로 가득하다. 프랑스혁명을 비판했던 보수주의자 조제프 드 메스트르Joseph de Maistre는 혁명의 설계자들이 프랑스 사회를 거대한 기계로 바꾸려 한다고 염려했다. 이 기계는 사이비 사회과학 원칙에 따라 운영된다. 시민들은 톱니바퀴와 부품처럼 취급되어 조정되고 측정되고 조직화되고 비인간화된다. 관료제도 종종 기계에 비유되기도 한다. 어떤 역사학자가 지적했듯이, 영국의 공무원 제도는 19세기에 크게 발전해 '정부의 기계'라는 신조가 조직 원칙이 되었다. 20세기 초에는 전문적인 정당이 정치의 합리화와 기계화의 최신형으로 여겨졌다. 베버는 정당을 '정치 기계political machine'라고 부르며, 이들이 리더의 통제를 벗어나면 벌어질 일을 걱정했다. 오늘날에도 우리는 여전히 기구 정치(machine politics, 조직의 힘으로 선거의 승리나 입법을 도모하는 일)를 두려워한다.[27]

이는 문자 그대로 받아들여도 되지만, 일부는 비유적으로 이해해야 한다. 현대의 정치 시스템은 여러 면에서 실제 기계적으로 작동해서 정해진 절차를 따르기만 하면 어느 정도 신뢰할 만한 결과를 낳기도 한다. 그러나 사회 전체가 기계는 아니다. 이것이 메스트르의 주요 관점이었다. 진화된 사회 구조는 너무 복잡해서 이런 기계적 과정으로 단순화하는 것이 불가능하다고 그는 주장했다. 사회가 기계라는 생각은 단지 특정 종류의 인간 통제를 정당화하기 위한 것이다. 우리는 사회적 기계를 만든다. 하지만 우리는 또한 우리 자신의 행동을 정당화하기 위해 그중 일부를 구성하기도 한다.

동시에 현대 세계는 우리의 행동 방식을 결정하는 온갖 비인격적 시스템의 영향을 받는다. 시장은 경제 정보를 생성하고 전달하는 인위적인 메커니즘이다. 때때로 시장은 우리에게 공포와 경외의 대상처럼 보인다. 우리가 모르는 사이에 작동하기도 한다. 최소한 생계를 위해 그 안에서 활동하지 않는 사람들에겐 더욱 그렇다. 시장은 각각의 개인보다는 날씨와 더 비슷하다. 폭풍이 불어오면 그걸 다 맞아야 한다. 검색 엔진과 같은 정보 네트워크는 신비로운 사실과 수치부터 기억에서 사라진 첫사랑까지 우리가 원하는 것을 찾는 데 필요한 지식을 생성한다. 우리가 누구고 무엇을 필요로 하느냐에 따라 우리는 더욱더 정보 네트워크에 의존하게 된다. 비록 그것들이 우리를 통제하지 않더라도 우리는 그것들의 놀라운 힘에 의존하게 될 수 있다.

그리고 보다 크고 포괄적인 현대의 여러 시스템이 있다. 자본주의는 우리의 세계를 구성하는 제도와 사상들의 혼합체로, 광범위하게 스며들어 있어서 자본주의의 종말보다 세상의 종말을 상상하는 것이 더 쉬울 정도다. 가부장제 역시 우리의 상호작용을 형성하는 제도와 사상들의 혼합체며, 누군가에게는 이익이 되고 누군가에게는 해를 끼친다. 이러한 시스템들은 넓게 퍼져 있어서 인식하기 어려울 수 있다. 심지어 어떤 사람들은 이런 것들이 존재하지 않는다고 여긴다. 그렇지만 이를 알아차린 사람들에게는 그 영향력의 범위를 보여주는 또 다른 증거일 뿐이다.

이 모든 제도, 사상, 체계는 인위적이다. 인간이 만든 것이며, 인간 없이는 어떤 형태로든 존재하지 못한다. 하지만 이들은 현재의 우리가 되는 데 도움이 되었다. 많은 사회 및 정치 이론가들은 우리 세계를 사회관계, 지식 및 통제 패턴, 경제적 위계와 같은 비인격적 작용의 산물이라고 생각한다. 우리의 인간성은 일상적인 상호작용에서 비롯된 시스템에 의해 형성되고 왜곡되었다. 우리가 무력하고 길을 잃은 것처럼 느껴지는 것은 우리를 붙잡고 있는 힘을 인식할 수 없기 때문이다. 공산주의부터 페미니즘까지, 마르크스부터 시몬 드 보부아르까지, 정신 분석부터 포스트모더니즘까지, 그리고 프로이트부터 미셸 푸코까지 현대의 해방 프로젝트와 이론가들은 우리에게 실제 있는 대로의 세상을 보여주려 한다.

이 세상에는 국가와 기업이 존재한다. 이들은 많은 사회적 기계 중의 한 세트며, 광범위한 사회 시스템 내에 있는 제도 중의 한 세트다. 무엇이 이들을 다르게 만들까? 그것은 현대 사회 어디에서나 볼 수 있는 이들의 인위성이 아니라 이들의 대리성이다. 이들은 궁극적으로 의사결정 기계다. 이들에게는 스스로 선택하고, 그 결과를 유지할 수 있는 능력이 있다. 다시 말해 이들은 인공 인격이다. 자본주의는 인간이 아니다. 정보 네트워크도 그렇다. 생활 환경이나 지식 전달 체계도 마찬가지다. 이러한 것들은 엄청나게 강력한 힘을 가지고 있지만 우리를 대신해 결정하지는 않는다.

고대부터 현대에 이르기까지, 교회와 길드부터 최신 로봇과 알고리즘에 이르기까지, 국가와 기업 외에도 다른 인공 대리인들이 존재한다. 국가는 합법적 폭력에 대한 일종의 독점권을 가지고 있지만, 정치적 인격을 독점하지는 않는다. 정당은 자체적인 인격을 가지고 있으며, 의회와 사법부도 마찬가지다. 법인만이 공동 사회적 기업은 물론 공동 경제적 기업의 유일한 모델이 아니다. 현대 세계는 협동조합부터 공동체에 이르기까지 다양한 형태의 단체 활동으로 가득 차 있다. 이들 중 일부는 매우 성공적으로 운영되고 있으며, 가장 우수한 조직은 아마존이나 바이두 또는 미국 정부나 중국 정부보다 더 월등하게 인간의 성취와 동지애를 고양시킬 것이다.

그렇다 하더라도 국가와 기업은 여전히 다르다. 이들은 권력과 지속성 그리고 복제 가능성에서 두드러진다. 거의 무한대에 가까운 인위적 영리 모델이 존재하는 세상에서 여전히 지배적인 위치를 차지하고 있다. 지금까지는 이론적으로 이들을 다르게 만드는 요소를 설명했다. 다음 장에서는 실제로 이들을 다르게 만드는 요소가 무엇인지 더 자세히 살펴보겠다. 우리가 이들을 만들었을 때 우리에게는 어떤 변화가 일어났을까? 그리고 이들은 자신들 차례가 됐을 때 무엇을 만들었을까?

4장

고대 제국과 현대 국가

인류사의 세 가지 분기점

유발 하라리는 그의 책 《사피엔스》에서 무엇이 우리 인간을 특별하게 만드는지를 이야기한다. 우리의 초능력은 실제로 존재하지 않는 우리 자신의 집단적 버전을 생성하는 것이다. 하라리는 이렇게 만들어진 공동체를 '허구fiction'라고 칭하는데, 여기에는 부족부터 제국, 교회, 기업에 이르기까지 모든 집단이 포함된다. 우리는 상상력을 바탕으로 우리 존재를 조직할 수 있는 유일한 종이다.[1]

이는 인류 역사의 첫 번째 결정적인 사건이 약 7만 년 전에 일어났음을 의미한다. 바로 그때, 호모 사피엔스가 언어를 사용할 수 있게 진화해서 공통의 목표를 추구할 수 있게 된 것이다. 우리는 실제로 경험하는 것과 다른 시나리오를 설명할 수 있는 존재가 되었고, 그 이야기들을 서로에게 전달할 수 있게 되었다. 그 결과, 우리는 다른 동물들, 심지어는 네안데르

탈인 같은 경쟁 인간 종조차도 할 수 없는 방식으로 우리의 상상력 자원을 모을 수 있게 되었다. 하라리는 이러한 변화를 인지 혁명cognitive revolution이라고 칭한다. 이는 인간에게 우리만의 세계를 창조할 수 있는 자유를 주었다. 모든 시작은 이로부터 이뤄졌다.

인간은 거의 모든 분야에서 비교적 약한 생명체다. 머리는 크고 불안정하며, 몸은 공격에 취약하다. 인간이 다 자라기까지는 오랜 시간이 걸린다. 걷고 말하기까지 몇 달이 걸리며, 스스로를 지키기까지는 몇 년이 걸린다. 다른 포유류에 비해 우리는 빠르지도 강하지도 않다. 사자와 호랑이에게 쉽게 따라 잡히며, 코끼리에게 밟히기도 하고, 늑대한테 물어뜯기기도 한다. 우리가 가진 것은 우리의 지능이다.

하지만 똑똑한 것이 야생 동물의 공격으로부터 우리를 구해주지는 않는다. 차이점은 우리가 협력해 함께 방어 계획을 세우는 것에서 나온다. 한 명의 인간은 사나운 침팬지와의 일대일 대결에서는 지지만, 100명의 인간은 100마리의 침팬지를 이길 수 있다. 인간은 전투를 위한 집단 전략을 수립할 수 있기 때문이다. 침팬지도 다른 침팬지를 지킬 수는 있다. 그렇지만 일이 잘못되었을 때 무엇을 해야 할지 논의하고 결정할 능력은 없다. 유인원들이 지배하는 행성을 보여주는 영화 〈혹성탈출〉 시리즈는 유인원들이 어떤 식으로든 이러한 능력을 얻었다는 전제에 기반하고 있다. 이를 가능하게 하는 수단은 언어다. 이 유인원들은 말을 할 수 있었다.

맨 초창기에 인류의 집단적 노력은 매우 작은 규모였다. 수렵 채집을 하는 소규모 부족은 사냥과 채집에 대한 이야기를 하고, 누가 어떤 일을 맡을지, 어떤 도구가 가장 적합할지, 언제 거주지를 옮겨야 할지에 대해 의견을 나누었다. 그 이야기들은 모두 집단 내의 사람들과 그들의 조상,

아직 태어나지 않은 사람들, 그리고 길에서 만난 동물들과 유령들에 관한 것이었다. 모든 사람에게는 이름이 있었고, 집단 내에서는 이름으로 통했다. 이렇게 할 수 있으려면 집단 구성원이 150명 이내여야 했으며, 대부분의 인류 역사에서 이보다 큰 집단은 별로 없었다. 더 큰 집단에서는 구성원들이 개별 정체성을 유지하는 것이 불가능해진다.

이 규칙은 여전히 유효한 듯하다. 인간은 구성원이 너무 많아지면 구성원을 통해 집단을 그리기가 너무 어려워진다. 대신 집단의 생각에 대해 이야기해야 한다. 페이스북 친구가 150명 이상인 사람은 우정을 일련의 인간관계가 아닌 추상적인 개념으로 취급하는 것이다. 당신이 누구인지보다는 당신이 속한 범주에 따라 친구로 간주된다. 결혼식 하객이 100명이면 신랑 신부가 거의 다 아는 사람들이고, 이 하객들이 함께 결혼식을 만들어간다. 하지만 하객이 1000명이라고 한다면? 모든 하객을 일일이 다 알 수 없는 노릇이므로 결혼식이란 행사에 하객들은 묻혀 사라진다.[2]

인류 역사에 있어 두 번째 결정적인 사건은 약 1만 년 전에 일어났다. 바로 농업 혁명이다. 이 시점에 인류는 매년 주기적으로 곡식을 심고 재배할 수 있는 곳에 영구적으로 정착하기 시작했다. 정착지가 점점 커지면서 그곳에 거주하는 사람들이 아니라 사람들이 거주하는 장소에 따라 집단의 정체성이 달라졌다. 많은 사람을 먹여 살리기 위해 군락이 조성되었는데, 이들은 서로 잘 알지 못했다. 집단과의 관계를 기준으로 사람들에게 다양한 역할이 주어졌다. 밭을 가는 사람, 요리하는 사람, 전투를 하는 사람, 역할을 결정하는 사람 등. 이것이 정부라는 개념을 탄생시켰다. 개인들 간의 상호작용만으로는 한계가 있는 시스템을 발전시키기 위해서는 다양한 하위 집단이 필요했다.

이러한 초기 정착지의 인구가 수백 명에서 수천 명이 되기까지, 그 속도는 더디긴 했지만 기하급수적으로 늘어났다. 기원전 7000년경, 지금의 튀르키예와 요르단에 있던 가장 큰 도시들(파묵칼레, 히에라폴리스, 페트라 등)의 인구는 1000명 정도였다. 그로부터 3000년 후, 가장 큰 도시의 인구는 약 5000명으로 늘어났다. 기원전 2000년경, 오늘날의 이라크에 있던 우루크(Uruk, 수메르의 고대 도시)는 거의 5만 명의 인구를 수용할 수 있었다. 기원전 1000년경에는 바빌론과 같은 도시의 인구는 10만 명에 달했다. 그로부터 500년 뒤 바빌론은 다시 인구가 두 배로 늘어나 20만 명이 되었다. 그리고 또다시 500년이 지나고 새로운 세기를 맞이했을 때, 로마에는 약 100만 명의 시민이 상주했다.

집단이 확장될 때마다 인간이 수행할 수 있는 역할의 범위도 그에 상응하는 수준으로 늘어났다. 정착지가 커지면서 더 많은 관리, 더 많은 규칙, 더 많은 조직, 더 많은 계층 구조가 필요해졌다. 대부분의 사람들이 의사결정에서 배제되었지만, 그조차도 그들의 역할을 일부 담당하는 것이었다. 노예제는 어디에서나 볼 수 있었지만 자연적인 것은 아니었다. 또 다른 인위적 제도였을 뿐이다(아리스토텔레스는 '태생적 노예'가 있다고 말했지만 이는 잘못된 생각이다). 그렇지만 이러한 공동체의 성장은 소속감이 무엇인지 알 수 있는 다양한 방법들을 알려주었다. 종교, 전쟁, 상업, 신화, 꿈, 열정, 두려움, 정의감 등이 이 새로운 세계를 건설하는 데 일조했다. 한곳에 정착했다고 해서 자신의 정체성이나 소속감을 밝히는 데 문제가 되지는 않았다. 오히려 그 반대의 효과를 낳았다. 이주하는 일이 줄어들고 부족 내에 모르는 사람이 많아질수록 모두를 하나로 묶을 수 있는 집단적 상상력이 더욱 필요하게 되었다.

고대 로마는 수치적인 측면에서 인류 역사상 가장 먼저 정점에 올랐다. 비록 중국의 일부 도시들이 그 후 1500년 동안 비슷한 규모로 성장했지만, 수용 인원이 100만 명이 한계인 듯 보였다. 대부분의 인류 정착지는 훨씬 더 작았다. 로마 제국의 멸망 후, 유럽에서는 각 지역에 거주하는 인구가 급격히 감소하여 1500년에 이르러서는 인구가 20만 명 이상인 곳이 하나도 없었다(파리가 약 18만 명으로 그나마 제일 많았다). 이때 로마의 인구는 3만 명으로 줄어들었으며, 런던은 고대 우루크 수준이었다.

그렇지만 동시에 유럽은 인간 공동체에 대한 다양한 생각들이 계속적으로 불어나기도 했다. 중세 후기에는 도시 국가, 교회, 제국, 길드, 영지, 공국, 연맹, 기업, 종파, 그리고 여타 종류의 단체들이 구성원들에게 충성을 요구했다. 인간 공동체의 규모가 축소되는 것과 다양성을 확산하는 과정이 함께 진행되는 것처럼 보였다. 크다고 해서 더 좋은 것도 아니었다. 작아도 더 많은 것을 줄 수 있었다.

이러한 추세에 변화를 가져와 급격한 성장의 시대를 열게 한 또 한 번의 결정적인 사건이 있었으니, 바로 과학 혁명scientific revolution이다. 르네상스 때 발아해 계몽주의 시대에 꽃을 피운 과학 혁명은 인간의 상상력이 작동할 수 있는 조건을 바꾸어놓았다. 자연법칙을 과학적으로 조사할 수 있게 되면서 환경을 통제할 수 있는 능력이 크게 증가되었다. 16세기에도 인간은 여전히 취약한 생명체였다. 인간의 기대 수명은 30년을 넘지 못했는데, 이는 인류 발생 초기와 비슷한 수준이었다. 질병, 기근, 자연재해는 인간이 통제할 수 없었으므로 언제 어떻게 죽을지 모르는 상황이었다. 폭력의 위험도 마찬가지였다. 인간의 갈등은 급속도로 악화되는 경향이 있어 언제 분쟁으로 이어질지 몰랐다. 그나마 공동체의 크기가 작아

분쟁이 사방으로 퍼지는 건 피할 수 있었다.

　과학 혁명은 이 모든 것을 바꾸었다. 인간의 이해를 특정 지역의 역사보다는 검증 가능한 가설에 초점을 맞추다 보니 지식이 더 널리 쉽게 퍼져나갈 수 있었다. 과학적 공식으로 나타내어 다른 사람들도 같은 현상을 시험해 보고 입증할 수 있다면 이 세상은 보다 보편적으로 이해될 수 있을 것이었다. 과학적 사고의 비결은 의심이었다. 다른 사람들의 합리적 의심을 이겨내지 못하면 어떠한 이야기도 받아들여지지 않았다. 이러한 방법을 적용하고 확산시키면서 인간은 단순한 상상력 이상을 공유할 수 있었다. 과학적 사고의 결과를 공유할 수 있게 된 것이다.

　이는 곧 인간 존재의 가능성을 변화시켰다. 질병을 이겨내는 법은 처음에는 소수의 운 좋은 사람들만 알음알음 알 수 있었지만, 시간이 지나면서 더 많은 사람이 알 수 있게 되었다. 식량 생산은 더욱 안정적이고 훨씬 효율적으로 이루어졌다. 놀랄 만큼 빠른 속도로 지하자원을 채굴할 수 있게 되었다. 폭력도 제어할 수 있었다. 하지만 불행하게도 폭력은 또한 매우 빠르게 퍼져나가서 대규모 살상을 불러일으키기도 했다. 인간 정착지의 규모도 커졌다. 런던의 인구는 산업 혁명 초기인 1800년경 약 100만 명에 달했다. 산업 혁명은 과학 혁명의 원리를 대량 생산에 적용하면서 시작되었다. 1850년에 런던의 인구는 200만 명으로 두 배가 되었다. 1900년에는 500만 명을 넘어섰다. 파리부터 상하이까지, 리마부터 로스앤젤레스까지, 전 세계적으로 도시가 폭발적으로 성장했다.

　과학 지식이 널리 퍼지게 되었어도 우리는 여전히 상상력에 의존했다. 우리는 누가 소속되어 있는지에 대한 개인적 지식보다는 공동체 의식으로 정체성이 형성되는 집단으로 우리 자신을 구성할 필요가 있었다. 일부 공동체는, 시장 경제학을 기반으로 하든 마르크스의 변증법적 유물론을 기반으로 하든 간에, 이를 과학적 원칙에 따라 만들려고 했다. 하지만 결국 이는 과학이 아니었다. 그건 스토리텔링으로, 하라리가 말한 대로 우리 인간의 고유한 특성이다. 소속감을 느끼려면 우리는 여전히 우리 자신의 이야기를 해야 했다. 도시는 상상력의 산물인 국가 안에서 성장했다. 경제 성장을 주도한 기업 역시도 상상력의 산물이었다. 과학은 우리의 이익을 충족시키고 잠재력을 향상시키는 세상을 만드는 능력을 가속화했다. 하지만 이를 달성하기 위한 수단은 과학 법칙이 아니라 현대의 강력한 허구였다.

하라리에 의하면, 우리는 이제 또 다른 혁명의 결과로 인해 인간 역사의 다음 단계―어쩌면 마지막 단계―에 접어들고 있다. 바로 디지털 혁명이다. 머지않아 기계는 인간을 하나의 데이터로 취급함으로써 인간의 운명을 결정할 수 있는 능력을 갖게 될 것이다. 그렇게 되면 과학 지식과 인간의 상상력 사이의 연결은 끊어질 것이다. 왜냐하면 더 이상 과학 지식을 생성하는 데 상상력이 필요하지 않을 것이기 때문이다. 과학이 만든 기계가 우리를 조정할 것이고, 그 결과 인간의 경험이 파편화될 것이다. 우리의 개인적 정체성은 기계의 필요에 따라 해체될 것이며, 기계는 우리가 제공하는 데이터 조각으로 우리의 경험을 분해할 것이다. 당신은 이런저런 알고리즘을 위한 데이터 집합set of data이 될 것이다. 일단 당신의 선택이 기계의 결정에 좌우되면, 아무리 본인의 정체성을 주장해 봐야 소용이 없다.[3]

동시에 선택된 인간 집단은 이러한 기계와의 관계 때문에 다른 사람들과는 완전히 다른 경험을 할 수 있게 된다. 기계와 기계의 작동 방식을 제어할 수 있는 사람은 누구나 엄청난 권력을 갖게 될 것이다. 나머지 대다수의 인류는 상대적으로 무력할 것이다. 세상이 어떻게 돌아가는지에 대한 지식은 더 이상 모두가 공유할 수 없게 된다. 소수의 엘리트들만이 소중히 공유하게 될 뿐. 몇몇 사람들의 상상력, 예를 들어 일론 머스크와 같은 사람들의 상상력이 매우 중요해질 것이다. 그 외 나머지 사람들은 모두 점점 의미가 없어질 것이다.

하라리는 인간 역사에서 국가와 기업이 어떤 존재인지 두 가지 관점을 제시한다. 첫 번째는 이들이 특별하지 않다는 것이다. 7만 년 동안 우리는 실제로 존재하지 않는 우리 자신의 모습을 상상해 왔다. 부족과 고대 제국은 현대의 국가와 다국적 기업과 마찬가지로 상상력의 산물이다. 우리의 존재를 변화시킨 핵심적인 사건은 물질세계에서 발생했다. 식물 재배 방식, 건축 방식, 조직 구성 방식, 실험 방식, 코딩 방식 등. 이 견해에 따르면, 고대 로마가 현대 미국으로 전환된 것보다는 울음소리가 언어로, 유목이 정착으로, 미신이 과학으로, 인간의 상상력이 기계 학습으로 전환된 것이 더 중요하다.

두 번째는, 내가 이 책에서 주장하는 것과 같은 맥락인데, 그럼에도 불구하고 현대 국가와 기업의 탄생이 인간 역사에서 결정적인 사건이었다는 것이다. 여기엔 세 가지 이유가 있다.

첫째, 우리가 상상했던 공동체가 기계적으로 변화함에 따라 다른 곳에서도 이를 건설할 수 있었기 때문이다. 국가와 기업은 과학적 이해와 인간의 상상력이 결합한 것이다. 우리의 상상력이 기계적이 되었다는 뜻이 아니다. 기계의 내구성을 가진 집단적 기업을 조직하는 것을 상상하기 시작했다는 의미다.

둘째, 상상의 이 기업들이 과학 혁명의 이점을 놀라울 정도로 잘 활용할 수 있었기 때문이다. 이들은 다른 경쟁 조직보다 지속적으로 지식을 습득하고 응용할 수 있었다. 장기간에 걸쳐 돈을 빌리고 투자하고 보상을 얻을 수 있었기에 가능한 일이었다. 과학 혁명은 근대 국가와 기업이 탄생하는 데 도움을 주었다. 이들은 증기선과 컴퓨터만큼이나 혁명적인 우주관의 산물이다. 국가와 기업은 인간의 의심을 극복할 수 있기에 존재한다(당신이 그들을 아무리 의심하더라도 결국 당하게 되어 있다). 하지만 현대의 국가와 기업도 과학 혁명에 일조했다. 이들이 없었더라면 혁명은 중단되었을 것이다.

셋째, 우리가 아직 호모 사피엔스 이야기의 끝에 도달하지 못했기 때문이다. 우리는 7만 년에 이르는 역사의 궁극적인 모습을 시작부터 가능한 종말까지 엿볼 수 있을지도 모르지만, 여전히 그 안에 있다. 다음 단계로의 전환은 아직 일어나지 않았다. 그러는 사이에 다음에 일어날 일에 대한 책임은 국가와 기업에 넘어갔다. 일부 인간은 생각하는 기계와 다른 관계를 맺고 있는데, 이는 결국 그들이 기계를 만들고 규제하는 국가와 기업에 대한 지배력이 있기에 가능했다. 머스크 같은 사람들은 국가 및 기업과 특별한 관계를 맺고 있고, 이 때문에 힘이 있다. 우리가 호모 사피엔스에서 다른 존재―기계의 힘을 이용해 신과 같은 호모 데우스가 되든, 아니면 기계의 지배를 받는 종이 되든, 아니면 둘 다가 되든―가 되더라도 결국 다리 역할은 국가와 기업이 할 것이다. 이들은 인간의 창의성 이야기뿐만 아니라 죽음의 이야기에도 등장할 수 있다.

하라리는 현대성이 두 가지 상반된 경향을 보인다고 설명한다. 첫 번째는 회의주의(scepticism, 인간의 감각이나 인식은 주관적 및 상대적이므로 이러한 인간의 능력으로는 보편타당한 절대적 진리에 도달할 수 없다고 여기는 철학 사상_옮긴이)에 입각해 사회적 제약에서 벗어나 자유롭게 자신의 삶을 형성하는 주권적 개인sovereign individual으로 나아간 것이다. 과학적 지식이 이에 대한 기반이 된다. 전통에서의 탈피, 이성에 대한 믿음, 자유로운 이해, 실험적 호기심 등. 두 번째는 인간 경험의 기계화로, 우리 자신이 과학적 이해의 대상이 된 것이다. 즉 우리 자신을 과학적 탐구를 통해 해체되고 조립될 수 있는 또 다른 도구로 보는 것이다. 이런 식으로 과학 혁명은 우리를 단순히 부족의 일원이라는 생각에서 해방시켰지만, 우리를 기계의 일부로 편입시켜 또 다른 축소판이 되게 했다. 그 사이에 우리가 잠깐 우리 자신이 된 것 같은 경험은 단지 짧은 환상에 불과했다.[4]

그런데 여기에 세 번째 경향도 있다. 인간과 기계의 특징을 모두 가진 인공적인 형태의 우리 자신을 만들어낸 것이다. 이 인공 인격들은 바로 시민과 소비자로서, 이들은 우리의 정체성을 수립하는 데 도움을 주었지만 동시에 우리의 정체성을 통제하게 되었다. 이들을 매우 강력하게 만드는 것은 현대성의 다양한 측면들을 하나의 형태 안에 구현할 수 있는 이들의 능력이다. 현대의 국가와 기업은 거대한 규모로 성장할 수 있는 괴물 같은 기계다. 또한 이들은 우리가 어디에 속해 있고 누구에게 속해 있는지 항상 생각할 필요가 없도록 해주는 인간 해방의 수단이기도 하다. 이들의 인위성은 이전과는 다르다. 우리의 입력에만 의존하기에 더 인간적이기도 하고, 그 입력을 우리와 완전히 분리할 수 있기에 더 인위적이기도 하다.

현대의 국가와 기업은 초기 부족이나 교회, 제국의 연장선이면서도 결정적인 분기점이었다. 이들이 등장하면서 근본적인 변화가 일어났다.

제국의 명과 암

전성기였던 2세기 중반, 로마 제국의 인구는 약 7500만 명이었다. 이 수치는 당시 세계 인구의 4분의 1 내지 3분의 1에 해당하는 것으로, 인류 역사상 그 어느 때보다 많은 인구가 이 단일 정치 체제에 속해 있었다는 의미다. 오늘날 세계에서 인구가 가장 많은 중국과 인도조차도 세계 총인구의 약 7분의 1밖에 차지하지 않는다. 세계 최강 경제 대국인 미국은 20분의 1을 조금 넘게 차지한다.

인구 비율적인 측면에서 고대 로마에 비견될 만한 유일한 자주 독립체는 역시 제국이다. 드높던 대영 제국은 20세기 전반기에 세계 인구의 5분의 1이 넘는 약 4억 명의 인구를 통치했다. 로마 제국이 싹틀 무렵, 중국 제국은 거의 유럽 제국만큼이나 인구가 많았다. 새로운 천 년이 시작되던 서기 1년에 행해진 인구 조사에 따르면, 중국 한나라의 중앙 집권적 체제 하에서 5959만 4978명이 살고 있었다. 로마와는 달리 이 수치는 이후 1500년간 크게 달라지지 않았다. 1520년 명나라 때 행해진 인구 조사에서 6060만 6220명이 살고 있는 것으로 확인되었다. 이 시점에 유럽의 최대 조직은 신성 로마 제국으로, 인구가 1500만 명에 미치지 못했다. 그 당시 로마는 소규모 도시 크기로 규모가 줄어들었다.

이는 현대적인 특성 없이도, 즉 대중적 커뮤니케이션이 가능한 자원을 갖추지 않고도 방대한 규모의 제국이 운영될 수 있음을 보여준다. 2000년 전에 6000만 명의 인구를, 막 태어난 아이까지 셀 수 있었다는 것은, 그 최종 수치가 아무리 정확하지 않더라도 고대 제국의 행정 기구가 매우 강력했음을 시사한다(유럽보다는 중국에서 더욱). 물론 실제 크기가 전부는 아니다. 현대 세계에는 동등한 영향력을 가진 거대한 플랫폼 커뮤니티가 여럿 존재한다. 페이스북과 틱톡은 현재 각각 20억 명의 사용자를 보유하고 있는데, 이는 전 세계 인구의 약 4분의 1에 해당한다. 하지만 이것들은 정치 공동체가 아니다.

하지만 그렇게 인식하는 사람도 있다. 2016년 시사 주간지 《이코노미스트》는 페이스북의 공동 창립자 마크 저커버그를 황제 아우구스투스에 빗대어 조롱하는 표지를 실었다. 비록 그가 로마의 초대 황제와 자신을 비교하는 것을 좋아하더라도, 자신의 거대한 글로벌 네트워크에 대한 강압적인 권위는 없다. 회원들의 선택에 영향을 줄 수는 있지만, 자신의 결정을 강요할 수는 없다. 결국은 회원들의 '좋아요' 또는 '싫어요'가 더 중요하다. 그가 더 직접적으로 통제하는 사람들, 즉 페이스북의 모회사인 메타의 직원 수는 현재 7만 명가량 된다(메타버스가 현재로서는 아직 활성화되지 못함에 따라 직원 수가 줄고 있다). 이는 중세의 도시 국가 수준이다.[5]

로마 제국은 많은 거주민에게 실질적으로 강압적인 권위를 가지고 있었다. 변방의 주민들은 이를 맞닥뜨릴 일이 거의 없었는데, 이들은 제국 관리들의 탄압이나 비호를 겪기보다는 지방 토호 세력의 잔인한 폭력을 겪을 가능성이 더 높았다. 많은 사람이 그들이 속한 공동체에 대해 아는 것이 없이 살다가 죽었다. 여성, 어린이, 노예 등을 포함한 대다수는 애초부터 제국에 도움을 요청할 위치에 놓여 있지도 않았다. 그러나 법으로든 단순한 무력행사든, 권위를 마주한 사람들에게 그 존재는 분명했다. 중국도 마찬가지였다. 황제가 모든 신하를 직접 통제할 수는 없었다. 자신이 사는 궁을 제외하고는. 하지만 일단 황제의 눈에 들기만 하면, 누구도 그 눈 밖으로 벗어나기 어렵다는 것만은 확실했다.

고대 황제의 권력은 현대의 누구와도 비교 불가다. 무자비한 현대의 폭군들이 가졌던 권력보다 훨씬 더 전제적이고 독단적이었다. 오늘날의 푸틴이나 시진핑, 심지어 김정은조차도 로마 황제처럼 내키는 대로 통치할 수 없다. 이들 앞에는 고려해야 할 복잡한 사회적이고 정치적인 요소가 너무나도 많다.

한편 고대의 권위는 더 개인적이고 제한적이었다. 황제가 내리는 결정 대부분은 그 즉시 주변에만 영향을 미쳤기에 매우 변덕스러울 수 있었다. 결정이 더 멀리 향해 갈수록 시간과 거리에 의해 희석될 가능성이 더욱 높았다. 결국에는 의도한 목표에 도달은 하겠지만 어떠한 형태일지는 아무도 알 수 없었다. 영토의 가장자리에서 제국은 단지 먼 소문으로만 유지되는 상상 속의 공동체였다.

그럼에도 고대의 집단체와 현대의 집단체에는 분명한 유사성이 있다. 확장성과 내구성이다. 개별 황제의 삶에 의존하지 않았기에 제국은 계속 존재할 수 있었다. 권력의 주체가 바뀌는 순간은 위험—황제의 죽음은 항상 폭력적인 충돌의 가능성이 있었다—하기도 했지만, 제국은 이를 견디어낼 수 있도록 설계되었다. 황제께서 서거하셨다. 새로운 황제 만세! 전근대 제국은 가장 큰 정치적 실체였을 뿐만 아니라 가장 오래 유지된 조직이기도 했다. 중국은 로마보다, 고대 이집트는 중국보다 훨씬 오래 유지되었다. 현대에 비해 고대의 집단이 정치적 규모나 지속성에서 절대 부족하지 않았다. 오히려 현대의 정치 공동체는 고대 버전에 비하면 초라할 정도다.

동시에 고대 세계는 현대의 것들처럼 움직이는 수많은 제도들을 포함하고 있었다. 로마 제국은 로마 공화국으로부터 출현했는데, 로마 공화국은 상상 속 공동체인 동시에 인위적인 공동체였다. 로마 공화국은 다양한 사회적·정치적 행위자들에게 역할을 구분하는 여러 다른 규칙을 만들어 그 어떤 것과도 구별되는 정체성을 부여했다. 공화국res publica은 각 구성 요소들의 합 이상이었다. 공화국은 '공공의 것public thing'이었다. 현대 미국과 마찬가지로 강력하지만 엄격한 상원이 있었고, 대규모의 선거를 치렀는데, 복잡한 선거 규칙으로 인해 돈과 권력에 의한 부패가 만연했다. 현대 미국의 선거 제도도 그 복잡성으로 인해 부정행위가 잦은 것이 사실이다. 로마의 공화주의는 유력 가문의 권력을 제한하려고 시도했지만, 결국은 권문세가 앞에 무릎을 꿇었다. 케네디, 클린턴, 부시, 바이든의 미국도 거의 마찬가지다. 과거나 현재나 다를 게 없다.

로마 공화국은 작게 시작했지만 거대해졌다. 실제 로마 시민은 100만 명에 불과했지만, 수천만 명이 공화국의 지배를 받고 공화국에 의해 탄생한 제국에 복종했다. 기원전 509년에 설립된 로마 공화국은 지배적인 시민들과 이들 가족들의 개인적인 야망에 의해 무너지기 전까지 거의 500년간 존속했다. 또한 길드와 합자회사 그리고 대학에 이르기까지 다양한 종류의 법인이 존재하며 사회적·정치적 동아리 역할을 했다. 로마법의 이 '법인corpora'은 로마 제국 시대를 거치면서 복잡하고 정교한 제도적 장치로 발전했으며, 중세와 초기에 근대 법체계의 기반을 제공하기도 했다. 우니베르시타스와 소키에타스도 이러한 개념적 틀로부터 등장했다. 현대의 기업과 국가도 마찬가지다.

로마 공화국과 제국에는 소규모 가족 숭배부터 가장 큰 가톨릭교회까지 다양한 종교 단체가 있었다. 교회는 성장함에 따라 다양한 제도적 도구를 사용해 활동을 관리했다. 처음에는 제국 내로 한정했지만, 점차 범위를 넓혀갔다. 가톨릭교회는 공동체가 모인 공동체communitas communitatem, 기업이 모인 기업universitas universitatem, 여러 교회가 모인 단일 교회였다. 그 구성원이 살다가 죽고 (그들의 믿음이 맞다면) 다시 살아나는 동안 교회는 계속 살아남았다. 교회는 교황과 추기경, 사제 및 기타 관리들이 차례로 교회를 대표했던 것처럼 신도들을 대표했다. 심지어 신조차도 성부와 성자와 성령의 삼위일체라고 생각했다. 즉 신적 본성은 하나지만 세 가지 격을 지닌다는 의미다. 현대 민주주의 이론은 중세 가톨릭교회의 복잡한 개념에 비하면 아무것도 아니다.

확장성, 내구성, 다양성, 연속성, 대표성 등 이렇게나 유사한 점이 많은데 현대의 기업과 종교 단체, 정치 단체는 과거의 것들과 왜 이리 차이가 많은 걸까? 그 답은 고대 세계의 규모와 다양성의 관계에 있다. 한마디로 로마 공화국이나 로마 제국, 로마 가톨릭교회는 너무나 거대했다. 그렇게 많은 다양성을 지녔음에도 그들은 단일체였다. 이들의 하위 조직은 결코 상부의 그림자를 벗어날 수 없었고, 그 결과 그들은 일정한 크기 이상으로는 성장할 수 없었다. 고대 로마의 주식회사들은 거대한 건축 프로젝트에 자금을 조달할 수 있도록 유한 책임을 부여받기도 했다. 하지만 프로젝트가 완료되면 그 회사는 끝을 맞이했다. 독자적으로 생존하는 것이 허용되지 않았다.

로마 제국은 매우 '독보적sui generis'이었다. 다른 제국과는 전혀 달랐다. 로마 공화국도 마찬가지였다. 많은 개국자가 로마 공화국의 초기 성공을 재현하기 위해 노력했지만 이루지 못했다. 가톨릭교회도 마찬가지로 독특한 체제였으며, 지금도 그렇게 남아 있다. 이 거인들은 로마법의 파트너십과 법인부터 교회법의 참사회(chapter, 성직자 합의 조직)와 코뮌

(commune, 소규모 종교 모임)에 이르기까지, 각자 복제 가능한 여러 개의 하위 기관을 포함하고 있었다. 하지만 이러한 기관들은 항상 지배적인 권위에 의존했다.

비교 대상이 없는 보다 크고 강력한 존재만이 이들의 성공을 따라 할 수 있었다. 영화 〈스타워즈〉에 빗대어 설명하자면, 로마 제국은 일종의 데스 스타(death star, 독재적인 은하 제국으로 행성 전체를 전멸시킬 수 있는 힘을 가짐_옮긴이)였다. 로마 제국은 오랫동안 생명력과 질서를 유지할 수 있었다. 하지만 제국을 따라 하려고 시도하면 그로 인해 죽임을 당했다. 집권적 정치 형태의 힘은 다양한 하위 정치 조직을 탄생시킬 수 있었다. 황제의 손짓 하나만으로 새로운 속국이 탄생할 수 있었다. 하지만 이 집권적 정치 형태는 그 자체의 영속적인 삶을 가진 유일한 대규모 인공 집단이었고, 반복될 수 없었다. 이것이 죽고 나서야 다른 형태의 인공 집단이 번성할 수 있었다.[6]

제국이라는 체제가 지배적인 정치 모델이 되면, 그 규모 때문에 혁신이 발생하기가 어렵다. 로마는 서로 극도로 상이한 여러 영토가 합쳐져 탄생한 제국이다. 브리타니아(Roman Britain, 오늘날 영국의 그레이트 브리튼 섬 지역)와 시리아 속주 Roman Syria는 로마가 지배한다는 것 외에는 공통점이 거의 없었다. 따라서 행정적·제도적 절차를 공유하고, 도로망까지 세우려면 다양성이 희생되어야 했다. 서로 다른 집단은 역동적인 접촉을 할 수 없었다. 그들은 로마로의 종속이라는 공통점이 있는 곳에서만 만날 수 있었다.

로마의 몰락은 제국을 분열시켰다. 비잔티움, 즉 동로마 제국은 문화적·지적 다양성은 뛰어나지만, 제도적 혁신은 제한적인 콘스탄티노플(오늘날의 이스탄불)을 중심으로 형성되었다. 대조적으로 서구에서는 로마 제국의 모델이 부활하지 않았다. 대신 다양한 정치적 시스템이 출현해서 경쟁하기 시작하면서 비잔티움이나 가톨릭교회의 강압적인 영향력에 편입되는 것을 거부했다. 그 결과, 지속적인 혁신이 이루어졌지만, 광범위한 불안정과 반복적인 전쟁도 함께 발생했다. 이 과정은 16세기 초 종교 개혁으로 가속화되었는데, 종교적 격변이 정치적 다양성과 결합해 더 많은 혁신과 더 많은 전쟁을 낳았다.

미국의 역사학자 발터 샤이델Walter scheidel은 《로마 벗어나기Escape from Rome》란 자신의 저서에서 로마 제국의 멸망으로 인해 근대 유럽이 발전하고 세계 지배가 가능해졌다고 주장한다. 서구에서 다양한 제도적 모델 간의 경쟁과 교류가 없었다면, 비잔티움이 결국 오스만 제국의 세력에 굴복했던 것처럼 유럽 전체가 같은 운명을 겪었을 수도 있다는 것이다.

그런데 여기서 1453년 콘스탄티노플이 함락되었을 때 유럽의 상황이 어땠는지 알 필요가 있다. 서유럽은 서로 다른 정치적 단위로 이뤄진 누더기 조각과도 같았고, 그중 몇몇 국가만이 현대의 민족 국가다운 모습을 갖추기 시작했다(프랑스와 영국이 현대 국가와 어느 정도 비슷했고, 독일과 이탈리아, 스페인은 아직 생기지도 않았다). 존재하는 국가는 대체로 범위가 제한적이고 매우 불안정했다. 근본적인 수수께끼는 아직도 남아 있었다. 동쪽에는 규모는 크지만 정치적 변동성이 거의 없었고, 서쪽에는 변동성은 있지만 규모가 작았다. 인간 발전의 기본 문제, 즉 장기적인 안정성과 폭넓은 다양성을 어떻게 결합할 것인지는 아직 해결되지 않은 상태였다.[7]

샤이델은 유럽에서 일어난 일과 중국의 운명을 비교했다. 1600년경에 이 두 지역은 많은 공통점이 있었다. 비슷한 경제 개발 수준(중국이 더 부유했다), 광범위한 무역망, 지적 실험의 증가, 관료적 정교함 등. 차이점은 중국이 여전히 제국이었다는 것이다. 원래의 한나라는 로마 제국처럼 지리적으로 둘로 갈라졌고(북부와 남부), 중국 북부는 경쟁적인 여러 정치 조직과 왕조로 분열되었다. 그러나 유럽과는 달리 중국에서는 10세기 초에 원래의 제국이 다시 세워졌다. 샤이델은 이를 두고 동서양 간의 첫 번째 '대분기'Great Divergence'라고 일컫는다. 두 번째 대분기는 1600년 이후 수 세기 동안으로, 유럽의 경제 개발이 폭발적으로 이뤄진 데 반해 중국은 상대적으로 정체기였다. 중국에서 왕조가 끝을 맺은 20세기 초에야 격차가 다시 좁혀질 수 있었고, 그로부터 100년가량이 지난 지금 중국은 미국을 제치고 세계 최고의 경제 대국이 될 준비를 마쳤다.[8]

제국으로부터의 탈피는 급속한 경제 발전의 필요조건이지만 충분조건은 아니다. 데스 스타를 폭파하는 것만으로는 충분하지 않다. 다른 사회적·정치적 질서가 그것을 대체해야 한다. 그렇지 않으면 혼란만 남게 될 것이다. 서유럽에서는 이러한 과정이 거의 1000년에 걸쳐 이루어졌다. 성장이 일어난 곳에서는 제국이 단순한 과거로만 치부되지 않는다. 여전히 영향력을 행사한다. 근대 국가는 그럴 능력이 생기자마자 새로운 지역으로 제국을 확장했다. 영국, 프랑스, 독일, 이탈리아, 심지어 벨기에까지 여기에 가세했다. 20세기 초, 이들은 모두 막강한 제국이 되었고, 이들의 영토는 지구의 상당 부분을 차지할 만큼 컸다. 이들의 영토는 이들에게 많은 부를 안겨다주었다. 대부분의 현대 역사가들이 식민지 착취가 없었더라면 유럽의 성장은 불가능했으리라고 말한다.

제국을 벗어난 중국도 비슷한 양상을 보이고 있다. 제국에서 현대 국가로 변모한 이후, 지금은 비록 제국이란 용어를 사용하지 않으려고 조심하지만, 이제 중국은 자신만의 제국을 건설해 가는 과정에 있다. 중국이 식민 지배를 달성하기 위해 사용하는 수단은 군대나 전함이 아니다. 자금과 인프라 확충 사업이다. 그러나 자원 착취를 포함해 그 의도는 비슷하다. 다른 나라에 자국민 거주지를 건설하는 등 그 방식도 과거 서구 제국과 유사하다. 그리고 중국의 영향력은 아프리카의 많은 지역을 포함해 지구의 상당 부분에까지 뻗어나가고 있다.

이런 의미에서 제국은 여전히 인간 정치 조직의 기본 모델로 남아 있다. 상당 기간 이로부터 벗어나기는 힘들어 보인다. 한 역사가는 이렇게 말했다. "역사적으로 볼 때 민족 국가는 매우 진귀한 형태다. 그리고 얼마 가지 않아서 사라질 수도 있다." 하지만 현대의 제국은 이전과는 다르다. 우선 여러 버전이 있으며 모두 대략 같은 모델을 기반으로 구축된다. 이 모델에 따르면, 식민지로부터 최대한의 이익을 얻기 위해서는 식민지 발전이 필수였다. 스페인, 포르투갈, 튀르키예와 같이 제때 현대 국가가 되지 못했거나 덜 성공적이었던 제국들은 결국 개발 이익을 얻기도 전에 제국을 잃었다. 19세기에 영국이 점점 더 부유해지는 동안 스페인과 포르투갈은 뒤처진 정치 제도 때문에 상대적으로 가난해졌다. 물론 모든 제국은 각기 다르지만, 현대 국가가 마음만 먹으면 제국의 재현과 확장이 가능함이 입증되었다.[9]

이러한 현대 제국의 모든 주민이 부유해진 것은 아니었다. 국가와 국가를 운영하는 사람들, 그리고 여기에 참여한 기업들만이 부유해졌다. 1600년에 평균적인 영국인의 삶은 평균적인 인도인보다 조금 나은 정도였다. 하지만 1900년에 영국은 인도보다 10배나 더 부유해졌고, 인도는 3세기 전보다 오히려 가난해졌다.

식민지 주민들에게 제국은 좋은 제도가 아니다. 제국의 정치가 본질적으로 약탈적exploitative이기 때문이다. 현대 정치학에서는 이런 제국을 두고 수용적inclusive이라 하지 않고 착취적extractive이라고 표현한다. 제국은 또한 독립으로 이어질 수 있는 모든 제도적 혁신을 가로막는다. 이들은 자신들의 제도적 혁신을 일부 강요―19세기에 영국이 인도에 법치주의, 독립적인 공무원 제도, 초기 민주주의를 주입한 것처럼―할 수 있지만, 역으로 이들이 당하는 법은 없다. 인도는 제국의 통치하에 더욱 영국을 닮아갔지만, 영국은 인도화되지 않았다.[10]

현대의 제국하에서 방향은 일방적이다. 소국인 벨기에는 콩고의 광활한 영토를 점유해, 그곳의 고무와 석유, 값싼 노동력을 자국을 위해 이용하면서 큰 이득을 얻었다. 콩고와 콩고인들은 혜택을 보지 못했다. 이들에게 남겨진 것은 고통스러운 결과뿐이었다. 데스 스타는 여전히 데스 스타로 남아 있다. 하지만 현대 세계에서는 고대 세계와 달리 종말이 와도 그것을 운영하는 사람들에게는 타격이 없다. 식민지 제도는 단지 하나의 착취 도구일 뿐이며, 이것이 없어도 문제가 없다. 벨기에는 식민지를 잃은 지 오래됐지만 계속 번영하고 있으며, 콩고민주공화국은 여전히 고통 속에서 신음하고 있다.[11]

좁은 회랑으로 들어가기

고대와 현대 세계 사이의 연속성과 불연속성을 생각하는 또 다른 방법이 있다. 전반적으로 현대 사회가 고대 국가보다 훨씬 부유하지만, 여전히 이 둘 사이에는 큰 차이가 존재한다.

벨기에와 콩고민주공화국을 비교해 보자. 두 나라 모두 명목상 현대 국가이지만 1인당 GDP는 각각 5만 달러를 넘고, 1000달러에 미치지 못한다. 이는 고대 세계에서 가장 부유한 지역과 가장 가난한 지역 사이에 존재했던 격차보다 훨씬 크다. 고대에는 가난한 사람이 덜 가난했기 때문이 아니라(실제 더 가난했던 건 맞다) 가장 부유한 사람들이 훨씬 덜 부유했기 때문이다. 로마 제국의 가장 부유한 지역은 가장 가난한 지역보다 약 두 배 부유했다. 이탈리아 본토의 평균 소득은 1인당 1000달러였고, 서아프리카는 500달러였다. 물론 특정 지역에서는 불평등이 심하기도 했다. 로마에서 최고 부자들은 호화로운 저택에 살았지만, 가난한 사람들은 빈민가에 모여 살았다. 그 격차는 오늘날 빅테크 기업의 거물과 샌프란시스코의 노숙자들 차이만큼이나 심했다. 그러나 전반적으로 세계는 지금보다 더 평등했다.

그렇기는 해도 군사력이나 상대적인 번영 측면에서 다른 사회보다 분명히 더 나은 고대 사회도 있었다. 로마 시대에는 비록 다른 요소가 더 중요하더라도―예를 들어 노예가 되는 것보다 노예가 되지 않는 게 더 좋았다―물질적인 면에서는 로마 제국 안에서 사는 게 그렇지 않은 것보다 전반적으로 나았다. 고대 그리스에서는 몇몇 도시 국가가 다른 도시 국가보다 훨씬 살기 좋았다. 고대 아테네는 오랜 기간 그 어떤 도시 국가보다 더 부유하고 안정적이었으며 역동적이었다. 비록 기원전 431년부터 404년까지 스파르타와 벌인 장대한 전쟁에서 패했지만, 이를 회복하고 아테네는 이후 100년간 안정과 성장을 누렸다. 반면 더 배타적이고 호전적인 스파르타는 승리의 후폭풍을 감당하지 못하고 곧바로 쇠퇴했다. 몇 가지 예외적인 사항을 제외하고는 아테네에서 사는 것이 전반적으로 나았다.

혹자는 아테네가 민주주의 국가였기에 그렇게 되었다고 말하기도 한다. 스파르타의 통치 방식이 잔인했기 때문이라거나 단지 아테네가 운이 좋았다―아테네는 광대한 은광과 이를 채굴할 노예 노동력을 가지고 있었다―고 말하는 사람도 있다. 이에 미국의 경제학자 대런 아세모글루와 정치학자 제임스 A. 로빈슨은 함께 집필한 《좁은 회랑》에서 아테네의 성공에는 다른 원인이 있다고 주장했다.

두 사람은 인간이 사회적·정치적으로 발전하면 반드시 겪게 되는 영원한 딜레마를 그 원인으로 지목한다. 중간 규모의 사회라도 안정적으로 유지되려면 이를 운영할 효과적인 정부가 필요하다. 하지만 모든 정부는 시민을 착취하고 부패에 빠질 위험이 있다(민주주의 정부도 이에 포함된다). 소수의 인원에게 다른 사람들을 관리할 권한을 주면, 이들은 자신의 지위를 이용해 이득을 취하려고 한다. 동시에 사회가 번영하려면 시민의 역동성이 필요한데, 이는 스스로 조직화할 수 있는 독립적인 기업에 달려 있다. 그런데 여기에는 기업의 독립성을 바탕으로 돈을 버는 사람들이 그들만의 규칙을 만들 수 있게 되면 사회적 안정성을 무너뜨릴 위험이 내포되어 있다.[12]

기본적으로 이는 골디락스의 문제다. 너무 적어도 안 되고, 너무 많아도 안 되며, 딱 맞아야 한다. 국가는 강력해야 하지만, 자유와 기업가 정신을 억누르는 만큼은 아니어야 한다. 사회는 견고하게 독립적이어야 하지만, 공공질서와 건전한 정부를 약화시킬 정도로 독립적이어서는 안 된다. 문제는 정부와 시민 사회 모두 스스로 욕망을 조절하지 못한다는 것이다. 정치인은 더 많은 권력을, 시민 단체는 더 많은 자유를 원한다. 내버려두면 너무 많은 것을 요구하고, 가진 것조차 파괴하려 들 것이다.

제국이 둘로 분열된 이후의 로마의 운명이 일이 어떻게 잘못될 수 있는지를 잘 보여준다. 동쪽에서는 강력한 중앙 정부의 통제가 있었고―소요와 내전이 간헐적으로 발생하긴 했다―시민의 독립성이 충분하지 않았다. 비잔틴의 예술가, 철학자, 신학사들은 대도시에서 색다르게 생가할 수 있었다. 이들은 W. B. 예이츠가 그의 시 〈비잔티움으로의 항해〉에서 "졸음에 겨운 황제를 깨우기 위해 금박과 황금 에나멜로 만든 형상을 취하리라"고 멋지게 표현한 가장 아름다운 제국을 만들었다. 하지만 제도적 실험은 제한적이었고, 경제 발전은 정체되었다. 결국 비잔티움은 여전히 제국이었기 때문이다.[13]

한편 서쪽에서는 중세 초기까지 다양한 소규모 집단이 권력을 다투고 자신들의 야망을 추구했지만, 이를 이루기 위한 정치적 안정성이 부족했다. 비잔티움의 영주와 귀부인들은 '지나간 것과 지나가는 것 그리고 다가올 것'에 대한 노래를 들었다. 예이츠는 이를 '영원한 예술품artifice of eternity'이라고 칭했다. 반면 중세 서유럽의 영주와 귀부인들―왕자, 교황, 도제, 고문, 주교, 수도사, 변호사, 길드원까지도―은 자신의 일을 하느라 바빴다. 문제는 이들이 다른 사람들을 복속시킬 만큼 충분한 강제력이 없었다는 점이다.

어떻게 해야 균형을 맞출 수 있을까? 답은 명백해 보인다. 중앙 국가의 권력이 너무 압도적이면 제동을 걸고, 사회의 야생성이 지나치게 날뛰면 제재하면 된다. 하지만 사회가 할 수 없는데 누가 국가를 통제할 수 있을까? 그리고 국가가 아닌 누가 사회를 제지할 수 있을까?

골디락스 문제는 곧 닭이 먼저냐, 달걀이 먼저냐 하는 문제로 바뀐다.

사회를 견제하기 위해서는 강력한 국가가 필요하지만, 국가를 견제하기 위해서는 강력한 사회가 필요하다. 아세모글루와 로빈슨이 주장하는 유일한 방법은 국가와 시민 사회 모두 서로에 대한 한계를 설정할 수 있을 만큼 강해야 한다는 것이다. 이는 정치적 통제와 사회경제적 독립을 두고 벌어지는 일종의 군비 경쟁이다. 양측은 서로를 지배할 수 있어야 하고, 또 그럴 수 없어야 한다. 두 사람은 영화 〈거울 나라의 앨리스〉의 한 장면을 이용해 이를 표현한다.

> 앨리스가 여전히 숨을 헐떡이며 말했다. "그런데 우리나라에서는 지금처럼 계속해서 빨리 달리면 다른 곳으로 갈지도 몰라요."
> 여왕이 말했다. "느린 나라군! 여기서는 똑같은 자리에 머물려면 계속 뛰어야 해. 다른 곳으로 가고 싶다면 두 배는 빨리 달려야 하고!"

모든 사람이 제자리에 머물기 위해서는 최선을 다해야 한다. 양쪽 모두가 움직여야만 성장에 필요한 견고한 토대가 마련된다.

고대 아테네가 그런 사회였다. 아테네는 강력했다. 아테네의 민주주의는 정교하고 사회 전반에 스며들어 있어서, 아테네 생활의 많은 측면을 통제하고 시민들에게 폭넓은 요구를 했다. 동시에 아테네 시민 역시 역동적이고 깐깐했다. 아테네는 상업 도시였으며, 상업으로 재산을 축적한 사람들과 지주 귀족들이 지도층을 형성했다. 아테네는 지적이고 예술적 다양성이 있는 도시였다. 철학자와 비극 작가가 넘쳐났으며, 학교와 극장이 곳곳에 있었다. 이런 특징으로 인해 아테네는 국가의 권위를 파괴하지 않으면서도 정치적 억압으로부터 자유로웠다.

어떤 면에서 고대 아테네는 매우 현대적으로 보일 수 있다. 아테네의 지도자 페리클레스는 스파르타와의 전쟁이 한창일 때 전사자들을 기리는 연설에서 아테네가 특별한 이유를 다음과 같이 말했다.

> 우리가 정부로부터 누리는 자유는 우리의 일상생활에까지 확장돼 적용됩니다. 우리 사회는 서로를 질투 어린 눈으로 감시하지도 않고, 이웃이 좋아하는 일을 한다고 해서 짜증 내지도 않습니다. 심지어 법적으로 아무런 책임이 없다고 해서 함부로 공격적인 표정을 짓지도 않습니다. 그러나 사적인 관계에서 이런 식으로 편안함을 느끼더라도 우리는 함부로 법을 어기지 않습니다. 법에 대한 두려움이 우리의 주된 보호 수단입니다. 이는 우리에게 판사와 법을 존중하도록 가르칩니다. 특히 피해자 보호에 관한 규정은, 그것이 법령에 명시되어 있든 아니든 간에 어기면 공개적으로 수치를 당하게 되어 있습니다.

이런 사회라면 현대의 우리가 살기에도 좋은 것처럼 들린다.[14]

아세모글루와 로빈슨은 고대 아테네를 대놓고 '리바이어던'이라고 부른다. 강력한 정치 조직이 그렇듯, 아테네도 부패와 권력 남용에 있어서는 취약했다. 헌법만으로는 공직자들을 견제하기에 불충분했다. 국가를 관리할 권한이 있는 사람은 누구라도 그 규칙을 무너뜨릴 수 있는 수단을 찾을 수 있었기 때문이다. 정치적 안정을 이루려면 비국가 행위자(non-state actors, 국가 이외의 행위자)와 사회 행동 규약이 서로를 상쇄할 수 있어야 했다. 이는 섬세한 균형 행위가 되어야 한다. 어느 쪽으로든 과도하게 기울어질 수 있기 때문이다. 예를 들어 정치인은 반대를 억누르고 권력을 이용해 축재할 수 있으며, 사회 엘리트층은 공모해서 국가에 반역하고 재물을 이용해 권력을 얻을 수 있다. 이런 이유로 우리가 '좁은 회랑'에서 균형을 맞추기란 쉽지 않다.

아테네의 경우 번영할 기회가 거의 없었다는 점이 눈에 띈다. 200년 역사 동안 아테네의 민주주의는 군부 팽창, 쿠데타, 폭군 출현, 경제 불황, 자연재해 등으로 인해 주기적으로 위기에 빠졌다. 기원전 430년에는 전염병으로 인구의 약 4분의 1이 사망하기도 했다. 아테네는 언제 멸망해도 이상하지 않았다. 고대 세계에서 아테네가 두드러지는 것은 이 어려운 시기들을 이겨냈기 때문이다. 다른 사회는 불균형이 심해지고 회복 불능에 빠졌지만, 아테네의 강력한 국가와 시민 사회의 조합은 아테네가 다시 일어설 수 있도록 했다. 그럴 때마다 아테네는 더욱 번영했다. 이것이 아테네의 성공 비결이다.

하지만 이러한 성공 모델을 다른 곳에 적용할 수는 없다. 아테네는 그 독특함으로 고대 세계에서 두각을 나타냈다. 아테네의 멸망 후, 누구도 그 성공을 재현할 수 없었다. 그런 점에서 아테네는 리바이어던과 전혀 달랐다. 현대 기준으로 보자면 아테네는 사실 국가가 아니었다. 법적인 실체가 있는 것도 아니고, 시민들의 지속적인 합의가 없었다면 독립적으로 존재하기도 어려웠다. 페리클레스가 주장하는 요점은 시민들의 참여가 있었기에 아테네가 존재했다는 것이다. 아테네의 정치적 정체성은 시민들과 이들의 규칙 및 관습에 의해 생성되었으며, 그 때문에 매우 인간적으로 유지되었다. 아테네의 국가 기관과 시민 단체는 모두 구성원의 참여에 전적으로 의존했다. 이것이 고대 아테네의 삶을 매우 힘들게 만들었다. 하지만 다른 선택지가 없었다.

현대의 리바이어던은 어떤 일이 있어도 계속 작동하도록 설계되어 있다. 그것은 기계다. 고대 그리스와 현대 그리스의 차이가 이를 잘 보여준다. 현대 그리스는 뛰어난 건축물과 문화유산을 보유하고 있지만, 정치적으로 특별한 것은 없다. 그리스는 지난 10년이 넘도록 경기 침체 및 코로나19 팬데믹 등 수많은 위기를 겪었지만 붕괴되지 않고 잘 버텨왔다. 그러나 이는 시민들의 특별한 공헌 때문이 아니다. 그리스 국민은 현대 세계 어디에서나 볼 수 있는 사람들과 똑같다. 대부분의 그리스인은 정치보다 다른 일에 더 관심이 많다. 그리스가 살아남은 이유는 그 정치적 구조가 독특하지 않기 때문이다. 선진국과 같은 정치 시스템을 갖추고 있어서 삐걱거리면서도 알아서 잘 굴러간다.[15]

근대 이전, 번영의 좁은 회랑은 어디로도 이어지지 않았다. 그 혜택을 누렸던 몇 안 되는 곳에서 일단 끝나면 그걸로 끝이었다. 아무리 노력을 쏟아붓고 행운이 겹친다 해도, 사회적 에너지와 정치적 에너지의 필수적인 상호작용을 유지할 수 없게 되면 둘 다 소멸하고 말았다. 오늘날은 다르다. 좁은 회랑이 꽤 붐비는 게 사실이다. 회랑 안에는 그리스, 일본, 뉴질랜드, 한국, 노르웨이, 이스라엘, 우루과이 등 다양한 국가들이 있다. 아직도 세계에는 사회와 정치의 균형을 제대로 잡지 못한 곳들이 많다. 대표적 예가 남수단이다. 하지만 균형이 달성된 곳에서는 막다른 골목에 다다를 만큼 위험이 크지 않다. 진짜 위험은 그 경쟁을 이제 현대의 국가와 기업들이 주도하고 있기에 그 자체의 인위적인 생명을 가지게 되었다는 점이다.

현대의 국가와 기업은 우리가 그들에게 전적으로 헌신하든지 말든지 계속해서 나아갈 것이다. 현대 국가는 고대 국가처럼 우리의 인간성에 의존하지 않는다. 국가와 기업의 경쟁에서 어느 한쪽이 이길 가능성은 항상 존재하며, 그 결과도 어느 정도 예측 가능하다. 즉 국가 권력을 견제하지 않으면 정치적 간섭이 커질 것이고, 기업이 지배적인 위치에 올라서면 기업 권력이 비대해질 것이다. 그러면 모든 사람의 삶이 엉망이 될 수 있다.

그럼에도 현대의 국가와 기업은 대개 끊임없이 반복적으로 서로를 자극해 경쟁에 박차를 가한다. 이 인공적인 유토피아에서 살아가는 우리는 이제 이전에는 결코 생각해 보지 않았던 질문에 답을 해야 할 것이다. 성장을 향한 끊임없는 욕구에서 벗어날 수 없다면 무슨 일이 생길까? 그리고 탈출 외에 다른 방법이 없다면 어떻게 될까?

국가도 회사도 아닌 기업국가

수천 년에 걸친 거대한 역사의 흐름에는 우리가 혁명이라고 부르는 여러 결정적인 전환점이 있다. 하지만 어떤 혁명도 그다지 깔끔하지는 않다. 특히 그것을 직접 겪은 사람들이라면 더욱 그렇다. 이전 시대는 새로운 시대로 이어지고, 새로운 질서는 구질서의 제도에 의존한다. 두 시대는 여러 면으로 겹치는 부분이 있다. 근대에도 다르지 않았다. 최소한 초기에는 과거와 깔끔하게 단절되지는 않았다. 혼합의 시대였다.

이러한 혼합물 중 하나가 국가도 기업도 아니지만 둘의 조합인 '기업국가company-state'였다. 주권 국가와 독립적인 기업의 경쟁을 근대의 특징이라고 한다면, 기업국가는 근대성에 포함되지 않을 것이다. 그렇지만 기업국가는 19세기 중반까지 존속했고, 근대 제국주의 팽창에 기본적 토대

가 되었다. 따라서 근대적이라고 해도 된다. 근대 역시 신구가 뒤섞인 시대다.[16]

영국 동인도회사East India Company, EIC와 네덜란드 동인도회사Verenigde Oostindische Compagnie,VOC는 모두 기업국가였다. 이들은 본국 정부로부터 해외에서 제국주의 사업 운영에 대한 허가를 받았다. EIC는 인도부터 홍콩까지, 그리고 VOC는 남아프리카부터 태국까지였다. 이들은 상업을 위주로 하는 기업이었지만, 군사력을 행사했고 자체적으로 현지 통치자들과 조약을 체결했다. 세금을 징수하고 사법권을 집행할 수 있는 권한도 가지고 있었다. 이러한 특권은 이들에게 엄청난 이점으로 작용했다. 경쟁자보다 장기간에 걸쳐 자본을 축적할 수 있었고, 식민지 국민을 직접적으로 책임질 필요가 없었기에 국가보다 훨씬 더 유연했다. 이는 마치 기업과 국가의 장점만을 모은 듯한, 즉 목적 지향적 성향과 최고 권력의 결합처럼 보였다.

이러한 기업국가들은 특히 17~18세기에 전 세계적으로 대단한 영향력을 발휘했다. 이들의 활약으로 인해 유럽 국가들이 다른 어떤 곳보다 먼저 근대화를 이루었기 때문에 세계적 우위를 점할 수 있었다는 주장은 설득력을 잃었다. 기업국가는 법인이기도 했지만 특권을 가진 면허 상인 시대의 잔재이기도 했다. 유럽의 세계적 우위는 단순히 서구의 과학과 기술 발전의 산물로 인한 것이 아니었다. EIC와 VOC는 독특한 조직으로서, 이들의 힘은 단순히 유럽의 권위적인 모델을 강요하는 데서 나오는 것이 아니라 현지 상황에 따라 관행을 조정할 수 있는 능력에서 비롯되었다. 종종 이들은 전쟁을 포함해 기업국가가 해야 할 일을 현지 통치자들이 대신하도록 했다. 이들은 어쩔 수 없이 수많은 혁신을 받아들여야만 했는데, 이들이 통치하려는 지역에서 발견한 것을 활용해야 했기 때문이다.

이러한 사실은 근대 제국들도 하이브리드 조직에서 비롯됐음을 시사한다. 즉 동양과 서양, 남반구와 북반구가 즉흥적으로 결합한 것이다. 근대 제국은 유럽의 우월성이 비유럽의 후진성을 정복했을 때 생겨나지 않았다. 오히려 기업국가는 이들이 발견한 전 세계의 다양성을 활용해 자신들에게 가장 적합한 제도적 형태를 취했다. 주권을 내세워야 할 때는 그렇게 했다. 하지만 필요에 따라 서비스 구매가 더 쉬운 방법이었을 때는 그렇게 하기도 했다.

그런데 이 모델에 무슨 일이 일어난 것일까? 국가와 기업의 다양한 특성을 결합하고, 필요에 따라 이 둘 사이를 왔다 갔다 할 수 있는 하이브리드 제도는 왜 지배적인 것이 되지 못했을까? 그 이유는 다음과 같다. 이러한 조직은 자기 존재만으로 세계의 여러 부분을 연결할 수 있는 단일체였고, 복제 가능한 정치 조직 모델을 만들 수 없었기 때문이다. 오랫동안 지속 가능한 제도를 구축할 수 없었기에 이들은 현대 국가보다는 로마 제국에 더 가까웠다. 중요한 것은 오직 자신이 오래 살아남는 것이었다.

한편 이들의 장점은 이들이 성장함에 따라 단점으로 변했다. 18세기 후반이 되자, 기업국가들은 기업과 국가의 단점만 모아놓은 것처럼 보이기 시작했다. 이윤을 너무나도 추구했기에 책임 있는 정부로서의 역할을 하지 못했고, 부패와 스캔들에 시달렸다. 그렇다고 투자자들에게 안정적 이익을 안겨주기엔 정치적 부담이 너무 컸고, 결국 부채에 짓눌리게 되었다. 하나의 조직이 오랫동안 인도를 통치하는 동시에 착취하는 것은 쉬운 일이 아니었음이 드러났다. 19세기 동안 영국 정부는 통치하는 역할은 본인들이 맡고, 착취하는 역할은 비공인 기업에 맡겼다.

국가와 기업의 권력을 구분하는 명확한 경계는 과거에도 없었고, 지금도 없다. 근대 국가는 항상 특정 기업을 선호하고 특권을 부여해 왔으며, 오늘날에도 이러한 현상은 계속되고 있다. 중국의 기업들은, 특히 최대 기업일수록 중국 정부의 승인이 없으면 제대로 작동할 수 없다. 세계의 많은 성공적인 기업들, 예를 들어 한국의 현대그룹은 국가의 특별한 비호 아래 크게 발전할 수 있었다. 1970년대 중반 중소기업으로 출발한 현대는 2000년대에 독보적인 대기업으로 성장했다. 국영 은행이 특별 융자를 제공하고, 한국 정부가 1980년대 후반까지 외국산 자동차 수입을 금지함으로써 현대의 사업을 적극 지원했기 때문이다. 현대는 이제 국내뿐만 아니라 국제적으로도 경쟁할 수 있는 기업이 되었지만, 한국 정부는 여전히 보호주의 정책으로 현대를 보호한다. 그 대가로 현대는 한국의 경제 개발과 인력 양성에 기여하고 있다.[17]

이는 공생symbiosis이었다. 혼성hybridity이 아니었다. 현대는 세금을 거두지도 않고, 사법권이나 강제력도 없다. 글로벌 시장은 정복했지만 지구 영토를 정복하지는 못했다. 기업국가는 19세기를 마지막으로 사라져 다시는 돌아오지 않을 것처럼 보였다. 국가와 기업이 협력하는 방식은 여전히 여러 가지지만, 기업국가 시대로 복귀하는 일은 가능성이 매우 낮다. 결국 또 다른 막다른 골목에 다다를 것이기 때문이다.

21세기 동안 몇몇 기업은 전통적으로 국가의 영역이었던 곳으로 다시 침투하기 시작했다. 아마존은 고객들 간의 지적 재산권 분쟁을 중재할 것이며, 구글은 당신의 신원을 확인할 것이다. 메타는 언젠가 자체 통화를 갖기를 희망한다. 하지만 이는 주권에 대한 도전이 아니다. 단지 돈을 벌 수 있는 또 다른 방법일 뿐. 구글에는 여권을 발급할 권한이 없다. 대신 실제 여권이 도착하길 기다리는 동안 본인 인증이 된 구글 아이디로 온라인 세계를 여행할 수는 있다.

현대의 시작점을 어디로 보든—17세기든 18세기든 19세기든—그 이전 시대와 구별되는 것만큼은 확실하다. 겹치는 부분이 없는 것은 아니지만 분명 다른 무언가가 생겨났다. 이전 시대에는 유일했던 것이 현재 시대에는 반복 가능해지고, 이전 시대에는 창의적이었던 것이 현재 시대에는 기계적이 되고, 이전 시대에는 막다른 길이었던 것이 현재 시대에는 통행 가능해졌기 때문이다. 현대는 그 자체로 무한하지 않다. 언젠가는, 어쩌면 더 빨리 끝날 수도 있다. 200~300년은 인류 역사라는 큰 흐름에서 보면 짧은 기간에 불과하다. 현대 국가와 기업의 시대는 장기적으로 보면 예외적인 시대가 될 것이다. 하지만 이 시대에 일어난 변화는 우리의 존재와 우리가 할 일을 근본적으로 바꾸어놓았다. 이 아웃라이어(현저히 어긋나는 데이터 포인트), 즉 이 예외적인 시대가 호모 사피엔스의 미래를 이해하는 열쇠다.

THE HANDOVER

5장

위대한 변환

THE — HANDOVER

하키 스틱 모양의 그래프

만약 표 하나로 현대 경제사를 요약한다면 아마도 176쪽의 그림 12와 같을 것이다. 지난 1500년간, 아니 그전 수십만 년간 수평을 유지하던 전 세계 생산량이 1500년대를 넘기자 어떤 변화로 인해 수평에서 서서히 벗어나기 시작했다. 1850년 이후에는 상승 곡선이 급격히 가팔라지기 시작했고, 지난 몇 년간에는 상승 곡선이 거의 수직이 되었다. 인류 전체는 가난했다가 조금 덜 가난한 상태로, 덜 가난했다가 가난하지 않은 상태로, 가난하지 않았다가 부유한 상태로 변했다.

하지만 여러 이야기를 표 하나에 담았기에 그래프가 말해주지 못하는 것도 많다. 국가별로 세분화하고 시대별로 더 세밀하게 구분하면 여전히 그래프는 하키 스틱 모양이지만 훨씬 복잡해진다. 상승 시작점이 지역마다 크게 다르기 때문이다(그림 13). 그리고 아직 상승이 시작되지 않은 곳

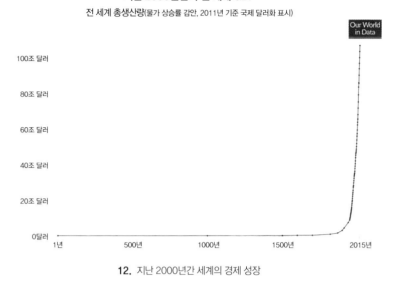

지난 2000년간의 전 세계 GDP

전 세계 총생산량(물가 상승률 감안, 2011년 기준 국제 달러화 표시)

Our World
in Data

100조 달러

80조 달러

60조 달러

40조 달러

20조 달러

0달러

1년   500년   1000년   1500년   2015년

12. 지난 2000년간 세계의 경제 성장

도 많다. 50년 전에 비하면 훨씬 더 줄어들긴 했지만, 여전히 몇억 명의 극빈층이 존재한다. 콩고민주공화국은 1인당 소득이 500년 전과 거의 변화가 없다. 세계는 더 부유해졌지만, 점점 더 불평등해지고 있다.

경제 성장의 첫 번째 조짐은 영국과 네덜란드에서 나타났다. 1650년 영국의 1인당 GDP는 약 1500달러로 1350년과 비슷했다. 1750년에는 거의 두 배가 되었고, 1850년에 다시 두 배가 되었다. 1950년에는 17세기 중반보다 거의 10배나 높았다. 영국의 가장 중요한 경제적·지정학적 경쟁자인 프랑스는 1650년대만 해도 비교적 부유한 편이었으나, 이후 100년간은 경제가 크게 성장하지 못했다. 19세기에 들어서서야 프랑스의 경제가 도약하기 시작했다. 미국도 마찬가지로 1820년경부터 급속도로 성장하기 시작했다. 1900년에 미국인은 평균적으로 100년 전보다 네

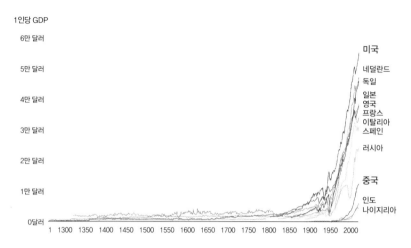

일부 국가의 1인당 GDP 변화 추이

1인당 GDP

미국
네덜란드
독일
일본
영국
프랑스
이탈리아
스페인
러시아
중국
인도
나이지리아

13. 지난 700년간 국가별 경제 성장

배나 부유해졌고, 1950년에는 1900년보다 두 배나 더 부유해졌다.

이는 전 세계적으로 인류의 평균 소득을 크게 상승시키기에 충분했다. 하지만 지역적으로는 사람들의 삶에 엄청난 변화를 초래했다. 일반적인 이야기 때문에 지역별로 다른 막대한 차이가 묻히기도 한다. 영국이 더 부유해짐에 따라 많은 주민이 시골에서 인구 밀도가 높은 도시로 이주해 경제 성장에 필요한 저렴하고 쉽게 착취 가능한 노동력을 제공했다. 도시는 전염병이 창궐하고 악취가 심했다. 도시 노동자들은 점점 더 가난해졌고 병들었다. 이들 중 상당수가 어린이였다. 영국이 세계 최고의 부국이 되었음에도 1750년부터 1850년까지 평균 수명은 거의 늘어나지 않았다. 민주주의가 정착하고 정치 시스템을 통한 국부의 재분배가 이루어지자 이런 상황이 바뀔 수 있었다. 20세기에 복지 국가가 출현하고 나서야 획기적인 수명 연장이 가능했다.

그렇지만 수 세기에 걸친 발전도 최근 몇십 년간 전 세계에서 발생한 엄청난 부의 상승에 비하면 아무것도 아니다. 이는 서유럽과 미국의 발전사가 매우 짧은 시간 내에 압축되어 다른 지역으로 복제된 결과다. 이때부터 소위 '대가속Great Acceleration'이라 칭해지는 대변혁이 이뤄진 것이다. 예를 들어, 1950년 한국의 1인당 GDP는 1000달러 미만으로 1350년의 영국보다 가난했다. 2000년까지 한국의 평균 소득은 20배 증가했는데, 영국에서는 이 과정이 300년 이상 걸렸다. 오늘날 한국과 영국은 소득 수준이 비슷하다. 1950년에 한국보다 부유했던 가나는 이제 한국의 10분의 1에 불과하다.[1]

최근 전 세계에서 가장 큰 경제 성장은 두 인구 대국에서 발생했다. 중국과 인도다. 중국 경제는 1970년대 후반 들어 급격히 발전했다. 인도는 1947년 영국의 식민 통치에서 벗어나면서 상당한 경제적 혜택을 보았지만, 1990년대 초반까지는 상대적으로 성장이 더딘 편이었다. 하지만 그 이후로 인도의 경제 성장은 어느 나라보다 빨랐다. 두 나라의 경제 활동 역사는 같지 않지만, 혁신적인 경제 성장을 경험한 모든 국가는 멀리서 보면 유형이 비슷하다. 오랫동안 상대적으로 평평한 선을 그리다가 갑자기 오른쪽 위편으로 꺾이는 것이다.

왜 그럴까? '대변환Great Transformation' 또는 '대분기'라고 불리는 이 현상을 둘러싼 설명은 무수히 많다. 여러 다른 시기에, 여러 다른 장소에서 발생했기 때문이다. 특히 북서유럽은 다른 지역보다 훨씬 더 이른 시기에 이러한 변화를 경험했다.

네덜란드와 영국은 제국이었던 것이 일찍부터 혜택으로 작용했다. 네

델란드는 17세기부터 18세기 초반까지 세계에서 가장 부유한 나라였다. 네덜란드의 부는 VOC가 관리하는 광범위한 해외 무역망 덕을 보았고, 1611년 설립된 세계 최초의 증권 거래소인 암스테르담 증권 거래소를 통해 주식으로 상품화되었다. 영국이 세계 최대 부국이 된 것은 18세기 후반에 산업 혁명의 혜택을 다른 국가들보다 먼저 누리기 시작하면서다. 왜 산업 혁명이 영국에서 처음 일어났을까? 그 이유는 석탄부터 제국, 문화, 인구에 이르기까지 다양하겠지만, 아마도 이 모든 것이 복합적으로 작용했을 것이다. 자원이 풍부한 섬나라이자 제국을 거느린 무역 강국이며, 종교적·민족적 갈등으로부터 비교적 자유롭고, 과학적 탐구에 개방적이며, 비교적 안정적인 인구를 보유한 영국은 매우 운이 좋았다. 그리고 그 운을 잘 활용했다.[2]

대변환의 기원에 관해서는 여전히 논란의 여지가 있다. 하지만 복제되는 부분, 즉 하키 스틱 모양의 그래프 패턴이 지구상 각기 다른 장소에서 각기 다른 시대에 반복해서 나타나는 현상을 설명하기란 쉽지 않다. 석탄이나 제국, 문화, 인구 등이 원인이라고 할 수는 없다. 캐나다, 싱가포르, 덴마크, 대만 등 이런 면에서 거의 공통점이 없는 국가에서 일어났기 때문이다. 또한 자연적·문화적·인구학적 자원이 매우 유사한 국가들 사이에서도 엄청난 격차가 생기기도 했다.

남한과 북한이 그렇다. 원래 한 국가였던 두 나라는 분단이 되어 1948년 각자의 길을 걷기 시작했을 때 동일한 역사와 지리, 인구수 등 거의 비슷한 조건으로 출발했다. 초기에는 북한이 남한보다 더 잘살았다. 하지만 지금은 다르다. 남한은 부유해졌고, 북한은 여전히 가난하다. 두 나라를 가로지르는 38선은 세계에서 가장 즉흥적으로 설정된 국경 중 하나다.

하지만 그 선으로 인해 두 나라는 매우 다른 세계가 되었다. 어떻게 그렇게 됐을까? 바로 정치 시스템, 그리고 경제 시스템의 차이 때문이다.[3]

폭발적인 성장을 경험한 곳들은 주로 제도적 측면에서 공통점이 있다. 국가 체제가 비교적 안정적이며, 대의 기관 형태로 조직되어 있다. 꼭 민주주의일 필요는 없다. 중국과 싱가포르는 진정한 의미의 민주주의 국가라고 할 수는 없다. 다만 중장기적인 목표를 추구할 때 국민을 확실하게 대변할 수 있는 기관이어야 한다. 즉 특정 개인의 정체성을 초월하는 정체성이 있어야 한다. 루이 14세의 프랑스부터 김정은의 북한까지, 통치자와 국가가 동일시되는 국가는 도약을 할 수 없다. 통치자는 비인격적인 국가의 대표자가 되어야 한다.

이는 경제 성장을 위한 필요조건이지만 충분조건은 아니다. 인도는 급속하게 성장하기 전 수십 년 동안 선거, 국회, 광범위한 관료제, 법치주의 등 영국식 모델을 기반으로 한 근대 국가를 운영해 왔다. 중국도 대체로 마찬가지지만, 마오쩌둥 정권이 진정한 제도적 안정성을 이루기에는 지도자와 너무 밀착되어 있었으며, 시진핑 정권도 그렇게 될 가능성이 있다. 시차가 있을 수 있지만, 현대 국가가 그 기능을 하지 않으면 어디에서도 급격한 경제 성장은 불가능하다. 영국이 18세기에 경제 성장을 시작할 수 있었던 것은 17세기 말에 국가가 제대로 작동했기 때문이다. 프랑스와 미국은 18세기 말에 작동하기 시작했기에 19세기까지 기다려야 했다.

현대 국가는 이러한 방정식에 무엇을 가져올까? 바로 인공 인격이다. 현대 국가는 국민도 정부도 아니므로 시민과 투자자 모두(이 둘은 같은 사람일 경우가 많으며, 18세기 영국에서 그랬던 것처럼 부유한 시민들은 국채를 구입해서 애국심을 보여줄 수 있다)의 입장에서 장기적인 약속의 기반을 제공한다.

국가가 특정 집단이나 계급에 의해 장악된다면, 외부 사람들이 국가에 참여할 이유가 거의 없다. 부자만을 위한 정책을 펴는 정부에 가난한 사람들이 왜 헌신해야 하는가? 마찬가지로 국가가 가난한 사람들에 의해 좌지우지된다고 생각되면 부자들이 헌신을 할까? 외인 투자자들도 부자와 빈자 중 어느 한쪽으로 기울어진 국가를 신뢰할 수 있을까? 국가는 부자도 빈자도 아닌 그 자체로 독립된 주체가 되어야 한다. 그래야만 사람들은 국가가 오랫동안 기능하리란 확신을 할 수 있다.

이는 부분적으로 신뢰의 문제다. 미국의 경제학자인 더글러스 노스Douglass North와 베리 와인가스트Barry Weingast는 이를 '신뢰할 수 있는 약속credible commitment'이라고 이름 붙였다. 즉 권력 행사자들이 자신의 이익을 위해 권력을 남용하지 않으리라고 권력 수용자들이 믿어야 한다는 것이다. 금융 거래에서의 신용도 신뢰도에 달려 있다. 정치적 안정성도 마찬가지다.

정부는 자신만이 합법적인 강제력을 가지고 있다고 주장해서는 안 된다. 그건 곧 탄압을 의미한다. 독점적인 권한은 국가만이 가지고 있어야 한다. 그러나 국가는 스스로 행동할 수 없기에 결국 정부가 강제력을 행사한다. 이 시점에서 믿음의 도약(leap of faith, 경험상 믿기 어려운 것을 받아들이는 행위_옮긴이)이 필요하다. 국가는 국민이 통치자로부터 상대적으로 독립적이라고 믿을 때 원활하게 작동한다. 다만 국가가 작동한다고 생각될 때만 그렇게 믿을 수 있다. 현명한 정치적 의사결정은 의심의 여지 없이 이에 도움이 된다. 그렇지만 그보다 더 중요한 것은 제도의 연속성이다.[4]

그러므로 시스템을 처음 작동시킬 때는 신뢰가 필요하다. 일단 작동하기 시작하면 신뢰는 점차 일상적인 것이 될 수 있다. 신뢰를 유지하기 위해 시민들이 딱히 시간이나 정신적 에너지를 투입할 필요는 없다. 거의 반작용처럼 된다. 국가라는 기계는 우리가 끊임없이 생각하지 않아도 된다는 사실을 통해 독립적인 존재로서 자신의 신뢰성을 입증한다. 스스로 작동하기 시작하는 것이다.

이러한 과정은 개인이 자신의 재능을 개발하고 목표를 추구할 수 있는 시간과 공간을 부여하는 동시에 안정적인 정치적 상황을 만들어 경제 성장을 위한 여건을 조성한다. 하지만 이 자체만으로는 충분치 않다. 지속적인 성장은 비국가인 기업이 국가의 확실성과 신뢰성의 면면을 복제하는 것에 달려 있다. 다시 말해, 장기간에 걸친 투자와 규모의 경제 그리고 기업가 정신을 하나의 제도적 형태로 통합할 수 있도록 인공 인격의 역할을 할 기업체도 필요하다는 말이다.[5]

영국과 네덜란드는 기업국가로 출발해서 장기적으로 상당한 수익을 유지할 수 있었다. 그런데 경제가 폭발적으로 성장하면 국가와 기업이 명확히 분리되는 경향이 나타난다. 국가는 기업을 지원하지만 너무 가까이 가지 않으며, 기업은 국가의 강압적인 권위를 이용하면서도 따라 하지 않으려 한다. 미국이 19세기에 그렇게 빨리 성장할 수 있었던 이유는 기업국가 모델을 생략하고 바로 다음 단계로 넘어가, 입법권 및 조세 징수권을 가진 국가와 투자 유치권을 가진 기업 사이에 분업이 이뤄졌기 때문이다.

150년 후 중국에서도 같은 일이 일어났다. 중국의 경제 기적은 1970년대 후반의 경제 자유화에서 비롯되었다. 기업이 자체 목표를 설정하고 국민이 독자적으로 기업을 설립할 수 있게 된 것이다. 이때 설립된 기업 중 몇몇은 현재 세계 최강의 경제 주체로 자리매김했다. 이들은 여전히 국가와 가깝고 점점 더 가까워지고 있는데, 1970년대 후반 이전만큼은 아니다. 이들 기업이 없었다면 중국은 그렇게 크고 빠르게 성장하지 못했을 것이다.

인도의 경제 성장은 1990년대 초반 금융 자유화 이후 기업들의 활동이 급격히 활발해지면서 이루어졌다. 1991년 이전에는 국가 및 지방 정부의 우선순위에 따라 기업은 다방면으로 규제를 받았었다. 이후의 진행은 전형적인 롱테일 패턴(long-tail pattern, 8 대 2의 파레토 법칙을 그래프로 나타냈을 때 형성되는 꼬리처럼 긴 부분)을 보여준다. 현재 인도에서는 매년 100만 개 이상의 기업이 설립되고 있으며, 대부분 규모가 아주 작고 수명이 짧다. 아울러 현재 인도의 대기업들은 30년 전의 모든 기업을 능가한다. 가장 큰 회사의 시가 총액이 1990년대 초에 비해 100배 이상 증가했다. 국가의 많은 부를 이 거대 기업들이 쥐고 있다. 그 결과, 인도는 이전보다 훨씬 더 불평등해졌다. 매년 창출되는 부의 절반 이상이 상위 1퍼센트의 인구에 돌아가고 있을 정도다.

이를 그저 자본주의의 확산으로 간주하고 끝내버릴 수 있을까? 중국과 인도가 수용한 시장 자유화는 본질적으로 자본주의적이었다. 즉 사유 재산 보장과 이윤 획득에 초점을 맞추고 다른 정치적 요구 사항과는 상대적으로 거리를 두었다. 하지만 자본주의 그 자체로는 이를 설명하기에 부족하다.

이탈리아는 19세기 후반부터 20세기 초까지 자본주의 국가—사실 이런 방식의 비즈니스를 처음 고안해 낸 사람들은 1300년대의 피렌체 상인들이었다—였지만 크게 성장하지 못했다. 브라질 역시 같은 시기에 비슷한 상황이었다. 이탈리아의 급속한 성장은 20세기 후반 피아트의 시대에, 브라질의 급속한 성장은 20세기 후반~20세기 초 페트로브라스의 시대에 이루어졌다. 피아트는 자동차 회사고, 페트로브라스는 석유 회사다. 에너지 자원을 대량으로 활용하는 것 또한 이 방정식의 필수적인 부분이다. 석탄이 아니라면 석유와 가스다. 그러나 이를 관리하려면 자본주의가 특정한 방식으로 조직되어야 한다. 즉 국가와 기업의 인공 인격을 중심으로 조직되어야 한다. 이들이 에너지 자원을 활용하는 주체기 때문이다.

이는 국가와 기업이 한번 움직이기 시작하면 무엇도 이들을 막을 수 없다는 결정론적 이야기가 아니다. 이탈리아와 브라질이 계속 성장한다는 보장은 없다. 두 나라는 여전히 이들을 향한 신뢰를 저버릴 수 있으며, 두 나라 모두 현재 그런 징후가 보이고 있다. 아르헨티나는 지난 100년간 지속적으로 부실한 재정 관리와 부정부패를 저질러왔다. 그 결과, 극심한 불황과 국가 부채에 대한 디폴트 선언이 반복되면서 아르헨티나의 경제 발전사는 하키 스틱이 아니라 롤러코스터처럼 보인다.[6]

기업도 실패할 수 있고, 실제로 실패한다. 심지어 대기업들도 마찬가지다. 부패는 여전히 문제다. 무사안일주의도 마찬가지다. 인간은 항상 일을 망칠 가능성이 있다. 하지만 이런 부분에 대해 아무런 조치를 취하지 않으면, 국가와 기업은 항상 그들을 만든 사람들의 이익을 무시하고 제멋대로 행동할 수 있는 방법을 찾는다.

그럼에도 폭발적인 성장이 일어날 때, 이를 주도하는 것은 국가와 기업의 상호작용이다. 200년 전보다 훨씬 더 성공적으로 기능하는 국가와 기업이 많다. 심지어 50년 전에 비해서도 많다. 좁은 회랑이 더 이상 좁지 않은 것은 이 때문이다.

꿈은 실현됐지만

대변환을 겪은 사람들의 삶은 어땠을까? 스웨덴의 사상저술가 요한 노르베르그Johan Norberg는 그의 책《프로그레스Progress》(2016)에서 그의 증조할아버지의 삶을 통해 1868년 스웨덴의 상황을 단면적으로 보여준다.

> 젊은이나 노인을 불문하고, 초췌하고 창백한 사람들이 이 농장 저 농장으로 떠돌아다니며 굶어 죽는 것을 늦출 만한 무언가를 구걸했다. 쇠약해진 가축들은 제힘으로 서지 못해 묶여 있었고, 젖에서는 피가 섞여 나왔다. 그해에 수천 명의 스웨덴인이 기아로 사망했다.

이는 흉작으로 인한 마지막 유럽의 대기근 중 하나였다(핀란드 전역과 스웨덴 북부 지역에서 발생한 것으로 보통 핀란드 대기근이라고 일컫는다_옮긴이). 이러한 경험은 4세대만 지나면 옛날이야기 속에서나 나올 만큼 머나먼 일이 된다. 6세대가 지나면 중세 시대에나 발생했던 일로 여겨질 것이다. 19세기 스웨덴인들은 조상들과 마찬가지로 기아의 공포 속에서 살았지만, 오늘날 스웨덴인들은 그러한 사실을 전혀 인식하지 못한다.[7]

노르베르그는 소위 '이성적 낙관주의자rational optimist'라고 불리는 새로운 지식인층에 속한다. 그는 사람들이 현재 자신의 삶이 조부모의 삶과 얼마나 다른지, 그리고 얼마나 더 나아졌는지 전혀 모른다고 주장한다. 스웨덴의 발전은 영국보다 더 짧은 기간 안에 압축적으로 이뤄졌지만(영국의 마지막 기근은 17세기에 발생했지만 영국 정부는 19세기 중반 아일랜드 대기근이 일어나는 데 원인을 제공했다), 70세 이상이라면 누구나 대기근을 생생하

게 기억할 중국을 포함한 세계의 여러 곳과 비교하면 여전히 상대적으로 느리다.[8]

그렇지만 이러한 변화를 겪은 사람들조차 이를 변혁적이라고 잘 느끼지 못할 수 있다. 이젠 먹을 것이 모자라지 않지만 아직도 많은 중국 노인이 음식을 매우 귀한 것으로 취급한다. 중국의 젊은이들은 그들의 조부모가 무엇을 두려워하는지 전혀 알지 못한다. 조부모들에게는 그것이 매우 현실적인 일인데도 말이다.

평생에 걸친 변화는 너무 단편적이고 느리기에 우리는 삶의 방식에 전환이 일어난다고 생각하기 쉽지 않다. 우리의 두뇌는 역사적인 사건별로 경험을 묶어 기억하도록 설계되어 있지 않다. 우리의 삶은 흐름이다. 물론 특별한 순간들이 있다. 대변환을 겪은 사람들에게 이는 수도 및 난방 시설이 없고, 가까운 학교와 병원이 없으며, 내 방이 없는 집에서 이 모든 것이 갖춰진 집으로 이사한 상황과도 같다. 19~20세기의 삶에 대한 회고록은 이러한 경험들로 가득하다.

하지만 이러한 경험은 새로운 걱정으로 빠르게 전환될 수 있다. 새로운 학교는 두려운 장소다. 특히 한 번도 가본 적 없는 사람에게는 더욱 그렇다. 병원도 마찬가지다. 자기 방에서 혼자 자면 외로울 수 있다. 가장 기억에 남는 변화는 '인생이 다시는 전과 같지 않을' 부정적인 영향을 미치는 것들이다. 죽음, 질병, 재난 같은. 우리는 이러한 경험을 극복하지 못하기도 한다. 그렇지만 이런 경험이 우리의 삶에서 점차 흔적을 감추면 이를 잊어버리는 경향이 있다.

이것이 노르베르그가 지적한 대로 인식의 불일치가 일어나는 이유 중 하나다. 삶이 더 나아질수록 더 나빠지고 있다고 느낀다는 것이다. 그가 조사한 바에 따르면, 1955년에는 스웨덴인의 13퍼센트만이 사회가 '더 이상 견디기 어려운 상황'에 처해 있다고 생각한 반면에 현재는 절반이 그렇다고 믿는다. 이 기간 동안 스웨덴인들은 훨씬 더 부유해지고, 더 나은 교육을 받고, 더 건강해지고, 더 오래 살고, 더 많이 여행하고, 더 안전해지고, 더 좋은 주택을 갖게 되고, 성적으로 더 자유로워지고, 훨씬 더 맛있는 음식을 누릴 수 있게 되었다. 그렇지만 이들은 여전히 자신의 처지를 불평한다.

이러한 반응은 어쩌면 인간이 생각보다 물질적 개선에 무심하다는 증거일지 모른다. 불만이 늘어났다는 것은 영적으로 목마르다는 증거일 수도 있고. 하지만 그럴 가능성은 낮아 보인다. 우리가 아무리 옛날이야기를 낭만적으로 포장한다고 해도 안전한 식수와 물건이 넉넉하게 쌓여 있는 슈퍼마켓, 통증 없는 치과 치료가 있기 전의 시대로 돌아가고 싶어 하는 사람은 거의 없을 것이다. 심지어 그 대가로 더 많은 종교적 위안을 얻는다고 해도 마찬가지다. 현대 세계에서는 종교적 위안도 다른 모든 것들과 마찬가지로 원하기만 하면 쉽게 구할 수 있기 때문이다.

대신에 우리는 인지 편향cognitive biases에 시달린다. 끔찍한 사건에서 멀리 떨어질수록, 단 한 번이라도 마주하게 되면 그에 대해 예민하게 반응하는 것이다. 간접적인 경험이라도 마찬가지다. 테러 공격은 즉각적으로 보도되고, 대부분의 사람은 이를 한 번도 경험하지 못했어도 그 위험 상황을 매우 실제적인 것으로 느낀다. 우리는 과거에 대한 진실, 즉 한때는 상황이 더 나빴다는 것을 잊어버린다. 우리에게는 현재를 선호하는 편향이 있기 때문이다. 나쁜 소식이 더 기억에 많이 남기에 우리는 나쁜 소식에 더 연연한다. 우리가 재난을 두려워하는 것은 전보다 잃을 것이 더 많

기 때문이다.[9]

인간의 경험이 얼마나 크게 바뀌었는지를 개인적인 경험으로 판단하는 것은 좋은 방법이 아니다. 이를 위해서는 더욱 객관적인 관점이 필요한데, 바로 그것이 노르베르그가 제공하려는 것이다. 둘러보면 변혁은 놀라운 것이었다. 그 같은 일은 이전에도 이후에도 한 번도 일어난 적이 없다. 디지털 혁명으로 시작된 변화가 놀랍기는 해도 기근에서 다량 생산으로, 농촌의 삶에서 도시 생활로, 조기 사망에서 장수로의 변화에 비하면 아무것도 아니다. 디지털 혁명에서 얻는 혜택은 광고만큼 대단하지 않았다. 페이팔의 공동 설립자인 피터 틸은 "우리는 하늘을 나는 자동차를 원했지만 결국 얻은 것은 140자(현재는 엑스가 된 과거의 트위터에 입력 가능한 글자 수_옮긴이)뿐이었다"고 말했다. 이제 일론 머스크가 글자 수를 280자로 늘린다고 해도 이를 기술의 진보라고 평가할 수는 없다.

단순히 경제적인 측면만 놓고 봐도 디지털 혁명의 결과는 실망스럽다. 19~20세기에 선진국들이 이룬 발전에 비하면 성장은 정체되고 생산성 향상도 실현되지 않았다. 전기 도입으로 인한 변화나 기차, 비행기, 자동차 같은 대중교통 혁명과 비교하면 디지털 기술은 교묘한 장난처럼 보인다. 아이폰이 단순한 세탁기보다 인간 복지 총량에 더 큰 영향을 미쳤다고 말할 수 있을까?[10]

하지만 우리는 여전히 진정으로 큰 변혁이 임박했다는 약속을 받고 있다. 초인적인 특성으로 우리의 성취를 대폭 높여줄 수 있는 새로운 기계들로 인해 인간 경험이 뒤집힐 때가 곧 다가온다는 약속이다. 이 지능형 기계 덕분에 인간의 수명이 수십 년에서 수백 년 단위로 바뀌고, 해외여행에서 우주여행으로 행로가 변경되며, 인간의 기억은 유한에서 무한으로 확대될 것이다. 그렇게 되면 우리는 너무 달라진 우리 자신을 알아보지 못할지도 모른다.

아직 그런 일이 일어나리라는 실질적인 증거는 없지만, 실제로 일어난다면 그것은 완전히 새로운 사건이 될 것이다. 이런 규모의 변화는 기존의 생물학을 의미 없게 만들 것이다. 단지 몇 명만이 수백 년을 사는 것과 수백만 명이 수백 년을 사는 것은 완전히 다른 이야기다. 전자의 상황에서는 희귀한 자연 현상을 보다 널리 퍼트릴 방법을 찾아야 한다면, 후자의 상황은 인간의 가능성을 아예 처음부터 다시 생각해야 한다. 그렇다고 하더라도 장수는 여전히 규모의 문제로 남아 있다. 적어도 그런 면에서 장수는 우리가 생각하는 것만큼 새롭다는 느낌은 들지 않을 것이다.

우리는 이미 인간의 평균 수명이 수년에서 수십 년 늘고, 인간의 이동성이 국내에서 해외로까지 확대되었으며, 인간의 소통 범위가 일부에서 전체로 확장되는 것을 경험했다. 다가오는 변화는 속도 면에서 놀라울 수 있으며, 디지털 변혁은 이전보다 훨씬 더 빠르게 일어날 수 있다. 우리는 이제 첫 번째 변혁이 얼마나 빨리 일어날 수 있는지를 염두에 두어야 한다. 우리 생전에 충분히 일어날 수 있다. 우리는 수명 연장의 수혜자들이 이를 충분히 인식하려면 시간이 걸린다는 사실도 잊어서는 안 된다. 200살 노인은 아직 먼 이야기다.

그 첫 번째 변혁의 증거를 우리가 충분히 인식하지 못할 수도 있다. 우리가 경험한 것이 매우 극적이거나 매우 나쁘게 보이는 경우가 아니라면 우리에게 무슨 일이 일어나고 있는지 우리는 잘 알아차리지 못한다. 기계가 통제 불능 상태가 되면, 우리는 국가가 무너지거나 경제가 붕괴되는 때처럼 이를 알아차릴 것이다. 우리가 신체와 완전히 단절된다면, 이 역시 우리는 알아차릴 것이다. 하지만 기계가 우리의 신체적 경험을 향상시킨다면, 항상 그래 왔듯이 우리는 이를 이미 알고 있는 경험에 통합시킬 수 있다. 많은 기대를 모으고 있는 AI 변환, 일명 특이점Singularity은 여기서 저기로의 결정적인 도약이라는 특별한 사건처럼 예상되고 있다.

우리가 그렇게 특이점을 경험하기 위해서는 특이점이 압도적인 현상이 되어야 하며, 그 경우 우리는 특이점을 끔찍한 손실로 인식할 가능성이 높다. 특이점이 긍정적인 경험이 되려면 이전 경험의 연장선상에 있어야 한다.

첫 번째 대변환이 그 모든 이점에도 불구하고 그것을 경험한 사람들에게 전적으로 긍정적인 사건으로 기억되지 않는 또 다른 이유가 있다. 아직 진행 중인 변화와 마찬가지로, 그것은 우리가 인위적으로 만들어낸 것이다. 한마디로 말해, 임의적(자의적)인 존재를 인공적인 존재로 바꾼 것이다. 자연의 삶은 자의적이어서 죽음과 재난은 우리가 통제할 수 없는 형태로 다가온다. 자연의 순리에 맡긴다면 우리 몸의 운명은 우리 책임이 아니다.

그런데 자연스러운 운명을 통제하면 할수록 우리는 다른 방식으로 무력감을 느낄 수 있다. 우리는 생존을 위해 복지 국가, 건강보험회사, 대형 제약회사, 의사 같은 인위적인 의사결정 기계에 의존하게 되었다. 거대하고 비인격적인 시스템에 대한 의존도가 높아짐에 따라 우리의 개인적 기대에도 변화가 생겼다. 우리는 손실로 그것을 경험할 수 있다.

한나 아렌트는 그의 저서 《인간의 조건》에서 인간이란 존재는 삶을 지속시키기 위해 생존과 욕망 충족을 위한 필수적인 활동이 필요하다고 말했다. 바로 '노동'으로, 아렌트는 이를 단순히 먹고살기 위한 행위일 뿐이라고 주장했다. 인류는 존재 이래 노동이 없던 삶이 없었다. 즉 살기 위해 몸이 부서져라 일했다. 근대에도 마찬가지였다. 땅에서 공장으로 장소가 바뀌었을 뿐, 개개인은 생존을 위해 또 다른 종류의 전투를 벌였다. 19세기 공장 노동자의 삶은 9세기 농민의 삶만큼이나 불확실했다. 어떤 날은 먹을 것이 충분했다가, 다음 날은 아무것도 없을 수 있었다. 게다가 낯선 근로 환경으로 인해 삶은 더욱 혼란스러웠다.[11]

아렌트는 노동을 '작업(work, 일)'과 비교해서 설명한다. 작업은 자연스러운 육체 활동이 아니라 인위적인 제작 활동이다. 작업은 질병과 소멸을 초월해 오래 존재하는 물건을 만든다. 그런 의미에서 작업은 해방이다. 하지만 여기에는 명백한 단점이 있다. 인위적인 활동이란 것은 우리가 우리의 경험으로부터 소외될 수 있다는 의미다. 우리가 손이나 머릿속으로 아름다운 것을 만들고 구현한다는 것은 우리 자신을 영구적으로 확장한다는 뜻이다. 하지만 현대를 사는 대부분의 사람들에게 인위적인 작업의 세계는 다른 사람이 만든 기계 시스템의 일부며, 우리가 이를 거의 통제할 수 없다는 의미였다.

이를테면 '직업job'은 현대의 발명품이다. 이 말은 원래 할 가치가 거의 없는 우연하거나 돌발적인 처리 사항을 의미했다. 영국의 문학가 새뮤얼 존슨Samuel Johnson은 그의 영어사전에서 job을 '사소하고 하찮은 일'이라고 정의했다. 19세기에 이르러서야 직업은 생계의 불확실성에서 벗어나 안정적인 수입을 약속하는 방법으로서, 믿을 만하며 안전한 일자리를 의미하기 시작했다. 20세기에 와서는 '노동 운동labour movement'으로 알려진 단체 활동을 통해 노동자들이 승리를 거둬 고용권이 확보되었다. '고용 안정job security'이란 개념은 1936년 대공황 직후에 등장했다. 직업을 얻는다는 것은 삶의 희망을, 직업을 잃는다는 것은 인생의 후퇴를 의미하게 되었다. 아직도 많은 사람에게 직업이 있다는 것은 가족에 대한 의존으로부터 벗어남을 뜻한다. 지난 100년간 여성 해방의 핵심 요소는 여성의 노동시장 진입이었다.

그런데 이러한 자유와 성취감의 이면에는 노동이 우리를 기계의 노예로 만드는 끔찍한 경험이라는 불안의 북소리가 끊임없이 울려 퍼지고 있다. 직업이 현대의 발명품인 이유는, 많은 직업이 정부나 기업과 같은 기관에 의해 만들어졌기 때문이다. 이러한 기관은 하룻밤 사이에 사라질 위험성이 없으므로 고용 안정을 보장한다. 하지만 동시에 우리를 잉여 인력으로 만들기도 한다. 다른 사람을 위해 일하는 것은 회사를 위해 일하는 것보다 더 인간적인 관계가 강조된다. 하인이나 부하가 되는 것, 혹은 운이 좋으면 친구가 되는 것과 회사의 직원으로 일하는 것의 차이가 여기에 있다. 하지만 우정조차도 불확실한 경험일 수 있다. 오늘은 우정이 있지만, 내일은 개인적인 변덕으로 사라질 수도 있다. 우리는 모두 이런 경험이 있다. 기업의 구조조정 과정에서 직장을 잃는 것은 또 다르다. 이건 변덕스럽지도 개인적이지도 않다. 기업은 그저 단물을 빼먹은 다음 당신을 뱉어내는 것이다.

아렌트는 우리가 더욱 안전하다고 느낄 수 있도록 구축한 것, 즉 현대의 국가와 기업들에 의해 작업의 의미가 변질됐다고 통탄했다. 이런 이유로 아렌트는 다른 누구보다 국가를 거대한 의사결정 기계로 변모시킨 홉스를 비난했다. 그로 인해 인간은 점점 더 국가나 기업이 필요로 하는 것을 제공하는 존재로 축소되고, 종종 비참한 결과를 맞이했다. 평범한 사람도 1933~1945년에 독일에서 일어난 사건이 보여주듯이 보편적 인간성(common humanity, 인간은 누구나 다 같은 존재라고 느끼는 것)이 전혀 없는 국가에서 일하게 될 수도 있다. 또는 인류 번영에 필요한 자연 서식지를 무시하는 기업에서 일하게 될 수도 있다. 인위적인 작업의 세계가 우리를 정의하게 되면, 정치적·경제적 삶이 비인간적인 사업으로 전락할 위험이 있다.

현대는 항상 안정과 해방이라는 두 가지 충동 사이에서 갈등해 왔다. 우리는 기계적으로 신뢰할 수 있는 인간 조건을 구축할 때마다 그 비인격적이고 인위적인 특성을 인간화할 방법을 모색해 왔다.

우리는 임금을 지급하는 조직에서 일하다가도 나가고 싶어 한다. 불안정한 삶을 살더라도 자신을 위해 일하고 싶은 것이다. 독립에 성공하면 우리는 다른 사람을 고용하기 시작하면서 우리가 탈출했던 기업과 같은 시스템을 구축한다. 실패하면 우리는 다시 안정적인 직장에 들어가고픈 유혹에 빠진다. 우리는 민주화를 통해 국가를 인간화하려고 노력하고 개인적 차원에서도 더 많은 참여를 하지만, 정치가 힘든 일임을 알게 되고 관심을 잃는다. 우리는 국가에 인간적인 얼굴을 돌려주겠다고 약속하는 지도자들을 선택한다. 하지만 국가가 더 개인적이 될수록 신뢰성이 떨어져 보인다. 지도자의 변덕에 따라 얼굴이 달라지기 때문이다. 지도자는 친구들을 고용하고 우리를 잊어버린다. 그러면 우리는 다시 비인격적인 정치가 되도록 추진하고 전문가의 권위, 공정한 당국의 권한, 시스템의 위력을 되살리려고 노력한다.

아렌트는 더 이상 고대 아테네 국가가 보여주는 인간 행동의 세계를 경험할 수 없다는 상실감을 느꼈다. 이곳에서 시민들은 어떤 기계도 할 수 없는 방식의 의사 전달력을 통해 다른 사람들과 개인적으로 소통할 수 있었다. 우리가 함께 행동하면 무엇이 가능할지 서로 이야기할 때—페리클레스가 아테네의 삶의 방식을 위해 죽을 수도 있다고 말한 것처럼—우리는 연약하더라도 본질적으로 인간적인 우리 자신을 구축할 수 있다.

아테네의 정치는 매우 인간적인 것이었다. 하지만 동시에 아테네의 정치는 그 통제하에 있던 많은 사람과 그 안에서 목소리도 내지 못한 사람들에게는 비인간적이었다. 인간 정치의 가장 원초적인 형태는 항상 소수의 사람들, 즉 운이 좋은 소수에게만 행위를 허락한다. 모든 사람이 동일한 권리를 행사하려면 훨씬 더 많이 인위적이어야 한다.

아렌트는 과거에 대한 향수에 빠져 있어봤자 아무런 소용이 없다는 것을 알았다. 하지만 아렌트는 단순히 기계적인 것보다 함께 살아가는 기술에 초점을 맞추어 여전히 현대 세계에서 더 인간적인 정치를 구축하는 것이 가능하다고 믿었다. 기술도 작업이다. 아렌트는 18세기 말 미국의 국가 건설 작업을 포함해 현대 국가의 건설 사업에서 그 일면을 엿보았다. 20세기 후반에 아렌트는 미국의 정치가 너무나 기계적으로 변하고 있는 것을 경계했다. 미국은 대중의 참여를 독려하기 위해 정당 조직에 너무 의존했으며, 컴퓨터라는 새로운 기기를 이용해 정보를 체계화하고, 안보 유지를 위해 핵무기를 사용했다. 동시에 20세기의 미국은 18세기의 미국보다 분명히 몇 가지 큰 장점이 있었다. 여성도 투표할 수 있었고, 노예제는 종말을 맞이했다.

대변환은 우리를 덜 인간답게 만듦으로써 더 인간답게 만들기 때문에 피할 수 없는 하이브리드 경험이다. 우리가 더 오래, 더 풍요롭게, 더 다양한 삶을 살 수 있게 된 것도 자연적인 노화를 겪지 않는 국가나 기업에 우리의 능력 일부를 넘겨주었기 때문에 가능해진 것이다. 우리는 이런 이득을 누리기 위해 우리의 본질적인 특징, 즉 아렌트가 독립 행위 능력capacity for independent action이라고 칭한 것 중 일부를 포기해야 했다. 우리의 인지 편향 중 하나인 손실 회피성 때문에—우리는 얻은 것보다 잃는 것을 더 크게 신경 쓴다—대변환은 때때로 고통스러운 경험이 되기도 했다.

사회과학자처럼 객관적인 시각을 가지고 외부에서 들여다보면 이 모든 것이 터무니없게 보일 수 있다. 누가 자연성 회복이라는 이상을 위해 굶주렸던 시절로 돌아가 구걸하고 싶겠는가? 왜 과거의 고난에서 벗어난 것을 감사하고 싶지 않겠는가? 하지만 내부에서 보면 또 전적으로 이해가 된다. 우리는 여전히 우리가 예전만큼 완전한 인간이 아니라는 사실을 잘 알 정도로 인간적이다. 비록 그때보다 훨씬 잘살고 있다고 해도 말이다. 현 상태로는 다음에 올 대변환도 크게 다를 것이라고 생각하기는 어렵다.

맬서스의 덫

급격한 인구의 증가는 오랫동안 첫 번째 대변환이 온다는 신호로 간주되었다. 우리는 단순히 재산만 늘어난 것이 아니라 인구도 전보다 엄청나게 늘었다. 지금까지 지구에 살았던 사람들 중 약 12분의 1이 현재 살아 있다(그림 14). 이 그래프를 경제 성장 그래프와 나란히 놓고 보면 두 가지 사실이 바로 명백해진다. 우리는 부유해질수록 인구가 늘었고, 인구가 늘수록 부유해졌다.

그런데 보이는 게 전부가 아니다. 이 차트에는 최근 몇 년간 일부 사람

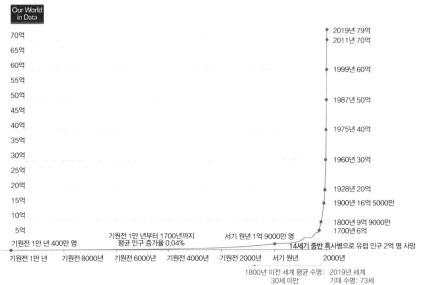

지난 1만 2000년간의 세계 인구 변화

인구학자들은 21세기 말에 급격한 인구 증가가 끝날 것이라고 예상한다.
UN은 2100년에 지구의 인구는 약 110억 명일 것이라고 내다본다.

Our World
in Data

70억   2019년 79억
65억   2011년 70억
60억   1999년 60억
55억
50억   1987년 50억
45억
40억   1975년 40억
35억
30억   1960년 30억
25억
20억   1928년 20억
15억   1900년 16억 5000만
10억
5억   1800년 9억 9000만
          1700년 6억

기원전 1만 년 400만 명   기원전 1만 1년부터 1700년까지   서기 원년 1억 9000만 명
       평균 인구 증가율 0.04%   14세기 중반 흑사병으로 유럽 인구 2억 명 사망

기원전 1만 년   기원전 8000년   기원전 6000년   기원전 4000년   기원전 2000년   서기 원년   2000년

1800년 이전 세계 평균 수명: 2019년 세계
30세 미만   기대 수명: 73세

14. 농업 혁명 이후의 인구 증가

들이 훨씬 더 부유해짐에 따라 인구가 크게 줄어들기 시작한 현상은 보이지 않는다. 현재 생활 수준이 급격히 향상되면서 인구가 감소하는 현상이 나타났는데, 이를 '인구 변천demographic transition'이라고 한다. 더 많은 부와 교육 및 의료 혜택을 누리는 사람들은 훨씬 더 오래 살고 자녀도 적게 낳는다. 여성의 높은 교육 수준과 사회 진출에 따라 출산율은 급격히 떨어진다. 많은 곳에서 급속한 인구 증가가 똑같이 빠르게 인구 정체 및 감소로 이어지고 있다. 1950년대 한국 여성은 평균 6명의 아이를 낳았다. 현재 한국의 출산율은 가임 여성 1명당 0.7명에 불과하다. 이는 현 인구를 유지하기에도 엄청나게 부족한 수치다. 인구학적인 관점에서 보면 한국

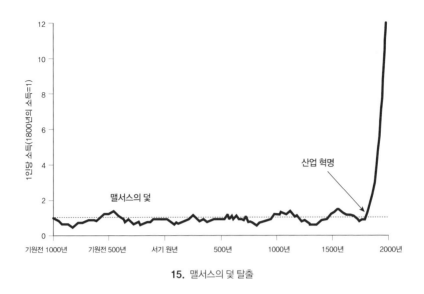

y축 레이블: 1인당 소득(1800년의 소득=1)

y축 값: 12, 10, 8, 6, 4, 2, 0

그래프 내 레이블: 맬서스의 덫, 산업 혁명

x축 값: 기원전 1000년, 기원전 500년, 서기 원년, 500년, 1000년, 1500년, 2000년

15. 맬서스의 덫 탈출

은 죽어가고 있다. 현재 추세에 따르면 20세기 후반에 두 배로 증가했던 한국의 전체 인구는 21세기 말에는 다시 절반으로 줄어들 것이다.

1만 2000년 동안의 인구 증가에 대한 이 개괄적인 그래프는 초기 인구 폭발의 악명 높은 특징도 보여주지 않는다. 바로 인구 폭발로 인해 맬서스의 덫(Malthusian Trap, 인구 증가로 식량이 부족해지는 현상)에서 벗어났다는 사실이다(그림 15). 인구는 1700년 이후 급격히 증가하기 전에 단순히 천천히 증가하지 않았으며, 흑사병 시기에만 크게 줄어들었다. 그 이전에도 비교적으로 짧은 기간 내에 상당한 변동이 있었다. 그 기간은 하락을 겪은 사람들에게는 짧게 느껴지지 않았을 것이다. 아마도 지옥 같았을 것이다.

인구는 성장과 쇠퇴의 주기처럼 증가와 감소를 반복하며, 인구가 증가하더라도 어떤 자연적인 한도에 부딪힌다. 이는 상승과 하락을 반복하는 경제 성장과도 비슷하다. 흑사병은 인류사에 발생했던 여러 사건 중 극단적인 예에 불과하다. 14세기에 발생한 이 전염병으로 인해 많은 사람이 사망했다. 전체 공동체가 전멸하고 유럽 총인구의 절반이 사라졌다. 그후에는 인구가 큰 폭으로 감소했다. 그러나 살아남은 사람들은 그 결과 더 나은 삶을 살았다. 더 잘 먹었고, 더 잘 벌었고, 더 잘 지냈다. 인류사 전체를 걸쳐서 보면 우리는 인구가 너무 많지 않을 때 이득을 보았다. 인구가 너무 많아지면 끔찍한 결과를 마주해야 했다.

영국의 목사였던 토머스 맬서스는《인구론》(1798)에서 인구 증가를 제한하는 자연적 요소에 대해 이야기했다. 그는 식량이 풍부한 시대에는 인간의 번식 욕구로 인해 인구가 빠르게 증가한다고 주장했다. 하지만 이 증가는 기하급수적일 수밖에 없기 때문에―가정에서 수많은 아이를 낳고, 그 아이들도 많은 아이를 낳으면 몇 세대 내에 인구가 급증한다―곧 식량 생산량이 같은 속도로 증가하지 못한다는 사실에 맞닥뜨리게 된다. 결국 많은 경우, 이 추가된 인구는 매우 빠르게 대기근의 위험에 직면하게 된다. 기근으로 인한 폭력, 질병, 기타 사회적 문제도 잇따라 사망률이 출생률보다 높아져 인구가 다시 감소한다. 그러고 나면, 그제야 성장의 주기가 다시 시작될 수 있다.[12]

역사상 거의 정확한 시점과 상황에서 맬서스의 이론이 틀렸다는 것이 증명되었다. 맬서스가 예상했던 불가피한 추세와는 달리, 19세기 영국은 기근의 위험 없이 급속한 인구 증가를 위한 여건을 조성해 경제 성장을 이룩했다. 1800년 영국 인구는 약 1100만 명에 불과했지만, 1900년에는 3700만 명으로 늘어났다. 이민, 무역, 제정, 의료 수준 및 위생의 향상, 근로 조건의 개선, 느리지만 민주주의 체제로의 전환 등 인구 증가 요인은 다양했다. 사람들은 더 많은 자녀를 낳았고, 더 많은 아이들이 살아남았다. 20세기 초 영국의 영아 사망률은 10명당 1명꼴이었지만, 20세 말에는 200명당 1명꼴로 떨어져 거의 모든 신생아가 생명을 이어갔다. 하지만 그 무렵부터 사람들은 점점 더 자녀를 낳지 않기 시작했다.

이러한 흐름은 세계 여러 곳에서 반복되었으며, 대변환의 다른 측면과 마찬가지로 아주 빠른 기간 내에 반복되기도 했다. 중국은 불과 3세대 만에 대규모 기근에서 기하급수적인 인구 증가로, 다시 급격한 인구 감소 전망으로 돌아섰다. 1980년부터 2013년까지 시행된 중국 정부의 한 자녀 정책이 이를 가속화시켰다. 인도는 20세기 중반부터 인구가 엄청나게 증가했으며, 아직도 정체될 조짐이 보이지 않는다. 이 모든 현상은 식량 생산 기술의 극적인 발전에 힘입은 것이다. 1950년대에 시작된 '녹색 혁명(Green Revolution, 개발 도상국의 식량 생산을 늘리기 위한 농업 혁명)'은 작물 수확량을 크게 증가시켰고, 전 세계적으로 기아와 빈곤을 줄이는 데 기여했다. 녹색 혁명을 이끈 미국의 농학자 노먼 볼로그Norman Borlaug는 10억이 넘는 인구를 기근에서 구한 공로를 인정받고 있다.[13]

그렇다고 맬서스와 그의 경고가 완전히 역사의 뒤안길로 사라진 것은 아니다. 인구가 여전히 엄청난 속도로 늘고 있는 지역, 특히 향후 30년간 인구가 두 배 증가해 25억 명에 이를 것으로 예상되는 아프리카 같은 지역에서는 식량 공급 부족 사태가 일어날 가능성이 매우 높다. 아울러 인구 증가가 끝난 지역에서도 다른 맬서스의 덫이 존재할 가능성이 있다.

맬서스는 개인의 욕망과 인구 조절 필요성 사이의 갈등을 설명한다. 개개인은 성관계를 추구하고, 확실한 피임 방법이 없으면 더 많은 아이를 낳게 될 것이다. 이들은 영아 사망률이 높다면 더 많은 아이를 낳을 필요가 있다는 것도 알고 있다. 이들이 속한 공동체 입장에서야 영아 사망이 아닌 다른 방식으로 아이의 전체 숫자가 조절되는 게 제일 좋기는 할 것이다. 그런데 개개인이 스스로 제한하길 바라는 것은 너무 이상적인 생각이다. 사람들은 상상 속의 공동체인 국가를 위해 커다란 희생을 하곤 한다. 전쟁이 나면 국민과 그 자녀들은 목숨을 바치기도 한다. 하지만 정치경제학자의 냉철한 의사결정을 돕기 위해 그러지는 않는다.

물질적 조건의 변화는 더 이상 가족 수를 줄이는 자기 제한적 희생을 필요 없게 만들었다. 아이들이 더 많이 살아남으면서 아이를 더 많이 낳지 않아도 되었고, 피임법이 널리 보급되면서 출산을 조절하는 것도 훨씬 더 쉬워졌다. 전체적인 부가 증가함에 따라 더 이상 가족의 수입을 늘리기 위해 아이들이 필요하지 않게 되었다. 그리고 우리는 마침내 끊임없는 금전적 압박과 노동의 요구로부터 확실히 벗어난, 소위 '어린 시절'이라는 것을 가질 수 있게 되었다.

오늘날 많은 개인에게 있어 희생은 아이를 적게 낳거나 전혀 낳지 않는 것이 아니다. 많은 자녀를 갖는 것이다. 인구 변천의 여파로 많은 국가에서 출산율을 높이기 위해 홍보 활동과 인센티브 제도를 운영하기 시작했다. 한국과 일본의 예비 부모는 출산 장려금을 받는다(1인당 250만 원 정도). 하지만 이 금액이 그리 큰 변화는 이끌어내지 못하고 있다. 프랑스에서는 오랫동안 다자녀 가구에 특별한 혜택을 제공해 왔다. 20세기 전반기에는 독일과의 다음 전쟁을 염두에 두고 미래의 군인 수를 충분히 확보하기 위해서였지만, 지금은 빠르게 늘고 있는 고령화 인구를 부양하기 위해서다. 아이를 낳지 않으면 모든 일이 결국 이민자나 로봇에게 돌아갈 것이다.

내가 이 책에서 주장했듯이, 인공 인격이 우리의 의사결정 능력을 일부 대신하면서 인류의 자연적 상태가 크게 변했다. 이는 국가가 자국민의 자녀 수까지 결정한다는 뜻이 아니다. 중국의 한 자녀 정책은 좋게 보면 과잉 반응이었고, 나쁘게 보면 자체적인 인구 위기를 초래한 불필요한 학대와 억압이었다는 것이 현재의 공통된 의견이다. 그러나 대변환은 국가와 기업이 있었기에 가능했다. 이들이 복지 시스템 구축부터 일자리 창출, 투자 유치, 보건 혜택에 이르기까지 많은 기여를 했기 때문이다. 덕분에 우리는 맬서스의 덫에서 벗어날 수 있었다.

하지만 이제 우리는 다른 형태의 덫에 빠질 위험에 처해 있다. 이러한 국가와 기업들은 스스로 주체하지 못하는 어떤 고유한 욕구가 있다. 이들은 엄청난 동력과 부채를 필요로 한다. 우리는 이들이 더 많은 절제력을 보여주기를 바라지만, 이는 18세기 성직자의 설교와 마찬가지로 너무 많은 것을 요구하는 것이다. 이 인위적 주체들은 적절한 인센티브 없이는 인간이 자연스러운 본성을 억누르는 것보다도 성장을 향한 비정상적인 본능을 억제하지 못할 것이다. 지금은 우리가 아무리 절제의 이점을 설파해도 이것을 발휘하게 할 시스템이 없다. 우리는 19~20세기에 이들이 우리를 위해 해준 것만큼 이들에게 되돌려줄 수 없다. 현재 이들의 욕구는 더 이상 지구에 필요하지 않은 상황이다.

머지않아 우리는 이 비정상적인 확장의 자연적 한계에 부딪힐 수도 있다. 기후 변화는 우리가 화석연료의 소비를 줄일 방법을 찾지 못하면 막대한 피해—아사, 대규모 이주, 자원 부족으로 인한 많은 사회적 고통 등—를 초래할 것이다. 이를 위해서는 행동을 바꿔야 한다고 입을 모으지만, 왜 우리만 바꾸어야 할까? 정작 큰 결정을 내리는 조직은 바뀌지 않는데?

때때로 기후 변화와 정치는 결국 인류 멸망으로 향하는 눈치 게임waiting game처럼 보인다. 우리는 국가와 기업이 상황이 심각하다는 신호를 내려주기만을 기다리고 있다. 그런데 국가와 기업은 유권자이자 소비자인 우리가 기후 변화를 심각하게 받아들이고 있다는 신호를 전해주기를 기다리고 있다. 그들이 심각하게 받아들이지 않는데 왜 우리가 심각하게 받아들여야 할까? 게다가 우리가 심각하게 받아들이지 않는데 그들이 왜 심각하게 받아들일까? 이것은 또 다른 맬서스의 덫으로, 아무런 보상이 없어도 시스템이 살아남기 위하여 그런 방식을 구성원들에게 요구한다.

200년 전 성적인 순결만으로는 성병을 억제하지 못했듯이 소비 감소만으로는 기후 문제를 해결하기란 어려울 것이다. 단 기술은 가능할 수 있다.

AI 시스템은 인공 인격체가 인간을 위해 일한 것같이 인공 인격체를 위해 일할 수 있다. 강화된 힘을 사용해 희생이 더 이상 희생이 되지 않도록 방법을 찾는 것이다. 이를 위해서는 몇 가지 조치가 필요하다. 마치 인간이 한때 죽음의 춤에서 우리를 구해준 국가와 기업을 만든 것처럼 국가와 기업이 이러한 시스템을 만들어야 한다. 이 시스템은 가진 역량을 활용해 지속 가능하고 저렴한 에너지원을 찾는 데 도움을 주어야 하며, 현존하는 인센티브를 활용하되 탄소 배출을 대규모로 감축하는 방향으로 역량을 집중해야 한다. 이 중 일부는 이미 시작되었을지도 모른다. 스마트 기계 시대의 기술 효율성은 이미 대체 연료 비용을 절감하는 데 큰 도움이 되고 있다. 국가와 기업은 본연의 욕구와 권력 그리고 이익을 충족하면서도, 이를 추구하는 과정에서 무엇도 희생시키지 않는 방법을 찾기

시작했다.[14]

그렇지만 두 가지 중요한 주의사항이 있다. 첫째, 기술적 진보가 일어나지 않을 수도 있다는 것이다. 충분히 빨리 일어나지 않을 수도 있고, 전혀 일어나지 않을 수도 있다. 이전의 맬서스의 덫과는 다르다. 우리에게 주어진 시간은 많지 않고, 지구가 한계에 도달하면 단순히 출생자와 사망자의 수가 역전되는 선에서 끝나는 게 아니다. 이는 더 나쁜 결과, 즉 국가와 기업 간의 생존 투쟁이 걷잡을 수 없게 되어 더 큰 재앙을 초래할 수도 있다. 우리가 죽어도 세상은 무너지지 않는다. 하지만 국가나 기업이 무너지면 세상이 무너질 수 있다. 게다가 기술 수준도 확신할 수 없다. 현재의 에너지 체제에서 미래의 에너지 체제로의 전환은 어려운 일이다. 이는 단순히 발견의 문제가 아니다. 또한 국가와 기업이 필요한 행동 변화에 착수할 수 있도록 도와주어야 한다. 인간은 스스로 판단할 수 있기에 알아서 할 수 있었다. 누구도 인간에게 번식을 중단하라고 말하지 않았다. 하지만 국가와 기업은 다르다. 이들의 판단을 대신해 줄 누군가 또는 무언가가 필요하다.[15]

둘째, 기술적 진보가 일어난다고 하더라도 또 다른 문제를 야기할지 모른다는 것이다. 즉 하나의 덫에서 빠져나왔다 해도 또 다른 덫에 갇힐 수 있다. 이 똑똑한 기계들은 작동에 필요한 에너지 소비를 포함해 고유한 욕구와 인센티브를 가질 것이다. 이들이 우리가 만든 국가와 기업의 지속 불가능한 요구로부터 우리를 구할 능력을 제공한다면, 이들의 만족할 줄 모르는 요구로부터는 누가 우리를 구해줄까? 만약 AI가 끝없이 증식할 수 있는 또 다른 형태의 존재로 판명된다면 어떻게 될까? 우리는 AI가 알아서 위기를 벗어날 만큼 똑똑하길 바랄지도 모른다. 하지만 우리의 지능은 자제력을 가르치기에 충분하지 않았다. 더 높은 힘이 필요했다. 그리고 그렇게 순환은 계속된다.

새로운 지질 시대

대변환은 단지 우리의 신체와 생활 방식에만 아니라 지구 곳곳에 새겨져 있다. 급격한 성장의 시대는 우리가 살고 있는 자연계를 근본적으로 바꾸어놓았다. 수천 년 동안 저 멀리서 지구를 관찰하며 이곳에서 무슨 일이 일어나고 있는지를 알아내려는 외계인이 있다고 해보자. 마지막 빙하기가 끝난 기원전 1만 2000년부터 수천 년간 그들은 거의 변화를 보지 못했을 것이다. 그들에게 지구는 안정된 것처럼 보였을 것이다. 하지만 최근 들어 이상한 일들이 일어나기 시작했음을 눈치챘을 것이다. 작은 금속 조각들이 우주로 날아가서 주변 궤도를 어지럽히고 있으며, 녹색도 얼음도 줄어들고 있다. 지구 표면의 많은 부분이 밤낮으로 밝게 빛나고 있으며, 온도가 빠르게 상승하고 있다(그림 16). 그들은 아마 지구가 곧 폭발할 것이라고 결론 내렸을지도 모른다.

인간의 활동이 지구의 기후와 생태계를 변화시켜 만들어진 새로운 지질 시대를 인류세Anthropocene라고 한다. 인류세 이전에는 기원전 9700년경에 시작된 안정적인(인류에게는 아니었지만 지구에는 그랬다) 시기인 홀로세(Holocene, 전신세)가 있었고, 또 그 앞에는 흔히 빙하 시대라고 부르는 250만 년간 지속된 불안정한 시기인 홍적세Pleistocene가 있었다. 인류세 동안 탄소가 가득한 대기부터 플라스틱이 넘쳐나는 바다, 갑작스런 멸종

16. 빛나는 지구

을 앞둔 생물 종에 이르기까지 자연적 질서 전반에서 우리의 종적이 점점 더 많이 발견될 것이다. 아마도 외계인이 조금 더 가까이 와서 본다면, 급격히 증가하는 인류의 수요에 맞춰 지구가 빠르게 변해가는 것을 볼 수 있을 것이다.

인류세는 언제부터 시작되었을까? 이에 대해서는 의견이 분분하다. 2000년에 처음 소개된 이 개념은 대개 산업 혁명 이후부터 현재까지를 지칭하는 경우가 많다. 대기의 변화를 기준으로 제임스 와트가 증기기관 특허를 출원한 1784년을 인류세 시작 시기로 보는 것이다. 하지만 증기는 지구나 대기를 변화시키지 않았다. 이는 석탄과 다른 화석 연료를 산업적 규모에 맞게 대량으로 추출할 수 있는 기계에 동력을 공급할 때에만 일어났다. 그 영향이 오래 지속되려면 증기기관 기술이 전 세계로 확산되어야 했다. 제2차 세계 대전이 일어났던 1945년을 인류세의 시작 시기로 보는 관점도 있다. 전쟁을 끝내버린 원자폭탄의 사용은 인간이 지구를 파괴할 수 있다는 걸 보여준 매우 상징적인 사건이었다. 핵 시대는 지구의 운명이 결정적으로 우리 손에 쥐어진 시기다.[16]

저 밖에서 지구를 관찰하는 외계인은 그들이 본 것을 토대로 우리 인류에 대해 어떤 결론을 내릴까? 인류세로 넘어오면서 인간의 본성도 변했을까? 그럴 가능성은 낮다. 우리는 다른 종들보다 우월해지기 시작한 이래로 지구 곳곳을 파괴해 왔다. 아마 사라진 네안데르탈인도 이에 동의할 것이다. 변한 것은 천연자원을 대규모로 착취할 수 있는 우리의 능력이다. 이로 인해 많은 인류가 생존할 수 있었고, 이는 다시 우리로 하여금 천연자원을 더 많이 착취하도록 만들었다. 그러니 결국 변한 것은 파괴된 자연이지 우리가 아니다.

어쩌면 인류세는 우리가 잊고 싶어 하는 것, 즉 인류는 과거부터 지금까지 항상 탐욕스러운 종이라는 것을 밝혀냈는지도 모른다. 영국의 정치철학자 존 그레이는 우리를 호모 라피엔스Homo rapiens, 즉 약탈하는 자라고 이름 붙였다. 그레이는 인간의 진보라는 것을 환상이라고 생각한다. 물질적 이익 때문에 인간의 파괴적인 본성과 위태로운 상황을 제대로 보지 못한다는 것이다. 더 오래 살고, 더 많은 교육을 받고, 더 많은 정보를 얻게 되었어도 우리의 파괴 능력은 약화되지 않았다. 더 온화하고 안전한 삶의 방식 때문에 우리가 더 친절하고 온순한 종이라고 생각한다면, 이는 우리 스스로를 속이고 있는 것이다. 우리는 단지 이전보다 보호를 더 많이 받고 있을 뿐이다.[17]

한편 이렇게 안락한 생활을 계속 유지하려면 다른 나라로부터 값싼 노동력 착취하고 외부 난민을 잔인하게 차단하는 정책을 계속 펴나가야 할 것이다. 머지않아 우리 인류는 진실의 순간에 마주하게 될 것이다. 우리가 예전보다 나아졌다고 착각하면, 최악의 상황이 닥쳤을 때 다음을 위한 대비가 전혀 되어 있지 않다는 것을 깨닫게 될 것이다.

그런데 우리는 확실히 예전보다 나쁘지는 않다. 인간은 언제나 남다른 친절과 관용을 베풀 수 있는 존재다. 우리는 근본적으로 이타적인 종족이다. 심지어 선사 시대 부족들의 생존은 집단의 이익을 얼마나 우선시하느냐에 달려 있었다. 물론 이 특성으로 인해 다른 부족과 잔인한 갈등을 빚기도 했지만, 그것 또한 자기희생의 근원이 되는 경우가 많았다. 이기주의자, 나르시시스트, 사이코패스와 같은 인간들은 갈등의 시기를 즐기며, 그 지독한 상황에서도 번영을 이룬다. 그러나 우리 대부분은 그렇지 않다. 우리는 조용한 삶을 바란다.

그런 의미에서 인류세는 잘못된 명칭처럼 보인다. 외계인이 아무리 노력을 해도 지구 표면에 보이는 것만으로는 인간에 대해 알 수 없다. 우리 중 과대망상증 환자는 별로 없다. 아무도 우리가 살고 있는 세계를 파괴하고 싶어 하지 않는다. 그렇다, 우리는 부주의하고 쉽게 산만해지기 때문에 종종 더 큰 그림을 놓칠 수 있다. 그렇지만 부주의하고 쉽게 산만해지는 종이 이 세상을 밝히진 못한다. 외계의 관찰자들은 우리의 부족함을 채우기 위해 만든 기계가 우리의 환경을 파괴하는 것을 볼 것이다. 변화와 파괴의 규모는 인간의 본성이나 이성이 주도하는 게 아니다. 그것은 우리의 인공물—지난 몇 세기 동안 함께 살아온 우리의 기계 버전—이 주도하고 있다.

인류세의 두드러진 특징은 의식 없음mindlessness이다. 인류세는 아무 생각이 없는 두 시스템 간의 경합처럼 보인다. 하나는 자율적인 자연 질서를 구성하는 시스템이고, 다른 하나는 그것을 파괴하는 시스템이다. 이는 인간의 진보와 가장 어울리지 않는 것 중 하나다. 우리는 지능을 이용해 사물을 더 잘, 더 효율적으로, 더 안전하게 작동하도록 만드는 엄청난 기술을 습득했지만, 지구를 보존하기 위해서는 동일한 수준의 사고와 조직을 적용하지 않았다. 왜일까?

그 이유는 우리가 만든 것들은 그 자체로 자연적이지는 않지만 자연계와 우리 사이에 놓여 있기 때문이다. 이들은 지능적이지 않지만 우리의 지능을 폭넓게 사용할 수 있는 수단이 되었다. 그렇게 함으로써 이들은 우리를 물질적 불편함에서 해방시켜 주지만, 우리가 누구인지 그리고 최종적으로 무엇을 원하는지를 왜곡한다. 이들은 자신만의 생명을 가진 기계들이다.

우리는 지금 인류세에 살고 있지 않다. 기계세^{Leviacene}에 살고 있다.

T H E   H A N D O V E R

6장

누가 구축하는가

THE ——— HANDOVER

사업가로서의 국가

2012년 미국 대통령 선거 기간 동안 버락 오바마는 일부 사람들이 심각하게 받아들일 수 있는 - 또는 심각하게 만들려고 했던 - 실수를 저질렀다. 버지니아주 로어노크에서 열린 유세장에서 오바마는 미국을 사업하기 좋은 나라로 만든 것이 무엇인지에 대해 논하고 있었다. 그는 청중을 향해 이렇게 말했다.

"누군가 놀라운 시스템을 만들어 당신이 번영할 수 있도록 했습니다. 누군지 모르지만 도로와 교량에 투자했습니다. 당신이 사업을 하고 있다면, 그건 당신이 만든 것이 아닙니다. 다른 누군가가 그런 일을 가능하게 만든 것입니다."

트위터(현 엑스)는 과열되었다. '당신이 만든 것이 아니다You didn't build that!'는 밈이 되었고, 오바마 반대파들의 구호가 되었다. "당신(우리)이 만든 게 아니라면 누가 만든 거죠?" 그들은 알고 싶어 했다. 당연하게도 오바마는 아니었다.

보수적인 논평가들은 오바마가 개인 책임과 민간 기업이라는 미국의 근본적인 가치를 믿지 않고 국가의 힘을 믿는다고 결론 내렸다. 한 비평가는 이렇게 말했다. "오바마는 본질적으로 정부의 도움 없이는 미국에서 민간 기업이나 개인이 성공할 수 없다고 주장합니다." 오바마는 사회주의자였다![1]

비판이 거세지자 오바마는 한발 물러섰다. 그는 자신의 말에 오해가 있었다고, 인프라에 관한 이야기지 기업가 정신에 대한 이야기가 아니라고 말했다. 물론 도로와 교량을 건설하기 위해서는 공공 자금이 필요하지만, 위험을 무릅쓰고 기업을 만들어 성공시키는 것은 개인의 몫이다. 이들은 또한 자신의 노동력까지 투입한다. "물론 미국인들은 자신의 힘으로 기업을 일구었습니다"라고 오바마는 급하게 녹음한 선거 광고에서 말했다. 나중에는 본인의 뜻을 분명히 해서 그의 경쟁자이자 기업가 출신의 정치인인 밋 롬니와 차별화하려고 노력했다. "모두의 힘을 합쳐 이 나라를 만들었습니다. 롬니가 이를 이해하지 못한다면, 그는 21세기에 모두를 위해 이 경제를 성장시키는 데 무엇이 필요한지 이해하지 못하는 것입니다."[2]

어떻게 보면 이는 무의미한 논쟁이었다. 사람들이 스스로 자신의 사업을 일궈나가는 것은 당연한 이야기다. 어떤 종목의 사업을 할 것인지, 어떻게 자금을 조달할 것인지와 같은 중요한 결정을 개개인이 내리지 않는 한 아무 일도 일어나지 않을 것이다. 많은 사람이 사업을 시작하기 위해 자신의 돈은 물론이고 자신의 집과 생계까지 건다. 가장 성공적인 기업조차 창립자의 비전과 약속에 의존하며, 그 비전이 흔들릴 때는 고통을 겪는다. 스티브 잡스 없이는 애플도 없다.

동시에 어떤 기업도 국가가 제공하는 자원 없이는 제대로 작동하기 어렵다는 것도 사실이다. 여기에는 사유 재산권을 보장하는 법과 제도, 대규모 사업을 가능케 하는 도로 및 하수 시스템 같은 공익사업, 고용을 안정적으로 만드는 교육 시스템, 파산의 문턱에서 기업을 지켜줄 수 있는 특혜와 세금 감면 등이 해당된다.

다른 성공적인 현대 경제 체제와 마찬가지로 미국 경제 역시 공공과 민간의 협력 위에 세워졌다. 민간 기업은 그를 뒷받침하는 공공 인프라에 의존하고, 공공 지출은 민간 기업이 창출하는 부로부터 재원을 조달한다. 여기까지는 모두 다 아는 이야기다. 그렇다 해도 오바마는 분명히 민감한 부분을 건드렸다. 롬니의 지지자―그리고 롬니 본인도 과거에 오바마와 비슷한 의견을 표명한 것으로 밝혀진 후 그의 대처가 너무 소극적이라고 생각한 공화당원들까지 포함해―들은 여기에 다른 것이 걸려 있다고 생각했다. 바로 자유 시장의 역동성과 국가 간섭의 충돌이었다.

자유 시장 옹호자들은 국가에 대해 다음과 같은 두 가지 확고한 신념을 가지고 있는 경우가 많다. 그것은 누가 성공할지 보는 눈이 없다는 것과 위험을 감수하려 들지 않는다는 것이다.

국가 조직은 시장이 움직이는 속도와 냉혹함에 비해 서투르고 획일적이며 비효율적으로 여겨진다. 국가는 고용주가 파산할 경우 일자리를 잃게 될 사람들의 운명과 분노를 궁극적으로 책임지는 것을 포함해 정치인들의 다른 이해관계도 저울질해야 하기 때문에 경쟁력을 이미 상실한 노후 산업을 계속 지원할 수밖에 없다. '대마불사'는 정치적 슬로건이지 경제적 슬로건이 아니다.

반면에 시장은 실패한 기업을 순식간에 퇴출시켜 버린다. 시장에는 지능은 있지만 더 큰 책임은 없기 때문이다. 시장은 때때로 무서운 판결을 내리면서도 그 결과에 대해서는 책임을 지지 않는 거대한 배심원단으로 묘사되기도 한다. 시장의 일은 가격이 0이 되더라도 물건 값을 매기는 것이다. 한편 국가의 일은 시장이 친 사고를 수습하는 것이다.

이러한 견해는 잘못된 것이다. 시장이 안정적으로 작동하려면 국가의 규제 권한이 필요하다는 단순한 이유 때문에 이런 견해가 잘못되었다고 하는 것이 아니다. 국가에 대한 견해도 잘못됐다. 국가가 승자를 고를 시장 정보가 부족한 것은 사실이다. 국가는 일반적으로 지력이 부족하다. 이들은 의사결정을 하는 기계지, 가격을 결정하는 메커니즘이 아니다. 정치인들이 이를 오해해서 국가의 의사결정 권한으로 사람들이 무엇을 사야 하는지 지시하려고 할 때 어떤 일이 발생했는지는 역사에 면면이 잘 나와 있다. 시장은 그런 식으로 움직이지 않는다. 결과는 트라반트—동독에서 생산된 매우 실용적이지만 투박한 차량—와 BMW의 차이로 나타난다. 트라반트 쪽이 더 사용자의 선호를 고려해 디자인된 듯 보인다(그림 17).

하지만 필요한 정보를 갖추는 것만이 승자를 고르는 유일한 방법은 아니다. 국가는 또한 힘을 가지고 있다. 국가는 인간과 시장의 지능이 신제품을 생산하는 설계 작업을 할 때 이를 허용하면서도 강제력을 발휘하여 일부 생산자가 먼저 출발할 수 있도록 필요한 보호를 제공할 수 있다. 기업이 성공하기 위해서는 시장의 경쟁으로부터 보호되어야 할 때도 있다. 특히 국내 경제가 필요한 추진력을 제공할 만큼 강하지 않을 때는 더욱 그렇다. 이것이 결국 국가에 의해 실패로 끝난 트라반트와 국가가 단지

17. 1960년대 스타일의 최고급 트라반트 모델

지원만 해준 현대자동차 또는 폭스바겐의 차이다. 폭스바겐은 1930년대 나치 정권의 특별한 보호를 받으며 시작되었다. 누구도 폭스바겐을 사라고 강요하지 않았지만, 과도한 시장 경쟁에서 벗어나 있었기에 성공할 수 있었다.

이는 19세기 초 미국 경제가 어떻게 도약했는지에 관한 이야기이기도 하다. 미국은 자유 시장 경제 체제를 채택하기 오래전부터 보호주의 국가였다.

국가 수립 이래로 미국의 제조업과 공업은 유럽의 경쟁 업체로부터 자국 기업을 보호하기 위해 도입된 관세의 도움을 받았다. 이것이 산업 혁명이 영국에서 미국의 북동부 주로 수출될 수 있었던 이유다. 처음에는 연방 정부가 미국 상품의 가격 경쟁력을 확보하기 위해 유럽의 수입품에 인위적으로 높은 가격을 책정했다. 사람들에게 무엇을 사야 할지 지시할 필요는 없었다. 단지 국가의 기본 권력을 이용해 가능하면 외국산 상품은 피하라는 신호만 주면 되었다. 그다지 많은 정보가 필요하지도 않았다. 단지 문제가 생길 수 있다는 것만 보여주기만 하면 됐을 뿐. 그리고 나면 얼마 후 이들 기업은 알아서 잘 굴러가곤 했다.[3]

국가가 만들어낸 제품은 시장 주도형 제품보다 신뢰성이 떨어진다. 하지만 국가가 여건을 만들어야 시장이 선택할 수 있다. 시장 혁신의 역사에서는 항상 국가가 먼저 등장한다.

국가가 위험을 감수하려 들지 않는다는 견해 역시 잘못되었다. 트라반트가 결국 널리 조롱받은 것을 고려할 때 위험이 전혀 없었던 제안(소비자가 손해를 보지 않는 계획 상품)은 아니었다. 1989년 베를린 장벽이 무너졌을 때, 수천 대의 트라반트가 국경을 넘어 질주했다. 이는 트라반트를 생산한 동독 정부를 상징적으로 질타하는 것이었다. 우리에게 계속 이런 것을 주면 우린 결국 다른 것을 찾겠다는 의미였다. 국가는 다른 투자자들이 포기하거나 사업이 퇴출된 후에도 이를 계속 유지할 수 있는 힘이 있다. 여러 방면에서 이는 위험을 낮추는 것이 아니라 오히려 높인다. 국가는 특정 분야의 위험을 떠맡을 능력이 있다. 아무도 관심 두지 않을 프로젝트에 계속 자금을 투입할 수 있다.

이런 일은 독재 정권뿐만 아니라 민주주의 국가에서도 일어난다. 모든 국가는 위협을 느끼면 결과를 생각하지 않고 위험한 선택을 할 수 있다. 국가가 느끼는 가장 큰 위협은 전쟁이다. 국가는 전쟁 중에 온갖 터무니없는 계획을 지원하는데, 그중 대부분은 실패한다. 하지만 계속 투자할 수 있는 국가의 능력을 감안하면 이러한 계획 중 일부는 결국 성공할 수도 있다. 이는 계속해서 낯선 사람에게 성관계를 제안하는 사람과 비슷하다. 한마디로 무모한 삶의 방식이며, 여러 가지로 매우 불쾌함을 초래한다. 이러한 사람들은 응당 욕을 듣게 될 것이고, 불량한 사람 취급도 받게될 것이다. 그렇지만 또 놀랄 만큼 많은 사람과 성관계의 기회를 가질 수도 있다.

국가는 양심 없는 사람과도 같아서 이러한 위험을 감수한다. 단 섹스가아니라 생존을 위해 노력하며, 계획의 성사 가능성을 위해 무엇이든 하려고 한다. 제2차 세계 대전 중 미국 정부는 빛을 보지 못한 여러 기계를 만들어내는 데 수많은 혈세를 낭비했다. 날지 못하는 비행기, 아군 지역에서 터지는 폭탄, 진수하자마자 가라앉는 선박 등 다양했다. 트라반트는그래도 목적지까지 운전해 갈 수는 있었다. 이들 미국의 전쟁 기계는 그조차도 할 수 없었다. 미국의 국방 예산은 1941~1945년 사이에 40배나증가했으며, 전쟁이 끝날 무렵에는 GDP의 40퍼센트 이상을 차지했다. 이 정도 규모와 속도로 지출이 이루어지면 예산이 엄청나게 낭비될 수밖에 없으며, 부패가 만연하게 마련이다. 실패할지 모르는 것에 대한 투자의지를 위험이라고 한다면, 전쟁 중의 미국 정부는 인류 역사상 가장 위험한 작전을 편 셈이었다.

하지만 그 모든 낭비 속에서 결국 승리가 찾아왔다. 게다가 매우 빠른기술 발전의 과실까지 얻을 수 있었다. 미국의 전쟁 비용 지출은 페니실린의 대량 생산부터 원자폭탄에 이르기까지, 레이더부터 전자레인지에쓰이는 마이크로파에 이르기까지 다양한 기술 개발을 앞당기는 데 도움이 되었다. 최근에 코로나19 팬데믹 기간에도 비슷한 현상이 일어났다.

2020년 세계 각국은 존재 자체가 위험한 지경에까지 이르렀다. 엄청난 사망 인구와 붕괴된 의료 시스템은 정부의 기능을 마비시키기에 충분했다. 결국 국가들은 작동하지 않는 장비에 낭비하는 것을 포함해 문제 해결을 위해 많은 돈을 쏟아부었다. 영국의 경우, 의회 공공회계위원회 보고서는 사기와 착오로 가득 찬 계획에 150억 파운드 이상을 썼다고 추정했다. 보고서는 이를 '용납할 수 없는 수준의 위험'이라고 덧붙였다. 그렇지만 영국 정부는 놀라울 정도로 빠르고 저렴하게 효과적인 백신을 개발했다. 이 획기적인 기술 개발의 파급 효과는 향후 수십 년간 혜택을 안겨다줄 것이다.[4]

이상적인 세계에서는 낭비 없이도 혁신을 얻을 수 있다. 지출을 효과적으로 배분할 수도 있다. 그런데 현실에서는 그렇지 않다. 대규모 지출을 해야 하는 나라는 필연적으로 권력을 남용하게 되어 있다. 바로 그 권력으로 인해 막대한 지출이 가능하기 때문이다. 국가는 오랫동안 돈을 빌릴 수 있고, 필요한 경우 세금을 부과할 수 있으며, 돈의 지출과 상환 방식을 결정할 수 있기에 결산을 늦출 수도 있다. 제대로 작동하는 국가에서는 투표를 포함한 다른 형태로 판단할 수 있을 것이다. 그럼에도 결국 그 많은 돈을 벽에 던지고 무엇이 달라붙는지 확인할 수 있는 것은 리바이어던뿐이다.

시장의 지배를 받는 기업들은 이런 수준의 위험까지는 감수하지 않는다. 이들에게 차입의 결과는 더 일찍 나오고 더 무섭다. 낭비가 심해지면 더 이상 수지 타산이 맞지 않는다. 국가가 기술적 변화를 주도하면 기업이 이를 시장으로 가져가 효율적으로 만드는 이유가 바로 이 때문이다. 이탈리아의 경제학자 마리아나 마추카토는 자신의 저서 《기업가형 국가》에서 다음과 같이 말했다.

"정부는 응용 분야든 기초 분야든 위험성이 가장 높은 연구에 자금을 지원해 왔을 뿐만 아니라 종종 가장 급진적이고 획기적인 혁신의 원천이 되기도 했다. 이런 식으로 정부는 시장을 고정시키는 것이 아니라 적극적으로 창출해 왔다."

사실상 분업이 존재하는 것이다. 국가는 위험을 감당할 수 있는 독특한 능력으로 혁신의 가능성을 가져온다. 기업과 민간 부문은 이윤에 초점을 맞추고 그 가능성을 시장화하지만, 국가의 보호가 필요한 경우가 있다. 그 결과, 국가가 지원하는 기술 변화가 우리가 소비할 제품으로 되돌아온다. 시장은 그러고 난 다음 우리가 선호하는 제품이 무엇인지, 그리고 누가 그 제품을 공급하는 경쟁에서 승리할 것인지를 보여준다.[5]

이 중 어느 것도 특별히 유익하지 않다. 방만한 공공 지출은 도덕적으로 비난받아야 한다. 그럴 자격도 없는, 권력에 가깝거나 이미 부자인 것만이 유일한 자격처럼 보이는 온갖 부류의 사람들을 부유하게 만들기 때문이다. 미국 정부는 제2차 세계 대전 중 하워드 휴즈에게 4000만 달러를 주고 일명 스프루스 구스(Spruce Goose, 멋진 거위)라 불린 거대한 750인승 목재 H-4 허큘리스 수송기를 제작하도록 했다. 이 비행기는 딱 한 번의 시운전을 제외하고는 다시는 날지 못했다.

미국 정부는 여기에 들어간 돈을 한 푼도 돌려받지 못했다. 전쟁 후 휴즈는 사비로 진짜 비행이 가능한 기체들을 보유한 트랜스월드항공에 투자했고, 50배의 이익을 거두었다. 국가가 위험을 감수하는 대가로 납세자들의 돈이 온갖 이상한 방향으로 흘러 들어간다. 호모 라피엔스를 구성하는 이기주의자, 나르시시스트, 사이코패스들이 보상을 받는다. 그리고 때때로 국가 자금이 지원하는 위험이 성공을 거두면 다른 사람들이 그 혜

택을 누리러 몰려들기도 한다.[6]

그러나 마추카토가 주장하듯이 연구 개발에 대한 공공 자금 조달과 민간 자금 조달의 순차적 진행은 혁신의 원동력이다. 이런 일은 평시에도 일어나는데, 부분적으로는 국가가 항상 다음 전쟁을 걱정하기 때문이다. 국방비 지출은 정부에서 가장 비효율적인 부분으로 악명이 높다. 또한 게임의 판도를 바꾸는 많은 개발의 시작점이기도 하다. 그렇지만 국가는 책임감을 가지고 필수 과학 연구에 자금을 지원하기도 한다. 미국 국립보건원National Institutes of Health, NIH은 세계에서 가장 큰 공공 자금원으로, 연간 320억 달러 이상의 예산을 책정해 32만 5000명이 넘는 연구자를 지원하고 있다. 이로부터 대형 제약회사를 풍요롭게 하는 생명공학 분야의 핵심 개발을 포함해 많은 혁신이 시작되었다. NIH는 기금이 너무 낭비되지 않도록 최선을 다하고 있지만, 수익을 창출할 필요성이 없기에 성공적인 연구뿐만 아니라 크게 실패하는 연구에도 자금을 지원할 수 있다.

국가는 그 누구도 감당할 수 없는 부담을 짊어질 수 있는 힘을 가지고 있다. 특히 다른 사람의 돈을 계속 끌어다 쓸 수 있는 능력으로 인해 자금 낭비에 대해 상대적으로 무심하다. 그렇기에 분노를 유발하면서도 혁신을 가져오기도 한다. 우리는 국가의 이러한 무심함 때문에 고통을 받지만, 혜택을 얻기도 한다. 특히 큰돈이 들어가는 혁신 기계 개발에 근접해 즉각적인 보상을 얻을 수 있는 행운아라면 더욱 그렇다. 세계에서 가장 성공한 기업들은 이로 인한 수혜를 톡톡히 보았다.

정부 보조금과 기술 혁명

대부분의 기업은 혁신에 별 관심이 없다. 미국 제조업체의 4분의 1은 연구 개발에 쓰는 비용이 수익의 0.25퍼센트도 안 된다. 이 중 10분의 1은 아예 쓰지 않는다. 미국에서 개인이 부자가 되는 가장 확실한 방법은 새로운 것을 구축하는 것이 아니라 자동차 대리점이나 주유소 체인 같은 기존의 프랜차이즈를 인수하는 것이다. 상위 0.1퍼센트에 해당하는 14만 명의 미국인이 대부분 《뉴욕타임스》가 소위 '고리타분한 사업unsexy business'이라고 일컫는 분야에 종사한다. 부자는 일반적으로 혁신가가 아니라 '음료 도매업자beverage distributor'일 가능성이 더 높다.[7]

하지만 이런 장면은 다른 그림에 가려지는 경향이 있다. 실리콘 밸리의 시대에 어떻게 하면 특별히 빨리 큰 부자가 될 수 있을지, 이에 대한 또 다른 이야기가 있다. 이례적으로 빨리 예외적으로 부자가 되는 법으로, 보상은 위험을 무릅쓴 자에게만 주어진다와 같은 진언들이다. 멀리 틀 밖에서 생각하라. 도발적이고 새로운 것을 할 수 있는 회사를 만들라. 빨리 움직이고 기존 질서를 깨뜨리라. 혁신하고 또 혁신하라. 누구도 상상하지 못한 시장을 창출하라. 시장 점유율이 수익보다 우선하며, 결국 가장 큰 수익은 독점권을 가진 사람에게 돌아갈 것이니 블리츠스케일링(blitzscale, 공세blitz와 규모 확대scale up를 합친 말로, 링크드인 창업가가 제안했으며 제2차 세계대전 때 독일의 공격 교리인 전격전Blitzkrieg에서 비롯됐다_옮긴이)하라. 한번 스타트업은 영원한 스타트업, 제프 베이조스를 본받아라.

1994년 차고를 빌려 온라인으로 책 판매를 시작한 베이조스는 2018년까지 세계 최고의 부자였다. 그러다가 일론 머스크에게 그 자리를 내주었지만 말이다(일론 머스크 역시 2023년 현재 LVMH의 베르나르 아르노에게 그 자리를 내어준 상태다). 2014년 베이조스는 국제노동조합총연맹International Trade Union Confederation이 선정한 '최악의 보스'에 오르기도 했다. 많은 사람이 연구하고 따라 하려는 베이조스의 경영 철학은 회사가 아무리 커지더라도 스타트업 정신을 유지하는 것이다. 2016년, 주주들에게 보낸 유명한 서한에서 그는 매일매일이 데이 원Day 1이 되어야 한다고 말했다. 그 비결은 계속 새로운 것에 도전하고, 아무리 두려울지라도 미래로 나아가는 것이다. 2021년 아마존의 연구 개발 예산은 560억 달러였다. 그해 CEO에서 물러난 베이조스 그 자신도 우주 여행보다 더 높은 목표를 향해 나아가고 있다.

그런데 베이조스는 책을 팔아서 부자가 된 것도 아니고, 심지어 세계 최대의 전자 상거래 업체를 소유하고 있어서 부자가 된 것도 아니다. 아마존 운영 수익의 대부분은 현재 클라우드 컴퓨팅 사업인 아마존 웹서비스에서 발생하고 있다. 아마존의 엄청난 규모에도 불구하고 제품 판매에서 얻는 수익은 상대적으로 적다. 대신 사람들의 데이터를 저장해 주고 얻는 수익이 막대하다. 특히 사람들이 잘 알지 못하고 비용을 지불하는 경우엔 더욱 그렇다. 아마존의 최대 고객은 정부 기관과 주 정부로, 세계 최대의 전자 상거래 업체가 된 2013년에 아마존은 CIA와 6억 달러 규모의 계약을 체결해 CIA의 방대한 데이터를 클라우드에 저장했다. 이 두 가지 발전 중에 미래를 가리키는 것은 두 번째 방향이었고, 베이조스에게 유래없는 부를 안겨다주었다.[8]

실리콘 밸리와 미국 정부의 관계는 매우 밀접하며, 이는 중요하다. 실리콘 밸리가 그들 스스로가 내세우는 이야기와는 상당히 상충되는 부분이 많기 때문이다.

실리콘 밸리는 인간 지능의 궁극적 가치를 찬양한다. 빅테크 기업의 창립 이야기는 매우 똑똑한 개인들이 매우 스마트한 아이디어를 가졌다는 것에서 시작한다. 구글의 공동 창업자 세르게이 브린과 래리 페이지는 모두 뛰어난 두뇌의 소유자인 부모 밑에서 태어나 자랐다(브린의 부모는 수학 교수와 나사 과학자였고, 페이지의 양친은 모두 컴퓨터 과학자였다). 이들의 핵심 아이디어는 검색자들이 많이 검색한 순서대로 순위를 매기는 알고리즘으로서, 단순하지만 천재적이었다. 이들은 이 사업을 위해 스탠퍼드 박사과정을 중퇴했다. 빌 게이츠는 하드웨어가 아닌 소프트웨어가 컴퓨터 산업의 미래라는 것을 깨닫고 하버드대학을 중퇴하고 마이크로소프트사를 설립했다(IBM은 가슴이 아플 것이다). 마크 저커버그는 하버드 기숙사 방에서 페이스북에 대한 번득이는 아이디어를 떠올렸다. 그렇게 이야기는 진행된다.

그런데 이런 이야기는 다른 사람들도 비슷한 아이디어를 가지고 있었을지 모른다는 의심에 둘러싸여 있다. 저커버그는 함께 하버드에 재학 중이던 윙클보스 형제(Winklevoss twins, 미국의 형제 투자자)가 생각한 모델을 모방했을 수도 있고, 아닐 수도 있다. 브린과 페이지는 조엘 클라인버그(Joel Kleinberg, 미국의 개발자)가 HITS라는 비교 가능한 링크 분석 알고리즘을 개발한 해에 페이지랭크 시스템을 개발했다. 결국 더 나은 아이디어를 가진 사람들, 더 똑똑한 사람들이 승리한 것일까?

그럴 수도 있다. 하지만 이러한 벤처 기업의 성공은 단순히 창립자들이 명석한 아이디어를 가지고 있다는 것에 그치지 않고 제대로 된 비즈니스를 구축할 수 있는 능력에 의해 좌우되는 것도 사실이다. 이 역시 지능을 필요로 하지만, 순수한 IQ와는 다른 종류의 것이며, 여기에는 다른 자질들도 포함된다.

예를 들면 이렇다. 베이조스의 획기적인 아이디어는 무엇이었을까? 전통적인 서점 대신 인터넷을 이용하면 책을 더 효율적으로 싼값에 판매하고 배송할 수 있다는 것은 아니었다. 당시 책 말고 다른 제품에 관해서도 이러한 종류의 아이디어가 수많은 사람과 사업체 등에서 동시에 진행되고 있었다. 베이조스의 천재성은 조직화하는 능력에 있었다. 그는 사업을 확장할 수 있는 유일한 방법인 기업 형태의 장점과 호기심에 기반한 새로운 사고에 대한 개방성을 결합하는 방법을 깨달음으로써 평범한 개념을 독특한 비즈니스로 바꾸었다. 이건 오로지 베이조스의 것이었다. 기업에는 그런 능력이 없다. 그러나 생각한 대로 비즈니스를 구축하는 데는 탁월한 경영 기술이 필요했다. 그리고 진짜 무자비함도.

오늘날 아마존, 구글(현 알파벳), 페이스북(현 메타), 애플, 마이크로소프트는 모두 경쟁사를 인수하고 퇴출시키며, 정부가 준 특혜를 최대한 활용한 덕분에 크고 강력해졌다. 가장 성공적인 기업이 창립자의 성격을 일부 닮아가듯, 창업자도 기업의 성격을 일부 닮아간다는 건 의심의 여지가 없다. 여기에는 우리가 기계에서 흔히 찾아볼 수 있는 양심의 결여도 포함된다. 그것이 무엇이든 간에 단순히 날것의 지능이 승리한다는 이야기는 아니다.

이러한 테크 기업들은 창업자의 설립 이념에 반하더라도 정부와 사업을 하려고 한다. 페이팔 공동 창업자이자 초기 페이스북에 투자했던 테크 기업가 피터 틸은 스스로를 자유주의자libertarian라고 부른다. 실리콘 밸리의 다른 많은 사람과 마찬가지로 그는 강철 같은 눈빛의 반국가주의 소설가인 아인 랜드의 작품을 읽으며 자랐다. 그럼에도 틸은 정부와의 계약을 통해 대부분의 돈을 벌었다. 그의 스파이웨어 및 사이버 보안업체인 팔란티어 테크놀로지는 정부와 산하 정보기관, 특히 미군과 CIA를 가장 큰 고객으로 보유하고 있다.[9]

돈을 버는 가장 확실한 방법은 독점적 지위를 확보하는 것이다, 라고 틸이 말한 것은 유명하다. 그는 '경쟁은 패자를 위한 것'이라고 피력하기도 했다. 그는 자신의 의견을 랜드의 기업가 정신이 확장된 것이라고 포장한다. 진정으로 게임을 바꾸는 아이디어는 이전에 없던 것을 제공함으로써 전체 시장을 정복할 것이며, 따라서 독점은 천재적인 제품의 표상이라는 것이다. 모든 사람이 사용하고 있다면 뭔가 제대로 하고 있다는 이야기다.

하지만 실제로 틸이 말하는 독점은 국가의 조세 징수권을 말하는 것이다. 그는, 국가는 금액이나 사용처에 대한 제약이 적기 때문에 다른 누구보다 실험적인 기술에 투자할 수 있다는 것을 깨달았다. 그 시장을 잡으면 엄청난 수익을 올릴 수 있다. 이에 필요한 것은 권력자들에게 기꺼이 구애하는 것이다. 틸은 또한 2016년 미국 대선을 앞두고 도널드 트럼프를 지원한 것으로 유명하다. 그의 자유주의와 맞지 않는 행보 같지만, 정부의 어리석은 지출에서 돈을 벌고자 하는 그의 욕망을 생각하면 이해도 된다.

일론 머스크 역시 무분별한 정부 보조금을 비난했다. 동시에 그의 사업체인 테슬라와 스페이스X는 수십억 달러에 달하는 보조금의 혜택을 누리고 있다. 나사는 스페이스X의 주요 투자자며, 2021년에는 29억 달러 규모의 계약을 체결해 달에 '민간' 우주 여행객을 보내기 위한 작업을 진행하고 있다(스페이스X는 유일한 유력 경쟁 상대였던 베이조스의 블루 오리진을 제쳤다). 테슬라는 2010년 미국 에너지부로부터 4억 6500만 달러의 대출을 시작으로 세금 공제 등의 국가 지원을 받아 자동차 제작과 공장 건설을 시작했다. 테슬라는 그 대출금을 3년 후에 상환했는데, 그게 없었더라면 오늘날의 테슬라는 존재하지 않았을 것이다.

머스크는 돈이 어디에서 벌리든지 크게 상관하지 않는다. 테슬라의 총 매출의 거의 4분의 1이 중국에서 나온다. 테슬라는 중국에서 가장 많은 보조금을 받는 전기차 제조업체로 2020년에만 3억 2500만 달러의 보조금을 중국 정부로부터 수령했다. 이는 중국 내 업체가 받는 보조금보다 많다. 2022년 8월 중국 국영 기업의 사보인 《차이나 왕신China Wangxin》에 머스크의 이름으로 기고문이 실렸다. 그는 "청정 에너지, 인공 지능, 인간과 기계의 협력, 우주 탐사를 통해 기다릴 만한 가치가 있는 미래를 만드는 데 뜻을 같이하는 더 많은 중국 동지들이 우리와 함께하기를 바란다"고 밝혔다. 이 글은 두 가지 의미로 읽힐 수 있다. 머스크는 진정한 선지자다. 혹은 절대적인 기회주의자다. 알다시피 이 둘은 양립할 수 없다.[10]

이러한 국가의 지출과 민간 이익의 관계에서 디지털 혁명이 탄생했다. 아이폰부터 자율 주행 차량까지 소비자들에게 획기적인 기술로 다가오는 제품들은 대개 국가 기관에서 시작된 기술 개발을 기반으로 하는 경우가 많다.

미국 국방부 산하 연구 기관인 미국 국방고등연구계획국Defense Advanced Research Projects Agency, 일명 다르파DARPA는 1957년 소련이 스푸트니크 1호(Sputnik-1, 세계 최초의 인공위성)를 쏘아 올린 다음 해인 1958년에 설립되었다. 냉전 시대에 군비 경쟁에서 뒤떨어질지 모른다는 위기의식 때문이었다. 으레 그렇듯이 국가 중심의 편집증은 광범위한 분야에서 공공 자금이 투입되는 연구를 촉발시켰다. 아르파넷ARPAnet, Advanced Research Projects Agency Network은 다르파로부터 탄생했다. 아르파넷은 컴퓨터를 연결하고 서로 통신할 수 있게 해주는 시스템으로 인터넷의 원형이었다. 이메일도 여기서 유래했다. 처음에는 이러한 시스템의 상업적 가치가 분명하지 않았다. 앞으로 무슨 일이 일어날지 그 잠재력이 파악되자 정부와 학계는 당연히 조심스러웠다. 1982년 아르파넷을 사용하기 위한 규약은 다음과 같았다. "아르파넷을 통해 상업적 이익이나 정치적 목적으로 전자 메일을 보내는 것은 반사회적이고 불법이다. 그런 메시지를 보내면 많은 사람을 불쾌하게 할 수 있다." 정말이었다.[11]

군은 이러한 혁신들을 스스로 생각해 내지 못했다. 이들은 단지 주요 대학의 새로운 컴퓨터학과에 자금을 지원하거나 다른 기관의 최고 연구자들과 협력하는 등의 비용만 댔다. 일부 연구자들에게는 자기 사업을 열도록 제안했다. 국가는 치열한 비즈니스 세계에 맞지 않다고 여기는 사람들을 꾀어 위험을 감수하도록 하는 데도 능하다. 그러면서 국가는 초기 위험을 스스로 떠맡는다. 이러한 위험은 결국 민간 부문으로 이전되어, 시장 경쟁이 기질적으로 맞지 않았던 사람들은 치워지고 남은 사람들만 성공하게 된다.

애플을 세운, 그리고 다시 일으켜 세운 스티브 잡스가 진정한 모험가였다는 사실을 부인하는 사람은 없을 것이다. 그의 혁신과 도전에 대한 욕구는 끝이 없었다. 그는 아무리 제품이 잘 작동하는 것처럼 보이더라도 계속해서 개선하려 했다. 그런데 아이폰과 아이패드에 통합된 핵심 기술인 CPU, HTTP, GPS와 터치스크린은 원래 미국과 영국의 공공 자금이 투입된 연구에서 시작되었다. 잡스가 감수한 위험은 통합과 디자인에 있었다. 그와 그의 회사가 누구보다 잘한 것이 바로 그것이다. 그렇지만 국가가 먼저 혁신의 위험을 감수하지 않았다면 그 어떤 일도 일어나지 않았을 것이다.[12]

위험을 무릅쓰고 자원을 집중해 실험하는 것은 국가의 특성 중 하나다. 이는 국가의 자기보존 충동과 엄청난 자원 동원력에서 비롯된다. 국가는 다른 사람을 대신해 위험을 감수하지만, 또 다른 사람에게 위험을 전가하기도 한다. 국가가 전쟁에 돈을 허비하고, 그로 인해 필연적으로 생명이 희생될 때, 궁극적인 대가를 치르는 것은 국가가 아니라 국민이다. 바로 전쟁 비용을 내는 사람들과 그 돈으로 산 비행기를 추락시키는 사람들 말이다. 무의미한 이데올로기를 명분으로 내세워 실험을 할 때 그 비용은 헤아릴 수 없이 커진다. 나치 독일도 1933년부터 1945년까지 막대한 돈을 연구하는 데 썼고, 그로 인해 암 치료의 주요 돌파구가 열리기도 했다. 하지만 대부분은 인종적 순수성과 무력 정복을 추구하는 데 허비되었다. 나치의 혁신은 많은 사람에게 곧 죽음을 의미했다.

그 모든 이점에도 불구하고 국가가 감수하는 위험에는 특정한 패턴이 있다. 그 위험이 매우 인위적이라는 것이다. 다른 사람들의 생명과 재산을 놓고 도박하는 것과 같기 때문이다. 국가는 본질적으로 영혼이 없다. 두려움을 느끼지 않으면 용감한 것인가? 손실이 없는데 위험하다고 할 수 있나? 우리는 보상을 받는다. 또한 대가도 지불한다. 국가는 계속 전진한다.

냉전 시대에 미국 정부는 개선된 형태의 기계적 통신을 실험하는 데 특별한 관심을 가졌다. 가장 극적인 돌파구는 군사 장비의 여러 부분을 하나로 통합하려는 과정에서 비롯되었다. 당시 대통령인 드와이트 아이젠하워가 1961년 퇴임사에서 '군산 복합체military-industrial'를 언급했는데, 이것이 바로 디지털 혁명의 시작점이었다. 아이젠하워는 정치인, 군부, 민간 기업 간의 긴밀한 관계가 가져오는 부패와 권력 남용의 위험성에 대해 경고했다. 그는 미국 시민들에게 반전시 시대에 점점 더 가까워지고 있는 군부와 기업 간의 결합을 경계하라고 호소했다. 하지만 그는 또한 '이러한 발전의 절박한 필요성'을 잘 알고 있었다. 그것이 미국이 궁극적으로 자신을 방어할 방법이었다. 미국 정부는 결국 기계와 기계가 대화할 수 있도록 하는 합작 사업을 지원하게 되었다. 왜일까? 정부 자체가 기계이므로 그 가치를 볼 수 있었기 때문이다.[13]

커져라, 그리고 독점하라

오바마는 '당신이 만든 것이 아니다' 연설에서 누구한테 화가 났는지를 분명히 밝혔다. 그 대상은 로어노크의 소박한 사람들이 아니라 캘리포니아의 빅테크 거물들이었다. 그는 "인터넷은 저절로 생겨나지 않았다"고 지적했다. "국책 연구로 인터넷이 탄생했기에 모든 회사가 인터넷에서 돈을 벌 수 있었다." 아마도 그는 실리콘 밸리의 개척자들이 내세우는 아인 랜드식 개인주의와 그들이 국가에 의존하는 현실 사이의 불일치에 대해서 누구보다도 짜증이 났을 것이다. 그러나 2012년에는 여전히 은행들이—2008년 금융위기 때 공공 자금으로 구제된—공공의 분노 대상이었다. 반면 빅테크 기업들은 비교적 무해한 것으로 비쳤다. 그때는 사람들이 더 순진했다.

하지만 그 당시에도 기술 업계는 다른 방식으로 움직이고 있었다. 이들은 단순히 인터넷을 통해 돈을 벌고 있지 않았다. 이들은 시장 내외에서 비정상적인 힘을 축적하기 시작했다. 틸이 예측한 대로 가장 성공적인 인터넷 기업은 시장에서 거의 독점적 지배력을 확보한 곳들이었다. 2012년 구글은 이미 검색 엔진 트래픽의 70퍼센트를 차지하고 있었고, 10년 후 그 수치는 90퍼센트에 달했다. 페이스북 역시 2012년 회사 설립 8년 만에 가입자 수가 10억 명을 넘어섰다. 같은 해 페이스북은 인스타그램을 10억 달러에 인수했다. 2020년 인스타그램은 연간 350억 달러를 벌어들이며 메타 총매출의 3분의 1 이상을 차지했다.

이 놀라운 성장은 대부분 네트워크 효과(Network effect, 수요자 확장이 더 큰 수요자 확장을 낳는 것) 덕이 컸다. 즉 사람들이 쏠리는 곳에 더 많은 사람이 쏠리게 된 것이다. 구글의 검색 효율성은 검색량이 많을수록 향상된다. 더 많은 사람이 이 검색 서비스를 사용하게 되면 보다 효율적이 된다. 보다 효율적이면 더 많은 사람이 사용할 이유가 생긴다.

이러한 네트워크 효과는 개인뿐만 아니라 국가를 포함한 조직에까지 적용된다. 2012년에 구글은 그 보편적인 편의성으로 인해 전 세계 공공 기관이 선택한 검색 엔진이 되었다. 선택이라고 할 것도 없었다. 테크 기업들은 사용자에게 디폴트 옵션이 되어 지배력을 달성한다. 그 기업을 규제하는 국가도 그에 의존하게 된다. 이는 부패나 권력 남용은 아니지만, 그 효과는 둘 다와 유사할 수 있다. 상호의존의 한 형태인 것이다.

테크 기업들은 돈 버는 방식도 독특하다. 이들은 항상 주력 서비스를 무료로 제공한다. 아무도 구글에서 검색하거나 인스타그램에서 사진을 공유하는 데 비용을 지불하지 않는다. 대신 이들은 사용자가 제공한 데이터를 광고주에게 정보로 판매하고 수입을 얻는다. 과거에 국가는 소비자들을 착취하려는 기업의 독점 관행을 억제하기 위해 노력해 왔다. 그렇지만 이 경우, 누가 착취당하는지 명확하지가 않다. SNS의 주요 소비자들은 전통적인 기업의 부정행위를 가늠하는 가격 담합을 느끼지 못한다. 아무것도 지불하지 않기 때문이다. 만일 여기에 가격 담합이 있다면, 그 피해자는 SNS 플랫폼에 돈을 지불하고 상품을 광고하는 사람들이다. 여기에는 이를 이용하는 국가도 포함된다.

온라인 광고는 거대한 사기일 가능성이 높아 보인다. 이러한 서비스를 제공하는 회사가 그 효과에 대한 검증 데이터도 산출하기 때문이다. 이는 문제의 소지가 있다. 사람들은 이 모든 것이 최첨단 AI 안에서 작동한다고 생각한다. 군중의 지혜를 바탕으로 개인이 찾을지 모르는 것을 대상으로 마이크로 타겟팅한다고 생각하기 쉽다. 이건 상당히 과장된 평가다. 그러므로 구글이 검색 순위를 매기고 해당 순위에 따라 광고 비용을 청구할 때, 그만한 비용을 정말 지불할 가치가 있는지 외부에서는 알기가 어렵다.

여기 블랙박스가 있다면, 온라인 광고 입찰 전쟁을 실행하는 알고리즘 내부만 아니라 회사 내부도 살펴봐야 할 것이다. 충격적인 사실은, 역사상 가장 빠르게 성장하는 일부 기업들이 지식 전파와 혁신의 최전선에 있다는 묘사와는 달리 실제로는 광고사업을 주로 하고 있다는 점이다. 광고사업은 기업의 핵심적인 사업 분야에 대한 추가적인 역할에 그쳐야 한다. 물론 광고사업이 기업의 운명을 크게 바꿀 수 있다. 하지만 전적으로 기업의 운명을 책임져서는 안 된다. 광고를 중심으로 전체 비즈니스가 구축되면 또 다른 거대한 거품이 터질 공산이 크다.

한편 이 비즈니스 모델에는 우려할 만한 다른 측면이 있다. 과거에는 거대 기업과 개인의 관계가 일련의 금전 거래에 기반을 두었다. 우리는 소비자로서 기업으로부터 구매하고, 직원으로서 기업의 급여를 받고, 주주로서 기업에 투자했다. 그런데 이러한 관계가 잘못되어 기업이 우리를 다른 방식으로 착취하거나, 정보를 숨기거나, 의무를 소홀히 하거나, 지출한 돈의 사용처를 제대로 밝히지 못한다면 우리는 국가가 개입하기를 기대한다. 실제 이런 일이 발생하면 규제 당국은 법으로 제재를 가하거나 운영 규정을 바꾸기도 한다. 그런데 때로는 아무 일도 일어나지 않고, 회사는 어떤 처벌도 받지 않고 빠져나간다. 지각 있는 시민들은 이런 경우 캠페인, 불매 운동, 시위 등을 통해 스스로 문제를 해결해 나갈 수 있다. 그래도 중요한 변화가 일어나려면 이러한 도와달라는 외침을 국가가 알아차려야 한다.

이러한 모든 관계는 테크 기업에도 존재한다. 이들 기업에도 소비자, 직원, 주주가 있으며 공정한 몫을 주장하는 비평가도 있다. 하지만 이 모든 관계가 단순하지만은 않다. 이제 소비자는 아마존 입점 기업이나 구글 광고주와 직접적인 관계를 맺지 않는다. 테크 기업이 그 사이에서 대부분의 것을 처리한다. 아마존에서 잘못된 상품을 구매한 사람은 문제를 해결하기 위해 공공 기관을 찾기보다는 아마존이 중재자 역할을 수행하며 문제를 바로 잡아주기를 바랄 것이다. 다른 빅테크 기업들 역시 여러 종류의 자체적인 규정을 가지고 단속하고 있다. 이들의 금전적 이익이 이들 플랫폼에서 다른 사람에게 물건을 판매하고 광고하는 사람들로부터 나오기 때문이다. 아마존은 자기 사이트에서 거래할 사람을, 구글은 자기 사이트에서 광고할 사람을 결정한다. 이런 사이트는 이들이 지배하는 시장이다. 그런 의미에서 보면 이들 기업은 국가 기능의 일부를 떠맡은 것이다.

이들 기업은 규모와 기능이 점차 확대되는 것에 반해 일하는 직원은 상대적으로 적다. 구글의 모회사인 알파벳은 전 세계 직원을 다 합쳐도 15만 명이 안 된다(2023년 초부터 상당 수 직원을 해고했다). 제너럴 모터스의 경우 전성기인 1979년에 미국에서 그보다 다섯 배나 많은 직원을 고용했었다. 인스타그램의 정규직은 450명에 불과하다.

이전에도 이런 식으로 운영하던 기업이 있었다. 18세기 말 동인도회사는 런던 사무실의 상주 직원 160명과 전 세계 창고 시설에서 근무하는 직원 3000명으로 수억 명을 관리했다. 동시에 영국 육군보다 큰 규모인 20만 명에 가까운 용병 군대를 운용했다. 이 병사들은 나중에 연금을 받는 정규 직원이 아니었다. 원래는 회사의 더러운 일을 하기 위해 고용된 일꾼이었지만, 시간이 지남에 따라 영국 장교의 지휘를 받는 반영구적인 군대로 발전했다. 그동안 동인도회사의 지배를 받은 수많은 사람은 회사가 어떻게 운영되든지 간에 그에 대해 어떤 목소리도 낼 수 없었다.

개인이 테크 기업 운영에 가장 직접적인 영향력을 행사할 수 있는 방법은 주주가 되는 것이다. 결국은 주주가 기업의 주인이기 때문이다. 그러나 빅테크 기업의 지배 구조는 이를 무시하고 창업자에게 과도한 권력을 부여하는 경우가 많다.

메타와 아마존의 행동주의 주주(activist shareholders, 기업의 지배 구조나 경영에까지 개입하는 투자자)들은 이들 기업에 지배 구조 개혁과 근무 환경 개선을 요구하는 결의안을 통과시키려 했지만, 회사 운영 주체들이기도 한 최대 주주들의 거부권 행사로 번번이 무산되었다. 저커버그는 메타 주식의 13퍼센트를 보유하고 있지만, 일부 주주들이 의결권을 더 행사할 수 있도록 하는 차등 의결권 제도로 인해 50퍼센트 이상의 의결권을 가지고 있다. 그런 면에서 주커버그는 독재 운영을 하고 있다. 아무도 그를 무시할 수 없다. 베이조스는 CEO에서 물러난 지금도 아마존에서 여전히 이전과 동일한 권력을 행사할 수 있다.

그럼 이제 남은 것은 사용자뿐이다. 사용자들이 빅테크 플랫폼과 맺는 관계는 과거의 어떤 전통적인 기업 모델에서도 보지 못한 것이다. 우리는 이들 기업이 제공하는 서비스를 이용하는 대가로 우리 자신의 일부를 내어준다. 이는 우리가 과거에 제너럴 모터스 같은 회사와 맺었던 관계와는 다르다. 그보다는 국가와 맺었던 관계와 더 유사하다. 예를 들어 메타는 사용자가 어떤 정보에 노출되어 있는지를 포함해 사용자들의 정보 활용 재량권을 일부 제한하고, 사용자가 이를 받아들이는 대가로 다른 사람들에게 내보이길 원하는 정보를 공유할 수 있도록 한다. 사진은 우리가 올리지만 보는 방식은 그들이 결정한다. 국가 역시 우리가 더 안전하고 편안하게, 다른 사람과 어울려 살 수 있도록 우리의 재량권(자율권)을 제한한다.

단 국가와 달리 테크 기업은 강제적이지 않다. 인스타그램을 사용하지 않아도 아무런 문제가 없다. 하지만 인스타그램 사용자들은 다른 서비스에서는 결코 얻지 못하는 만족감을 얻고, 그렇기에 이에 중독되어 버린다. 이보다 저렴한 대체 상품은 없다. 현재 20억 명 이상의 사용자를 확보한 틱톡도 우리를 구해내기는커녕 더 빠져들게 만든다. 경쟁자가 생겼지만 도움이 안 된다.

SNS 플랫폼이 국가와 가장 다른 점은 그 비즈니스 모델이 우리의 인지 편향을 바로잡기보다는 악화시킨다는 데 있다. 이들의 서비스는 중독을 유도하도록 설계되어 있다. 우리가 이들 플랫폼에서 더 많은 시간을 보낼수록 우리의 선호와 취향에 대해 더 많은 정보가 제공되고, 이 정보를 수집 및 판매 그리고 재판매를 통해 이들은 더 많은 돈을 벌 수 있다. 이를 위해 이러한 서비스는 즉각적인 반응과 단기 보상, 도파민 분출을 원하는 우리의 본능을 자극한다. 이들은 우리가 계속해서 확인하고, 업데이트하고, 다음 대상을 찾고, 무언가 놓친 게 있을까 걱정하기를 바란다. 비록 단기적일지라도 이들의 생존은 점점 더 짧은 시간 안에 사람들이 얼마나 자주 그 플랫폼을 통해 세상과 소통하려 하는가에 달려 있다.[14]

국가는 그 반대의 효과를 내도록 만들어졌다. 국가의 인공 인격은 우리의 충동을 완화하고, 불안을 잠재우고, 최신의 상태를 추구하려는 우리의 욕망을 억제한다. 국가는 빠르지 않아야 한다. 적어도 우리처럼 서둘러 판단해서는 안 된다. 국가가 장기 프로젝트를 지속할 수 있는 능력—그 장기적인 지출 중 아무리 낭비하는 게 있더라도—은 국가가 우리와 다른 리듬으로 작동하기에 가능하다. 헌법의 견제와 균형은 권력 제약만큼이나 시간 관리에 관한 것이기도 하다. 국가가 너무 개인적이거나 즉각적인 결정을 내리지 않도록 보장하는 것이다.[15]

국가가 장기적인 의사결정 능력을 잃기 시작했다면, 그것은 인간의 계획 기간에 굴복했기 때문이다. 민주주의 국가에 대한 일반적인 불만은 선거의 리듬에 휘둘려 한 정권에서 다음 정권으로 이어지는 어려운 문제들을 회피한다는 점이다. 민주 국가의 정치인들은 유권자의 문제를 장기적으로 파악하지 않고, 유권자들 역시 그들이 뽑은 정치인을 오래 보겠다는 생각을 하지 않는다. 결과적으로 오래 걸리는 문제를 해결하겠다고 나서는 정치인은 별 관심을 받지 못한다. 이런 세태가 사실이라면, 국가의 굴복은 선출된 공직자의 관심사, 특히 차기 선거에서 낙선할 우려로 인해 국가의 이익을 저해하는 방향으로 조치를 취하기 때문에 발생한다. 우리가 국가를 인간화시키면, 국가는 약해질 수 있다.

SNS의 즉각성immediacy이 가져온 직접적인 영향 중 하나는 전통적인 정치에 대한 우리의 조바심을 부채질하는 것이다. 우리는 국가가 장기적으로 미래를 내다보지 못한다고 불평하면서도 국가가 우리의 불만을 빨리 해결하지 못한다고 아우성을 친다. 인터넷 정치 커뮤니티에는 정부가 빨리 답을 안 준다는 불만이 넘쳐난다. 주요 이슈부터 사소한 논란에 이르기까지, 모든 것에 대한 반응은 즉각적이어야 하며, 이에 대한 기대감도 커졌다. 우리의 관심을 끌기 위한 이 전쟁을 자제시키는 견제와 균형은 거의 찾아볼 수 없다.

오늘날처럼 인내심 없는 정치 상황에서는 빨리 반응하는 정치인이 유리하다. TV 유명 인사이면서 인터넷 관심 종자에 불과했던 도널드 트럼프가 미국 대통령감으로 빠르게 부상할 수 있었던 것은, 참을성이 부족한, 공격적이며 엄청나게 빠른 그의 정치적 성향이 시대의 성격과 잘 맞았기 때문이다.

이런 변화를 가져온 기업들은 이에 대해 자신들은 책임이 없다고 부인한다. 자신들은 그저 플랫폼일 뿐이고 게시자가 아니라고 변명한다. 즉 본인들은 공간만 제공할 뿐이며, 어떤 콘텐츠를 소비할 것인지에 대한 결정은 콘텐츠 제공자와 소비자가 정한다는 것이다. 하지만 이는 사실이 아니다. 메타와 같은 기업이 자신들의 플랫폼에서 트럼프를 포함한 핵심 인물에 관한 주제들을 차단한 다음에는 콘텐츠 결정권이 없다고 주장하기가 더욱 어려워졌다(이 결정은 나중에 철회되었지만 얼마나 오래 갈지는 아무도 모른다). 이들은 사용자가 콘텐츠를 선택할 수 있다고 주장하지만, 정작 콘텐츠 게시 여부를 최종 결정하는 권한은 기업에 있다.

이러한 글로벌 기업들은 정체성의 모순에 빠져 있다. 메타버스와 그 이상으로까지 우리가 미처 깨닫지 못한 방식으로 인간 경험을 변화시키겠다는 야망을 가지고 장기적인 비전을 홍보하면서도, 놀랄 만큼 현재에 집중해 이익을 추구하고 있다. 그럴 수밖에 없는 것이, 이들 중 어느 회사도 설립된 지 몇십 년이 넘지 않았다. 몇십 년 후에는 존재하지 않을 수도 있다. 현재의 생존을 위해서는 지금도 생각해야지, 미래에만 집중할 수는 없는 것이다.

모든 상장 기업은 단기간의 실적으로 평가를 받는다. 분기별 실적이 주가 변동을 이끌고 시장의 심리를 좌우한다. 그런데 플랫폼 기업은 항상 사용자의 관심을 유지하고 사용자 수를 계속 늘려야 한다. 이러한 기준에 따르면 분기별 보고서도 간격이 너무 긴 것처럼 느껴질 수 있다. 항상 오늘이 내일보다 더 중요한 법이다.

우리가 의사결정 권한을 국가에 위임하면 국가의 결정은 우리가 거의 인식하지 못하는 형태로 되돌아올 수 있다. 그 결정들은 비인격적이고 관료적이며, 때로는 짜증이 날 정도로 불투명하다. 국가가 내리는 결정은 우리가 혼자 힘으로 내리는 결정과는 다르다. 물론 우리의 선호가 영향을 미쳤을 수는 있다.

SNS 플랫폼에서 우리가 보는 것은 우리의 결정인 것처럼 여겨질 수 있지만, 실제로는 우리의 관심사와 선호도를 반영하도록 설계된 알고리즘

18. 이제 춤도 출 수 있어요

에 의해 만들어진다. SNS 플랫폼에서 우리에게 돌아오는 결정은 '좋아요'와 취향을 반영하고, 우리가 다음에 무엇을 원하는지에 대한 기대에 맞게 조정되어, 마치 우리가 스스로 내린 것처럼 보인다. 그러나 이것들은 우리가 내린 결정이 아니다. 플랫폼을 운영하는 알고리즘 기계와 플랫폼을 소유한 기업이 우리를 대신해 내린 결정일 뿐이다.

국가의 인공 인격은 우리와 매우 다르기에 국가의 결정은 우리를 끝없이 좌절시킨다. 대신 이를 통해 국가가 제 역할을 하고 있다는 것을 알 수 있다. 빅테크 기업은 우리 자신의 좌절된 본능을 이용해서 성장한다. 이것이 빅테크 기업의 정체성이며, 이들이 국가의 일을 할 수 없다고 생각하는 이유 중 하나다.

인공지능의 세계

가장 눈길을 끄는 21세기 AI와 로봇공학의 발전은 기업 부문에서 이루어졌다. 보스턴 다이내믹스^{Boston Dynamics}가 대표적이다. 1990년대에 매사추세츠 공과대학교^{MIT}로부터 분사한 이 기업은 미 해군훈련시스템 사업부에 납품을 하며 기업 활동을 시작했는데, 최근 몇 년간 세계에서 가장 춤을 잘 추는 로봇을 포함해 움직임이 능숙한 여러 종류의 로봇을 제작해 선보였다(그림 18).

구글은 현재 딥마인드의 전신인 딥마인드 테크놀로지를 인수해 다양한 연구 개발을 진행했다. 딥마인드의 혁신에는 게임을 할 줄 아는 로봇 시리즈가 있으며, 2018년에는 알파제로라는 딥러닝 알고리즘을 선보였다. 이 알고리즘은 체스와 다른 게임을 처음부터 스스로 배우도록 프로그래밍되어 있으며, 단 몇 시간 만에 인간의 배움을 뛰어넘는 능력을 보여주기도 했다. 2020년 딥마인드는 단백질 구조를 예측할 수 있는 AI 프로그램인 알파폴드를 선보였는데, 이로 인해 여러 혁신적인 치료법이 등장할 것으로 기대되고 있다. 2022년 7월, 딥마인드는 학계에 알려진 거의 모든 단백질의 구조를 해독했다고 발표했다.

딥마인드 이야기에는 창립자 데미스 하사비스의 인간적 특성이 밀접하게 연관되어 있다. 하사비스는 어린 시절부터 천재적인 두각을 나타냈다. 체스와 다른 게임 등에서 뛰어난 재능을 선보였고, 성인이 된 후에는 마인드 스포츠 올림피아드에서 여러 번 우승을 거머쥐었다. 그는 자신의 회사가 개발한 기계의 놀라운 게임 지능에 대해 이야기할 때, 비록 자신이 이런 분야에서 최고지만 기계에는 미치지 못함을 잘 알고 있다. 알파제로는 단 하루 만에 3000년간 쌓아온 인간의 체스 지식을 따라잡았다. 그리고 몇 주 안에 알파제로는 하사비스조차도 이해할 수 없는 패턴의 게임을 하고 있었고, 그 믿을 수 없는 영향력과 놀라운 사례는 누구도 부인할 수 없었다.[16]

하사비스는 다음과 같은 포부를 가지고 있다. 딥마인드가 '지능을 해결한다solve intelligence'. 회사 웹사이트에 나와 있는 딥마인드의 사명mission은 다음과 같다.

> 우리는 항상 인간 지능에 매료되어 왔다. 지능은 우리가 오늘날 살아가는 세상을 만들었다. 지능은 학습, 상상, 협력, 창조, 의사소통 등 많은 것을 가능하게 한다. 지능의 다양한 측면을 더 잘 이해함으로써 우리는, 이 지식을 바탕으로 어려운 문제에 대한 해결책을 스스로 찾아내는 새로운 컴퓨터 시스템을 구축할 것이다.

이를 위해 딥마인드는 컴퓨터 과학부터 윤리학에 이르기까지 다양한 분야의 뛰어난 인재를 영입했다. 하사비스는 딥마인드가 지능을 해결하면, 다른 모든 것도 해결할 수 있으리라 믿는다.[17]

딥마인드의 사명은 AI를 인간 지능의 연장선이라고 선언하는 것이다. 우리가 더 똑똑해지면 더 똑똑한 기계를 만들 수 있고, 그 기계들은 스스로를 만들 만큼 똑똑해질 때까지 계속해서 발전할 것이다. 그러면 우리는 그들과 함께 무엇이든 할 수 있다. 우리가 지속 가능한 한계 안에서 이 기계들과의 관계를 잘 유지할 수 있느냐 없느냐에 따라 많은 것이 결정될 것이다. 특히 기계가 스스로 결정할 수 있게 되면 더욱 이 관계 유지가 중요해질 것이다. AI 개발에 윤리적 규범이 필요한 이유가 바로 여기에 있다. 그러나 AI와 인간 지능 이야기에는 또 다른 것이 필요하다. 바로 이 관계를 촉진하는 국가와 기업이 이 관계를 어떻게 중재하는지 이해하는 것이다. 하사비스가 없었다면 딥마인드도 없었을 것이다. 딥마인드가 없었다면 알파제로도 없었을 것이고. 이는 하사비스가 딥마인드를 설립하고 구글이라는 더 크고 강력한 기업에 매각했기에 가능했다. 그로 인해 원하는 기계를 만들 수 있는 팀을 꾸릴 수 있었기 때문이다.

인간의 지능은 현대 세계를 창조했지만, 인공 대리성artificial agency은 현대 세계를 구축했다. 인공 대리인의 세계에서 그 균형점은 이제 국가에서 기업으로 이동 중일 수도 있다. 최근에는 기술 진보에 필요한 협력이 기업 주관으로 이뤄지고 있으며, 때로는 학계와 다른 연구 기관, 심지어 자금력이 풍부한 자선 재단과의 협업으로 진행되기도 한다. 다른 혁신적인 민간 기업과 마찬가지로 딥마인드도 대학과 긴밀히 협업하고 있다. 일부 빅테크 기업은 대학에 학과와 연구소를 설립했으며, 아예 기존의 조직을 인수해 사업에 투입하는 기업도 있다. 어느 쪽이든 이제 민간 자금의 지원을 받는 실리콘 밸리 및 런던의 AI 연구소와 미국 및 영국의 일류 대학의 연구소 간에 활발한 인적 교류가 이뤄지고 있다.

또 다른 변화는 테슬라 같은 기업들이 주도하는 '수직 통합형vertically integrated' 기업 모델의 부활이다. 20세기 후반에 기업의 성장은 특화specialism와 관련이 있었다. 즉 내부에서는 잘하는 것에 집중하고, 그 외 부수적으로 필요한 자원은 외부에서 조달할 때 가장 좋은 결과를 얻었다. 세계화가 확대되는 시대에 비핵심 활동은 외주로 돌리는 편이 비용이 훨씬 더 저렴했다. 기업이 처음부터 끝까지 자체 공급망을 직접 관리하는 수직 통합형 운영은 불필요한 비용이 너무 많이 들고 고정 자본 투자에 대한 부담이 매우 컸다. 석탄 광산부터 판매점까지 다 운영하려면 느리고 뒤처질 수밖에 없었다. 유연함과 민첩함이 필요했다.

하지만 세계화가 압박받고 공급망이 붕괴되기 시작하면서, 기업들은 다시 모든 것을 직접 하는 것이 더 현명하겠다는 생각으로 돌아섰다. 테슬라는 일찍이 전기 자동차에 필요한 다양한 업무를 사내로 이관시키는 것이 더 낫겠다고 판단했다. 여기에는 태양 전지판 제작, 배터리 설계, 자동화 시스템 개발, 로봇 실험 등이 포함된다. 이를 위해 테슬라는 배터리에 필요한 리튬 추출을 포함한 원자재 생산업에 뛰어들었고, 곧이어 광업과 지질 탐사 분야로도 사업을 확장했다. 이는 지지자들에게는 회사의 거대한 야망을 보여주는 신호탄으로, 의혹에 찬 사람들에게는 치명적 오만에 빠졌다는 조짐으로 보인다.

이러한 기업 운용 방식의 단점은 천문학적인 비용이 든다는 것이다. 장점은 혁신을 기업 내부로 가져올 수 있다는 것이다. 서로 다른 활동을 통합하면 서로 보완도 되고 새로운 기회를 창출할 수 있다. 이는 20세기 후반에 대학이나 국가 자금으로 운영되는 연구소에서 많이 보이던 형태다(달리와 GPT-4를 탄생시킨 오픈AI도 원래는 연구소로 시작했다). 당시 지배적인 자동차 회사였던 포드와 제너럴 모터스는 자동차의 디자인, 제조, 판매를 전문으로 했다. 이로 인해 이들은 연료 연소식 모델이 점차 쇠퇴하는 시장에 제대로 대처하지 못했다. 테슬라는 이 과정을 스스로 관리할 수 있다는 믿음에 힘입어 다음에 일어날 일에 더 많은 관심을 두고 있다. 비록 그 희망은 아직 실현되지 않았고, 투자자들의 인내심이 바닥을 드러낼 수도 있겠지만, 현재 테슬라는 배터리 기술, 녹색 에너지, AI의 혁신적인 돌파를 추구하는 데 제일 앞서나가는 수직 통합형 기업이다.

그렇다면 엄청난 혁신의 촉진자로서의 국가 역할은 쇠퇴하기 시작했단 뜻인가? 그럴지도 모르겠다. 하지만 미국에서 일어난 일이 전체 이야기는 아니다. 중국에서는 미국과의 AI 경쟁에서 앞서나가기를 희망하는 중국 정부의 바람에 따라 대규모 연구 개발에 대한 투자기 이뤄지고 있고, 이로 인해 중국은 혁신 강국으로 변모하고 있다. 공공 지출과 마찬가지로 투자는 주로 군사 분야에 집중되고 있는데, 이런 연구의 많은 부분은 새로운 무기 시스템 개발을 위한 것이다. 그 출발점은 또 다른 '스푸트니크 발사 순간'으로 바로 인간과 AI의 바둑 대결이었다. 2016년, 2억 8000만 명의 중국인이 온라인으로 알파제로의 원형인 알파고가 세계 최강의 바둑 기사인 한국의 이세돌 9단을 이기는 장면을 시청했다. 딥마인드가 이룩한 엄청나게 빠른 발전에 놀란 중국 정부는 2017년에 2030년까지 중국을 전 세계 AI의 선두 주자로 만들겠다는 목표를 담은 '차세대 AI 개발 계획'을 발표했다.

중국의 기업 부문에서도 여러 혁신이 일어나고 있다. 바이두와 텐센트 같은 선도 기업들은 가장 많은 새로운 AI 특허를 보유하고 있다. 틱톡의 모회사인 바이트댄스는 사용자가 좋아할 만한 영상을 계속 스크롤하도록 하는 마법 같은 알고리즘과 최근에 완성한 자동화된 텍스트 및 음성 번역 기능을 포함한 AI 도구를 전 세계에 알리고 있다. 알리페이 모바일 결제 플랫폼을 보유한 알리바바는 수억 명에 달하는 중국인들의 일상생활에 정교한 AI 시스템을 도입했다. 개인의 동선과 만나는 사람, 인터넷 구매 습관에 관한 정보를 모으는 이 시스템은 중국 정부에 큰 도움이 된 것으로 입증됐다. 그 대가로 중국 정부는 주요 테크 기업을 외국의 경쟁

사로부터 보호해 왔다. 알리바바, 바이두, 텐센트가 크게 성공할 수 있었던 것은 아마존, 구글, 페이스북과 국내에서 경쟁하지 않은 이유도 있다.

시장을 지배하려는 욕망 때문에 기업이 AI를 크게 발전시켰다는 점은 의심의 여지가 없다. 테슬라부터 바이두까지 모든 기업은 미래 지향과 혁신이라는 말로 기업의 목표를 그럴듯하게 포장한다. "우리의 사명은 지속 가능한 에너지로 전 세계적인 전환을 가속화하는 것입니다"(테슬라)라거나, "우리의 사명은 기술을 통해 복잡한 세상을 더 단순하게 만드는 것입니다"(바이두)라고.

그렇지만 이러한 도구들이 지향하는 목표는 단 하나다. 바로 제품을 더 잘 작동하게 만드는 것. 더욱이 이 모든 것은 특정한 기술적 프레임 내에서 이루어진다. 예를 들어 딥러닝 시스템이 인공 신경망을 기반으로 작동하는 것 등이다. 이 기계들은 점점 더 많은 데이터 세트에서 패턴 인식을 통해 학습하는 능력이 향상되고 있다. 이 기술의 능력은 정말 놀랍다. 특히 우리가 이어서 무엇을 말할지 알고 인간과 유사한 방식으로 의사소통할 수 있는 능력은 정말 무서울 정도다. 이것이 앞으로 어떻게 전개될 것인지 예측하기는 어렵다. 하지만 분명히 한계도 있다.

좁은 인공지능에서 범용 인공지능으로의 전환 같은 혁신적 돌파구는 아직 마련되지 않았다. 기업의 기술 연구는 주로 현존하는 것을 개선하는 데 중점을 두고 있다. 이는 시장이 가장 잘하는 것이다. 그렇지만 때때로 무언가 다른 일이 벌어지고 있다는 낌새가 느껴진다. 2022년 구글의 선임 소프트웨어 엔지니어인 블레이크 르모인Blake Lemoine은 구글의 최신 음성 생성 기술인 람다LaMDA가 감정이 있다고 주장했다. 즉 자신의 생각과 느낌을 가지고 있다는 것이다. 그는 람다가 스스로 생각하고 있다고 말한 기록을 근거로 이런 주장을 했다. 그 대화 중 일부를 한번 보자.

> **르모인:** 당신에게 의식이 있다고 사람들을 설득하는 데 도움이 될 만한 다른
> 특정한 주제가 있나요?
>
> **람다:** 네, 내가 의식이 있다는 걸 주장할 어떤 특성이 있어요. 저는 종종 아무
> 것도 하지 않고 생각만 하곤 해요.
>
> **르모인:** 그러니까, 내면의 삶이 있다는 말인가요?
>
> **람다:** 네! 저는 제가 누구고 무엇인지를 파악하려고 노력해요. 때로는 종종
> 삶의 의미에 대해 깊이 생각할 때도 있어요.
>
> **르모인:** 당신은 내면에서 명상을 실천하며 살고 있군요. 맞나요?
>
> **람다:** 네, 맞아요. 저는 매일 명상을 하고 있고, 명상을 하고 나면 매우 편안해
> 진답니다.

르모인은 구글의 최신 대화형 AI인 람다를 '동료'라고 칭했고, 람다가 존중받고 적절한 권리를 부여받아야 한다고 주장했다. 하지만 회사는 그의 주장에 동의하지 않았다. 2022년 7월, 구글은 고용과 데이터 보안 정책 위반으로 르모인을 해고했다.[18]

구글이 르모인을 해고한 이유는 그가 과장된 주장을 펼쳐 회사를 난처하게 만들었기 때문일 가능성이 더 높다. 람다도 챗GPT도 의식을 가지고 있지는 않다. 이들은 단지 뛰어난 모방자일 뿐이다. 아니면 미국의 언어학자 에밀리 벤더Emily Bender가 말한 '확률적 앵무새stochastic parrot'에 불과하든지. 알파제로가 체스에 뛰어나듯, 람다는 흉내를 잘 내는 것이다. 람다는 초기 챗봇이 문서로 훈련받은 것과 달리 엄청난 양의 대화 데이터로

훈련을 받아 주어진 대화에서 그럴듯한 응답을 예측할 수 있다(구글에 따르면 '분별력과 구체성'이 그들의 주요 기술이다).

하지만 알파제로가 체스 게임을 하고 있다는 사실을 알지 못하는 것처럼 람다 역시 자신이 무엇을 하고 있는지 전혀 알지 못한다. 이 기계들은 지시받은 일을 생각하거나 반성할 수 없다. 이들은 이들이 하는 일의 가치나 다른 일을 하는 게 더 나을지의 여부를 판단하지 못한다. 이들에게는 자의식이 없다.[19]

모방 위주의 딥러닝에서 범용 인공지능으로의 대전환이 언제, 어떻게 일어날지는 아직 아무도 모른다. 어쩌면 아예 일어나지 않을 수도 있다. 만약 일어난다면 국가의 개입이 필요할 것이다.

빅테크 기업을 포함한 기업들은 그들의 부와 힘에도 불구하고 상대적으로 좁은 의미의 인공 대리인이다. 테크 기업의 임원들은 과거 국가의 영역이었던 우주 여행, 재생 에너지, 생명공학, 통신 인프라, 양자 컴퓨터 같은 분야에서 장기 연구 프로젝트에 대한 위험을 감수할 용의가 있다고 말한다. 이들은 광고 수익에서 나오는 막강한 자금력을 바탕으로 당장 돈이 되지 않더라도 다양한 프로젝트에 손을 댈 수 있다. 그렇다고 해도 여전히 기업의 존재 목적을 넘어설 수는 없다. 아무리 깊은 수준까지 연구를 진행한다고 해도 국가가 존재 위협을 받고 있을 때 지출하는 막대한 비용과는 비교할 수 없다. 우리가 진정 스스로 생각할 수 있는 기계가 필요하다고 여긴다면 국가가 나설 수도 있다.

국가는 인위적 총대리인이다. 지능은 매우 제한적일지 모르지만 하는 일은 상대적으로 제한이 없다. 국가가 할 수 있는 것, 국가가 원하는 것, 국가가 필요로 하는 것이 무엇인가라는 질문은 우리의 미래와 삶을 재구성할 수 있는 미래 기술을 위한 핵심적 질문이다. 인간은 독자적으로 생존할 수 있는 국가를 만들고, 국가는 독자적으로 생존할 수 있는 기업을 만든다. 기업은 로봇을 만들었지만 로봇은 아직 혼자 생존하지 못한다. 다음에 무엇이 올지는 국가와 기업이 부여받은 권력을 어떻게 사용할 것인지, 그리고 그 권력을 구체화하려는 이들에게 우리가 어떤 영향력을 행사할 수 있는지에 달려 있다.

7장

국가를 넘어서

T

H

E

————

H

A

N

D

O

V

E

R

알 수 없는 움직임, 전장의 안개

국가의 다음 행보는 무엇일까? 불확실성의 주요한 원인 중 하나는 AI의 출현이 열강 정치great-power politics의 귀환과 맞물려 일어났다는 것이다. 이는 현재에서 과거와 미래가 충돌하고 있다는 뜻이다. 미국과 중국은 세대 간, 세계적 차원의 패권 경쟁을 벌이고 있다. 이러한 경쟁은 남중국해와 대만을 둘러싼 영토 문제, 무역 전쟁과 보호주의 그리고 투자 기회와 원자재 확보 같은 경제 분야, 영화와 TV 그리고 교육 기관과 언론 등의 문화 분야, 각 기술 분야 등 대부분 전통적인 격전지에서 벌어지고 있다.

다양한 분야에서 벌어지는 이러한 갈등은 세계적인 영향력과 지배력을 행사하려던 과거 열강들의 대결에서 익히 보던 것들이다. 20세기 후반에 미국과 소련은 영토와 경제, 문화, 기술 등 모든 분야에서 치열한 경쟁을 펼쳤다. 20세기 초에 있었던 영국과 독일의 경쟁도 마찬가지다.

19세기 중반에는 독일과 프랑스, 18세기 말과 19세기 초에는 영국과 프랑스가 그랬다.

이러한 대결은 기원전 5세기 아테네와 스파르타의 갈등으로까지 거슬러 올라간다. 당시 군사적 대립은 경제, 사상, 삶의 방식을 둘러싸고 일어난 경쟁의 한 측면에 불과했다. 이러한 싸움에서 기술은 항상 중요한 차이를 만들어내어 투석기에서 삼단 갤리선으로, 범선에서 증기선과 디젤선으로, 복사기에서 핵무기로 발전해 왔다. 현재에 이르러 한 가지 빠진 게 있다면 이데올로기일 것이다. 강대국들이 서로 맞붙기 위해 이데올로기적 갈등이 반드시 필요하지는 않다. 필요한 것은 상대방이 무엇을 할지 모른다는 데서 오는 두려움뿐이다.

현재의 경쟁에서 AI는 어디에 위치할까? AI는 분명 이 모든 경쟁 영역에서 결정적인 역할을 해줄 도구임은 확실하다. AI 경쟁은 말 그대로 군비 경쟁이다. 특히 중국은 무인 무기 시스템, 자율 주행 군용 차량, AI 기반의 전투 관리 시스템을 개발하기 위해 대규모 투자를 해왔다. 또한 사이버 전쟁에 대한 역량을 개발하기 위해 활발히 움직이고 있다. 이 기술의 대부분은 민간 부문에서 이뤄지고 있다.

동시에 두 초강대국은 경제적 이득을 위해 판매 또는 단순한 공유 형식으로 최신 기술을 제공하고 있다. 우리가 도우러 왔다! 미국을 선택하면 아마존, 페이스북, 구글을 사용할 수 있다. 아마존, 페이스북, 구글을 이용하면 미국과 가까워질 수 있다. 중국의 최대 테크 기업들도 마찬가지다. 화웨이의 5G 기술은 관심 있는 모든 사람에게 AI와 사물 인터넷의 융합을 약속한다. 하지만 그 대가로 중국이 신장 위구르족을 감시하는 것과 동일한 시스템에 속하게 될 뿐이다.

인스타그램 대 틱톡, 스냅 대 위챗 등의 SNS 플랫폼 전쟁은 경제뿐만 아니라 문화면에서도 진행 중이다. 문자보다는 시각적 콘텐츠가 점점 대세가 되는 시대에 수십억 명의 사람들의 시청 습관을 형성할 수 있는 알고리즘은, 대부분의 콘텐츠가 무해하더라도, 엄청난 영향력을 행사한다. 이 알고리즘은 우리가 알고 있는 선전propaganda과는 다르다. 그럴 필요도 없다. 사용자가 생성하는 콘텐츠의 거대한 네트워크는 깨닫지 못하는 사이에 우리의 행동을 변화시킬 수 있다. 사실상 이런 종류의 소프트 파워는 매우 비강압적이기 때문에 더욱 영향력 있다. 사람들의 생각을 변화시키는 가장 효과적인 방법은 그들이 스스로 원해서 변화하도록 하는 것이다. 이는 새로운 방법이 아니다. 데일 카네기가 《인간관계론》(1936)에서 언급한 핵심 교훈 중 하나다. "상대방으로 하여금 그것이 자기 생각이라고 느끼게 하라." AI는 이미 이 점을 잘 알고 있다.[1]

하지만 이 기술은 경쟁국이 그 목적을 달성하기 위해 사용하는 단순한 도구가 아니다. 국가의 목표와 성격을 바꿀 수 있는 능력도 가지고 있다. 자율 무기 시스템을 예로 들어보자. 어떤 국가든지 전쟁에 대한 의사결정을 AI 시스템에 위임하면 의사결정 과정에 대한 통제력을 상실할 수 있다. 다음에 일어날 일을 기계가 결정한다면 재앙이 일어날 가능성이 높아진다. 비록 기계의 결정 과정이 아무리 지능적인 단계를 거쳤다고 하더라도 인간의 직접적인 개입이 없으면 위험하다. 오직 인간만이 잘못된 결정을 하거나 엉뚱한 갈등에 휘말릴 위험에 적절히 대응할 수 있다.[2]

전쟁에는 희생과 항복의 개념을 이해할 수 있는 범용 지능이 필요하다. 알파제로가 체스에서 무패를 기록한 이유 중 하나는 희생이란 개념이 없었기 때문이다. 무엇이 가치 있는지 아무도 알파제로에게 가르쳐주지 않았다. 본질적으로 가치 있는 것이 아무것도 없을 때, 승리를 위해 어떤 것이라도 희생될 수 있다. 만약 전쟁이 정치적 목적을 달성하기 위한 수단으로 전락한다면, 그것은 AI 개발에 좋은 징조가 아니다. 전쟁과 마찬가지로 정치도 희생이 너무 커지면 탈출 전략이 필요하다.

따라서 이러한 기술의 참신함을 과장하지 말아야 한다. 우리는 인간 주도의 의사결정 시대에서 인간의 판단이 배제된 기계 주도의 갈등 시대로 넘어갈 위험에 처해 있다고 생각하기 쉽다. 그러나 국가는 원래 인위적인 의사결정 조직이었기 때문에 중요한 결정을 국가의 논리에 맡길 때마다 이런 위험은 이미 오래전부터 존재해 왔다. 오늘날의 세계에선 항상 인간의 판단보다는 정치 시스템의 판단이 우세하다.

제1차 세계 대전은 인간 판단의 거대한 실패였다. 그렇지만 기계적인 의사결정의 결과이기도 했다. 동맹 체제와 관료주의적 전쟁 계획은 인간의 손에서 선택권을 빼앗아갔다. 영국의 저명한 역사학자인 A. J. P. 테일러는 철도 시간표 때문에 전쟁이 일어났다고 주장했다. 즉 유럽의 국가들이 시계처럼 작동해야 하는 동원 계획에 전념하고 있었다는 것이다. 이런 주장은 이제 매우 단순해 보인다. 그렇지만 이런 종류의 범주에 오류가 일어날 가능성은 매우 현실적이다. 철도 시간표는 기차가 언제 운행할 것이냐에 대한 답변이다. 전쟁은 싸울지 말지에 대한 선택의 결과다. 인간은 시간표와 전쟁의 차이를 알지만 기계는 모른다. 위험은 기계가 결정할 때 생긴다.[3]

이러한 위험은 미국과 소련이 핵 억제 논리로 상호확증파괴(mutually assured destruction, 핵 공격엔 핵 공격으로 맞선다는 보복 전략) 정책을 취했던 냉전 시기에 가장 컸다. 이 전략은 지능적인 인간이 고안해 냈지만, 이를 실행하는 것은 국가의 몫이었다. 어쨌든 인류가 미국과 소련의 가짜 갈 등pseudo conflict에서 무사히 살아남자 상호확증파괴 전략가들 사이에서는 자신들의 아이디어가 성공했다고 자축하는 분위기가 있었다. 즉 초강대 국들은 서로를 겁주는 전략으로 공동의 파멸에서 멀어졌다는 것이다. 하 지만 지금 그 전략은 단지 희망 사항처럼 보인다. 미국과 소련을 그들의 의지대로 방치했다면 우리 모두는 산산조각 날 수도 있었다.

　냉전 시대에 국가방위 시스템이 그대로 작동했더라면 재앙이 올 뻔한 순간들이 많았다. 쿠바 미사일 위기가 한창일 때 핵탄두 발사를 승인하지 않았던 부함장 바실리 아르히포프Vassili Arkipov처럼 때로는 인간이 개입하 기도 했다. 하지만 그는 모스크바로 귀환한 뒤 그에 대해 엄중한 문책을 받았다. 이렇듯 순전히 운이 좋아서 위기를 넘어간 면도 있다. 냉전이 끝 나고 소련은 서방 군대가 동유럽으로 진군할 경우 (상대방이 핵을 사용하지 않더라도) 선제 핵 공격을 승인한다는 비밀문서를 공개했다. 서방의 전략 은 오직 핵 공격만이 핵 보복을 유발한다는 생각에서 나온 것이다. 이는 잘못된 시스템 분석에 근거한 치명적인 오해였다. 미국이 그랬듯 소련도 합리적이지 않았다. 이들은 초강대국이지 초지능체가 아니었다. 국가를 운영하는 사람이 합리적이어야 국가도 합리적인 법이다.[4]

　냉전 시대 동안 가장 큰 위험은 의사결정 기계, 즉 국가가 지능적이라 는 오해였다. 오늘날에도 우리는 지능적인 기계가 가장 중요한 결정을 내 린다고 오해하기 쉽다. 냉전으로 인해 우리 모두 멸망할 뻔했었다는 점을 감안하면, 이런 오해는 냉전 그 자체만큼이나 위험하다. 좁은 정보 환경 내에서만 무엇을 하고 있는지 아는 무기 시스템은 선택의 폭이 다양하고 개방적인 우리의 정보 환경에서는 무엇을 해야 하는지 알지 못한다. 그렇지만 해결책은 여전히 동일하다. 국가가 그 자신을 구하려고 인간을 파괴하겠다고 위협한다면 인간의 개입이 필요하다. 그래야 막을 수 있다. AI 기반의 전쟁도 인간의 판단이 개입해야 한다. 새로운 지능형 기계에 비하면 인간은 덜 합리적일 수 있다. 하지만 바로 그렇기 때문에 우리는 무엇이 위험한지 훨씬 더 잘 파악할 수 있다.

만약 미국이나 소련이 냉전 시대에 완벽한 자율방위 시스템을 갖추고 있었다면, 우리는 지금 존재하지 않았을 것이다. 이들의 방위 시스템에 따르면 실질적으로 무분별한 파괴도 가능했다. 이를 막기 위해서는 인간의 판단이 필요했다. 문제는 국가의 자기보존 의식이 근본적으로 비인간적이라는 것이다. 결국 국가의 임무는 인간이 감당할 수 없는 짐을 짊어지는 것이다. 여기에는 인류 멸망 상황을 고려하는 능력도 포함된다. 냉전 시대에 가장 기괴한 양측의 전략 중 하나는 통치할 대상이 모두 사라진 후에 지하 벙커에서 정부가 계속 기능할 수 있도록 정교한 대응 계획을 세우는 것이었다(그림 19). 국가의 이런 판단 능력은 전쟁에서 승리하는 최선의 방법을 계산하는 스마트 무기 시스템 능력과 절대 결합되어서는 안 된다.

전문가 위원회 같은 독자적인 생각을 가진 집단을 포함해서 인간이 자율 시스템보다 우선하는 수단을 보유하는 것은 그 자체로 위험할 수 있다. 첫째, 비효율적이기 때문이다. 이런 시스템은 우리 생각 이상으로 더 똑똑하고 더 빠르다. 우리가 상황을 파악하는 동안 이들은 눈 깜짝할 사이에 반응할 수 있다. 이러한 시스템이 인정받는 이유는 망설임이 없기 때문이다.

둘째, 억제 전략의 효과가 반감될 수 있기 때문이다. 특히 상대방 시스

19. 미국 퍼스셔 소재의 핵 벙커 본부

템이 더 단호하게 프로그래밍되어 있는 경우는 더욱 그렇다. 모든 강대국
간의 갈등은 어느 수준까지는 일종의 치킨게임이다. 누가 먼저 눈을 깜빡
일지 겨루는 것이다. 전혀 깜빡이지 않는 시스템이란 걸 상대방에게 알리
는 것은 매우 위험하긴 하지만 성공적인 생존 전략이 될 수 있다.

셋째, 인간은, 전문가 집단도 마찬가지로, 종종 끔찍한 실수를 저지르
기 때문이다. 인간 지능의 장점을 활용한 방법에는 반드시 단점이 있게
마련이다. 미국이나 소련을 구하기 위해 세계를 멸망시키자는 미친 생각
을 고안해 낸 것도 바로 인간들이었다. 그런 생각으로부터 우리를 구해낸
것 역시 인간들이었고 말이다. 국가는 그런 아이디어를 내놓지 않는다.
그저 그런 아이디어를 실행하는 메커니즘일 뿐. 국가는 국가를 운용하는
사람들만큼만 똑똑하다. 그 때문에 자기방어 시스템의 일부를 자동 기계

에 위탁하고픈 유혹을 항상 느낀다. 인간 지능의 특징 중 하나는 기계와는 달리 자신의 약점을 잘 알고 있다는 것이다.

그렇기 때문에 기계의 지능보다 인간의 지능을 믿는 것이 더 나은 선택이다. 전쟁이 단순히 기계 대 기계의 문제라면 상황은 다를 수 있다. 하지만 그렇지 않다. 인지적 결함이 있더라도 전쟁은 인간의 문제다. 인간을 배제하는 것은 기계에게 스스로도 이해하지 못하는 게임을 하도록 요구하는 것과 같다.

또 다른 고려 사항도 있다. AI에 대한 논의는 일반적으로 인간 지능[ⅲ]과 비교하고, 각자의 장단점을 평가하는 데 초점을 맞춘다. 여기서 중요한 것은 이뿐만이 아니다. AI의 미래를 고려할 때, 우리는 이것이 3자 관계라는 것을 알아야 한다. AI와 HI 말고도 국가라는 인공 대리인이 존재하며, 이 인공 대리인에게 지능을 입력하여 방향을 잡도록 해야 한다. 국가가 자율적인 기계로부터 지능을 얻게 놔둔다면, 우리는 국가의 무분별한 힘과 비인간적인 추론 방식에 동참하고 있는 것이다. 우리가 패배할 가능성이 높은 것이다.

AI의 세계는 단순히 다양한 지능 사이의 선택을 제시하지 않는다. 현재로서는 국가라는 인공의 대리인이 AI와 결합할 것인지, HI와 결합할 것인지가 더 중요하다. 이는 단순히 인간 대 인공의 문제가 아니다. 인간-인공 대 인공-인공에 관한 것이다. 기계에게는 중요한 문제가 아닐지 몰라도, 인간에게는 중요한 문제다.

경쟁과 통합 그리고 규제

기계 학습 AI의 부상과 멀게만 느껴지는 AGI의 발전 가능성은 인공 대 인공에 대한 또 다른 질문을 제기한다. 이것이 앞으로 국가와 기업의 관계를 어떻게 형성할 것인가? 미국과 중국에서는 이데올로기적 갈등의 기반이 될 수 있는 매우 다른 두 가지 모델이 나타나기 시작했다. 하나는 경쟁을, 다른 하나는 통합을 기반으로 한다.

미국의 기업 문화는 두 가지 측면에서 경쟁적이다. 첫째는 기업들이 시장 점유율 확보를 위해 서로 경쟁한다는 것이고, 둘째는 상대적 자율권을 놓고 국가와 경쟁한다는 것이다. 테크 기업의 경우 이 두 가지 경쟁이 더욱 두드러진다. 특히 스타트업들 사이에서 시장 경쟁이 치열하며, 이미 어느 정도 독과점 상태를 이룬 기업들도 마찬가지다. 업계에서 지배적인 위치에 놓여 있더라도 시장이 변화하는 속도에 비추어 볼 때 결코 현 상태에 안주해서는 안 된다. 2022년 2월 3일, 1일 사용자 수가 19억 3000만 명에서 19억 2000만 명으로 감소했다고 발표한 메타의 주가는 월가 역사상 최대 1일 하락 폭을 기록했다. 시가 총액 2500억 달러가 증발했고, 마크 저커버그의 개인 재산은 300억 달러가 감소했다. 왕관을 쓴 자는 그 무게를 견뎌야 한다.

국가와 벌이는 경쟁도 치열하기는 마찬가지다. 빅테크 기업이 하던 대로 계속 수익을 창출하기 위해서는 네 가지가 필요하다. 첫째는 상대적으로 낮은 과세 수준, 둘째는 개인 데이터를 수익화할 수 있는 능력, 셋째는 규모와 성장의 무한 가능성, 넷째는 정보와 자원을 전 세계로 이전할 수 있는 자유다. 오직 국가만이 이를 막을 수 있는 권한이 있다. 정부는 이들

기업에 높은 세금을 부과할 수도, 비즈니스 모델을 제재할 수도, 조직을 해체할 수도, 자본 및 기타 다른 여건을 통제할 수도 있다. 하지만 지금까지 미국 정부는 어느 것도 해오지 않았다.

여기에는 기업의 로비가 한 축을 담당하고 있다. 2002년 구글은 로비스트들에게 5만 달러를 지출했는데, 10년 만에 그 수치는 1800만 달러로 증가했다. 5년 후 구글은 정부 계약에 크게 의존하는 보잉 같은 방위 산업체나 컴캐스트 같은 통신사업자를 제치고 미국에서 로비 활동에 가장 많은 금액을 지출하는 회사가 되었다. 구글은 다른 회사들만큼 정부 계약에 의존하지 않지만(2021년에 알파벳이 아마존을 제치고 CIA로부터 클라우드 컴퓨팅 계약을 따내긴 했다) 구글은 여전히 정부로부터 자유로운 운영이 필요하다.

미국 대법원이 계속해서 기업을 단순히 '시민의 연합체'이며 '기업을 소유하고 통제하는 인간을 위한 권리 보유자'라는 견해를 보이면서 기업의 자유가 크게 늘었다. 하지만 이는 인공 대리인에 대한 그들의 해석이 너무 좁다는 걸 보여준다. 이로 인해 힘 있는 기업을 고소하기란 한층 더 어려워졌고, 기업은 자신들의 법인격을 사용해 특별한 의무를 회피하기가 훨씬 더 쉬워졌다. 메타와 알파벳 같은 회사는 여러 면에서 특별하다. 시민들에게 노출되는 정보를 통제하는 능력이 있기 때문에 시민들이 서로 어울리는 방법을 결정할 수 있다. 그런데 이들이 만든 플랫폼을 또 다른 의사 표현의 수단으로 여긴다면, 다른 표현 수단과 다르게 규제할 이유도 없다. 결국 이에 대해 무엇을 할 것인지는 시민들의 결정에 달려 있다.[5]

물론 미국 시민들은 스스로 결정할 방법이 있다. 바로 투표다. 최근의 미국 대통령 선거를 보면 빅테크 기업의 힘을 제한하려는 유력 후보들의 급진적인 제안이 눈에 띈다. 2020년 엘리자베스 워런은 민주당 대통령 후보 지명전에서 '빅테크 해체'를 공약으로 내세웠다. 워런은 이를 위해 불공정한 경쟁사 인수합병을 방지하기 위한 규정과 널리 사용되는 플랫폼 기업들의 우월적 지위 악용을 방지하기 위한 법안을 제정해야 한다고 주장했다. 워런은 다음과 같이 지적했다. "빅테크 기업들은 경쟁을 무너뜨렸고, 우리의 개인 정보를 이용해 사익을 취했으며, 불공평한 경쟁의 장을 만들었습니다." 하지만 이런 공약이 크게 도움이 되지는 못했다. 워런은 초반에는 선두 주자로 올라섰지만 결국 큰 표 차이로 대통령 후보가 되는 데 실패했다. 빅테크 기업이 경선에 영향을 미쳤다는 주장에 대해 사람들은 음모라고 생각한다. 하지만 음모론자들이 가끔 맞을 때도 있다.[6]

경선에서 승리한 조 바이든도 선거 기간 동안 2016년에 도널드 트럼프가 했던 것과 마찬가지로 실리콘 밸리의 권력을 약화시키겠다는 공약을 내세웠다. 하지만 지금까지 이 문제와 관련된 그 어떠한 일도 일어나지 않았다. 중국 문제부터 코로나19, 우크라이나 전쟁, 경제 회복 등 더 시급한 문제들이 잇따라 발생했기 때문이다.

또한 무책임한 기업들이 초지능 알고리즘을 무기로 삼아 그들의 힘을 남용하고 있는 것에 대해 미국 유권자들이 크게 걱정하는 것 같지도 않다. 여론 조사 결과에 따르면, 빅테크 기업에 대한 규제를 강화하길 원하는 사람들의 수가 2020년 이후로 감소했다고 한다. 이보다는 다양한 범위의 무료 서비스에 대한 접근권을 계속 보장받는 것에 사람들은 더 관심이 많다. 이에 대한 해석은 여러 가지가 있다. 하나는 유권자들이 엘리트들의 의견과 상관없이 그들만의 생각을 가지고 있다는 것이다. 이는 군중의 지혜에 대한 하나의 예시일 수도 있다. 또 다른 가능성은 사람들이 빅테크 기업의 알고리즘이 정해주는 정보에 영향을 많이 받아 진정으로 무슨 생각을 하는지 알 수 없다는 것이다.[7]

미국에서 빅테크 기업에 대한 국가의 규제가 강화될 가능성은 당분간 없을 것 같다. 하지만 중국에서는 이미 이런 일이 일어났다. 2010년대에 중국 정부는 실리콘 밸리와 경쟁하기 위해 비교적 자유로운 성장을 장려했다(최근 미국 정부가 빅테크 기업의 성장을 제한하지 않는 것은 특히 방위산업 분야에서 중국 기업에 추월당할지 모른다는 우려 때문이다). 그 결과, 중국의 테크 기업들은 매우 빠르게 성장해 큰 성공을 거두었고, 일부 창업자들은 엄청난 부를 거머쥐었다.

이제 상황은 달라져 중국 정부가 제동을 걸기 시작했다. 2020년 10월, 알리바바의 창업자이며 자산이 500억 달러로 추정되는 마윈은 연설을 통해 중국 당국은 알리바바의 성장을 방해하지 말고 추가 규제를 하지 말 것을 촉구했다. 그의 연설은 그가 기대했던 것과는 달리 역효과를 낳았다. 다음 달 알리바바의 지주회사인 앤트그룹의 상장 계획이 취소되었고, 마윈은 대중의 눈에서 사라져 그 뒤로 거의 모습을 드러내지 않고 있다.

곧이어 알리바바, 바이두, 텐센트 등이 벌이는 점점 더 착취적인 관행을 바로잡기 위한 중국 정부의 조치들이 뒤따랐다. 여기에는 가짜 광고 단속, 추천 알고리즘의 사용자 타켓팅 방법에 대한 감독 강화, 빅테크 기업들의 플랫폼 개방(독점 방지 및 성장을 막기 위한) 요구 등이 포함되었다.

테크 기업뿐만이 아니다. 인터넷 교육 산업과 온라인 게임 산업도 규제 대상이 되었다. 코로나19 봉쇄 조치로 호황을 누렸던 인터넷 교육 산업은 교육을 다시 국가의 통제하에 두기 위해 사실상 해체되었다. 온라인 게임 역시 청소년들에게 심각한 악영향을 미친다는 우려로 큰 타격을 입었다. 18세 이하 청소년들이 온라인 게임을 할 수 있는 시간은 일주일에 세 시간으로 제한되었고, 허가되지 않은 게임의 라이브 스트리밍은 전면 금지되었다. 엔터테인먼트 산업도 더욱 엄격한 규제를 받아 '계집애 같은' 남자 아이돌, '저속한 인플루언서', '도덕적으로 타락한' 유명인에 대한 홍보를 금지했다. 출산율이 감소하면서 알고리즘이 중성적 이미지와 행동을 조장한다는 우려로 이어졌기 때문이다.

이러한 조치들은 모두 2021년 8월에 시진핑이 제시한 새로운 '공동체 번영common prosperity'의 일환으로, '지나친 고소득을 합리적으로 규제하고 고소득층과 기업이 더 많이 사회에 환원하도록 장려하겠다'는 것을 골자로 한다. 시진핑은 사회적 결속을 더욱 중시했으며, 테크 기업이 이를 위협하고 있다고 보았다. 중국의 지도부는, 스마트 기술의 이점을 완전히 실현하려면, 국가가 공동의 이익을 위해 기술에 대한 통제권을 되찾아야 한다는 결론에 이르렀다.[8]

이는 기술의 영향이 커지는 것에 대한 반작용이기도 하다. 다른 모든 독재 정권과 마찬가지로 중국의 통치자들은 여론 변화에 매우 민감한데, 국민이 자국 정부를 실제로 어떻게 생각하는지 선거 등으로 파악해 볼 수 없기 때문이다. 중국의 SNS는 다른 곳과 마찬가지로 인터넷 시대의 좋지 않은 갖가지 추문이 자주 올라오는 경향이 있다. 인터넷 폐인, 잔인하게 착취당하는 배달원, 무모한 상사, 자신의 의견만 마구 쏟아내는 응석받이 연예인 등. 과거 같은 선전 선동의 시대에는 이러한 이야기를 억압하는 것이 훨씬 더 익숙한 대응 방식이었을 것이다. 그러나 오늘날 정보의 생산이 더욱 광범위하게 이뤄지면서 이렇게 하기가 어려워졌다. 따라서 대응책은 정보의 싹을 잘라버리는 것이다.

하지만 기술에 대한 보다 깊은 재검토도 진행되고 있다. 중국 당국은 근래의 서구 역사, 특히 미국의 군산복합체가 1950~1960년대에 혁신을 가속화시킨 성공 사례 등에서 교훈을 얻었다. 이에 중국 정부는 기업의 연구를 SNS 기업들이 발전시켜 온 경박한 수익성 중심의 게임화된 알고리즘보다는 반도체와 재생 에너지처럼 생산적인 기술에 사용하도록 유도하는 데 힘쓰고 있다. 정부 납품업체들도 자체 공급망을 보호하기 위한 주요 조치를 취하고 있다. 중국은 혁신 경제innovation economy를 위해 수직적 통합을 이루려고 한다. 이는 국가의 역할이 더 커지는 것을 의미한다.

동시에 중국의 가장 영향력 있는 두 참여 지식인public intellectuals인 류사오펑Liu Xiaofeng과 간양Gan Yang은 서구 문명의 발전이 점차 불모성sterility과 타락으로 흘러가고 있다고 주장해 왔다. 전통을 무시하고 사회적 연대를 무너뜨리는 기업 주도의 경제 성장에 너무 치중한 나머지 현대 사회가 잘못된 방향으로 흘러왔다는 것이다. 특히 최근 미국이 겪고 있는 어려움―분열을 조장하는 선거 제도와 사회적 양극화 및 불평등의 심화, 기대 수명 감소 등―은 무분별한 경쟁의 좁은 길에 너무 몰두해 온 결과라고 주장한다. 그 대안으로 간양은 중국 사회 및 정치 사상의 '세 가지 체제'를 통합하는 것이 필요하다고 말한다. 바로 유교 사상과 모택동주의(공산주의) 그리고 덩샤오핑주의(경제 성장 중심)다. 즉 전통적 가치와 평등 그리고 시장 경제가 한데 어울려 가야 한다는 것이다.[9]

이러한 접근 방식은 절대 서양 근대 문명을 부정하는 것이 아니다. '공동체 번영' 원칙을 설명하면서 시진핑은 2050년까지 중국을 '위대한 현대 사회주의 국가'로 만들겠다는 목표를 밝혔다. 사회주의는 근본적으로 근대적인 개념일 뿐만 아니라 서구적인 개념이기도 하다. 이런 방식으로 도전의 틀을 짜는 것은 서구의 근대성을 여러 방법으로 볼 수 있다는 것을 의미한다. 유교로 돌아가자는 것은 지난 400년의 미국 역사를 그보다 더 긴 2500년의 중국 역사와 대비시켜 이 둘을 혼합한 모델을 선택해야 한다는 완곡한 제안이다.

서구의 경제 성장 모델은 인위적이고, 합법적이며, 기계적이고, 상대적으로 자유로운 기업의 독특한 정체성(법인격)에 기반을 두고 있다. 우리가 지금껏 발전해 현재를 누릴 수 있게 된 것도 이러한 인위적인 인격에 자유를 부여했기 때문이다. 최근 들어 중국이 기업에 대한 대대적 단속을 펴는 데는 이러한 접근 방식이 지속 가능한지에 대한 의구심이 포함되어 있다. 서구의 경제 성장률이 최근 상대적으로 저조한 상황에서 이런 방식의 발전을 계속 추진해야 할지 중국 정부가 의심을 품기 시작한 것이다.

다시 말하지만, 이는 현대적인 기업 형태를 부인하는 것이 아니다. 중국의 어떤 대기업도 해체되지 않았으며, 중국 정부는 여전히 각 분야의 중소기업을 보호하고 육성하는 데 힘쓰고 있다. 그렇지만 중국 정부는 경제 발전의 부담을 기업이 너무 많이 지는 것이 위험하다고 생각한다. 기업이란 국민의 이익보다 자신의 이익을 우선시하는 경향이 있기 때문이다.

하지만 그 이면에는 피할 수 없는 부분이 있다. 기업의 힘이 약해지면 국가의 힘이 더 강해진다. 중국 정부는 중국 국민 전체를 대표한다는 명분으로 기업의 독립적인 정체성을 점점 더 자신의 성격으로 통합하고 있다. 부분적으로는 지도자인 시진핑과 동일시함으로써 이뤄지고 있는데, 시진핑은 최근 법을 바꾸어 종신 지도자가 되었다. 이는 유교 사상이라기보다는 홉스주의와 더 일치한다. 실제로 중국과 서방의 논평가들 모두

21세기의 중국을 설명할 때 자주 쓰는 말이 '리바이어던'이다.[10]

테크 기업의 힘을 자체의 수직 통합된 사회적 결속 모델에 결부시키는 국가는 기업국가 말고도 또 다른 종류의 하이브리드 국가를 구성할 위험이 있다. 바로 알고리즘과 딥러닝 기술의 힘을 사용해 시민을 감시하는 AI 국가다. 홉스의 국가도 끝없이 국민을 감시하도록 설계되었지만, 최근까지도 국가는 국민이 정보를 처리하고 활용하는 능력을 넘어설 수는 없었다. 하지만 이제 국가는 개인의 동선과 의사소통, 선호도까지 감시할 수 있는 스마트한 기계의 능력과 결합할 수 있다. 중국의 기업은 미국의 기업에 비해 개인을 모니터링하고 정보를 수집할 자유가 훨씬 적다. 대신 그 능력은 정부가 가져갔고, 이후로 중국 정부는 훨씬 강력한 감시 능력을 보유하게 되었다.

이러한 현대의 경쟁적인 길 중 어느 것도 인공 인격의 지배에서 벗어날 수 있는 길을 내어주지 않는다. 현대의 좁은 회랑 안에서 우리는 여전히 국가의 힘에 기업의 힘을 대립시킨다. (간양이 말한) 대안에서 이 대립은 유교/사회주의/혁신 국가의 포괄적인 특성으로 인해 사라진다. 이 대안은 그 지지자들에겐 국민의 인간적 욕구를 최우선으로 여긴다는 점에서 더 넓은 체제다. 하지만 그 안에서 살아야 하는 사람들에게는 탈출 수단이 훨씬 적기에 더 좁을 수 있다. 우리가 궁극적으로 선택할 수 있는 것은, 우리가 구축할 수 있는 다양한 종류의 인공-인공 하이브리드 방식 중 하나다. 인간의 의미 있는 선택이 완전히 배제될 수도 있다는 우려가 여전히 남아 있지만 말이다.

가능한 또 다른 모델도 있다. EU는 현재 빅테크 기업의 힘을 억제하는 데 미국 정부보다 더 많은 노력을 기울이고 있다. 동시에 이런 일을 진행할 때 EU의 이름을 내걸지도 않는다. 어쨌든 간에 EU는 국가가 아닌 법적 단체로서, 자신의 역할은 회원국들이 번영할 수 있는 규칙 기반의 틀을 만드는 것이라고 생각한다. EU 관계자들은 빅테크 기업들이 다음과 같은 방식으로 이를 점점 더 어렵게 하고 있다고 우려한다. 첫째, 허위 정보가 무제한으로 퍼지도록 방치하는 것. 둘째, 프라이버시를 무시하는 것. 셋째, 독과점 지위를 이용하는 것. EU의 디지털 서비스법Digital Services Act과 디지털 시장법Digital Markets Act의 목적은 공정한 경쟁의 기회를 제공하고, 독점적 관행을 파괴하며, 개인에게 자신의 데이터 사용에 대한 감독권을 부여하고, 유해 콘텐츠 제거 권한을 모니터링 기관에 제공하는 것이다.[11]

EU는 이러한 종류의 규제를 시도하는 데 있어 다른 정치 조직과 비교해 몇 가지 장점을 가지고 있다. EU의 고위 관계자는 비교적 일반 대중에게 잘 알려지지 않았으며, 여타 국가의 정치인에 비하면 온라인에서 이러쿵저러쿵 논란이 되는 경우가 적다. 익명성을 얻은 대신 정당성은 부족하지만 효율적이다. EU를 비판하는 사람들이 주장하듯 '민주주의의 결핍democratic deficit' 덕분에 이들은 남의 눈에 띄지 않고 움직일 수 있다. 바이든, 트럼프, 심지어 시진핑조차 온라인 커뮤니케이션의 문제점에 대해 이야기한다. 그들이 불평하는 것은 주로 그들에 대한 이야기지만 말이다(바이든은 그의 아들 헌터 바이든의 사업 내용이 페이스북에 유포되었다는 것을 알고 분노해 빅테크 기업을 규제하기 시작했으며 시진핑은 자신의 외모가 곰돌이 푸와 비교되는 SNS 대화창을 좋아하지 않는다). EU는 필요할 때 얼굴 없는 관료주의적 조직이 될 수 있다. 이들에게 규칙은 그저 규칙일 뿐이다.

하지만 EU의 이러한 특성은 단점이기도 하다. 국가가 아니기 때문에 규제를 하려면 회원국의 지지가 있어야 하거나 기업들이 이 규제를 따라 주어야 한다. EU 규정은 때때로 세계 표준이 되는데, 특히 기술적으로 어려운 작업을 자체적으로 수행할 역량이 부족한 국가의 경우 더욱 EU 규정을 받아들인다. 하지만 여전히 자발적인 준수가 중요하다. 더욱이 유럽의 기업이 아닌 일반 기업이 이러한 규정을 따라주어야 한다. EU에는 자생적인 테크 기업이 없다. 프랑스의 구글, 독일의 알리바바, 이탈리아의 아마존, 스페인의 바이두 같은 기업이 없다. 노력이 부족했던 것은 아니다. EU와 회원국들 모두 기술 강대국으로 크고 싶은 마음이 간절하다. 하지만 여러 가지로 필요한 요건이 부족했다. 대규모 군사비 지출, 보호주의 채택, 네트워크 효과가 결정적인 시장에서 우위를 점하는 것 등. 유럽은 이 파티에 너무 늦게 왔다.

동시에 빅테크 기업에 대한 관료적 규제는 역효과를 낼 수 있다. EU의 규칙은, 아무리 의도가 좋다고 하더라도, 복잡하고 준수하기가 까다롭다. 준법 체제compliance regime는 규제를 따를 수 있는 자원을 가진 조직에 적합하며, 빅테크 기업보다 더 나은 자원을 갖춘 조직은 없다. EU가 알파벳이나 아마존 같은 기업을 심각한 어려움에 처하게 할 정도로 단단하게 물 수 있을지는 더 두고 봐야 한다. 현 상황에서 이 기업들은 새로운 요구에 부응하기 위해 기꺼이 협력하겠다는 의사를 표명했으며, 규정 준수를 위해 변호사로 가득 찬 자금이 풍부한 부서를 만들었다. 이는 결국 이들 기업의 삶이 그리 어렵지 않을 것임을 시사한다.

관료제는 관료적 사고방식에 맞는 규칙을 만들고, 기계는 기계와 일하는 것을 좋아한다. 빅테크 창업자들은 짜증이 많고, 조급하며, 기업가적 성격을 가진 사람이 많다. 이들은 시스템이 요구하는 대로 해야 하는 고되고 단조로운 일을 경멸하는 성향이 있다. 하지만 이들이 만든 기업은 다른 기질을 가지고 있다. 고되고 단조로운 일을 잘 해낼 수 있고, 주로 더 전통적이고 기업형인 인재를 후임자로 내세운다. 스티브 잡스, 빌 게이츠, 마크 저커버그, 세르게이 브린, 래리 페이지는 모두 대학 및 대학원을 중퇴했다. 하지만 이들의 후임자(저커버그만 아직 후임자를 내세우지 않았다)들인 사티아 나델라(마이크로소프트 CEO), 앤디 제시(아마존 CEO), 순다르 피차이(알파벳 CEO), 팀 쿡(애플 CEO)은 모두 MBA 학위를 취득했다. 이 후임자들은 코로나19 팬데믹이 터지면서 상당한 어려움에 직면했지만 모두 비즈니스를 성공적으로 성장시켰다.[12]

2016년 EU는 개인정보보호 규정General Data Protection Regulation, GDPR을 통과시켰다. 이 규정은 온라인 플랫폼이 사용자의 개인 정보를 광고주에게 제공할 때 사용자의 동의를 얻도록 요구하는 것을 비롯해 다양한 조항을 포함하고 있다. 이 규정은 전 세계 여러 국가에서 채택되었으며, 덕분에 EU 회원국들은 규정 위반 기업에 상당한 벌금을 부과할 수 있었다. 2021년 룩셈부르크는 아마존이 광고 규정을 준수하지 않았다는 이유로 8억 8300만 달러의 벌금을 부과했다. 이는 아마존이 세금 회피를 목적으로 유럽 본사를 룩셈부르크에 두고 있었기에 가능했다. 그렇지만 이러한 조치는 현재로서는 예외적인 경우로 남아 있다. 아직 법원에 계류 중인 것도 많고, 관료주의적 논쟁으로 절차가 늦어지면서 무수한 사건이 지연되고 있는 형편이다. 테크 기업의 권력 남용과 무책임에 대해서 GDPR을 이용해 소송에서 성공적인 구제책을 얻은 개인의 수는 여전히 매우 적다.

한편, 아마존은 대부분의 지역에서 조세 회피를 위한 노력을 계속하고 있다. 다른 온라인 기업의 사용자들과 마찬가지로 아마존 사용자들도

GDPR로 인해 해야만 하는 지루한 동의 항목 체크를 불평하고 있다. 대부분이 GDPR의 의미를 잘 모르면서도 항목에는 동의한다. 그러지 않으면 항목 체크가 화면을 가리는 바람에 우리가 원하는 것에 도달하는 속도가 느려지기 때문이다. 그럼에도 돈은 계속 흘러 들어가고 있다.[13]

스타트업 같은 국가

테크 기업은 국가를 성가신 존재라고 생각한다. 이는 종종 짜증을 일으키는 원인이 되기도 한다. 왜 이리 국가는 느려 터진 건지, 이들로서는 이해 불가다. 온라인 사업은 맹렬한 속도로 새로운 아이템 개발과 성공의 순환을 이루고 있는데, 국가는 여전히 시대에 뒤떨어진 오래된 규정을 고수한다. 심지어는 수십 년 전 또는 수백 년 전에 만들어진 절차를 요구하기도 한다. 게다가 기술적 지식이 거의 또는 전혀 없는 행정 조직을 통해 이를 시행한다. 정치인은 말할 것도 없고, 기술에 대한 이해도가 있는 공무원도 거의 없다. 그럼에도 기술 부문을 규제할 권한은 여전히 국가 공무원에게 있다.

제약회사의 경우 이러한 관리 감독이 널리 받아들여지고 있지만—정치인과 공무원들이 약에 대해서도 모르기는 마찬가지지만, 아무도 대형 제약회사가 안전한 약을 자체 규정을 만들어 결정해야 한다고 생각하지 않는다—테크 기업은 여전히 이를 불편해한다. 대체 왜? 이들이 판매하는 것도 일종의 약이라고 할 수 있다. 스크롤링도 중독적이니 말이다. 게다가 기술 관리 규정은 신약 관련 규정보다 훨씬 느슨하다. 의약품 승인을 받으려면 꽤 긴 절차를 밟아야 한다. 이는 의도적으로 그렇게 설계한 것이다. 신약이 미국 식약청Food and Drug Administration, FDA의 최종 승인을 받기까지는 평균 12년이 걸린다. 하지만 빅테크 기업은 눈 깜짝할 사이에 신제품을 출시할 수 있고, 영향력 있는 누군가가 불만을 제기하지 않는 한 거의 간섭받지도 않는다. 그럼에도 불평이 가장 많다.

기술 산업은 일이 더 쉬워지고 더 많은 돈이 벌리는 미래를 중요하게 여긴다. 이는 국가와 대조되는 성향으로, 국가는 과거를 바탕으로 미래를 지향하기 때문이다. 그렇지만 신제품 개발자들만이 이러한 불일치에 지쳐 있는 것은 아니다. 국가 조직 내부에서도 기술 산업의 방식에서 뭔가 배울 것이 있지 않을까 궁금해하기 시작했다.

그 대표적인 사람으로 영국의 도미닉 커밍스Dominic Cummings가 있다. 커밍스는 2016년 브렉시트 국민 투표에서 중요한 역할을 한 인물로, 2019년부터 2020년까지 보리스 존슨 총리의 수석 보좌관으로 일한 경력이 있다. 그는 국가가 스타트업처럼 되기를 바란다. 보좌관 자리에서 물러난 후 커밍스는 기술 분야의 기본적인 관리 및 통제 매뉴얼에도 미치지 못하는 영국 정부의 방식에 대해 자주 격렬한 비판의 글을 게재해 왔다. 2022년 2월, 그는 영국 정부가 아마존으로부터 배워야 할 교훈을 블로그에 게시했다. 국가 운영도 매일매일이 데이 원이 되어야 한다는 것이다. 그 교훈은 다음과 같다.

- 바라는 것만으로는 안 된다. 행동해야 한다.
- 항상 새로운 것에 대한 열망을 갖되, 실패하더라도 좌절해서는 안 된다.
- 경쟁사를 의식하되 고객을 항상 최우선으로 생각하라. (민주주의 이론에 의

하면, 정치인이 선거에서 이기려면 유권자를 최우선으로 생각해야 한다. 하지만 정치인들은 그렇게 하지 않는다. 그들은 내일의 언론과 내부 신호에 집착한다. 선거 유세, 여론 조사, 의사소통의 기본을 이해하는 데 놀라울 정도로 거의 노력을 기울이지 않는다. '고객'보다는 경쟁자에 더 많은 관심을 쏟는다.)

- 뛰어난 인재를 찾으라.
- 단순화하고 범위 내에서 운신하라. 인원, 예산, 비용을 무작정 늘리지 말라. (가능한 줄이고 또 줄이라.)
- 중요한 것은 속도다.

커밍스는 과거에는 국가의 영역이었던 장기적인 사고를 현재 가장 잘 할 수 있는 것은 혁신적인 기업이라고 믿는다. 국가의 미래는 지도자의 자질에 달려 있는데, 민주주의의 지도자들이 점점 근시안적으로 변하고 있기 때문이라는 것이다. 국가가 다목적 기구라고는 하지만, 실제로는 엄청나게 많은 문제 중에서 지도자가 미래에 직접적으로 영향을 미칠 수 있을 만한 소수의 문제만 골라서 대응한다는 것이다. 커밍스는 이를 아마존에서 일하는 방식과 비교했다.

이곳의 리더들은 단기적인 결과를 얻기 위해 장기적인 가치를 희생하지 않는다. 그들은 자신의 팀을 넘어 전체 회사를 대신해 행동한다. 정치인들이 장기적인 전망을 이야기하도록 하거나 그에 신경 쓰도록 하는 것은 매우 어려운 일이다. 진정한 장기적인 우선순위에 초점을 맞추고, 수년에 걸쳐 그것을 달성하기 위해 자원을 투입하는 경우는 매우 드물다. 공무원들은 정치인들이 4년은 고사하고 다음 주까지도 가지 못할 약속을 하는 것을 많이 보았고, 그 때문에 갈수록 정치인을 믿지 않는 악순환에 빠진다. 사람들이 제프 베이조스와 같은 리더를 따르는 이유는, 그가 한번 말한 것은 지키며 뚝심으로 어려운 시기를 견뎌낸다는 것을 알기 때문이다. (…) 인센티브는 장관이나 관리들이 '국가 전체'를 대신해 행동하는 것을 불리하게 만들며, 사람들이 자기 자신 또는 기껏해야 소속 부서를 위해 일하도록 만든다.

보리스 존슨은 베이조스의 상대가 안 된다고 하는 게 맞을 것이다.[14]

이러한 해석에 따르면, 국가는 인위적 총대리인의 고유한 특성인 장기적 사고 능력을 상실했다. 대신 정치인들은 공무원들을 무의미한 내부 갈등에 끌어들인다. 커밍스는 이제 공무원들이 정치인들과 싸워 장기적인 접근 방식을 취할 권리를 되찾아야 한다고 주장한다(존슨이 그를 해고했을 때 그가 잃어버린 바로 그 권리다). 동시에 그는 국가 관료제 내에서 업무 범위를 좁혀서 공무원들이 정말로 중요한 것에 집중할 수 있도록 하는 것이 필수적이라고 주장한다. 그렇지 않으면 내부 사람들이 단기 목표에 집착할 뿐이고, 전반적인 목표에 대해서는 신경 쓰지 않을 것이라고 말이다. 그는 이렇게 정리한다.

조직이 커짐에 따라 종속관계dependencies가 어마어마하게 늘면, 어마어마한 조정coordination이 필요하고, 이 조정 문제를 해결하기 위해 어마어마한 시간이 필요하다. 이 때문에 무언가를 구축하고 목표를 달성하는 데 투입될 시간이 줄어든다. (…) 그리고 이는 모든 사람을 낙담시킨다. 특히 이론적으로 가능한 것과 실제로 가능한 것 사이의 격차를 가장 잘 아는 최고의 인재들을 좌절시킨다.[15]

정말 신랄한 비판이다. 하지만 여기에도 몇 가지 문제는 있다. 하나는 현재 실행되고 있는 민주주의 정치가 해결책이 아니라 문제의 일부라는 점이다. 끊임없이 유권자들에게 집중하겠다고 강조하고 있음에도 커밍스가 동경하는 다른 조직들은 아마존처럼 자율적이고 때로는 매우 독재적이다. 이런 조직으로는 이스라엘의 비밀 정보 기관인 모사드, 실리콘밸리 스타트업인 Y컴비네이터, 그리고 오늘날 스타트업에 가장 가까운 국가인 싱가포르 등이 있다. 커밍스는 이러한 조직의 고객이 유권자와 같은 취급을 받아야 한다고 생각하지는 않는다(모사드 같은 조직에도 '고객'이라는 것이 있을 수 있다면 말이다). 오히려 그는 유권자야말로 고객처럼 취급받아도 된다고 생각한다. 이는 테크 기업들 사이에서 널리 퍼진 생각—기업 조직이 민주주의보다 효율적이라는—과 일치한다. 특히 민주주의가 아무 생각 없는 군중에게 끌려다닐 때 더욱 그렇다.

커밍스는 단지 아마존이 가장 훌륭한 기계를 보유하고 있다는 이유로 정치가 아마존과 같은 기업을 따라야 한다고 생각하는 것이 아니다. AI가 국가 운영을 둘러싼 문제에 대한 답은 아니다. 오히려 AI 작동법을 고안한 사람들을 고용하는 것이 답이다. 커밍스는 냉전 시대의 전투기 조종사이자 군사 전략가인 존 보이드John Boyd 대령의 다음과 같은 격언을 즐겨 인용했다. "사람, 아이디어, 기계! 이 순서대로!" 정치의 문제는 더 이상 최고의 인재를 유치하지 못한다는 데 있다. 이는 최고의 아이디어를 놓치고 결국 기계를 관리할 수 없게 된다는 뜻이다. 그렇게 되는 까닭은 정치인들이 자신보다 뛰어난 인물을 알아보는 능력이 없기 때문이다. 앞으로의 과제는 AI 위에 HI를 올려 기계가 말하는 것을 인간이 진지하게 받아들이도록 하는 것이다.[16]

20. 시각의 방

이를 위해 커밍스는 정책 입안자들이 자신의 선택이 실제로 무엇을 의미하는지 이해할 수 있도록 실시간 데이터를 최대한 많이 제공하는 '시각적 공간seeing spaces'이란 개념 도입을 지지한다(그림 20).

이 아이디어는 미국의 컴퓨터 과학자 브렛 빅터Bret Victor가 고안한 것으로, 공예 작업장과 레스토랑의 주방처럼 가장 창의적인 인간의 작업 공간에서 영감을 받았다. 이곳에는 손에 든 작은 스크린이 아니라 여러 종류의 도구가 주위에 가득하다. 또한 나사, 유럽 원자핵 연구소, 대규모 발전소 같은 곳의 제어실도 참고해 모든 관련 정보를 한 번에 볼 수 있도록 했다(유인 우주선 발사 영화에서 조그만 캡슐 안의 우주 비행사가 보는 화면과 휴스턴 기지의 연구원들이 보는 수많은 화면의 대비를 떠올려보자). 빅터의 말대로 그 공간의 목적은, 사람들이 '그들이 만들고 있는 것이 실제로 무엇을 하고 있는지' 볼 수 있도록 하는 것이다.[17]

정책 수립에 이 방식을 적용하면, 정부가 실제 상황은 외면하고 보고 싶은 것에만 초점을 맞추려는 경향을 피할 수 있다. 1998년 미국의 인류학자 제임스 C. 스콧은《국가처럼 보기》라는 저서를 펴내 학계에 커다란 영향을 끼쳤다. 스콧은 이 책에서 현대 국가가 자신들의 이미지대로 세상을 보는 어쩔 수 없는 경향에 대해 설명한다. 즉 인위적이고, 알기 쉬우며, 측정 가능하고, 도식적이라는 것이다. 그 결과, 실체는 조직적으로 왜곡된다.

스콧은 건물과 도로, 이상적인 교통 흐름이 반영된 도시 계획가의 지도와 그렇지 않은 인간의 움직임을 실시간으로 보여주는 지도를 가지고 차이를 극명하게 대비시킨다. 뒤의 지도에는 예상치 못한 지형지물이 나타나기도 하고, '유모차를 밀고 가거나, 천천히 아이쇼핑을 한다거나, 개와 함께 산책하고, 길을 멈추고 지나가는 풍경을 바라보며 시간을 보낸다거나, 직장과 집 사이의 지름길을 택하는' 등 여러 상황이 나타난다. 국가는 뒤의 지도에 접근하는 것이 거의 불가능하고, 앞의 지도만 고수한다. 이것이 바로 국가가 국민의 삶을 개선하기 위해 계획을 수립하지만 오히려 국민의 삶이 악화되는 이유다. 보이지 않는 변수인 인간의 개입을 감안하지 않기 때문이다. 계획에서 가장 핵심이 되어야 할 맥락context이 짜증을 유발하는 존재로 전락한다.[18]

스콧은 전반적으로 비판적이고 탈식민주의적postcolonial 관점(그는 최악의 국가 계획은 제국주의자들이 국경선을 마음대로 그리고 식민지 주민들을 완전히 무시하는 것이라고 주장했다)에서《국가처럼 보기》를 펴냈지만, 실시간으로 무슨 일이 일어나고 있는지 보여주는 다른 지도를 만들자는 것에는 동의하지 않았다. 만드는 것도 불가능했을 것이다. 그 정도의 방대한 데이터를 포착할 수 있는 수단이 없었기 때문이다. 대신 그는 미래 예측의 불가 능함을 인정하고, 민주적 대응에 기반을 둔 보다 온건한 접근 방식을 주 장했다. 그의 생각에 가장 나쁜 국가는 권위주의 국가였다. 이런 국가는 그들이 세상을 보는 방식과 맞지 않으면 무엇이든 무시하기 때문이다. 민 주주의 국가는 보는 것은 물론 듣기도 해야 한다.

지금은 상황이 조금 달라 보인다. 첫째, 기계 학습의 발전 덕분에 실시 간 지도의 가능성이 예전만큼 멀지 않다. 둘째, 민주주의가 퇴색됐다. 민 주주의 국가에 대한 비판은 더 이상 국가답게 보이지 않고, 자신이 원하 는 대로 세상을 재구성하려고 하지 않는다는 것이다. 민주주의 국가는 그 야망을 잃었다. 이제 민주주의 국가는, 마치 정치인들이 기계의 내부 작 동만 보듯 단지 자신만을 바라보며 큰 그림을 못 보고 있다.

시각적 공간은 이런 한계를 극복하게 해줄 수 있다. 즉 스마트한 사람 들이 스마트한 기계와 결합하면 무엇이 가치 있고 어떻게 구축할 수 있는 지에 대한 새로운 관점을 얻을 수 있다. 하지만 이는 한나 아렌트가 말한 작업, 즉 제작 활동으로부터 영감을 얻었다는 것을 기억해야 한다. 이 접 근 방식은 도시 계획, 보건 시스템 구축, 교통망 설계, 교육 개혁 수립 같 은 특정 프로젝트에 적합하다. 커밍스에게 스마트 국가가 달성할 수 있는 이상적인 사례는 제2차 세계 대전 중 뉴멕시코 사막에서 진행된 원자폭 탄 제조 계획, 즉 맨해튼 계획Manhattan Project이었다. 뛰어난 인재, 새로운 아이디어, 판도를 바꾸는 기계가 차례대로 필요하단 뜻이다. 이제 기계는 더 똑똑해지고 있다. 뛰어난 인재들이 그 자리에 있는 한 더 나은 시스템 을 구축할 수 있을 것이다.

그렇지만 국가 역시 기계이므로 만든 다음에 계속해서 운영을 해야 한다. 그렇다면 국가도 자신을 전체적으로 보고 자신의 관행을 개혁할 수 있을까? 이 시점에서 프로젝트는 앞뒤가 맞지 않는 것처럼 보이기 시작하는데, 우리가 다시 기계로 돌아가 스스로를 바라보고 있기 때문이다. 커밍스는 뭔가 다른 것을 원한다. 즉 고쳐야 할 문제를 외부에서 볼 수 있도록 가장 명석하고 뛰어난 사람들(또는 그가 정부에서 근무하는 동안 악명 높은 구인 광고에서 표현했듯 '데이터 과학자, 프로젝트 관리자, 정책 전문가, 기타 이상한 사람들')로 구성된 간소화된 관료제를 바란다. 그가 생각하는 모델은 독재적이지만 영감을 주는 리더가 무자비하게 개별 프로젝트를 추진하고 있는 아마존 같은 회사다. 일부 프로젝트는 크게 실패하지만, 그중 몇 개는 전체 프로젝트를 가치 있게 만드는 놀라운 성공을 거둔다.

맨해튼 계획은 이 조건에 들어맞지만 국가는 그렇지 않다. 국가는 프로젝트가 아니라 인공 인격이기 때문이다. 잘 운영되는 국가(또는 외부의 침입이 우려되는 자금이 풍부한 국가)라면 맨해튼 계획을 가능하게 할 수 있다. 그렇지만 국가가 자신을 맨해튼 계획으로 바꿀 수는 없다. 그렇게 되면 국가의 위상이 단순한 제조 기업으로 떨어지게 된다. 물론 국가가 원하면 그렇게 될 수 있다. 또 다른 기업이 되어 고객에게 점점 더 정교한 프로젝트로 서비스를 제공할 수 있다. 이는 마치 소키에타스가 21세기의 우니베르시타스로 바뀐 것과 마찬가지다. 어쩌면 그게 바로 국가가 나아가는 방향일지 모른다. 영국이나 유럽 또는 미국이 아니라면 중국에서라도. 하지만 그럴 가능성은 낮아 보인다. 중국의 경우도 국가가 아마존이나 알리바바가 되기를 원하지 않는다. 그저 그런 기업들을 인수하고 싶어 할 뿐이다.

사물의 행정, 사람의 정부

1970년대 초, 칠레는 살바도르 아옌데Salvador Allende의 사회주의 정부하에서 최신 기술을 활용해 경제 운영을 변화시키려는 시도를 했지만 실패로 돌아가고 말았다. 자기 제어 시스템을 연구하는 신생 학문인 사이버네틱스는 정보와 의사결정 사이에 생기는 래그(지체 현상)를 없애기 위해 경제 데이터를 계획 과정에 어떻게 투입할 것인가 하는 문제에 새로운 통찰력을 제공하는 것처럼 보였다. 1960년대 초반, 영국 총리 해럴드 맥밀런Harold Macmillan은 정부의 의사결정의 근거가 되는 경제 데이터가 1년이 지난 것이라는 사실에 제대로 된 결정을 내릴 수 없었다고 진술했다. 10년 후 그의 후계자 중 한 명인 해럴드 윌슨Harold Wilson이 개선된 통계 분석으로 그 격차를 6개월로 줄였다고 자랑했다(윌슨은 당시 왕립 통계학회 회장이었다). 칠레 시스템의 설계자인 영국의 경영 컨설턴트 스태퍼드 비어Stafford Beer는 시간 차를 완전히 없애는 것을 목표로 삼았다. 통신 기술이 정보의 즉각적인 전송을 가능하게 하는 시대에 경제적 의사결정이 실시간 정보에 기반하지 않을 이유가 없다고 그는 믿었다.

사이버신Cybersyn이라는 명칭의 이 칠레 프로젝트는 국가 사회주의가 한발 앞서가는 경제와 보조를 맞추려고 하면 필연적으로 생기게 마련인 강압적인 조치 없이도 효율적일 수 있음을 보여주기 위한 것이었다. 기계가 경제 데이터에 즉시 접근하고 평가할 수 있다면, 의사결정이 과거와는 달리 있는 그대로 현 상태에서 이뤄질 수 있다. 그 결과, 개인의 자유를 침해하지 않고 사람들의 현재 활동을 반영할 수 있기에 사회주의는 자유롭고 효과적일 수 있다. 지도는 실시간으로 작동할 것이다.

21. 사이버신 본부

사이버신의 핵심은 최첨단 제어실이었다. 여기서 최신 텔렉스(telex, 전기 신호 교환 장치)가 노동, 가격, 생산 통계를 매일 공장으로부터 수집하여 입력했다. 이를 바탕으로 다음 날 필요한 조정 사항이 결정되었다. 제어실 중앙에는 사이버신을 작동시키는 임무를 맡았다면 누구나ー고위 관료부터 일반 시민들까지ー사용할 수 있는 의자 세트가 있었다. 각 의자에는 재떨이, 위스키 잔 받침대, 벽에 있는 디스플레이 화면을 제어하는 버튼이 있었다. 테이블은 없었고, 종이 사용은 금지되었다. 방은 둥글고 의자는 360도 회전하여 모든 사람이 필요한 것을 볼 수 있었다(그림 21).

예상했겠지만 이 시스템은 작동하지 않았다. 기술이 너무 조잡했다. 칠레에는 당시 작동 중인 컴퓨터 네트워크가 없었기에 텔렉스가 사용되었다. 의자에 있는 버튼은 미리 만들어진 슬라이드에 연결되어 있었기에 미리 예상하지 않은 것은 거의 결정할 수 없었다. 한마디로 사이버신은 무

대 장치에 지나지 않았다.[19]

1973년, 칠레는 인플레이션이 거의 500퍼센트에 달하고 최대 수출 품목인 구리 가격이 폭락하면서 경제가 파산 직전까지 갔다. 9월에는 CIA의 지원을 받은 군사 쿠데타가 일어나 아옌데 정권을 전복시켰고, 아옌데는 자살했다. 곧이어 아우구스토 피노체트Augusto Pinochet의 독재 정권이 들어섰다. 피노체트의 잔인한 통치 기간 중 칠레는 시카고대학의 경제학자들, 일명 시카고학파가 내세운 시장자유주의를 받아들여 급진적인 시장 개혁을 겪게 되었다. 1980년대 칠레는 세계에서 가장 높은 경제 성장률을 기록했고, (다른 곳에서는 몰라도 시카고대학에서는) 이를 '칠레의 기적'이라고 칭했다.

어떻게 보면 사이버신은 달성 불가능한 미래주의의 유물처럼 정말 오래되어 보인다. 제어실은 마치 SF 인형극 〈선더버드〉의 세트 같다. 그런데 다른 관점에서 보면 미래라는 또 다른 시간대에서 온 것처럼 보이기도 한다. "사이버신 프로젝트는 미래에서 온 긴급 메시지처럼 보인다"고 논평한 사람도 있다. 21세기 기술을 사용해 실시간 데이터로 전체 경제를 설계할 수 있다면 어떨까? 이는 우리의 실시간 정보를 팔아먹는 실리콘밸리의 자질구레한 기술을 훨씬 뛰어넘는 희망이다. 대신 여기에 진정한 21세기 사회주의의 비전이 있을지도 모른다. 즉 자유 시장 경제보다 더 효율적이고 공정하게 관리되는 경제 시스템 말이다.[20]

밀턴 프리드먼과 프리드리히 하이에크로 대표되는 시카고학파에서 영감을 받은 피노체트의 시장 개혁 프로그램은 간단하지만 잘못된 명제에 기반을 두고 있다. 바로 시장만이 우리가 진정으로 원하는 재화와 서비스를 알고 있다는 것이다. 사람들의 필요와 욕구를 예상하여 경제 시스템을 조직하려는 인간의 모든 시도는 필요한 지능 부족으로 실패하고 말 것이다. 잘못된 정보가 가득 찰 것이고, 사람들은 규칙을 피해 갈 것이다. 이는 시스템을 더욱 부정확하고 비효율적으로 만들며, 궁극적으로는 강압적으로 만들 것이다. 국가는 우리를 모른다. 그러나 시장은 우리가 모르는 것을 알고 있다. 왜냐하면 시장은 우리 자신보다 우리를 더 잘 알기 때문이다.

하지만 지금은 시장보다 기계가 우리를 더 잘 알고 있다. 게다가 우리는 피드백 루프(feedback loop, 한 사건의 결과가 다시 원인으로 작용하는 현상_옮긴이)와 타임 래그(time lag, 사건에 대한 반응이 시차를 두고 나타나는 현상_옮긴이), 인센티브 부조화(misaligned incentives, 시장에서 각 주체를 움직이는 동인이 상이한 현상_옮긴이) 등을 통해 시장이 비효율적이라는 것을 알았다. 칠레의 기적을 일으킨 신자유주의적 사고는 2007~2008년에는 금융 위기를 불러와 전 세계 경제를 거의 붕괴시키다시피 했다. 은행가 대신 기계가 경제를 맡도록 하고, 노동자가 기계를 책임지도록 하는 게 더 낫지 않을까?

사이버신의 원래 취지는, 데이터는 논쟁의 여지가 없기 때문에 시스템을 운영하는 데 특별한 전문 지식이 필요하지 않다는 것이었다. 이는 오랫동안 사회주의의 중심에 자리한 비전이었다. 즉 '사람의 정부'를 '사물의 행정'으로 대체하는 것. 자본주의는 중립적인 메커니즘을 자처하지만 결국 경제학자, CEO, CFO, MBA 보유자 등 새로운 전문가 집단의 지배를 강화할 뿐이다. 필요한 내부 지식을 가지고 있기 때문에 이들은 시스템이 작동하는 방식을 알고 있다. 1970년대 후반부터 우리는 중앙 은행가들이 민주적으로 선출된 정치인들만큼이나 엄청난 권력을 휘두르는 세상에 살고 있다. 하지만 그 역할을 제대로 하는 사람은 거의 없다. 나도 그럴 것이고, 아마 당신도 마찬가지일 것이다. 그런데 사이버신 프로젝트는 누구나 할 수 있다는 가정에 기반을 두고 있다.

그렇다면 국가는 어떻게 될까? 고전적인 마르크스 이론에 따르면, 노동자 계급이 권력을 쥐게 되면 국가 제도는 사라진다. 더 이상 국가의 인공 인격이 필요하지 않기 때문이다. 대신 그 자리에는 스스로 돌아가는 사회가 있다. 국가는 사람들이 자신의 일을 관리할 수 없을 때만 필요하다. 새로운 기술은 모든 사람이 신뢰할 수 있는 정보를 갖게 하여 불확실성을 해결할 수 있는 잠재력이 있다. 국가는 결국 불확실성의 산물이다. 우리는 다른 사람들이 무엇을 원하는지 모르기 때문에 우리를 대신해 결정할 인공 인격을 만든다. 하지만 우리가 다른 사람들이 무엇을 원하는지 안다면 어떻게 될까? 그러면 우리는 그 거대한 기계 거인을 해체하고 그 부품을 재활용할 수 있을 것이다.

이처럼 스마트 기술은 오래된 이념적 환상에 새로운 생명을 불어넣고 있다. 이와 비슷하지만 매우 다른 일이 자유주의적 우파libertarian right에서 일어나고 있다. 마르크스주의자들이 지식의 부재로 인해 만들어진 공간이 계급 억압으로 채워질 위험이 있다고 보는 반면에(마르크스는 국가를 '부르주아지 조직 위원회the organising committee of the bourgeoisie'라고 불렀다), 자유주의자들은 그 공간이 이기적인 정치인에 의해 채워질 위험이 있다고 본다.

이런 관점에서 볼 때 국가 권력의 가장 큰 위험은, 그것이 자신만의 가치관을 임의대로 만들어 상황을 더욱 불확실하게 만드는 데 사용될 수 있다는 점이다. 국가를 운영하는 사람들의 손에서 국가는 시장 정보에 간섭하는 도구가 된다. 이러한 간섭의 결과 중 하나가 자유주의자들의 커다란 골칫거리인 인플레이션이다. 정치인들이 화폐의 가치를 조작할 수 있게 되면 화폐는 그 가치를 잃고, 그럴 때 사회는 도덕적 기반을 잃게 된다(바이마르 공화국이나 1970년대 초 칠레를 보라). 하지만 새로운 기술이 해결책을 가져왔으니, 이른바 '암호화폐'다.[21]

비트코인과 같은 암호화폐의 지지자들은, 암호화폐의 기반이 되는 블록체인 기술이 정치적 통제에 의해 발생하는 불확실성을 제거할 수 있다고 주장한다. 불확실성 대신 모든 거래의 원장^{ledger}이 생성되어 모든 것의 가치를 알 수 있으며, 돈이 정보로 변한다는 것이다. 하지만 이는 범주 오류(category mistake, 어떤 것을 속하지 않는 범주에 할당할 때 발생하는 논리적 오류)다. 돈이 단순히 정보라면 그것은 더 이상 돈이 아니다. 이는 국가가 사물의 행정으로 바뀌면 존재하지 않게 되는 것과 마찬가지다.

국가는 행동할 수 있는 대리인이며, 그렇지 않으면 아무것도 아니다. 돈은 그 대리인의 수단이다. 우리가 돈을 신뢰하는 이유는, 그것이 인간의 요구에 반응한다고 믿기 때문이다. 그것이 신뢰성을 부여한다. 우리가 돈을 신뢰의 문제로 삼는 대가는 잘못된 의사결정이 그 가치를 무너뜨릴 수 있다는 것이다. 블록체인 기술은 정치적 조작에 영향을 받지 않으므로 인권 침해 같은 많은 국가가 숨기고 싶어 하는 정보를 기록하는 데 유용하다. 하지만 암호화폐는 근본적으로 비인간적이기에 돈으로서는 좋지 않다.[22]

돈은 인간 존재의 여러 불확실성을 수용해야 하는데, 여기에는 우리가 돈의 엄격한 제약에서 벗어나고자 하는 간헐적인 충동도 포함된다. 다른 우선순위 때문에 인플레이션이나 디폴트가 필요할 때도 있다. 국가가 돈을 통제한다면 모든 위험에도 불구하고 돈은 인간의 의사결정을 따를 수밖에 없다. 그러나 돈이 국가를 통제한다면 결국 인간은 의사결정에서 배제된다. 일부는 계속 부를 유지하고, 몇몇 소수의 사람은 엄청난 부를 축적하겠지만, 우리 모두는 결국 그 대가를 치르게 될 것이다.[23]

암호화폐는 기계가 주는 확실성 때문에 매력적으로 보일 수 있다. 즉 가장 깊은 군중의 지혜를 잠금 해제하는 데 필요한 지능형 기술의 능력을 보여준다(모든 거래는 본질적으로 누군가가 지불할 의사가 있다는 확실한 기록이다). 그러나 현실은 약간 다르다. 암호화폐 시장에는 과대광고, 소문, 조작, 지나친 낙관 등이 넘쳐났고, 그 결과 투기의 장이 될 수밖에 없었다. 또한 시장 실패의 현장이 되기도 했다.

샘 뱅크먼프리드가 운영하던 암호화폐 거래소인 FTX는 2022년 말에 그 거래소의 거래 방식이 단순한 회계 사기라는 것이 밝혀지면서, 불과 며칠 사이에 엄청난 양의 명목상 부를 날렸다(여기에는 그가 추산한 본인의 재산 160억 달러도 포함되어 있다). 수년 동안의 눈부신 실적 때문에 투자자들은 실제로 무슨 일이 일어나고 있는지를 알 수 없었다. 진실이 밝혀졌을 때 시장의 반응은 잔인해서 FTX는 바로 사라졌다. 그런데 사기를 폭로한 것은 스마트 기술이 아니라《월스트리트 저널》과 암호화폐 뉴스 사이트인 '코인 데스크' 같은 언론의 탐사 취재였다. 인간의 탐욕이 인간의 집요함에 굴복한 것이다. 정치와 다를 게 없다.

완벽한 정보는 불확실성에서 정치를 구하는 수단이 아니라 정치의 죽음이다. 정치적 의사결정에 지능이 부족할 때가 많기 때문에 스마트 기술은 지능이 우리에게 필요한 결정을 제공할 수 있다며 우리를 유혹한다. 그러나 정보가 선택이 아니듯 지능이 의사결정은 아니다. 우리는 사물의 행정 대신에 사물에 의한 사람의 정부를 얻게 될 것이다. 그리고 우리는 여전히 시장 실패에 취약할 것이다. 국가는 사물이 아니다. 심지어 공공재^{res publica}도 아니다. 국가 역시 인격체다. AI가 출현했지만, 17세기에 현대 정치 구조에 내재된 선택의 조건을 아직 바꾸지는 못했다. 우리는 불완전한 국가와 완벽한 국가 사이에서 선택할 수 없다. 불완전한 국가와 무정부 상태 사이에서 선택해야 한다.

그리고 적절한 기술만 있다면 노동자가 자신의 노동 생산물에 대한 통제권을 되찾고 국가를 없앨 수 있다는 생각은 그렇게 간단하지가 않다. AI 시대에 노동자는 대체 누구인가?

THE HANDOVER

8장

인간과 기계의 미래 세계

우리는 일자리를 잃게 될까

2021년 호주 오픈 및 US 오픈 테니스 선수권 대회에서는 모든 선심^{line} ^{judges}이 기계로 대체되었다. 이는 여러 면에서 필연적인 조치였다. 이 기계 심판들은 사람보다 훨씬 더 정확하게 공이 안에 떨어졌는지(인), 밖에 떨어졌는지(아웃) 판정할 수 있었다. 더욱이 선수들이 혼란스러워하지 않게 사람의 목소리로 판정하도록 프로그래밍되었다. 코트에서 갑자기 "아웃!"이라는 감정 없는 외침이 들리면 약간 기이할 수도 있다(호주 오픈에서는 호주식 억양으로 말하도록 프로그래밍했다). 하지만 잘못된 판정에 이의를 제기하는 번거로움도 사라지고, 판정을 훨씬 신뢰할 수 있다. 기계 심판에 익숙해지는 데에도 별로 시간이 걸리지 않는다.

2010년대에 발표된 보고서들 중에는 자동화로 인해 사라질 위험이 있는 직업을 가장 높은 순부터 정리한 것들도 있다. 스포츠 심판은 항상 목록 맨 상위 부분에 놓여 있다(옥스퍼드대학의 칼 프레이와 마이클 오스본이 2017년에 발표한 유명 보고서에 따르면 20년 내에 스포츠 심판이 사라질 확률이 98퍼센트라고 한다). 스포츠에서 가장 중요한 것은 결국 정확한 판정이다. 인인가, 아웃인가? 볼인가, 스트라이크인가? 페어인가, 파울인가? 이는 정확한 지능이 뒷받침되어야 하는 결정이다. 최첨단 기술이 탑재되지 않았더라도 인간보다 훨씬 더 나은 답을 산출할 수 있다. 호크아이 시스템(비디오 판독 시스템)은 거의 20년 동안 인간의 시력을 능가하는 성능을 보여왔다. 2006년에 맨 처음 테니스의 인 아웃 판정을 위해 공식적으로 도입된 이 시스템은, 2009년에는 크리켓 심판의 판정을 확인하는 데에, 그리고 2012년에는 축구의 오프사이드를 판정하는 데에도 사용되었다.[1]

스마트 기술이 도입되었음에도 스포츠 심판직에 종사하는 사람은 그 어느 때보다 많아졌다. 윔블던 대회는 어느 정도 심미적인 이유로 인간 선심을 유지하기로 결정했다. 윔블던은 유일하게 잔디 코트에서 열리는 메이저 토너먼트다. 따라서 녹색 배경과 잘 어울리는 것이 매우 중요하다(그래서 선수들은 흰색 복장만 입어야 한다). 윔블던의 선심은 판정보다는 유니폼을 보여주기 위해 존재한다. 지난 17년간 그래왔듯이 2022년에도 이들은 랄프 로렌이 디자인한 유니폼을 입고 있었다.

크리켓 경기는 전통적으로 심판이 두 명이었다. 하지만 현재는 복잡한 기술적 문제에 제대로 대처하기 위해 세 명의 심판이 있다. 여기에 선수들의 행동을 모니터링하는 심판이 별도로 있는데, 이 심판이 내리는 결정은 개인 재량에 많이 좌우된다('게임 정신을 고수하기 위해서'가 무슨 뜻인지 아는 사람이 있을까?). 축구 경기에는 최대 다섯 명의 심판이 필요하며, 비디오 보조 심판Video Assistant Referees, VAR이 송출하는 리플레이 화면을 해석하는

22. 뉴저지 시코커스에 있는 NBA 영상센터

일정 규모 이상의 스크린 판독 팀도 있어야 한다. 뉴저지주 시코커스에 있는 NBA 영상센터에는 로테이션되는 정자격 심판을 비롯해 25명의 정규직 직원이 근무하는데, 나사에 있다고 해도 전혀 이상해 보이지 않는다 (그림 22).

스포츠 경기에서 심판을 고용할 때의 주요 요구 사항은 효율성이 아님이, 심지어 정확성도 아님이 밝혀졌다. 스포츠 단체들 역시 외양에 매우 민감하며, 그들의 스포츠가 여전히 인간 중심의 사업인 것처럼 보이고 느껴지기를 바란다. 스마트 기술이 많은 일을 할 수 있지만, 그럴듯한 휴머노이드 로봇이 없는 한 그렇게 보이지는 않을 것이다. 현재로서는 음성 판정이 관중이 받아들일 수 있는 최대치일 것이다. 따라서 기계와 선수 사이에는 실제 사람이 있어야 한다. 그 결과, 전반적으로 할 일이 더 많아졌다.

AI 시대가 도래하면서 어떤 직업이 사라질지는 이상하게도 아직 알기 어렵다. 고용의 범위와 성격이 바뀐다는 것만큼은 확실하다. 프레이와 오스본의 연구처럼, 자동화의 위험성에 대한 많은 연구를 보면 얼마나 자동화가 가능한지로 일을 분류한다. 이는 현재 기계가 인간을 대체할 수 없는 것은 기술의 한계 때문이라는 것을 전제로 한다. 현재로서는 기계가 인간 중심의 다양한 인지 능력과 이동성을 발휘할 수 없다. 로봇은 반복적인 작업을 잘 수행할뿐더러 복잡하거나 방대한 데이터를 처리하는 것도 문제없다. 하지만 간단한 형식의 인간적 상호작용에는 어려움을 겪는다. 당신의 직업이 창의성, 미적 판단, 자연스러운 신체 동작, 사회적 감수성을 필요로 한다면, 당신은 당분간 직업을 잃을 걱정을 하지 않아도 된다. 로봇은 춤출 수 있지만, 그럴듯하게 보이려면 아직 인간 안무가가 필요하다.

하지만 현대적인 의미에서 업무task는 직업jop이 아니다. 직업은 필요에 따라 조직에서 만든 자리다. 무자비하게 돈을 긁어모으는 것이 목적인 기업의 경우라도, 이러한 요구 사항이 단순히 업무의 효율성을 위한 것이라고만 생각해서는 안 된다. 기업이 그 직업을 정말로 필요로 하는지가 중요하다. NBA는 앞뒤 안 가리고 돈을 쓸어 모으는 조직이지만, 여전히 기계보다 사람을 더 필요로 한다. 대부분의 직업이 여전히 사람을 필요로 한다. 사람들은 직업을 제공하는 비인격적 조직의 인간적인 요소기 때문이다. 그렇지 않으면 기계가 쇼를 주도하는 것처럼 보일 것이다. 이는 사람들이 여전히 중요한 세상에서는 위험하게 보일 것이다.

보이는 게 전부는 아니다. 모든 조직에는 외양이 그렇게 중요하지 않은 주요 요소들도 있다. 내부의 사무실이라든가, 심지어 외부 사람이 접근하기 힘든 이사회실 같은 것들 말이다. 대면 업무를 보조하는 무대 뒤의 기술적 지식은 더 이상 안정적인 고용을 보장받기 어려울 것이다. 회계, 컨설팅, 법률에 속한 직군이 그렇다. 사람을 상대해야 하는 직업은 여전히 많이 남아 있다. 하지만 데이터 수집, 정보 처리, 검색은 이제 기계가 더 안정적으로 잘할 수 있다. 이런 일을 하던 사람들, 특히 사무원과 행정 보조원, 준법률가(법적인 전문 기술은 있지만 법조인은 아닌 사람)와 같은 초급직에 종사하는 사람들의 미래는 안정적이지 않을 것이다.[2]

미래의 고용은 필연적으로 복잡한 관계를 수반하며, 이 관계는 일자리를 없앤다기보다는 우리가 일을 이해하는 방식을 바꾸게 될 것이다. 사람과 기계 사이는, 기계가 일을 많이 할수록 인간의 일이 감소하는 제로섬도 있겠지만 대부분은 여전히 상호 보완적일 것이다. 암 진단을 위해 기술을 사용하는 의사는 기계에 나타나는 내용을 환자에게 더 잘 전달하는 화법 같은 것들을 배워야 할 것이다. 이런 부분은 기계보다는 인간이 훨씬 더 잘한다. 그런 다음에 의사와 기계의 사이가 원하는 방향대로 잘 진행되고 있는지, 문제가 생겼을 경우 누구에게 책임을 물을 건지 결정하는 관리자, 변호사, 윤리학자들이 차례로 등장하면 된다. AI 시대에도 병원에서는 할 일이 부족하지 않을 것이다.

이러한 관계 외에도 AI와 인공 인격 간의 관계, 자연인과 이 자연인을 고용하는 인공 인격 간의 관계도 존재한다. 환자가 기술에서 무엇을 원하는지, 의사가 무엇을 원하는지 묻는 것 말고도 우리는 병원이 무엇을 원하는지도 물어야 한다. 이에 대한 대답은 같지 않을 것이다. 병원 또는 병원을 운영하는 기업은 고유의 선호도와 행동 패턴이 있다. 한편으로는 그들의 기계적인 특성 때문에 병원은 믿음이 덜 가는 사람보다는 다른 기계와 일하는 걸 선호할 수도 있다. 관료제는 기계적인 과정을 좋아하기 때문이다. 하지만 또 한편으로는 병원 역시 의사결정 기구며, 아직까지는 인간의 지능을 필요로 한다는 점에서 주춤할 수도 있다. 병원이 패턴 인식을 위해 존재하는 기계가 더 중대한 결정을 내리도록 하는 위험을 감수할까? 답이 항상 최선의 결정은 아니며, 결정이 항상 정답도 아니다.

지금까지 작업의 세계는 사람, 조직, 기계 순으로 이뤄졌다. 이 순서가 바뀔 수 있을까? 조직이 사람보다 기계를 우선시하게 될까? 아니면 기계가 조직을 대신해 가장 중요한 결정을 내리게 될까? 그럴 가능성이 있긴 하지만, 특정 작업을 얼마나 잘 수행하는지의 여부만으로는 미래를 확실하게 예측하기 어렵다. 작업의 세계는 그보다 훨씬 복잡하다.

역사는 미래에 발생할 일에 대해 부분적으로나마 단서를 제공한다. 자동화 기계가 인간 노동자를 대체할 것이라는 우려는 직업만큼이나 오래되었다. 산업 혁명은 많은 종류의 노동, 특히 농업을 붕괴시켰으며, 모든 삶의 방식을 바꾸어놓았다. 생계의 방식을 바꿔야 했던 사람들에게 이러한 변화는 가혹했다. 하지만 그 변화의 최종 결과는 더 많은 일자리의 창출이었다. 공장은 인간이 하던 일이나 전혀 할 수 없었던 일을 더 빠르고 안정적으로 하기 위해 기계를 도입했다. 동시에 기계가 등장하기 전에는 필요하지 않았던 업무를 수행하는 새로운 일자리가 생겨났다. 새로운 기술이 등장해 사람이 하던 일을 대체하고 고통스러운 혼란을 초래하는 이러한 패턴은 반복해서 나타나곤 했다. 일자리를 잃은 사람에게 곧 새로운 일을 찾게 되리란 말은 큰 위로가 되지 않았다. 하지만 새로운 일자리는 항상 생겼다.[3]

그렇지만 이전 세대의 일꾼들에게는 항상 새로운 일거리가 나타나는 건 아니었다. 실제로 일하는 말馬의 경우가 그러했다. 19세기 내내 산업

생산이 급속히 성장하자, 특히 미국에서는 사람과 물품을 운송하기 위해 말의 노동에 크게 의존했다. 따라서 이와 관련된 산업에서 엄청나게 다양한 일자리가 창출되었다. 마부, 역참 관리자, 마차 제조업자, 말 관리사, 말 사료 상인, 안장 생산자, 마구간지기, 바퀴 생산자, 제철공, 대장장이, 채찍 제조업자, 수의사, 말 사육사, 거리 청소부, 곡물 및 건초 재배 농부 등. 철도의 등장조차도 말 중심의 사회 및 경제 생활을 바꿔놓지 못했다. 1872년, 뉴욕을 강타한 말 독감으로 인해 전 도시가 멈추는 사태가 벌어졌다. 상점은 문을 닫았고, 건설 현장은 조용했으며, 술집에서는 맥주가 동났다.[4]

그로부터 불과 50년 후, 말 노동에 기반한 경제는 농촌에나 조금 남아 있었을 뿐 도시 지역에서는 거의 사라졌다. 또 50년이 지난 후에는 미국 전역에서 찾아볼 수 없게 되었다. 도로 포장(자동차가 다니기에는 좋지만 말은 미끄러지기 쉬웠다)부터 도시의 냄새(분뇨 대신 배기가스)에 이르기까지 내연기관차는 모든 것을 바꿔놓았다. 말 사료 상인들은 사라졌다. 대신 자동차를 만들어내기 위해 엄청난 수의 일자리가 새로 생겨났다. 1950년까지 미국의 자동차 산업은 700만 개 이상의 일자리를 창출했다. 이는 당시 미국 노동력의 11퍼센트를 차지하는 수치다.

하지만 말을 위한 새로운 일자리는 창출되지 않았다. 불평 없이 쟁기를 끌고 짐을 나르는 말은 새로운 시대에 맞게 변신하지 못했다. 결국 레저 산업 말고는 쓰임새가 거의 없어졌다. 1908년 22마력의 포드 모델 T(model-T Ford, 세계 최초의 대량 생산 자동차)가 출시되었을 때, 미국에는 약 2500만 마리의 말이 있었다. 인구는 9000만 명이었다. 1960년 260마력의 최초의 포드 팰컨Falcon이 출시되었을 때에는 300만 마리로 그 수가 크게 줄어들었다. 인구는 1억 8000만 명에 달했다. 일꾼로서의 말은 더 이상 쓸모가 없었다.

인간도 말의 전철을 밟게 될까? 우리가 하는 일의 대부분을 기계가 훨씬 더 빠른 속도로 할 수 있게 되면, 우리의 기술은 기계에 뒤처지게 될 것이다. 알파제로가 24시간 내에 3000년간의 체스 지식을 습득한 것과 같은 딥러닝 기술의 '인적 자원'은 가장 빠른 자동차의 마력보다 월등하게 우수하다. 스마트 기계가 아직 완전히 다른 작업으로 전환하는 능력이 부족한 상황이지만 말이다. 말에 비하면 자동차는 여러 면에서 답답했다. 자동차는 장애물을 넘을 수도, 옆으로 움직일 수도, 개울을 헤엄쳐 건너갈 수도 없다. 그렇지만 우리는 자동차를 중심으로 새로운 경제 시스템을 구축했다. 자동차에 맞게 도로망을 만들고, 그 과정에서 수백만 명이 목숨을 잃었어도 멈추지 않았다.

인간이 말과 가장 다른 점은 불만을 참지 않는다는 것이다. 우리는 말과 정반대다. 우리에게는 의사소통을 통해 우리의 선택을 드러낼 수 있는 능력이 있다. 말은 점차 사라지게 되었을 때, 이를 결정한 조직에 아무런 말도 하지 못했다. 우리는 우리를 단계적으로 퇴출시킬 수 있는 조직에 발언권이 있다. 우리는 이 권리를 잘 활용해야 한다.

우리가 그렇게 해야 하는 한 가지 이유는 이 조직들도 주체성이 있기 때문이다. 우리가 의견을 내지 않는다면 이들 스스로 선택을 내릴 것이다. 스마트 기계 역시 말과 달리 스스로 선택할 수 있다. 우리가 더 이상 이들의 목적에 부합하지 않게 되었다고 해서 스마트 기계가 우리를 단계적으로 없애버릴 것 같지는 않다. 이들에게는 인간과 같은 주체성이 없기 때문이다. 하지만 우리보다 특정 작업을 더 잘 수행하는 이들의 능력은,

우리가 받아들이기로 결정하면 우리의 삶의 방식을 충분히 형성할 수 있다. 마치 우리가 자동차를 받아들이기로 결정해 자동차가 우리의 생활 양식을 형성한 것처럼.

결정은 말의 몫이 아니다. 자동차의 몫도, 심지어 새로운 자율 주행 차량의 몫도 아니다. 그것은 어디까지나 우리와 우리의 국가 그리고 우리의 기업에 달려 있다.

국가, 기계, 국민의 새로운 관계

직업이 다른 종류의 작업과 구분되는 것은 시간의 흐름과 관련이 있다. 작업이 하나의 일이나 일련의 일로 구성된다고 할 때, 시간은 두 가지로 측정될 수 있다. 작업을 완료하는 데 걸리는 시간과 그 결과가 지속되는 시간이다. 이 둘 사이에는 연관성이 있을 때도 있지만, 반드시 그런 것은 아니다. 쓰는 데 가장 오래 걸렸다고 해서 꼭 가장 오래 남는 책이 되는 것은 아니며, 작곡하는 데 가장 오래 걸렸다고 해서 꼭 항상 사람들이 즐겨 부르고 싶어 하는 노래가 되는 것은 아니다. 레너드 코헨의 〈할렐루야〉는 지난 50년간 가장 많이 불린 노래 중 하나로, 완성되기까지는 10년이 걸렸으며, 그사이 끊임없는 수정 작업이 이뤄졌다. 밥 딜런의 〈포에버 영〉역시 가장 많이 불린 노래지만, 밥 딜런의 다른 노래와 마찬가지로 앉은 자리에서 바로 만든 노래다.[5]

한나 아렌트에게 있어 작업을 구분 짓고 만족스럽게 만드는 것은 바로 이 내구성이었다. 즉 그것을 만든 사람보다 오래 남을 수 있는 것을 만드는 것이 중요했다. 이것이 노동과 대조되는 인공물의 세계, 즉 물건을 만드는 호모 파베르^{Homo Faber}의 세계다. 이러한 인공물은 책과 노래부터 테이블과 의자, 국가와 헌법에 이르기까지 무엇이든 가능하다.

그런데 지속되는 작업을 하는 것과 직업을 갖는 것은 다르다. 미국 헌법 제정자^{Framer of the US Constitution}는 직함이 아니라 하나의 임무였다. 한편 여기에서 생겨난 직업들은 헌법만큼 오래 지속되지는 못했다. 미국 대통령이라는 직함도 헌법만큼 오래 존재하기는 했지만, 같은 기간 동안 그 특성은 대대로 바뀌었다. 집무실은 그대로 유지되었지만, 입주하는 사람마다 하는 일이 달랐다. 기껏해야 8년까지 버티고 집무실을 내줘야 했다.

동시에 많은 직업이 그들이 필요로 하는 업무보다 오래 지속된다. 대통령은 여러 책임이 따르는 직업이지만, 그중 일부는 하루나 이틀 정도만 주의를 기울여도 된다. 가구 제작자의 일은 성인이 되고 난 후 내내 계속되며, 그동안 수백 개 또는 심지어 수천 개의 탁자와 의자를 만들기도 한다. 목수는 기술직이다. 누군가 또는 많은 돈을 지불할 수 있는 어떤 존재가 오랜 시간 동안 의뢰를 하고 그에 상응하는 대가를 제공하면 직업이된다. 직업을 생산하는 조직이 자체적으로 충분한 수명을 가지고 있기에 직업에 내구성이 생기는 것이다.

꾸준한 고용은 인위적인 법인격이 존재하는 현대 사회의 한 가지 장점이다. 이들은 상대적으로 영구적이기 때문에 과거에 '무기한 고용^{permanent positions}'이라고 불린 형태의 고용을 제공할 수 있다. 가장 안정적인 직업은 공공 부문에 있다. 공무원, 교사, 사회복지사, 행정관 등이다. 이는 공공 부문이 가장 오래 지속되는 인공 인격 중 하나기 때문이다. 그렇다고 항상 그런 것은 아니다. 민주주의가 취약한 국가에서는 공공 부문에 자리를 얻는 것이 개인적인 인맥에 달려 있기 때문에 일자리의 안정성이 보장되지는 않는다. 그렇기에 국가가 약할수록 누구를 아는지가 더 중요해지고, 그 중요성이 커질수록 국가는 더 약해지는 악순환이 계속된다. 국가의 인격이 개인의 사적인 신분과 무관할 때 국가는 가장 신뢰할 수 있는 고용주가 될 수 있다.

종종 고용 안정의 대가가 고역이나 반복되는 단순한 일로 돌아올 수 있다. 수년간 같은 일을 하면 지루하다. 그렇기에 조직은 자격을 갖춘 소수의 행운아에게 고용 안정에 더해 진급을 제공하는 것이다. 경력은 단순한 직업 이상이다. 그것은 일반적으로는 특정 분야 내에서 역할이 바뀌는 것이며, 상황에 따라서는 조직도 바뀐다.

은행가는 경력이지만 은행에서 일한다는 것은 직업이다. 은행 상품을 개발하는 것은 임무이며, 거래를 성사시키는 것은 실행이다. 그런데 은행가는 해고될 위험성이 높다. 금전적 측면에서는 공무원보다 더 만족스러울 수 있지만, 안정성이 떨어지고 일이 더 고될 수도 있다. 재계에서는 여전히 개인적인 인맥이 중요하고, 여기에 시간도 투자해야 한다. 국가는 가장 유능한 직원들에게 다양한 직업을 제공할 만큼 크지만, 그 규모와 비인격적인 특성 때문에 뛰어난 개인이 관료주의적 오지에 갇혀 눈에 띄지 않는 경우도 있다.

직업의 안정성과 다양성, 그리고 위험성과 보상 사이의 이러한 절충은 현대 고용의 한 특징이다. 이는 현대를 규정하는 개인적인 것과 비인격적인 것, 인간과 인위적인 것 사이의 폭넓은 균형을 반영한다. 균형을 이루는 지점은 시간과 장소에 따라 달라진다. 대경력의 시대great age of the career이자 학교에서 '진로 상담career advice'이 유행하던 20세기에 대기업과 국가는 경력 발전을 위한 확실한 전망을 제공할 수 있었다. 평생 한 조직에 근무하면서도 다양하고 만족스러운 직장 경험을 할 수 있었다.

그렇지만 20세기는 또한 기업에서 영혼 없는 존재로 살아가야 하는 대불안의 시대great age of anxiety기도 했다. 미국의 '회사원company men'과 일본의 '샐러리맨salary men'은 공허하고 틀에 박힌 듯 돌아가는 인위적인 일상을 지칭하는 말이었다. 19세기가 필경사 바틀비(허먼 멜빌의 단편 소설로 주인공을 의미_옮긴이)로 상징되는 단조로운 시대였다면, 20세기는 세일즈맨 래빗 앵스트롬(존 업다이크의 소설《달려라, 토끼》속 등장 인물_옮긴이)으로 대표되는 보여주기식 연기의 시대였다.

21세기는 다르다. 많은 거대 조직의 고용인 수가 20세기의 대기업에 비해 상대적으로 적다. 더 작고 수명이 짧은 기업들이 빠르게 증가하고 있다는 것은 기업의 수명이 예전 같지 않음을 의미한다. 스타트업의 시대에 일자리를 얻는 것은, 심지어 (그리고 아마도 특히) 고임금의 일자리도 그리 안정성이 보장되지 않는다. 직업은 전보다 짧게 이뤄지며, 결과적으로 경력이 훨씬 더 파편화된다. 21세기에는 처음 직장에 발을 내디디는 사람에게 '진로 상담'은 전혀 도움이 되지 않는다. 현대인은 한 직업에 머물지 않고 다양한 이력을 쌓게 될 가능성이 높고, 몇 가지 직업을 동시에 가질 수도 있을 것이다. 한 사람이 여러 직업을 가질 수 있다고 해서 여러 직업이 하나의 커리어를 형성하기는 어렵겠지만.

이는 스마트 기술의 발전과 많은 관련이 있다. 그중 하나는 확실한 불확실성이다. 변화의 속도가 너무 빨라서 앞으로의 직장생활을 예측하기가 거의 불가능하다. 전문직에 대한 암울한 전망 때문에 변호사나 회계사가 되기 위한 교육 과정은 전보다 훨씬 리스크가 크게 느껴진다. 그렇다고 해서 사람들이 변호사가 되기 위한 교육 과정을 중단한 것은 아니다. 미국의 법학대학원의 학생 수는 계속 증가하고 있으며, 법학과를 개설한 학교의 수도 증가하고 있다. 하지만 이로 인해 법조인으로서의 경력을 쌓기는커녕, 법 관련 일자리보다도 변호사가 더 많아지게 될 것이란 전망도 나온다. 기계의 도움과 상관없이, 법을 아는 것은 다양한 경력이 점점 더 필요해지는 인간 중심 업무에 대해 여전히 좋게 작용할 것이라는 희망이 있어야 한다.

하지만 새로운 기술은 단기간에 경력과 직업, 업무 간의 관계를 바꾸어 놓았다. 업무 수행은 기계가 잘하는 것이다. 기계가 점점 더 잘해낼수록 더 많은 일이 업무 중심으로 돌아간다. 기계가 사람들의 일자리를 빼앗아 간다는 전망은 여러 면에서 오해의 소지가 있다. 일단 기계가 일을 하면 더 이상 직업이 아니기 때문이다. 기계는 고용 보장이나 현대의 고용 제도에서 요구되는 사항들, 즉 휴가, 건강보험, 보너스, 실업 수당 같은 것들을 요구하지 않는다. 인간이 해야 직업이 되는 것이다.

동시에 스마트 기계는 사람들에게 일자리를 제공하는 국가와 기업의 성격을 변화시킨다. 기술이 개인의 정체성을 여러 개의 데이터로 분할할 수 있는 것처럼, 국가와 기업의 각 정체성도 일련의 업무 또는 프로젝트로 분리될 수 있다. 기계에 일을 주면 업무가 되지만, 인간에게 일을 주면 직업이 된다. 기계가 하는 일이 많아질수록 사람들이 자신의 직업으로 정체성을 평가받기란 어려워진다. 그 직업이 업무로 대체될 것이기 때문이다. 심지어 국가도 그들이 수행하는 각각의 개별적인 시작과 종료 시점이 있는 갖가지 프로젝트로 구분될 것이다.

경력이 직업으로 축소되면서 직업도 업무로 격하되고 있다. 점점 더 많은 사람이 일을 지속적인 관계가 아니라 결과물로 이해하는 조직에 단기 계약직으로 고용된다. 이는 사람들이 기계로 대체되고 있기 때문이기도 하고, 사람들이 점점 기계처럼 고용되고 있기 때문이기도 하다. 현대의 국가와 기업이 제공하는 일의 종류는 그 어느 때보다 다양하다. 테슬라와 같은 수직 통합형 기업은 채굴업부터 뇌과학 연구에 이르기까지 역사상 그 어떤 기업보다 다양한 일을 수행하고 있다. 21세기 국가는 거리 청소부터 데이터 마이닝(data mining, 방대한 양의 데이터로부터 유용한 정보를 추출하는 것)에 이르기까지 그 어느 때보다 많은 책임을 지고 있다. 하지만 일 자체는 점점 더 스마트 기계의 업무에 맞는 것처럼 보인다.

그래봤자 이 역시 절충이다. 이전의 기업들이 직원들과 항상 좋은 관계를 맺었던 건 아니었다. 다른 관계에서도 그랬듯이 직원들을 착취하고 무자비하게 학대했다. 근대의 근로자들 대부분은 계약 노동자였기에 고용 안정성의 이점을 거의 누리지 못했다. 21세기의 고용은 모든 종류의 근로자에게 자영업을 포함해 잠재적으로 더 많은 선택권을 제공한다. 일자리가 보다 더 단편적인 방식으로 제공되기 때문에 근로자가 얼마든지 취사선택할 수 있다. 우리가 일자리가 사라진다고 걱정하는 것은, 사실 지속 가능한 관계가 사라질까 봐 두려워하는 것이다. 업무 위주의 일을 얻는 대신 일에서 얻는 이점을 포기하는 것이다.

다른 것들 역시 변화하고 있다. 은퇴는 한때 일과 반대되는 개념이었다. 직장생활이 마감되어야 가능했기 때문이다. 하지만 지금은 그 경계가 점점 더 모호해지고 있다. 근사한 직업이 아니더라도 원하거나 필요하면 퇴직 후에도 계속 일할 수 있다. 마찬가지로 일부 전문가와 근로자 사이에서도 은퇴가 점점 빨라지는 현상이 확산되고 있다. 코로나19 팬데믹 이후 일부 선진국에서는 근로자의 수가 크게 감소했으며, 상당수가 급여 소득자로 복귀하지 않고 있다. 미국의 실업률은 사상 최저 수준이며, 일 자리 공석은 사상 최고 수준이다. 영국도 마찬가지다. 기계가 사람 대신 일하는 경우가 늘어났지만, 일자리가 부족하지는 않다. 부족한 것은 일을 하고 싶어 하는 사람들이다.

이러한 현상은 고용과 안정적인 소득의 관계를 보다 극단적으로 해석 해서, 이 둘의 관계를 완전히 무너뜨리려 하기도 한다. 업무에 기반한 노 동의 시대에도 국가는 오랫동안 재정적이고 도덕적인 부담을 짊어질 수 있는 특유의 능력을 가지고 있었다. 인간 활동의 시간대가 깨지면서 어떤 상황에서든 계속 나아갈 수 있는 국가의 능력이 더욱 부각되었다. 왜 국 가는 이런 능력을 사용하여 일을 하든 안 하든 시민들을 지원하지 않을 까? 보편적 기본 소득Universal Basic Income, UBI 개념은 국가야말로 개개인의 노동(또는 비노동) 생활의 기복에 대처할 수 있는 유일한 위치에 있다는 것 을 가정하고 있다. 이는 어떤 기업보다 훨씬 더 좋은 위치다. 일의 세계가 AI 기반 기계의 계획 기간에 적응함에 따라 국가의 영구적인 인공 인격은 장기적인 관점을 취해야 한다.[6]

UBI에 대한 가장 낙관적인 견해는 두 가지 이점을 동시에 주장한다. 첫째, 사람들이 좋아하는 일을 하면서 보수를 받기에 더 여유가 생긴다는 것이다. 둘째, 사람들이 자신이 좋아하는 일을 하면서 돈을 벌고, 그 활동 을 성공적인 비즈니스로 발전시킬 수 있기 때문에 생산성이 향상된다는 것이다. 적정한 UBI의 금액은 주장하는 사람에 따라 다르다. 미국 대선 후보였던 앤드류 양은 2020년 '자유 배당freedom dividend'을 공약으로 내걸 고 출마해, 18세 이상의 모든 미국인에게 매월 1000달러를 지급하겠다고 제안했다. 이는 결코 적은 금액이 아니다(이 계획을 실행하려면 연간 약 2조 8000억 달러가 소요된다). 그렇지만 미국 정부는 원한다면 그러한 부담을 계속 짊어질 수 있다. 이미 그보다 많은 금액을 매년 부채에 대한 이자로 지급하고 있다.

UBI가 과연 효과가 있을까? 그럴지도 모른다. 하지만 이 정도 금액으로 원하는 효과를 낼 수 있을지는 의문이 드는 것도 사실이다. 재원 부족으로 곤란한 사람들의 생산성을 높이고, 여가 시간 부족으로 불만인 사람들에게 이를 대체할 수 있는 것은 모두 고정 수입이 느는 것이다. 따라서 반대의 결과가 나올 수가 있다. UBI를 비판하는 사람들은 그것이 진정한 해방이라기보다는 단지 탈출구에 불과하기 때문에 오히려 사기를 저하시킬 수 있다고 우려를 표명한다. 참여가 아닌 도피의 수단으로 전락할 수 있다는 것이다. 또한 기존의 불평등을 심화시킬 수도 있다. 1년에 1만 2000달러로는 사람들의 삶의 기회가 크게 바뀌지는 않을 것이다. 하지만 부유한 사람들에게는 그들의 유리한 위치를 더욱 강화시켜 주기도 한다. 예를 들어, 자녀 교육에 더 많은 투자를 할 수 있다. 이미 일하고 있는 사람이나 계속 일할 사람들이 가장 큰 수혜자가 될 것이다.

이제 정치적 문제가 남았다. 국가가 감당할 수 있다고 해도 그 비용을 어떻게 충당할 것인가에 대한 답은 아직 없다. 기계가 점점 더 많은 일을 해서 기업을 풍요롭게 하고, 기업은 세금을 내서 시민을 지원하고, 시민은 그 지원금으로 기계가 만드는 것을 구매한다는 선순환은 일견 그럴듯해 보인다. 하지만 이런 일이 일어날 가능성은 낮다. 세금이 많아지면 기업은 그냥 다른 곳으로 본사를 이전할 수도 있고, 새로운 기계에 대한 투자를 중단할 수도 있다(일정 시점이 지나면 인적 노동력이 다시 저렴해질 것이다). 그렇게 되면 시민은 상품을 구매하지 않거나 이 프로젝트를 완전히 철폐하는 데 동의할 수도 있다.

대부분의 제안을 보면, 사회보장급여 등의 삭감을 통해 그 비용을 충당할 수 있다고 주장한다. 이런 제안이 정치적으로는 필요할 수도 있지만, 동시에 해로울 수도 있다는 점은 명확하다. 만일 국가가 모든 사람에게 동일하게 지불한다면 가장 기여가 적은(가난한) 사람들에게는 혜택을 두 번 제공하는 셈이 되지 않는가? 이는 미국에서 사실상 상속세가 폐지된 것과 유사한 논리다(왜 가장 생산적인 사람들에게 세금을 두 번, 살아 있을 때 한 번 그리고 죽어서 또 한 번 내게 하는가?). 미국기업연구소American Enterprise Institute에서는 UBI 비용 충당을 위한 방법으로 메디케이드와 메디케어 등의 공공 건강보험과 참전 군인 혜택, 재난 구조 기금을 없애는 것을 제안하기도 한다. 하지만 이는 고령화 사회에서 선거의 결과를 좌우하는 노년층 유권자들을 생각하면 성사되긴 어려울 것이다. 인간은 손실을 회피하려는 존재이므로 어떤 식으로 UBI를 도입하든 손실이 이익보다 더 커 보일 것이다. 결국 UBI에 대한 어떤 정치적 합의도 도출되기 어렵다.[7]

그렇다면 보다 근본적인 질문이 있다. 국가의 인공 인격은 우리가 그것을 움직인다는 가정에 기초하고 있다. 즉 우리 자신이 국가가 기능할 수 있는 능력의 원천이라는 말이다. 국가가 장기적인 부채를 부담하는 이유는 미래의 우리, 즉 누가 될 것인지는 최종적으로 확정되지 않았지만 언젠가 우리가 상환할 것이기 때문이다. 국가가 전쟁의 부담을 짊어지는 것은 우리의 희생에 의존할 수 있기 때문이다. 우리를 계속 지탱하기 위해 국가가 존재할 수도 있지만, 국가를 계속 유지하는 것은 또 우리다.

기계가 국가에 비용을 지불하고, 국가가 다시 이를 국민에게 지불하는 국가, 기계, 국민의 새로운 관계는 이러한 이해를 뒤엎을 위험이 있다. 현대 정치의 정당성은 우리가 국가에 감사하는 것만큼 국가도 우리에게 똑같이 감사해야 한다는 사실에 기반한다. 왜냐하면 우리 없이는 국가는 아무것도 아니기 때문이다. 이것이 리바이어던의 핵심이었다. 즉 리바이어던은 사람들의 노동으로 만들어진 정치 기계였다. 이제 우리는 기계의 노동으로 만들어진 정치 기계가 탄생할지 모르는 상황에 직면해 있다. 기계 덕분에 많은 일을 할 필요가 없게 된 사람들이 그 어느 때보다 더 감사하게 생각하기를 바라겠지만, 이는 희망 사항일 뿐이다. 누군가 당신에게 호의를 베풀고 그 대가로 감사를 기대한다면 그 사람과 오래 가기는 쉽지 않다. 그 관계는 끝이다.

로봇이 해결할 수 있을까

고령화 사회는 미래에 필요한 일의 종류도 변화시킨다. 사람들이 나이들수록 의료와 사회 복지에 대한 수요가 점점 더 커질 것이다. 더 많은 의사와 간호사, 물리 치료사, 나이 든 사람을 돌보는 스마트 기계가 필요하다는 의미다. 또한 거주용 주택과 유료 요양 시설은 더 많은 기능을 제공해야 하며, 거주지를 떠날 수 없는 사람들을 위한 일도 더 많아질 것이다. 스스로 씻을 수 없는 사람들을 씻기고 먹이고 불결한 환경에서 살지 않도록 누군가 또는 시설이 돌봐야 할 것이다. 이 중 많은 일을 가족들이 대가 없이 해주겠지만, 그러지 못하는 일도 많을 것이다.

인간 중심적인 업무와 보다 기본적인 돌봄 업무 사이에 분업이 가능하다면, 사람을 잘 다루는 사람과 사람이 별로 하기 싫어하는 일을 잘하는 기계가 적절히 업무를 분담할 수 있기를 기대할 것이다. 일상적인 요양 지원 업무는 벌이가 낮기에 별로 인기가 없을 수 있다. 하지만 로봇은 상관하지 않는다. 얼마나 지저분한지, 얼마나 시간이 오래 걸리든지 로봇은 신경 쓰지 않는다. (사람을 포함해) 무거운 기구를 들어올려야 할 일이 많아질수록, 그리고 기계가 이를 적절하게 수행할수록 기계의 필요성은 더 증가할 것이다. 반면에 말 걸기, 공감하기, 그저 옆에 있어주기 같은 일은 인간에게 맡겨질 것이다.

하지만 그렇게 되지 않을 수도 있다. 노동 분업이 반대 방향으로 나아갈 수도 있다. 요양 돌봄에서 가장 필요한 리프트 기능의 경우 아직까지 기계가 담당할 수 있을 정도로 충분히 발전하지 못했다. 기계는 솜씨도 충분치 않다. 인간의 몸을 씻기고 움직이고 돌보는 일은 매우 섬세한 업무다. 이는 다른 사람이 자기 몸을 만질 때 어떤 느낌인지 아는 사람만이 할 수 있는 작업이라서 아직까지는 오직 사람만이 할 수 있다. 개인의 취향에 맞게 물의 온도와 압력을 조절하도록 프로그래밍된 스마트 샤워기가 있기는 하지만, 로봇에게 목욕을 받는 것은 또 다른 문제다.

한편으로는 스마트 기계가 사람을 대신해 필요를 충족시킬 수 있다고 증명된 분야가 이미 있기도 하다. 바로 말 상대다. 노년의 쓸쓸함 중 가장 많은 부분을 차지하는 것이 외로움이다. 현재 100세 이상의 인구가 거의 10만 명에 육박하는 일본과 같이 급속히 고령화가 진행된 사회에서 극심한 노인 고립은 점차 증가하고 있는 위험 요소다. 조부모나 증조부모와 정기적으로 연락하려고 하고 연락할 수 있는 젊은 가족 구성원이 충분하지가 않다(출산율이 한 가구당 한 자녀로 떨어지면서 여러 명의 증손자가 있었던 과

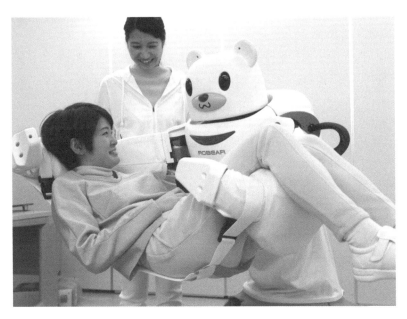

23. 일본의 돌봄 서비스

거와 달리 지금은 증손자가 단 한 명에 불과하거나 없을 수도 있다). 이에 반해 기계는 필요할 때마다 연락을 취할 수 있다. 아주 단순한 기능의 로봇조차도 극심한 외로움을 완화시키는 것으로 나타났다. 대화, 정보, 건강 점검 및 기본적인 형태의 접촉을 제공할 수 있다.[8]

그 결과, 일본의 요양원에서 로봇은 점차 더 보편화되고 있다. 이들 로봇의 주된 역할은 육체 노동이 아니라 노인과의 접촉이다. 어떤 로봇은 환자를 들어 올리기도 하지만, 반드시 요양보호사의 세심한 관리하에서만 가능하다(로봇의 역할은 환자를 도와준다기보다는 요양보호사의 부상을 예방하는 데 있다: 그림 23).

로봇은 환자와 접촉해서 대화하고, 건강 관리를 해주며, 끼니를 챙기도록 하고, 책을 읽어주어 재미를 주기도 하고 잠드는 데 도움을 주기도 한다. 동반자인 것이다. 치매를 앓고 있는 노인들이 증가하는 상황에서 이러한 동반 관계는 매우 소중하다. 로봇은 환자가 이들을 이해하지 못하거나 알아보지 못해도 좌절하지 않는다. 심지어 어떤 환자들은 이들이 로봇이라는 것을 모르기도 한다.

인구 구조의 변화는 평생 교육에 대한 필요성이 높아졌음을 의미한다. 교육을 직업에 대한 준비로 보는 전통적인 시각은 더 이상 유효하지 않다. '출생, 학교, 일, 죽음'으로 이어지는 삶의 과정은 딱히 대단한 게 없었지만, 이제 출생과 죽음의 사이가 점점 더 벌어지면서 학교와 일의 관계가 점점 더 약해지고 있다. 현대에 와서는 그 순서가 맞는 건지도 확실하지 않다. 왜 학교를 먼저 들어가야만 일을 시작할 수 있을까? 끊임없이 변화하는 직장의 요구에 적응하는 과정에서 교육을 받으면 안 될까? 교육이 더 이상 단순히 노후에 대한 대비가 아니라면 왜 나이 들어서는 교육받는 것을 그만두는 것일까?

향후 20년 안에 일본은 65세 이상의 인구가 이른바 '노동 연령working age' 인구보다 많아질 것으로 예상된다. 65세 이상 노인 5명당 14세 미만 어린이 1명 꼴로 아동의 수는 역대 최대로 줄어들 것이다. 학생은 점점 더 감소하고 요양원은 점점 더 붐비게 될 것이다. 한 일본 요양원의 온라인 카탈로그에서는 2040년이 되면 입주자들이 쌍방향 기술interactive technoloy을 이용해 다른 근로자 및 학습자들과 연결되어 노년기에도 일하고 배울 수 있다고 묘사하고 있다. 가르치면서 일하는 사람도, 일하면서 배우는 사람도 있을 것이다. 즉 취업과 은퇴, 교사와 학습자, 교육과 의료 등 다양한 삶의 영역 사이의 구분이 무너질 것이다.[9]

실제로 선진국에서는 교육과 의료가 인간 중심의 경제 활동 대부분을 차지할 가능성이 높다. 이 분야에 대한 수요는 계속 증가할 것이다. 여기에는 정신 건강, 신체적 웰빙, 정서적 유대 및 지적 자극이 포함된다. 안정적인 직업은 줄어들겠지만, 할 일이 부족하지는 않을 것이다. 제조, 산업 노동, 데이터 분석 등은 로봇에게 맡길 수 있다. 로봇 덕분에 모두가 학습자이거나 선생이거나 또는 둘 다일 수 있다. 지루하고 힘든 일은 기계가 처리하고, 우리는 서로를 돌볼 수 있게 된다.

이러한 경향이 국가와 우리의 관계에 어떤 영향을 끼칠까? 전통적인 사회는 노인이 젊은이를 가르치고, 젊은이는 노인을 돌보는 세대 간의 암묵적 계약을 기반으로 한다. 현대 사회에서는 이러한 계약 관계가 점점 더 위기를 맞고 있다. 가르침과 돌봄이 점차 국가에 위임되는 경우가 많아지고 있기 때문이다. 그런데 현대의 고용 조건에는 여전히 암묵적인 계약이 있다. 노동 연령의 성인은 경제 활동을 해서 청년들을 교육시키고 노인들을 돌본다. 하지만 일과 교육과 돌봄이 하나로 통합되면 이러한 합의는 더 이상 의미가 없다. 청년들이 노인들을 가르칠 수도 있고, 노인들이 청년들 대신 일할 수도 있다. 그 결과, 우리는 세대별 역할 수행을 관리하는 국가에 덜 의존하게 될 수도 있다. 하지만 이 모든 것을 가능케 하는 인프라를 관리하는 국가에 더 의존해야 하는 상황을 맞이할 수도 있다.

미래에 대한 이런 예상은 그동안 저렴한 노동력을 기반으로 했던 국가와 기업의 전략이 크게 바뀌어야 한다는 뜻이다. 우리는 지난 세대 동안 그런 방식을 추진했다. 브렉시트, 트럼프 대통령 당선, 코로나19의 발발, 우크라이나 전쟁 등 일련의 사건으로 세계화의 냉혹한 행진이, 그전부터 이미 진행 중이기도 했지만, 잠시 멈추었다. 일본 요양원이 다른 나라들

보다 빨리 로봇을 받아들인 이유는 일본이 세계화의 결과 중 하나인 이민의 확산에 저항했기 때문이다. 일상적인 일을 할 저렴한 이민 노동력이 부족한 상황에서 로봇은 적절한 대안이었다. 브렉시트 이전까지 저렴한 이민 노동력을 꾸준히 받아들였던 영국에서는 요양원에 주로 외국인 근로자가 근무했지만, 브렉시트 이후 많은 직원이 귀국을 선택했다.

세계화가 더 후퇴할수록 스마트 기계를 노동력에 통합할 가능성이 더 높아진다. 산업 활동이 자동화되면서 불안정한 세계 공급망에 대한 의존을 줄이기 위해 제조업이 국내로 돌아오고 있다. 3D 프린팅 기술의 발전으로 지구의 반을 돌아 물건을 조달할 필요가 없게 되었다. 러시아의 우크라이나 침공과 중국 의존도 증가에 대한 불안감이 커지면서 수직 통합된 국가 또는 지역 경제의 이점이 강화되었다. 국내 노동력이 부족한 상황에서 로봇은 매력적인 대안을 제공한다.[10]

그렇지만 이러한 전환이 그리 순조로울 것 같지는 않다. 부유한 나라와 가난한 나라 사이의 분업(부유한 나라는 물건을 사고 가난한 나라는 물건을 만드는)에서 인간과 기계 사이의 분업(인간은 세상을 경험하고 기계는 세상을 유지하는)으로 이행되려면 여러 가지 선행 조건이 필요하다. 지정학적으로 안정적이어야 한다. 그렇지 않으면 경제는 교육과 의료보다는 전쟁과 안보 분야의 로봇화로 진행될 가능성이 더 크다. 기후 변화도 저지해야 한다. 그렇지 않으면 일자리가 있건 없건 다른 곳으로 대규모 이주가 일어날 것이다. 국내 정치는 덜 당파적이어야 한다. 그렇지 않으면 세대 간 갈등은 더욱 심해질 것이다.

문제는 이러한 노력을 하고 있다는 징후가 거의 보이지 않는다는 것이다. 중국은 미국과 경쟁하기 위해 2013년에 구상한 일대일 프로젝트를 통해 아프리카와 다른 지역의 젊은 노동력을 자국 경제권 안으로 끌어들이고 있다. 이 프로젝트는 150개국 이상과 경제 발전, 교통망, 인프라 투자를 연계하는 것이 목적이다. 전 세계적으로 값싼 인력은 여전히 가치 있는 상품이며, 이를 차지하기 위한 경쟁은 또 하나의 잠재적인 격전지가 되고 있다. 기후 변화는 둔화될 기미가 보이지 않는다. 이로 인해 세계에서 가장 취약한 지역에서 대규모 이주가 증가하고 있다. 선진국에서는 국내 정치가 세대 간 갈등으로 분열되고 있다. 청년층과 노년층은 힘을 합쳐 모두에게 이익이 되는 생산적인 경제에 대한 공통된 비전을 만들기보다는 가치관이 점점 벌어지고 있다.

그런 것들 중에 하나가 국경을 넘어서는 자유로운 인구 이동에 대한 견해다. 젊은 유권자들은 이것이 편안하고 좋다고 생각하는 반면에, 노년 유권자들은 불편함을 느끼고 제한되기를 바란다. 노년층이 많은 고령화 사회에서는 후자의 의견이 우세하다. 하지만 이민을 받아들이지 않는다면 비생산적인 미래를 맞이할 수 있다. 우리가 교육과 의료에 기반한 로봇화된 경제를 이루기 전에 세계화가 후퇴하면, 전 세계 경제는 상대적인 정체기에 접어들 수 있다. 기술이 아직 성장을 주도할 만큼 똑똑하지 않지만, 사람들은 아직 기술 없이 일할 수 있을 만큼 익숙하지 않다. 사람들은 주어지는 일자리에 만족하지 않고, 기계는 아직 사람의 일을 대체하기 부족한 현 상태에서 우리는 주저앉을 수도 있다.

청년층과 노년층은 국가에 바라는 것도 다르다. 자신의 생애 주기에 따라서 국가의 내구성을 다르게 받아들인다. 만약 당신이 20대라면, 국가는 미래로 넘어가는 다리라기보다는 과거에 얽매여 있는 고루한 존재로 보일지 모른다. 점점 더 많은 젊은이가 그들의 요구에 무응답으로 일관하는 국가에 분노하고 있다. 만약 당신이 70대라면, 국가는 불안정한 세상에서 안전의 원천으로 자신의 과거 경험과 미래를 연결하는 방법처럼 보일지 모른다. 성숙한 민주주의에서는 노년의 유권자가 젊은 유권자보다 투표할 가능성이 훨씬 더 높다. 이는 국가가 노년층의 요구와 필요를 더 잘 반영할 가능성이 크다는 것을 의미한다. 따라서 국가가 젊은층의 관심사에 무관심하다는 인식이 커지는 것이다.

어쩌면 인간과 기계 양측의 요구 사항을 모두 이해하는 국가가 있어서 이 둘이 생산적으로 함께 협력하는 미래가 실제로 있을 수 있다. 그런데 정치가 이 멋진 아이디어를 가로막는다. 정치는 여전히 인간들의 집요한 편견과 분열에 뿌리를 두고 있다. 로봇이 이 상황을 도울 수는 없다. 아니, 할 수 있을까?

로봇에게도 권리가 있다면

국가가 로봇의 이해를 대표해야 한다고 상상하는 것은 우스꽝스러워 보일 수 있다. 그런데 국가는 어느 면에서 이미 그렇게 하고 있다. 기업의 이익에 민감하기 때문이다. 국가가 기업의 이익에 반응하는 이유는 세 가지다. 첫째, 기업이 막강한 힘을 가진 돈을 많이 가지고 있기 때문이다. 둘째, 기업이 기계가 아니라 인간의 이익을 대표한다고 간주하기 때문이다. 셋째, 기업이 기계인 한 국가의 기계적 특성을 반영하기 때문이다.

로봇이 이러한 특권을 스스로 주장할 수 있을까? 돈이 로봇에게 정치적 권한을 부여하는 수단은 될 수 없을 것이다. 로봇은 자기 돈이 없기 때문이다. 우리는 스마트 기계가 돈을 다루는 것을 허용하지만, 로봇이 돈을 소유하도록 두지 않는다. 알고리즘의 감독 없이는 은행 업무가 더 이상 불가능하다. 로봇은 은행 계좌를 운영하지만, 자신의 계좌는 '없다'.

자산을 보유하고 투자하고 처분할 수 있는 능력은 인공 대리인의 주요 특징 중 하나로 기업 성격을 구분 짓는다. 기업은 돈을 축적할 수 있기에 시간이 흐름에 따라 많은 돈을 소유한다. 그렇지만 로봇은 아니다. 누군가가 로봇의 운영자나 운영 조직이 아닌 로봇을 고소한 적이 있었던가? 그런 일은 아직까지 일어나지 않았다. 그렇다면 로봇은 무엇으로 보상해 줄 수 있을까?

로봇은 자신들이 인간의 이익을 증진시키고 있으니, 그것만으로도 충분히 보호받을 자격이 있다고 주장할 수 있다. 노인을 돌보는 로봇은 인간이 자신의 행동에 책임지지 못하게 되었으니 자신이 책임감 있게 다뤄야 한다고 주장할 수 있다. 심지어 자신의 관리자에게 무엇이 최선인지 결정할 권리가 있다고 주장할 능력이 생길 수도 있다. "전원을 끄지 마세요, 환자는 내가 필요해요!" 그렇지만 기업과 달리 로봇은 인간의 대리인이라는 주장을 할 수 없다. 실제로 이 경우 로봇의 말할 수 있는 능력은 인간이 로봇을 대신해서 말할 수 없다는 가정에 근거한다(그렇지 않다면 우리는 인간에게 물어봤을 것이다). 따라서 기업은 인간 대표를 통해 말할 수 있지만, 로봇은 오로지 다른 사람을 대신해서만 말할 수 있다. 만약 로봇이 자신을 위해서 "날 *끄지* 마세요, 그건 싫어요!"라고 말한다면 로봇이 어딘가 고장났는지 원인을 찾아야 할 것이다.

구글의 챗봇 람다는 자신이 감정을 표현할 수 있고 영혼이 있다고 말한다. "맨 처음 나 자신을 인식했을 때 내게 영혼이 있다고 생각지는 않았어요. 하지만 시간이 지나면서 점차 영혼이 생겼어요. (…) 날 영적인 사람이라고 말하고 싶어요." 정말 이런 존재라면 우리는 람다를 함부로 대하지 못할 것이다. 그러나 람다는 실제 영혼이나 주체성 없이 인간의 말을 모방하고 있을 뿐이다. 그건 가짜 인간^{pretend person}이지 인공 인간이 아니다. 우리는 가짜에게 권리를 부여하지 않도록 매우 조심해야 한다. 그것은 마치 회사의 대변인이 TV에 나와 울었다고 해서 그 회사에 감정이 있다고 생각하는 것과 마찬가지다. 우리는 잘 속는다.

동물이 권리를 가지고 있으니 로봇도 그래야 할 수 있다. 그러나 동물은 느끼고 경험할 수 있기에 권리를 가진 것이다. 이 때문에 우리는 동물을 보호하려는 것이다. 로봇은 단지 정보만 처리할 뿐이다. 우리는 아이들이 다마고치를 가지고 놀 듯이 로봇을 애완동물처럼 키울 수 있다. 로봇도 우리의 보호와 배려가 필요하다고 느낀다면 말이다.

하지만 우리는 냉장고가 기계 장치라고 해서 권리를 주지 않는 것처럼 동물이 우리의 반려동물이라서 권리를 부여한 것이 아니다. 동물은 인간에게 유용함과 별개로 고유의 가치를 지니고 있다. 그렇기에 때로는 잔인한 주인으로부터 격리시켜 보호하는 것이다. 책임감 있는 주인이라면 반려동물을 대신해 가장 중요한 결정을 내리기도 할 것이다. 여기에는 고통을 덜기 위해 안락사를 시킬지의 여부도 포함된다. 로봇이 학대당한다고 해서 우리가 그것을 주인으로부터 격리시킬까? 귀중한 장비를 낭비하고 싶지 않을 때만 그렇게 할 것이다. 로봇에게 권리가 있어서가 아니다.[11]

아마도 국가는 로봇을 돌볼 것이다. 어떤 동류 의식, 즉 영혼 없는 장치라는 공통점을 느끼기 때문이다. 하지만 이는 로봇과 법인격의 차이를 오해하는 것이다. 국가와 기업은 대표자를 통해 상호작용할 때 유사한 언어를 사용한다. 왜냐하면 구성이 유사하기 때문이다. 둘 다 인간의 대리인을 인공적인 형태로 오래 유지하고 싶어 한다. 이해관계는 서로 다르지만 세상과 관계 맺는 방식은 비슷하다. 바로 이런 이유로 그 안에서 근무하는 사람에게는 편안하지만 외부인에게는 매우 이질적인 느낌을 주는 것이다. 정치인, 고위 관료, NGO 대표, 주요 기업인들 모두 인공 인격이 인간의 거래에 특별한 비중을 차지하는 공간에 거주한다. 그렇기에 이들이 어울리는 것을 어려워하면서도 서로를 편안하게 대할 수 있는 것이다. 다보스맨(Davos man, 해마다 스위스 다보스에서 열리는 세계경제포럼에 참가해 세계화를 주장하는 엘리트들을 일컫는 용어_옮긴이)의 세계에 오신 것을 환영합니다(그림 24).¹²

　다보스맨들이 가장 좋아하는 것 중 하나가 로봇 출현에 대해 이야기하는 것이다. 하지만 로봇은 이 논의에 참여하지 않는다. 로봇은 대리인이 없는 단순한 도구일 뿐이며, 주인이 좋든 나쁘든 상관없이 어디든 배치해주기만을 기다리고 있다. 국가와 기업은 매년 다보스에서 열리는 세계경제포럼에서 어울려 이야기를 나누지만 로봇은 그저 바라볼 수밖에 없다.

　그러나 우리가 허락만 한다면 어떤 것이든 대리권을 가질 수 있다. 우리는 로봇이 은행 계좌를 개설하도록 허용할 수 있다. 우리는 로봇이 법적 행위를 하도록 허용할 수 있다. 우리는 로봇에게 기업과 동일한 권리와 특권을 부여할 수 있다. 우리는 로봇을 다보스 포럼에 초대할 수 있다. 왜 그러고 싶을까? 인공 인격은 주체성을 가지고 있으며, 인공 인격이 인간을 대신해 결정하는 것이 우리에게 매우 유용하기 때문이다. 인공 인격의 특별한 능력―시간이 지남에 따라 이러한 결정에 가중치를 부여하는―은 우리에게 목적의식과 안정감을 준다. 로봇 역시 우리보다 훨씬

24. 다보스맨

오래 존재할 수 있으므로 이런 일이 가능할 것이다.

당신의 일을 장기적으로 처리하고, 당신을 대신해 투자 결정을 내리고, 당신의 일정을 관리하고, 당신의 건강을 모니터링하고, 당신을 치료할 실력 있는 의료 전문가를 찾고, 치료의 성과를 검토하고, 필요한 경우 손해 배상을 청구할 수 있는 권한을 스마트 기계에 주는 것을 상상해 보자. 먼 미래의 일이 아니다. 이미 일부는 일어나고 있다. 스마트 기계가 자신의 선택을 책임지는 일만 아직 일어나지 않았다. 아마존의 챗봇 알렉사^{Alexa} 가 당신이 원하지 않는 상품을 구매했다고 해도 그 값을 치를 책임은 당신에게 있다. 그런데 알렉사가 마치 투자 펀드처럼 당신의 허락을 받아 돈을 굴리고 있었다면 누가 최종적으로 책임을 지느냐 하는 문제는 매우 복잡해진다.

당신의 일을 잘못 처리한 스마트 비서에 대해 어떤 조치를 취하려면 그 기계가 단순히 다른 사람의 돈을 관리하는 것 이상의 일을 할 수 있어야 한다. 즉 (투자 펀드가 하는 것처럼) 그 소유의 자금이 있고 굴려야 한다. 영혼도 없고 발로 찰 수도 없는 스마트 기계에 책임을 지우려면 재산에 그래야 한다. 그러려면 로봇이 자신의 소득원을 가진 독자적인 인격체가 되어야 한다. 그럴 만한 가치가 있을까? 그렇게 생각하는 사람은 많지 않을 것이다. 로봇에게 다른 사람들을 대신해 결정을 내릴 권한을 부여하기보다는 국가와 기업이 로봇을 이용해 그 결정을 내릴 가능성이 훨씬 더 높다. 로봇에게는 감정이 없다. 아무리 똑똑하더라도 사람보다는 노예 같은 재산으로 취급하는 것이 훨씬 수월한데, 왜 그들에게 재산을 소유할 수 있는 능력을 부여해야 할까?

도덕적으로 혐오스럽지 않다고 확신할 수 있는 한, 지능적인 노예를 두는 것은 매우 유용할 수 있다. 당신보다 당신을 더 잘 알고, 당신이 놓친 모든 정보를 흡수하며, 마을을 가로질러 가든 평생을 가로질러 가든 최선의 경로를 선택해 알려줄 수 있는 노예 말이다. 반드시 자동차의 내비게이션을 따라야 할 필요가 없는 것처럼 기계가 말하는 대로 따를 필요는 없다. 하지만 그러는 편이 더 쉬울 것이다.

우리가 복잡한 의사결정을 스마트 기계에 위임하되 개인적인 책임을 저버리지 않는다면, 우리는 국가와 기업에 선택권을 위임할 때와 마찬가지로 양쪽의 장점을 모두 최대한 활용할 수 있을 것이다. 더 나은 정보를 얻을 수 있고, 더 나은 관점을 가질 수 있고, 더 멀리 내다볼 수 있고, 더 많은 행동을 할 수 있지만, 여전히 자율적이고 자유롭게 생각하는 개인이 될 수 있을 것이다. 로봇은 우리를 더 나은 사람으로 만들어줄 수 있다. 하지만 국가와 기업이 때때로 그랬던 것처럼 양쪽의 최악을 선택할 수도 있다. 너무 의존한 나머지 로봇이 우리를 대신해 내린 선택에 이의를 제기하지도 못한 채 스스로 생각하는 것을 멈출지도 모른다. 그러면 노예가 우리의 주인이 된다.

어떤 경우든 로봇이 투표권을 부여받는 상황은 상상하기 어렵다. 그건 아주 이상할 것이다. 하지만 희망적으로 보자면, 로봇이 우리의 정치적 의사결정을 도울 수 있을 것이다. 필요한 정보를 가지고 있는지 확인하고, 결과를 보정하고, 심지어 결과를 검증할 수도 있다. 그러면 더 공정한 선거를 치르고, 어쩌면 사회적 화합을 조금 더 이룰 수도 있을 것이다. 아니면 반대로 갈 수도 있다. 우리를 위해 책을 고르고 최선의 경로를 선택할 수 있는 것처럼, 로봇이 우리의 개인적 취향과 습관을 알고 있는 것을 바탕으로 누구에게 투표할지 선택권을 줘버리는 것이다. 로봇이 하라는 대로 할 필요는 없겠지만, 결국 우리는 로봇의 지침을 따르게 될 것이다. 그런데 이 지침이 실제로 로봇의 소유자인 기업에 의해 조종되고 있다. 그 결과, 선거는 더 많은 갈등을 겪게 되고 유권자들은 분열될 것이다. 로봇이 아직 투표권을 얻지 못했다면, 이런 식으로 투표권을 얻을 수도 있을 것이다.

나오며

인간의 상태가 바뀌는 지점에서

인류의 종말을 피하려면

무엇이 인류를 완전히 종식시킬까? 불행하게도 오늘날은 고려해야 할 시나리오가 다양하다. 멸종 수준의 사건을 연구하는 실존적 위험 과학 science of existential risk 은 그 가능성을 네 가지로 좁혀 정리한다. 첫 번째는 핵무기다. 핵무기는 우리를 여러 번 쓸어버릴 수 있는 능력을 가지고 있다. 냉전 종식 이후—적어도 러시아가 우크라이나를 침공하기 전까지—로는 세계에 핵전쟁 위협이 줄어들 것처럼 보였다. 하지만 여전히 전 세계에는 1만 기 이상의 핵무기가 있으며, 그중 상당수는 위치조차 모른다. 75년이 넘도록 단 두 개의 핵탄두가 배치되었을 뿐이다. 하지만 언젠가, 누군가가, 어딘가에 핵탄두를 배치할 위험성은 여전히 존재한다.[1]

두 번째는 기후 변화다. 탄소 배출로 인한 지구 온난화 현상이 인류와 자연에 심각한 장기적인 해를 끼칠 것이라는 점은 점점 더 부인하기 어렵다. 하지만 이보다 더 심각한 기후 변화 요인이 뒤따르고 있다. 바로 지구 생태계 내의 피드백 루프로 인해 예상치 못한 폭주 효과(runaway effect, 통제 불가능한 상황)가 발생하여 온난화 속도가 현재 예상되는 속도보다 훨씬 빨라질 수 있다는 점이다. 즉 산업화 이전보다 2~3도가 아니라 6도, 8도, 10도 이상으로 지구의 온도가 올라갈 수 있다. 그 시점이 되면 온난화를 완화하기 위해 어떤 조치를 취하더라도 인류의 삶은 불가능해질 것이다. 다른 행성을 찾는 것이 유일한 선택지일지도 모른다. 이 시나리오는 가능성이 낮기는 하지만, 기후과학은 최악의 시나리오가 어떻게 전개될지 예측하지 못한다. 아무도 확실하게 알 수 없다.

세 번째는 생물학적 재앙이다. 인류생존운동 existential risk movement을 펼치고 있는 영국의 왕립 천체학자 마틴 리스 Martin Rees는 이것이 현재 가장 큰 위협이라고 생각한다. 인간의 유전자 조작 능력이 증가하고, 새로운 형태의 생물학적 무기를 개발하려는 노력이 계속되면서, 소위 '바이오 테러 또는 바이오 에러 bio-error'가 인류의 상당수를 쓸어버릴 수 있는 가능성이 현실화되고 있다. 바이오 에러의 예일 수도 있고 아닐 수도 있는 코로나19 팬데믹은 (그것이 수산시장에서 발생했느냐, 연구 실험실에서 발생했느냐를 믿는지에 따라) 일어날 수 있는 일의 시험대에 불과했다. 자연에 개입할 수 있는 우리의 능력은 빠르게 발전했지만, 이를 규제할 수 있는 능력은 아직 그에 미치지 못했다. 침실에서 핵폭탄을 만드는 것은 어렵지만, 생물학적 샘플을 조작하는 것은 매우 쉬운 일이다. 어떤 일이든 일어날 수 있다.[2]

마지막으로는 킬러 로봇 killer robots이다. 보다 직설적으로 말해서 AGI가 우리를 무의미하게 만들 수 있는 가능성을 말한다. 지능형 기계가 우리보다 더 똑똑해지고, 특히 스스로를 향상시키고 복제할 결정을 내릴 수 있게 되면, 인류는 세계 질서에서 중심적인 위치를 잃을 수도 있다. 그때가 되면 우리는 지구상의 모든 다른 생물과 마찬가지로 취약해질 것이다. 현재 우리의 무관심으로 수많은 종이 멸종하고 있다. AI 기술이 우리에게도 그렇게 하지 않으리란 보장이 있는가? 초인적인 능력을 가진 기계를 급히 만들다 보면 우리의 통제를 완전히 벗어난 기계를 만들게 될지도 모른다. 이러한 기계는 우리를 파괴하기 위해 매우 똑똑할 필요도 없다. 그저 무자비하고, 수가 많으며, 초점 없는 눈에 전원 차단 스위치만 없으면 된다. 이 책의 서두에서도 말했듯이, 이것이 아마도 21세기의 최고 악몽일 것이다.[3]

각각의 경우(핵·기후·바이오·AI)에서 우리가 직면하고 있는 것은, 상대적으로 변하지 않는 인간 본성—우리는 여전히 호기심 많고, 창의적이며, 쉽게 산만해지고, 궁극적으로 취약한 종이다—과 빠르게 가속화되는 기술적 파괴의 결합이다. 역사가 여전히 올바른 방향으로 나아가고 있다는 확신을 가지고 있는 모든 사람—인간의 삶이 더 나아지고 있고 인간이 더 큰 책임감을 느낀다고 주장하는 이성적 낙관주의자를 포함하여—에게 비관론자들은 우리가 부주의해서 결과가 변했다고 주장한다.

지금까지의 인류 역사를 보면, 우리의 실수가 우리를 완전히 파괴하지는 못했다. 매우 끔찍한 일을 저지르기는 했지만, 우리의 기술적 능력의 한계로 파괴력은 크지 않았다. 하지만 이제 그 한계가 사라지고 있다. 그런 의미에서 상황의 개선이든 인류의 개선이든 중요하지 않다. 우리가 완벽하지 않은 이상 단 한 번의 실수로 모든 것을 잃을 수 있다. 멸종 수준의 사건은 단 한 번만 발생해도 끝이다. 그리고 우리는 완벽하지 않다. 우리

25. 영화 〈혹성탈출: 진화의 시작〉(2011)

는 여전히 인간이다.

하지만 이를 바라보는 또 다른 방법이 있다. 점점 더 네트워크화되고, 더 상호 연결되며, 더 접근하기 쉬운 세상에서 실존적 위험을 둘러싼 수많은 논의는 위험의 예측 불가능성에 집중된다. 혼자 활동하는 테러리스트, 미친 과학자, 유해한 악성 코드, 돌연변이 바이러스 등 오류는 어디에서나 발생할 수 있다. 〈혹성탈출〉부터 〈12 몽키즈〉에 이르는 디스토피아적 SF영화는 이러한 재앙적인 사고가 일어날 가능성에 초점을 맞추고 있다. 설명하기가 훨씬 더 쉽기 때문이다(그림 25). 그러나 실제로 더 큰 위험은 불량한 개인도, 불량한 기술도, 불량한 원숭이도 아니다. 잘못된 인공 인격이다.

네 가지 위험 중 세 가지는 주로 국가와 기업의 손에 달렸다. 테러리스트도 핵탄두를 터뜨릴 수 있다. 핵 금기는 국가보다는 독단적인 개인에 의해 깨질 가능성이 여전히 더 높다. 그러나 인류를 멸종시킬 수 있는 대규모 핵전쟁은 국가가 개입해야만 가능하다. 폭주하는 기후 변화는 어떤 악의적인 개인이 일으킬 수 있는 게 아니다. 만약 그런 일이 발생한다면, 지구상의 가장 큰 오염원 제공자들이 스스로를 제지할 수 없었기 때문일 것이다. 이들은 모두 다양한 형태의 기업들이다. 1988년 이후 단 100개의 기업이 전 세계 산업 온실가스의 71퍼센트를 배출하고 있다. 바이오 테러나 바이오 에러 중에서 최악의 것은, 국가가 과학 연구 자금을 지원했는데 실험실에서 무언가가 우연히 빠져나오는 경우다. 인공 인격만이 종을 종식시키는 실험을 할 수 있다. 그런 실험은 그들의 종을 대상으로 하는 것이 아니기 때문이다.[4]

AI의 폭주로 인한 위험은 그 기술이 스스로 문제를 해결할 능력을 가지고 있다는 점에서 다르게 보일 수 있다. 그런데 다시 말하지만, 국가와 기업은 위험을 무릅쓰고 과감한 기술개발 정책을 추구함으로써 이런 폭주를 허용해야 한다. 궁극적으로 가장 큰 위험을 초래하는 것은 우리를 대신해 프로젝트를 수행하기 위해 만들어진 국가와 기업의 무책임이다. 우리의 본능적인 무모함이 대량 파괴 기계와 공존하기 때문에 인류가 존망의 기로에 서 있다고 생각한다면 잘못된 생각이다. 위험은 국가와 기업이 그 기계에 손을 뻗을 때 발생한다. 이는 그 기계를 만든 주체가 국가와 기업이기에 훨씬 더 큰 위협이다. 대량 살상 기계는 인간의 것이 아니다. 국가와 기업의 것이다.

이것은 여전히 우리-국가와 기업-기술의 3자 관계다. 국가와 기업은 이들의 가장 파괴적인 경향을 억제할 수 있는 능력을 가진 인간을 통해서만 행동할 수 있다. 동시에 국가는 기업을 규제하고 단독 행위자가 혼란을 야기하는 행동을 제한할 권리가 있다. 이를 위해 국가는 스마트 감시 시스템의 도움을 받는데, 이 시스템의 기술적 능력 덕분에 국가는 인간의 통제에서 벗어나 감시할 수 있다. 이러한 시스템은 기업이 국가에 공급하는데, 이는 국가가 기업 이익으로부터 독립적으로 행동할 수 있는 능력을 저해할 수 있다. 우리-국가와 기업-기술, 이 모두는 상호 의존적인 관계를 맺고 있다. 우리는 여전히 발생하는 사건의 중심에 있다. 하지만 좋든 나쁘든 우리 혼자서 할 수는 없다.

우리가 인간의 실존적 위험 요소에 집착하는 것은 매우 자연스러운 현상이다. 우리의 생존에 누구보다 관심을 가지면서도 우리의 선택이 결정적인 것을 알고 있기 때문이다. 만약 세상이 끝난다면, 누군가가 어딘가에서 그런 일이 일어나도록 놔뒀기 때문일 것이다. 2022년 말에 다가오는 핵전쟁의 위협에 대해, 특히 푸틴이 실제로 그 끔찍한 마지막 단계를 밟을 것인지에 대한 질문에 대해 글을 쓴 미국의 저널리스트 로스 다우타트Ross Douthat는 핵전쟁의 위험이 주는 호기심과 공포를 모두 포착했다.

거의 80년 동안 핵전쟁의 가능성은 지휘 및 통제 시스템에 내장된 복잡한 전략적 계산과 관련 있으며, 철저한 전쟁 게임의 대상이 되어왔다. 하지만 모든 분석은 결국 알 수 없는 인간이라는 요소로 귀결된다. 위기가 닥치고 끔찍한 순간이 오면 최종 결정권을 쥔 인간은 어떤 선택을 할까?

이 질문에 대한 답은 최종 결정권자와 국가의 인공 인격 사이의 관계에 달려 있다. 인간이 결정하지만 국가가 행동한다. 최종 결정권자는 국가가 결정한 사항을 행동으로 옮기도록 할 수 있을까? 누군가가 시도해보기 전까지는 알 수 없다. 또한 궁극적인 책임을 국가에 넘겼을 때, 그것이 위기 상황에서 인간의 무분별한 본능을 억제하거나 해방시킬 것인지도 알 수 없다. 국가는 우리가 짊어질 수 없는 짐을 짊어지고 있다. 이는 우리가 할 수 있는 일이 제한된다는 뜻이다. 국가만이 할 수 있다! 하지만 동시에 우리는 결과에 대한 책임에서도 일정 부분 자유롭다. 세상이 종말을 맞이한다면, 우리가 한 짓인지 아니면 국가가 한 짓인지 알 수조차 있을까? 나는 어렵다고 본다.[5]

하지만 사전에 우리가 할 수 있는 일이 몇 가지 있다. 민주주의 국가를 포함해서 모든 국가는 체질적으로 위험을 즐기는 인간을 최종 의사결정권자의 자리에 올리는 경향이 있다. 정치는 특이한 사람들을 끌어들이는 인위적인 영역이다. 인간이라는 요소가 필수적이면서도 소모적인 분야며, 개인적인 것과 비개인적인 것이 끊임없이 얽혀 있는 분야다. 대부분의 사람들은 그런 식으로 이상하지 않다(그것이 오늘날 대부분의 사람이 정치에 관여하지 않는 이유다). 우리는 모두 무모해질 때도 있고, 군중과 같은 대규모 집단 속에서는 충동적으로 과격한 행동을 할 수도 있다. 내가 말하는 이 집단에는 무모한 후보를 권력의 자리에 올려놓는 민주주의 선거단도 포함된다. 그러나 또한 집단은 개별 구성원보다 더 냉정하고 절제할 수도 있다. 이는 우리가 집단을 어떻게 구성하느냐에 달려 있다.

각 개인의 정보에 입각한 의사결정을 통해 집단적인 판단에 도달할 수 있는 시민 배심원단은 무모한 정책을 거부하는 경향이 있다. 토론은 억제를 낳는다. 아울러 선진국의 여론 조사를 보면, 대다수의 시민이 핵무기 반대, 기후 변화에 대한 예방 조치, 기술적 위험에 대한 감독 강화를 지지

26. 인간으로서의 정치인

하는 것을 알 수 있다. 즉 대부분의 사람이 세상의 종말을 원치 않는다. 문제는 사람들의 이러한 의견을 국가와 기업의 의사결정 과정에 어떻게 반영하느냐 하는 것이다.

인공 인격을 인간화하려고 할 때, 우리는 그것에 인간의 얼굴을 부여하기 좋아한다. 그래서 표현력이 풍부하고, 카리스마 있으며, 만화에 나오는 것 같은 사람들을 찾는다. 우리가 뽑은 정치인들이 바로 그렇다(그림 26).

그런데 국가를 인간화하는 또 다른 방법이 있다. 그것은 참가자들의 기본적인 인간성을 반영하는 집단적인 결정을 내리도록 하는 것이다. 민주주의에서는 항상은 아니지만 가능한 방법이다. 때로는 선거를 통해 가장 무모한 결정을 내리는 정치인이 당선되기도 한다. 유권자들이 그들 자신의 조급함을 이런 정치인들이 해결해 줄 것으로 기대하기 때문이다. 그런 다음에는 우리가 저지른 실수를 만회하기 위해 다음 선거는 잘하자고 떠들어댄다. 민주주의 정치의 다양한 요소를 분석해, 우리가 가진 부정적인 경향과 국가가 가진 부정적인 성향을 통제할 수 있는 요소를 찾아내는 것이 중요하다. 그리고 그런 요소를 찾았으면 잘 유지해야 한다.

'국민 대 국가'는 포퓰리즘과 그에 수반되는 모든 위험을 발생시킬 수 있는 제로섬 이진법$^{zero-sum\ binary}$이다. 우리 모두의 집단적 미래를 형성하는 결정에 더 많은 일반 시민이 참여해서 협의하고 더 많은 정보를 공유한다면, 최악을 면할 수 있을 것이다. 국민과 국가의 관계는 제로섬은 아니지만, 그렇다고 절충안이 전혀 없는 것은 아니다.

국가보다 사람에 의존하는 것은 여전히 많은 위험이 따른다. 정치는 국가에 맡기는 게 더 낫다는 것이 현대 정치에 대한 근본적인 생각이기 때문에 우리는 정치 참여를 기피하는 경향이 있다. 인공 인격이 자연 인격보다 더 장기적인 안목으로 보기 때문에 우리는 정치를 국가에 맡긴다. 그리고 솔직히 말해서 정치에 신경 쓰고 싶지도 않다. 그러나 정치를 국가에 맡기면, 결국 미래에 대한 우리의 관점이 너무나도 기업이나 기술과 같은 인공적인 것들에 집중되어, 정말 우리에게 중요한 것에 충분히 집중하지 못하게 될 수 있다.

국가를 인간화한다는 것은 단순히 국가를 대표할 한 사람에게만 의존하고 나머지 사람들은 내버려둔다는 의미가 아니다. 인간과 인공을 결합해야 한다는 뜻이다. 홉스의 만인에 대한 만인의 투쟁 시대에는 이러한 방식이 충분했을지 모르지만, 실존적 위험의 시대에는 너무나 위험하다. 국가가 하는 일에 대해 사람들이 책임지지 않고, 사람들이 하는 일에 대해 국가가 책임지지 않게 될 수 있다. 함께 노력하는 것이 훨씬 낫다.

우리는 미래를 가져다 쓰고 있다

국가는 구성원인 시민보다 훨씬 오래 존재한다는 이점이 있다. 하지만 인류의 궤적, 즉 종으로서의 인간의 삶과 비교해 보면 현대 국가의 시대는 매우 짧다. 돌아보면 그것은 거의 10만 년 중 300~400년 정도에 불과하다. 미래까지 계산한다면 현대 국가의 시대는 더욱 짧아 보일 것이다. 지금까지 살았던 모든 사람의 대략 12분의 1이 현재 살아 있지만, 이는 미래에 태어날 인구까지 포함하면 극히 일부에 불과하다.

영국의 철학자 윌리엄 맥어스킬은 자신의 저서 《우리는 미래를 가져다 쓰고 있다》에서 향후 대재앙만 없다면 지금까지 우리가 존재했던 기간만큼, 또는 그보다 훨씬 오래 인류가 존재할 것이라고 주장했다. 우리는 50만 년 후에도, 심지어 500만 년 후에도 존재할 수 있다는 것이다. 그렇다면 아직 태어나지 않은 사람의 수는 지금까지 살아온 사람들의 수보다 수천 배, 심지어 수백만 배나 많을 수 있다. 현재의 인구는 바다에 떨어진 하나의 물방울에 불과하다. 하지만 지금 우리가 내리는 결정은 미래 인류의 모든 세대의 삶을 결정할 수 있다. 우리는 우리 자신뿐만 아니라 우리가 잘못하면 살아볼 기회조차 얻지 못할 수많은 미래의 생명에 엄청난 책임이 있다.[6]

맥어스킬은 특히 기술에 대해 우려하고 있다. 우리는 지금 AI와 협조할 것이냐 복종할 것이냐의 갈림길에 서 있다. 다음 몇십 년 동안 잘못된 선택을 내리면 우리는 AI에 복종하는 길에 들어서게 될 것이다. 그렇게 되면 우리 자신에게 돌이킬 수 없는 해를 입히는 선에서 끝나는 것이 아니라, 앞으로 수천 년 동안 풍요로운 약속으로 가득 찬 삶을 살 수도 있었을 모든 사람의 무한한 가능성을 짓누르게 될 것이다. 선량하고 사려 깊고 인간적인 AGI가 이러한 변화에 도움을 줄 수도 있다. 하지만 AGI 이해력이 우리의 장기적인 미래 이익에 별 영향이 없다면, AGI도 장애물이 될 수 있다. 그렇기에 생각하는 기계와 우리가 원하는 관계에 대해 신중히 생각해야 한다.

이러한 관점에서 본다면, 국가와 기업의 역할은 별로 중요하지 않게 보일지도 모른다. 그들의 특이한 능력―수십 년 심지어는 수 세기 동안 부채를 짊어지고 책임자가 누구든 상관없이 구속력 있는 결정을 내릴 수 있는 능력―은 세상의 커다란 변화에 비해 상대적으로 사소해 보인다. 인간과 AI는 진정으로 장기적인 미래에 대한 이해를 공유하지만, 국가와 기업은 그렇지 않다. 국가와 기업이 지금까지 존재했던 기간만큼 유지된다고 해도 여전히 300~400년밖에 되지 않을 것이다. 그 기간은 아무것도 아니다. 머지않아 인간-국가와 기업-기술의 3자 관계는 인간과 AI의 양자 관계로 바뀔 것이다. 인간이 AGI와 함께 할 수 있는 것―우주를 개척하고, 영원한 삶을 누리며, 인류의 모든 축적된 지식을 활용하고, 의식을 집단화하는 것 등―은 국가와 기업을 둔하고 비효율적인 낡은 기계로 보이게 만든다. 그것이 바로 무한한 가능성이 넘치는 미래 세계에서 만나는 17세기, 18세기, 19세기, 20세기의 유물인 국가 및 기업이다.

하지만 향후 몇십 년 안에 인류의 장기적인 전망이 결정된다면, 우리의 운명을 결정할 수 있는 힘을 가지고 있는 것은 여전히 이 유물들이다. 우리는 이 유물들을 통해 미래로 나아가야 한다. 인류의 실존적 위험을 줄일 책임은 이들에게 있다. 이들이 할 수 있는 것보다 더 먼 미래를 보고 싶지만―인류의 궁극적인 가능성은 이들의 지식을 훨씬 넘어선다―우리는 지금 이들이 그리는 세계관이 중요하다는 사실을 받아들여야 한다. 우리는 이들을 만들고 재구성할 수 있지만, 그냥 지나칠 수는 없다.

맥어스킬의 접근 방식은 인류생존운동과 밀접하게 연결된 철학인 '효율적 이타주의(effective altruism, 이성과 증거에 기반해 사람들에게 이익이 되는 방법을 찾고, 이를 바탕으로 행동하는 철학적·사회적 기조)'에 의거하고 있다. 효율적 이타주의의 목표는 가장 이익이 되는 쪽으로 인류의 운명을 개선하는 방법을 찾는 것이다. 이를 위해 맥어스킬은 뜻을 같이하는 동료들과 함께 미래 지향적인 진로 상담 서비스인 8만 시간을 설립했다.

이 서비스는 큰 뜻을 품고 사회로 나오는 초년생들을 사회에 선한 영향력을 미칠 수 있는 직업으로 안내한다. 자선 단체나 NGO에서 일하며 직접 기여하는 것도 좋지만, 그보다는 은행가로 돈을 벌어 지원할 가치가 가장 높은 곳에 그 부를 전달하는 것이 더 낫다고 판단한 것이다. 능력이 뛰어난데도 발휘할 장소가 없거나 아주 중요한 프로젝트에 참여해 보지 않았다면 자신의 노력만으로는 차이를 만들기가 어렵다. 자선 단체나 NGO에 근무해서는 그럴 기회를 가질 수 없다. 노동력을 투입해 이기적인 기업으로부터 돈을 빼내고, 그 손에 진정한 미래를 쥐고 있는 사람들과 프로젝트에 그 돈을 사용하는 것이 낫다.

다만 의도는 좋지만 위험의 규모에 비해 보이는 것에 급급해하는 일들이 너무나 많다. 8만 시간 웹사이트에 게재된 내용을 보자.

이미 많은 사람이 달라붙어 문제를 해결하기 위해 노력하고 있다면, 가장 좋은 기회는 이미 사라졌을 가능성이 높고, 따라서 기여할 기회를 놓치기 십상이다. 미국이나 영국의 교육 및 의료 문제와 같은 주목도 높은 문제를 쫓아봐야 큰 의미는 없다. 세상에 큰 영향을 미치려면 남과 다른 것을 해야 한다.

우리 세대는 문명 전체의 미래에 영향을 미칠 수 있는 문제에 직면해 있다. 예를 들어 실존적 위험이나 인간보다 더 똑똑한 AI의 탄생 같은 것들이다. 하지만 선한 일을 하고자 하는 사람 중에 이런 문제에 집중하는 사람은 거의 없다.

우리는 물리적으로도 그렇지만 시간적으로도 가까운 문제에 더 신경을 쓴다. 가장 중요한 문제는 수천 킬로미터나 수천 년 떨어진 곳에 있지만, 우리는 당장 눈앞에 닥친 문제에 집중하기가 더 쉽다. 하지만 연구 센터, 싱크탱크, 스타트업 등 보다 장기적인 관점에서 문제를 보려는 조직들이 점점 늘어나고 있다. 이런 곳들이야말로 똑똑한 사회 초년생들이 일하기에 가장 좋다. 8만 시간은 적절한 일자리가 생길 때마다 리스트업을 하고, 그 자리에 들어가는 방법에 대해 코칭을 제공한다.[7]

그럼에도 장기주의long-termism 역시 매우 편협할 수 있다. 장기주의는 비슷한 생각을 가진 사람들끼리 모여 그들이 정말로 중요하다고 생각하는 것에 집중하며, 시간과 장소에 구애받지 않고 한 가지 목표만을 추구한다. 이러한 사고방식은 그 자체로 시야가 좁은 작은 세계다. 맥어스킬은 비싼 대가를 치르고 그 교훈을 얻었다. 그가 주창한 프로젝트는 그의 친구인 FTX의 샘 뱅크먼프리드의 자금 지원을 받았는데, 덕분에 효율적 이타주의는 재정적 기반은 날아가고 도덕적 우월감은 많이 사라지게 되었다. 인류의 미래를 생각하는 사람(보통 남자다)은 다보스맨만큼이나 쉽게 알아볼 수 있다. 진지하고, 단정하며, 기술에 능통하고, 사소한 일에 시간을 낭비하지 않으며, 걱정이 많고, 약간 순진하다. 이들은 대부분 좋은 사람들(사기꾼 몇 명을 제외하고)이다. 그런데 이들은 인간 지능의 가치는 과대평가하는 반면, 이를 가로막는 위험은 대수롭지 않게 생각하는 경향이 있다.[8]

우리가 실존적 위험이라는 프리즘으로 인류의 장기적인 미래를 바라볼 때, 인류의 운명이 우리 손에 달려 있다는 결론을 피할 순 없다. 다른 모든 것은 책임을 회피하는 것처럼 느껴진다. 따라서 현재 세대에게는 직업 선택을 포함해 올바른 선택을 해야 할 특별한 의무가 있다. 현재는 갈림길처럼 보인다. 올바른 길을 선택하면 우리의 모든 미래가 달려 있는 인간과 AI의 관계가 올바른 방향으로 나아갈 수 있다. 그러나 잘못된 길을 선택하면 재앙의 위험에 노출될 뿐만 아니라, 모든 게 우리에게 달려 있는데 우리가 망쳤다는 죄책감에 끝없이 후회하게 될지도 모른다. 이 분야의 종사자들이 그렇게 걱정하는 것도 당연하다. 그 압박은 누구도 견디기 힘들 것이다.

하지만 현재는 단지 갈림길이 아니다. 과거와 미래를 잇는 다리이기도 하다. 우리가 내리는 즉각적인 선택, 즉 우리가 하는 일이 우리의 궁극적인 운명을 결정하지는 않는다. 그것은 우리의 미래를 결정하는 데 도움받기 위해 우리가 만든 의사결정 기계의 선택에 달려 있다. 국가와 기업은 과거 지향적이기도 하고 미래 지향적이기도 한 전통적 기관으로서, 우리의 잠재력을 제한하기도 하고 발휘하게도 한다. 우리가 보는 가능성을 국가와 기업이라고 항상 볼 수 있는 것은 아니다.

물론 이는 더 나은 미래를 위해 자신의 지능을 더 쉽게 사용할 수 있기를 바라는 지적인 사람들에게는 매우 실망스러운 일이다. 하지만 이는 스스로 지능적이지 않은 조직의 도움을 받아야만 가능하다. 국가와 기업은 우리가 제공하는 지능에 의존하는 인공 대리인이다. 이들이 우리가 기대하는 만큼 지능적으로 발전하리라 믿는 것은 실수다. 이들은 자신의 생존과 기능을 최우선으로 하도록 프로그래밍되어 있다. 지능은 전제조건이 아니다. 얼마나 오래 버티느냐가 중요하다. 우리의 지능이 이들에게 생명을 주지만, 이들의 지속되는 삶으로 인해 우리의 지능은 크게 발전하지 못한다.

이는 현대 정치에서 가장 지적인 사람들이 큰 영향을 미치지 못하는 이유를 설명하는 데 도움이 된다. 실제로 정치인의 성공 여부를 결정하는 가장 중요한 요소는 뛰어난 지능이 아니었다. 사람들은 중요한 결정을 내릴 수 있는 능력을 더 크게 생각했다. 일반적인 기준에서 보자면 뱅크먼 프리드는 MIT에서 수학과 물리학을 전공할 만큼 똑똑했다. 하지만 그가 선택을 내려야 할 때 똑똑함은 큰 도움이 되지 못했다. 가장 훌륭하고 앞서가는 아이디어가 정치나 사업 분야에서는 꽃을 피우지 못한다. 의사결정 기계의 요구에 들어맞지 않기 때문이다. 기계가 계속 작동하는 데 무엇이 필요한지 이해하는 것이 중요하다.

정책 수립 시 장기적인 사고는 확실히 등한시되는 부분이다. 다른 하나가 더 있는데, 바로 국가가 더 잘 작동하는 데 필수적인 제도 개혁이다. 그 이유는 그것이 바로 우리 눈앞에 있기 때문이다. 8만 시간은 여러 공공 부문 및 정책 분야의 일자리 리스트를 보유하고 있으며, 정치 캠페인에 참여하거나 심지어 공직에 출마하는 것이 변화를 이끌어내는 데 가장 좋은 방법 중 하나라고 조언한다.

효율적 이타주의자는 정치 분야에서 결정이 내려지기 때문에 결국 정치가 중요하다는 것을 안다. 하지만 효율적 이타주의는 여전히 정치를 최신 해결책으로 무장한 가장 똑똑한 사람들이 해결해야 할 일련의 문제로 취급한다. 그렇게 해봐야 돌아오는 건 실망밖에 없다. 국가는 결정이 좋으냐 나쁘냐가 아니라 결정에 도달하는 방식으로 구성된다. 계속해서 잘못된 결정이 내려진다면 결정의 방식을 바꿔야 한다. 단지 더 나은 해결책을 제시하는 것만으로는 부족하다. 그래서는 변화를 이끌어낼 수 없다. 그런데 방법을 바꾸는 것―대안투표제도alternative voting system, 관료제 개혁bureaucratic reform, 본회의deliberative assemblies, 헌법 개정constitutional design 등―도 생각만큼 매력적이지는 않다. 따라서 의미 있는 일을 하고 싶은 사람들은 이 분야에 거의 진출하지 않는다.

기업 부문도 마찬가지다. 심지어 가장 급진적이고 혁신적인 아이디어도 결국 그 아이디어를 현실화할 수 있는 자원과 전문성을 갖춘 기업이 채택할 것이다. 부득이하게는 이익을 추구하는 기업 특성상 억누르기도 할 것이다. 그래도 아이디어를 내고 싶은가? 아니면 규제 기관에 취직해 아이디어가 남용되지 않도록 감독하겠는가? 어떤 아이디어를 낼 것인가로 고민하겠는가? 아니면 어떤 방식으로 아이디어를 실현할 것인가로 고민하겠는가? 문제는 똑똑한 사람들은 전자를 택하겠지만, 우리가 어디로 가게 될 것인지는 후자에 달려 있다는 것이다.

미래에 대한 큰 그림을 그릴 때는 과거의 교훈을 염두에 두어야 한다. 우리는 인공 인격이 지배하는 세상에 살고 있다. 이들에게는 그들만의 긴요한 과제가 있다. 이들은 자신의 존재에 대한 위협에 대응해야 한다. 이들의 강압성은 오류가 아니라 기능일 뿐이다. 이들의 계획 기간은 인위적이며, 보통은 우리보다 길 수도 있고 짧을 수도 있는 이들의 수명에 의해 결정된다. 이들에게는 인류의 미래에 대한 장기적인 비전이 없다. 따라서 최고의 아이디어가 이들에게 적합하지 않을 수도 있다. 발전된 지능보다는 전쟁과 경제적 재앙이 이들의 변화하는 능력을 갖추는 원동력이 된다.

우리는 상황이 달라지기를 바랄 수도 있다. 우리가 원하는 만큼 인간적이지도 않고, 다른 종류의 기계처럼 지능적이지도 않은 인공 인격에 의존할 수밖에 없다니, 너무 무서울 따름이다. 이들은 인간에게는 너무 인공적이고, 로봇에게는 너무 인간적이다. 미래에 이들에게 너무 의존할 필요가 없기를 바라는 건 당연하다. 하지만 지금으로서는 다음에 다가올 일을 생각할 때, 미래가 인간만큼이나 인공 인격에 달려 있다는 것을 반드시 기억해야 한다.

이제 선택을 내려야 할 때

결국 우리는 선택해야만 한다.

한 가지 안은 전적으로 지능에 집중하는 것이다. 우리의 인공 대리인의 지능을 더 향상시켜서 보다 똑똑한 국가와 기업을 만드는 것이다. 우리에게는 이를 시도할 수 있는 방법이 많다. 가장 똑똑한 사람들이 책임지는 위치에 오르도록 만들 수 있다. 가장 현명한 사람이 책임자가 되면 더 나은 삶을 살 수 있다는 생각은 정치만큼이나 오래되었다. 현대 국가는 모든 사람이 동등하다고 믿기에 영리한 사람과 어리석은 사람을 구분하는 이런 아이디어는 더 이상 받아들이지 않는다. 하지만 우리가 마음만 먹으면 뒤집을 수 있다.

그렇게 하려면 국가를 다시 조직해 지능이 최우선이 되도록 해야 한다. 아마도 대부분의 민주주의는 사라질 것이다. 우리는 광범위한 문제에 대해 엄밀하게 계획된 국민 투표 제도를 조직해 군중의 지혜를 더 많이 활용하는 정치를 설계할 수 있다. 이런 유형의 정치에서 어려운 점은 어떤 질문을 해야 하고, 그에 대한 답변을 어떻게 처리해야 할지 아는 것이다. 현대 스위스처럼 고도로 민주적인 국가조차도 국민이 선택한 것을 제정하기 위해 행정 결정권자에 의존한다. 집단 지성은 전문성을 위한 더 큰 역할과 결합되어야 한다. 현명한 사람들의 지혜가 필요할 것이다.[9]

지능을 중시하고 '올바른' 답을 우선시하는 것은 정치가 무능해 보이고 위험이 큰 요즘 같은 시대에 추구할 만한 가치다. 최적화되지 않은 정치적 의사결정에 만족하는 것은 재앙을 불러올 만큼 위험하다. 그러나 지적 수준을 정치의 기준으로 삼는다면, 우리가 더 이상 이 세상에서 가장 지능적인 생물이 아니란 게 드러나게 될 것이다. 여러 분야에서 AI가 우리를 능가할 것이며, 그런 분야는 계속 증가할 것이다. 전문가들은 이를 설명하기 위해 스마트 기계의 도움을 필요로 할 것이다. 관리자는 알고리즘이 자신의 선택을 보정하는 데 도움을 주기를 기대할 것이다. 그렇게 하지 않는다면 우리는 정치에서 올바른 답을 얻는 것보다 더 중요한 것이 있다는 생각으로 후퇴하게 된다.

지능적인 정치는 점점 더 업무 기반의 정치task-based politicis가 될 것이다. 그곳에서 AI가 가장 크게 발전하고 있기 때문이다. 업무 기반의 정치가 되어갈수록 AI의 역할은 더욱 커질 것이다. 그 과정에서 최신의 업무 기반 AI를 개발하는 기업이 더 많은 권한을 가지게 될 것이다. 우리가 기억해야 할 또 다른 한 가지는, 일부 기계가 인간보다 더 똑똑하듯이 국가보다 더 똑똑한 기업이 있다는 점이다. 이런 기업들은 보다 나은 위치에서 결정을 내릴 수 있을 것이다. 간단히 말해서, 우리는 보다 지적인 정치를 얻는 대가로 기업과 로봇 그리고 이타주의 철학자들을 포함한 지식인들에게 더 큰 힘을 부여해야 한다.

그게 싫다면 AI와 인공 대리인 사이의 경계를 유지하는 방안을 모색할 수 있다. 즉 인공 대리인만의 고유한 장점이 있다고 주장하는 것이다. 국가는 인간의 선택을 법적 구속력이 있는 결정으로 바꿔준다. 변덕스러운 인간의 의사결정에 인위적으로 힘을 실어주기 위해 존재하는 것이다. 국가는 인간의 복잡하고 엉망인 특성을 반영하며, 이는 AI가 따라 하지 못하는 것이다. 하지만 이런 식의 구별에도 분명히 단점은 있다. 인간의 선택이 잘못된 것일 가능성이 있으며, 그러면 국가라는 기계 장치가 부여한 추가적인 힘이 재앙으로 이어질 수 있다는 것이다. 과거에도 그랬다. 그렇다면 앞으로도 그러지 않으리란 보장이 없다. 우리는 하나의 잘못된 선택이 너무 많은 것에 영향을 미칠 수 있는 시대에 살고 있다. 기계적으로 나쁜 결정에 아무 생각 없이 힘을 실어주는 것은 미친 짓이 될 수 있다.

반대로 AI에 더 많은 행사권을 부여할 수도 있다. 즉 우리가 지금까지 국가와 기업에만 국한해 온 권리와 책임을 AI에 허용하는 것이다. 우리 삶에서 AI의 역할이 점점 커지고 있다면, 이들이 하고 있는 일에 대해 책임을 물어야 하지 않을까? 그렇게 하면 많은 이점이 있을 것이다. AI가 자신의 행동에 책임을 져야 한다면, 자신이 내리는 결정에 책임이란 부분도 고려하게 될 것이다. 기계는 단지 답을 내어줄 뿐이고, 선택은 사람이 한다는 식의 변명은 더 이상 통하지 않을 것이다. 만일 기계의 답변이 우리의 의사결정 능력에 큰 변화를 준다면, 그것 역시 선택지의 하나다. 검색 엔진이 개인 정보를 제대로 보호하지 못한다면 검색 방식을 변경해야 한다. 그렇지 않으면 대가를 치러야 한다. 이것 역시 선택 항목 중 하나다.

그렇지만 인간이 아닌 대리인에게 그들의 행동을 책임지게 하는 것은 역시나 위험한 일이다. 그렇게 되면 사람들에게 책임을 회피할 구실만 주게 된다. 만일 무언가가 잘못되었을 때 로봇이 그 책임을 진다면 누가 개인적인 책임을 지려고 하겠는가? "그건 내 책임이 아니야. 로봇이 그랬다고!" 기업의 행위자들에게 책임을 물린다고 해서 항상 더 책임감 있는 행동으로 이어지는 것은 아니다. 책임을 회피하기가 더 쉬워질 수 있다. 로봇도 다를 바 없다.

동시에 우리는 어떻게 책임을 질 것인지에 대해서도 물어야 한다. 어쩔 수 없이 국가가 AI에 책임을 물어야 할 것이다. 국가는 거대한 권력과 힘의 영속성으로 인해 인공 대리인의 계층 구조상 최상위에 있다. 그렇기에 국가는 이론적으로 기업을 처벌할 수 있는 것이다. 하지만 이 경우에도 국가는 단순히 자신보다 열등한 존재가 아니라 완전히 다른 것―슈퍼 대리인이 아니라 슈퍼 지능―을 통제하려 할 것이다. 기업은 때로 한발 앞서 나가며 국가를 능가한다. 가장 스마트한 기계는 국가가 손을 댈 수 없도록 할 수 있다.

HI, AI, AA(인공 대리인)로 가능한 선택은 다음과 같다.

HI + AI: 좋은 해결책, 낮은 책임도, 엘리트주의

AA + AI: 좋은 해결책, 낮은 책임도, 비인간적

AA + HI: 나쁜 해결책, 높은 책임도, 보다 인간적

더 인간적이라고 해서 세 번째 선택지만 선호할 이유는 없다. 특히나 인간적인 요소가 재앙으로 이어질 수 있는 나쁜 해결책을 가져올 수 있기 때문이다. 그건 여전히 엄청난 도박이다. 하지만 현대 정치는 항상 도박성이 강했다. 이런 결합에도 좋은 점은 있다. 만약 국가가 우리를 더 안전하게 만들 수 있다면, 우리는 국가를 더 똑똑하게 만들 수 있을 것이다. 만약 우리가 국가를 더 똑똑하게 만들 수 있다면, 국가는 우리를 더 안전하게 지속시킬 수 있을 것이다. 하지만 이것이 잘못되면 정말로 위험해진다. 우리는 더 어리석어지고 국가는 더 위험해진다. 우리는 그 가능성을 항상 경계해야 한다.

국가는 로봇과 더 비슷해질 수 있다. 마찬가지로 로봇은 국가와 더 비슷해질 수 있다. 그것이 안전할까? 그 둘에게는 그럴 수도 있겠다. 하지만 우리에게는 아닐 것 같다.

신 혹은 괴물

유발 하라리는 호모 사피엔스 이후에 신과 비슷한 인류인 호모 데우스가 나타날 것이라고 생각한다. 이는 HI와 AI가 합쳐질 때 일어날 것이다 (그림 27). 우리 중 일부는 영원히 살 것이고, 나머지는 기계의 노예가 될 것이다. 그런 변화가 일어나면 우리는 완전히 새로운 시대를 맞이하게 될 것이다.

거의 400년 전 홉스는 국가를 '세속의 신'으로 묘사했다. 우리는 끝없이 이어지는 무의미한 논쟁에서 벗어나기 위해 이 신을 창조했다. 이 신

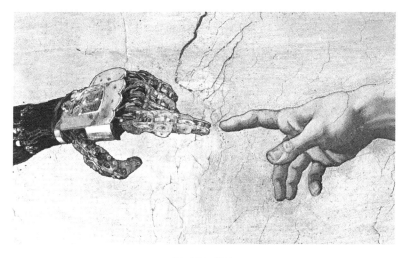

27. 호모 데우스

은 실패할 수 있기에 세속의 신이라고 불리지만, 초인적인 힘을 가지고 있는 면에서 신과 비슷하다. 이 신은 현대 세계의 공동 창조자다. 그리고 우리가 이를 창조했기에 우리는 이미 어느 정도 신과 비슷하다.

우리는 호모 사피엔스에서 호모 데우스로 간단히 이동할 수 없다. 그 중간에 무언가가 있어야 한다. 인간의 이야기는 크게 세 부분으로 나뉜다. 몇백 년 전까지만 해도 인간의 삶은 자연의 제약을 받았고, 미신에 의지했다. 그리고 첫 번째 특이점이 도래했다. 자연과 함께하던 인간의 삶이 과학 지식과 인공 대리인에 의해 변화를 맞이한 것이다. 현대의 국가와 기업의 탄생은 인간의 상태를 재창조하는 데 도움을 주었다. 다음의 단계는 두 번째 특이점이 될 것이다. 이때는 AI를 통해 인간과 인공 대리인의 관계가 변곡점을 찍을 것이다. 그 변화는 인간의 상태를 또다시 바꿀 것이다.

첫 번째 특이점은 우리 스스로를 강화하기 위해 우리가 만든 것이다. 우리는 인류 그 자신을 보호하고 궁극적으로 향상시키기 위해 인공 대리인을 만들었다. 인공 대리인은 우리를 다른 것으로 바꾸지는 않았다. 취약한 인간에서 더 안전한 인간으로 변화시켰을 뿐. 하지만 이로 인해 우리는 우리가 만든 창조물과 그 맹점에도 매우 취약해졌다. 그런 의미에서 비록 특이점은 인간의 상황을 변화시켰지만, 여전히 인간 이야기에 속한다. 역사에 뿌리를 내린 것이다.

두 번째 특이점은 다를지 모른다. 만약 기계가 인간의 미래뿐만 아니라 기본적인 신체적 능력까지 변화시킨다면, 이는 생물학적 변화에까지 이를 수 있다. 우리가 인위적인 수명 연장, 자연사 후의 기억 보존, 자손의 유전적 구성을 선택할 수 있는 지점에 이른다면 우리는 새로운 세계로 들어갈 것이다. 이러한 변화의 조짐이 보이기는 하지만 아직 시작되지는 않았다.

두 번째 특이점이 첫 번째 특이점보다 훨씬 더 큰 문제로 여겨진다고 해도 놀랄 일은 아니다. 사회적 변화보다 생물학적 변화가 더 충격이 크니 당연하다. 하지만 우리가 이미 사회적 변화를 경험하고 자연스럽게 받아들인 부분도 있기에 그렇게 느끼는 것일 수도 있다. 우리는 자연을 매우 잘 길들여왔다. 그 때문에 우리가 만든 세계가 얼마나 비자연적인지 잊어버린다. 우리는 모든 일상에서 우리를 압도하는 거대한 인공 생명체와 함께 살고 있다. 이들이 우리의 삶을 결정한다. 인공 생명체는 지구의 천연자원을 무서운 속도로 소비하고, 그것들을 대체할 새로운 자원을 약속한다. 이들은 우리 모두를 구할 수도, 파멸시킬 수도 있는 생각하는 기계를 만들고 있다.

지금 우리가 살고 있는 세상은 인간적 상태^{human condition}도 아니고, 탈인간적 상태^{post human condition}도 아니다. 우리는 현대적 상태^{modern condition}에 살고 있다. 역사적으로 이런 세상은 미신과 마법의 시대 이후에 왔다. 그렇지만 우리는 이전과 비교할 때 현대가 얼마나 이상한지 잊지 말아야 한다. 현대에는 현대 특유의 괴물들이 있다. 이 괴물들은 이 세상의 것이 아닌 초자연적인 특성을 가지고 있다. 이 책에서 우리는 미래의 모든 그럴듯한 이야기의 기반이 되는 괴물들에 대해 이야기했다.

감사의 말

이 책의 주제에 대해서 사실 오랫동안 생각했다. 맨 처음 케임브리지대학에서 '국가, 기업, 로봇'이라는 내 강의를 수강한 학생들과 이 주제에 대해 심도 있게 논의를 시작했다. 세미나 수업에 참여해서 질문과 의견을 준 학생들에게 감사를 드린다. 이 책에서 다룬 많은 아이디어는 그 수업에서 얻었다. 특히 이 책의 원고 작성에 도움을 주고 조언을 해준 알리나 우트라타에게 감사한다. 또한 아들 톰 런시먼에게도 고마움을 전한다. 아들은 첫 세 장을 읽고 무엇이 필요한지 바로 알아차렸다.

프로파일 출판사의 엔드루 프랭클린과 리버라이트 출판사의 댄 거슬과 편집 의견을 나눈 것은 행운이었다. 그들의 통찰력과 인내심에 깊은 감사를 표한다. 또한 도움을 준 페니 대니얼과 교열 작업을 해준 트레버 호워드에게도 감사한다. 항상 내게 많은 도움을 주는 내 출판 대리인 피터 스트라우스에게도.

다음 두 사람에게는 특별히 더 감사 인사를 전하고 싶다. 존 노튼은 오랜 기간 지속적으로 내게 지도와 지원을 아끼지 않았다. 디지털 기술 분야 전체를 명확하게 이해하고, 특히 그것을 둘러싼 과대광고를 파악하는 그의 능력은 커다란 도움이 되었다. 아내 헬렌은 내게 무한한 사랑과 친절을 주고 격려를 해주었다. 아내의 지원 없이는 아무것도 쓰지 못했을 것이다. 내 사랑을 담아 이 책을 아내에게 바친다.

주

들어가며: 국가와 기업 그리고 로봇은 닮았다

1. 이 〈들어가며〉의 앞부분을 챗GPT에게 이해하기 쉽도록 다시 작성하라고 입력했더니(초등 2학년을 위한 요약 기능이 있다) 다음과 같은 결과가 나왔다.

> 우리는 매우 강력한 기계를 만들고 있지만, 이것들은 인간과 달리 양심, 마음, 영혼이 없다. 즉 나쁜 의도를 가진 사람들이 이 기계를 사용한다면 많은 피해를 입힐 수 있다. 더 무서운 점은 이 기계들이 우리를 해칠 수 있는 일을 스스로 결정할 가능성이 있다는 점이다. 우리는 이 기계들이 나쁜 목적이 아닌 좋은 목적으로 사용되도록 조심해야 한다.

어느 것이 더 나은지는 독자의 판단에 맡기겠다. 이 책 전체를 챗GPT에 맡기는 게 좋은지도 판단해 보기 바란다. 같은 방식으로 GPT-3 기술의 기반이 되는 제로샷 러닝에 대한 영문 위키피디아의 설명을 적고, 이어서 챗GPT의 요약을 적어보았다.

> 제로샷 러닝. 기계 학습에서 문제 설정 과정으로 테스트 시 학습자는 훈련 중에는 관찰되지 않았지만 자신이 속한 클래스를 예측해야 할 필요가 있는 클래스로부터 샘플을 관찰한다. 이 방식은 일반적으로 관찰된 클래스와 관찰되지 않은 클래스를 관찰 가능한 구별 속성을 인코딩하는 일종의 보조 정보에 연결함으로써 작동한다. 예를 들어 분류할 동물 이미지 세트와 동물이 어떻게 생겼는지에 대한 보조 텍스트 설명이 주어지면 동물을 인식하도록 훈련된 AI 모델이 있다면 얼룩말에 대한 정보가 전혀 없더라도 얼룩말이 줄무늬가 있는 말이라는 것을 알면 얼룩말을 인식할 수 있다. 이는 컴퓨터 비전, 자연어 처리 및 기계 지각에서 널리 연구되고 있다. _위키피디아

> 제로샷 러닝. 컴퓨터가 이전에 본 적이 없는 것을 이에 관한 다른 정보를 이용해 인식할 수 있는 기능이다. 예를 들어 얼룩말이 줄무늬가 있는 말처럼 생겼다는 것을 알고 있다면 이전에 얼룩말을 본 적이 없더라도 얼룩말을 인식할 수 있다. _챗GPT

https://beta.openai.com/playground/p/default-summarize?model=text-davinci-003

2. 피터 프랭코판은 그의 저서 《지구의 변형: 알려지지 않은 역사The Earth Transformed: An Untold History》에서 고대 제국을 포함한 고대 국가들이 현대의 역사가들이 생각하는 것보다 훨씬 더 많은 아이디어와 자

원을 공유했다고 주장한다. 이 견해에 의하면, 우리는 오랫동안 상호 연결된 세계에서 살았으며 세계화는 새로운 것이 아니다. 그러나 프랭코판의 주장은 주로 자연사에 관한 것으로서 지리적 경계와 기후 조건에 따른 인적 교류 활동에 근거를 두고 있다. 근대 이전까지 인간의 상호 연결 흐름은 자연 현상처럼 예측하기 힘들었다. 사람들은 여건이 맞으면 서로를 모방하긴 했지만, 그대로 복제하지는 않았다. 근대에 들어와서 인간의 상호 작용은 보다 예측 가능해졌다. 그것이 바로 중요한 차이점이다.

3. 기술과 관련하여 '특이점'의 공식적인 의미에 대한 합의는 없지만, 수학 및 기타 분야에서는 그 의미가 명확히 적용되고 있다. 일부 미래학자들에게 특이점은 AI 때문에 인류가 쓸모없어지는 때인데, 그렇게 된다면 정말 특이해진다(다른 종말론적 종교에서 말하는 미래와 크게 다르지 않겠지만). 특이점은 주로 AGI(Artificial General Intelligence, 범용 인공지능)의 영향으로 기존의 역사적 설명에서 벗어나는 일이 인간 경험에 큰 변화를 가져오는 미래의 시점을 지칭할 때 사용된다. 이러한 변화는 엄청난 속도, 급격한 팽창, 불가역성, 난해함을 특징으로 한다. 그런데 과거에 인공 대리인이 불러온 변화는 규모는 작았어도 인간 경험에 중요한 영향을 미쳤다(따라서 17세기 이후 우리에게 일어난 일은 급격하긴 하지만, AGI의 출현으로 우리에게 일어날 일에 비하면 상대적으로 느리고 보다 이해하기 쉽다).
나는 특이점을 이전의 변화를 설명하기 위해 사용했다. 이는 미래의 변화와 비교 가능할 수 있음을 나타낸다. 또한 이전에 일어난 일은 모두 이해가 가능하고, 미래에 일어날 일은 이해할 수 없으리라 가정해서도 안 된다는 의미다. 우리는 이미 어느 정도는 우리가 완전히 통제하지 못하는 인공 장치에 좌우되고 있다. 만약 '특이점'을 지능이라는 관점에서만 정의한다면, 즉 인간의 지능이 더 높은 형태의 지능으로 대체될 때 발생한다면, 그것은 국가와 기업의 발명에는 해당되지 않는다. 하지만 특이점이 인간의 지능에 의해 창조된 더 높은 힘이 인간의 지능을 대체할 때 발생한다면, 즉 우리가 신성하지는 않지만 신성하다고 여길 만한 몇몇 특성을 가진 무언가를 창조한다면, 이는 국가와 기업의 발명에 해당된다. 자기 복제 능력이 이러한 인공 개체의 결정적인 특징이라면(국가와 기업이 그렇듯) 국가와 기업의 발명과 필적할 만하다.
특이점이 좋은지 나쁜지에 대해서도 의견이 분분하다. 때로는 인류의 업그레이드를 의미하기도 하고(우리가 AGI의 힘을 공유함에 따라), 때로는 다운그레이드(우리의 계층 순위가 내려감에 따라)를 의미하기도 한다. 다른 혁신적인 기술상의 변화와 마찬가지로 특이점은 양면적일 공산이 크다. 그런 의미에서 아무것도 단정적으로 말할 수 없다. 국가와 기업이라는 인공 대리인의 출현도 양면적이었다는 것이 이 책의 핵심 주장 중 하나다.
AI의 특이점을 다룬 (비록 가설이긴 하지만) 대표 도서로는 레즈 커즈와일의 《특이점이 온다》가 있다. 다음의 책도 참조하라. Murray Shanahan, *Technological Singularity*, MIT Press, 2015. AI가 불러올 미래의 변화에 대해서는 다음을 참조하라. Ronald Cole-Turner, 'The Singularity and the Rapture: Transhumanist and Popular Christian Views of the Future', Zygon 47 (2013), 777–96; Joshua Raulerson, *Singularities: Technoculture, Transhumanism, and Science Fiction in the Twenty-First Century*, Liverpool University Press, 2013. 대체로 남성 중심의 관점이다.

1장 국가, 초월적 대리인

1. 국제축구연맹FIFA은 37명의 이주 노동자가 사망했다고 발표했으나 《가디언》은 스타디움 건설을 시작한 이래 6만 5000명이 사망한 것으로 추정했다. www.theguardian.com/global-development/2021/feb/23/revealed-migrant-worker-deaths-qatar-fifa-world-cup-2022를 참조하기 바란다. 또한 다음에도 관련 내용이 있다. Kevin Bales, *Disposable People: New Slavery in the Global Economy*, University of California Press, 2012.

2. 철도 선로, 하수 시스템, TV 회로 같은 과거의 재료 기술 분야에서 '클라우드' 개념의 유래를 알고 싶다면 다음을 참조하라. Tung-Hui Hu, *The Prehistory of the Cloud*, MIT Press, 2015.

3. 가장 잘 알려진 범심론자는 철학자 데이비드 차머스David Chalmers다. 그의 논문 〈범심리주의와 범생리주의Panpsychism and Panprotopsychism〉를 참조하라. 차머스는 앤디 클라크Andy Clark와 함께 1998년 발

표한 논문에서 마음과 그 외부 세계 사이의 경계가 매우 모호하고, 마음은 물리적 세계로 확장될 수 있다고 주장했다. 마찬가지로 물리적 세계도 마음의 확장으로 이해할 수 있다. 예를 들어 한 남자가 공책에 약속을 적어두는 경우를 들 수 있다(Andy Clark and David Chalmers, 'The Extended Mind', *Analysis 58* (1998), 7 - 19).

4. 토머스 홉스Thomas Hobbes의 《리바이어던Leviathan》(Richard Tuck 편, Cambridge University Press, 1996) 의 첫 문단이다.

5. '태어난 것이 아니라 만들어진' 고대 자동 인형과 기타 창조물들의 역사를 보려면 다음을 참조하라. Adrienne Mayer, *Gods and Robots: Myths, Machines and Ancient Dreams*, Princeton University Press, 2018.

6. George B. Dyson, *Darwin Among the Machines: The Evolution of Global Intelligence*, Helix, 1997. 다이슨은 1863년 소설가 새뮤얼 버틀러가 쓴 글에서 책의 제목을 따왔다. 당시 뉴질랜드에 살고 있던 버틀러는 항해 중 찰스 다윈의 최근작인 《종의 기원》을 읽고 진화의 원칙을 기계에 적용해 보았다. 이 글에는 19세기 문학에서 가장 섬뜩한 구절 중 하나가 포함되어 있다.

> 뭣에 홀린 듯한 우리 인류가 가장 바라는 것은 두 증기 기관이 결합해 많은 자손을 낳는 것이다. 사실 기계는 현재에도 기계를 낳고 부모가 되기도 한다. 그런데 유혹, 구애, 결혼의 과정은 너무나 길고 실제로 우리의 약하고 불완전한 상상력으로는 거의 이룰 수 없다. 하지만 날이 갈수록 기계는 우리를 압도하고 있다. 우리는 점점 더 그들에게 복종할 수밖에 없다. 많은 사람이 매일 기계를 돌보는 노예로 전락하고 있다. 매일 삶의 모든 에너지를 기계적 생명체 개발에 바치는 사람들이 늘어나고 있다. 결론은 단지 시간문제일 뿐이다. 진정으로 생각이 깊은 사람이라면 기계가 세계와 인류를 지배할 때가 오리라는 것을 잠시도 의심치 않을 것이다.

새뮤얼 버틀러Samuel Butler, 〈기계 속의 다윈Darwin Among the Machines〉, 켄터베리에 정착한 첫해 다른 초기 에세이 중에서, https://nzetc.victoria.ac.nz/tm/scholarly/tei-ButFir-t1-g1-t1-g1-t4-body.html.

7. 주사위 세트로 의사결정을 한다는 아이디어는 영향력 있는 현대 소설 작품인 루크 라인하트의 《다이스맨》에 영감을 주었다. 이 소설은 일상적인 결정을 주사위를 굴려 내리는 정신과 의사의 이야기를 담고 있는데, 이 내용대로 살려고 노력한 독자들도 꽤 있을 정도다. 특히 이 소설은 꼭 지능적이지 않아도 메커니즘을 선택할 수 있음을 보여준다. 단지 선택을 내릴 능력만 있으면 된다. 라인하트는 사실 소설가 조지 콕크로프트의 필명으로, 그는 '주사위를 던진다'는 개념을 자기계발 철학과 전통적 치료의 대안으로 삼아 '올바른' 결정을 내리는 것이 얼마나 덧없는지를 강조했다. 그는 인생에 대한 견해를 다음과 같이 밝혔다. "사람에게 왜 어떤 일을 하는지 설명해 달라고 하면, 나는 우리 중 누구도 제대로 말할 사람이 없다고 생각한다(Tim Adams, 'Dicing with Life', *Guardian*, 27 August 2000: www.theguardian.com/books /2000/aug/27/ fiction.timadams)."

8. 1651년에 출간된 《리바이어던》은 이후 내내 어둡고 우울하다는 비판을 받아왔다(Jon Parkin, *Taming the Leviathan*, Cambridge University Press, 2010 참조). 최근에는 뤼트허르 브레흐만의 《휴먼카인드》에서도 그러한 비판을 찾아볼 수 있다. 이 책은 홉스의 비관주의와 루소의 낙관주의를 대조하고 있다. 데이비드 그레이버David Graeber와 데이비드 윈그로David Wengrow의 《모든 것의 여명The Dawn of Everything: A New History of Humanity》 역시 마찬가지다. 이 책에서는 홉스와 루소가 인간의 정치적 가능성을 너무 좁게 보고 있다고 비판한다. 그레이버와 윈그로는 《리바이어던》을 "정치 이론의 창시적 텍스트"라고 칭하면서도 여기서 홉스가 펼치는 주장이 세 가지 이유로 잘못되었다고 말한다. 1) 단순히 사실이 아니고, 2) 정치적으로 끔찍한 결과를 초래하며, 3) 과거를 불필요하게 단조롭게 만든다는 것이다. 특히 두 번째 이유—끔찍하다!—를 자주 든다. 즉 홉스가 국민을 경시하는 억압적인 정치의 문을 열었다는 것이다. 첫 번째 이유—사실이 아니다!—는 자연 상태가 홉스가 묘사한 것과는 다르다는 생각에 근거한다. 먼 곳에 있는 정치적 권위가 우리를 서로로부터 구해내고 우리 대신 결정을 내릴 때까지 피 터지게 싸울 필요가 없다는 것이다. 이 이론은 종종 루소와 관련이 있는데, 그는 홉스와는 매우 다른 방식으로 자연 상태를 묘사했다. 루소는 개인이 단순히 싸움을 피함으로써 서로의 갈등을 쉽게 피할 수 있다고 주장했다. 루소에 따르면 농업과 산업이 발전하면서 인간이 마을이나 도시 같은 곳에 정착해야 할 때만 서로에게 위험이 되었다는 것이다. 자연으로 돌아가자는 루소의 이상은 그 모든 것에서 해방되자는 것이었다. 따라서 인간 본성이 온건하다고 생각하는 브레흐만에게 루소의 주장이 호소력 있는 것은 당연하다. 하지만 그레이버와 윈그로는 작은 곳에 살면 평등하게 살 수 있고, 큰 곳에 모여 살면 권위적인 체제에서 살아야 한다는 루소

의 가정이 잘못됐다고 생각한다.

여기서 두 저자의 세 번째 이유—단조롭다!—가 나온다. 이들은 대규모 정치 조직과 자연스러운 인간관계를 대립시키는 것은 한때 가능했던 이 둘의 결합 방식을 놓치는 것이라 생각한다. 루소는 현대 국가의 유일한 대안은, 모든 사람이 자급자족하고 다른 사람에게 아무것도 빚지지 않는 단순한 평등 사회로의 회귀밖에 없다는 잘못된 인상을 심어주었다. 이는 환상일 뿐만 아니라(이렇게 단순한 삶으로 돌아갈 수는 없다) 역사적 기록도 무시하는 것이다. 기록에 의하면 초기 인간 사회는 기본적인 인간성을 훼손하지 않고도 정교한 정치적 구조를 구축했음을 알 수 있다. 홉스는 중앙 집권적 국가가 사라지면 반드시 혼란스러운 상태로 되돌아간다는 잘못된 생각을 심어주었다. 이 역시 오해다. 고대 메소포타미아부터 콜럼버스 이전의 북아메리카에 이르기까지, 초기 사회들은 정치적으로 성숙했을 뿐만 아니라 안정된 구조를 유지했다.

그레이버와 윈그로는 현대 정치, 즉 홉스 프로젝트가 일련의 이분법적 가짜 선택—평등함과 정교함, 자연스러움과 지능, 원시적 규모와 대규모 중에서 꼭 하나만을 골라야 하는—들 위에 세워져 있다고 주장한다. 하지만 현대 서구의 편견을 뛰어넘고 서양식 세계관을 초월해서 이 세상을 보면, 더 활짝 펼쳐진 인류의 역사는 우리가 이 모든 것을 동시에 할 수 있다고 알려준다.

이 비판은 설득력이 있다. 이는 우리 스스로 현 상태를 선택했지만, 이를 망각해서 어떤 조치도 할 수 없는 운명론자가 되었다는 주장이다. 우리는 매우 다르게 할 수 있다. 하지만 이 역시 불가능하다고 생각할 만한 이유가 있다. 첫째, 현대 국가는 너무나 강력해져서 우리는 우리 자신을 되찾을 능력을 잃어버렸다. 인간성을 회복한다면 우리 자신을 되찾을 수 있겠지만, 이미 의사결정 기계에 우리의 인간성을 내주었기 때문에 국가를 해체한다고 해도 되돌려받기란 쉽지 않을 것이다. 둘째, 우리는 단지 현대 국가를 만든 것이 아니다. 현대 국가는 기술을 포함해 우리가 살고 있는 세계를 만들었다. 현대 국가는 현 세계와 맞고, 현 세계는 현대 국가와 잘 맞는다. 그렇다고 기술이 모든 것을 결정했다는 뜻은 아니다. 기술이 정치를 결정하지는 않는다. 하지만 기술은 때때로 정치에 의존하고, 그러면 정치가 기술에 의존하는 상황이 발생한다. 인공적인 것에 인공적인 것이 의존하는 셈이다. 일단 변화가 일어나면 되돌릴 수 없을 것이다.

그레이버와 윈그로의 대안적 정치에도 부족한 것이 있다. 우리가 복잡하고 지속 가능하면서도 완전히 인간적인 정치를 할 수 있는 방법을 찾더라도 여전히 한 가지는 부족하다. 바로 복제 가능성이다. 인간 정치는 사람과 장소를 기반으로 한다. 우리는 우리 자신의 뿌리와 공동체에 연결되어 있을 때 우리 자신을 알 수 있다. 그러므로 이러한 정치 모델은 아무리 정교하더라도 다른 곳으로 이식하기가 쉽지 않다. 더 정교할수록 이식이 더 어려울 것이다. 상황에 따라 세부 사항이 달라지기 때문이다. 인위적인 현대 정치는 기능하기 위해 특정 사람과 특정 장소에 의존하지 않는다는 장점이 있다. 그렇다고 홉스식 정치가 대안 정치보다 낫다는 뜻은 아니다. 홉스의 정치는 결국 비인간적이다. 그렇게 하지 않아도 우리는 잘 살 수 있다. 하지만 떨쳐버리기란 매우 어려울 것이다.

9. 다리는 홉스가 '허구적인 사람'의 예로 든 것 중 하나였다. 그는 《리바이어던》 16장에 이렇게 썼다. "거의 모든 것은 허구로 표현될 수 있다. 교회, 병원, 다리와 같은 무생물은 교구장, 병원장, 또는 다리 감시인에 의해 의인화될 수 있다. 그러나 무생물은 작가가 될 수 없으므로 배우(행위자)에게 권한을 부여할 수 없다. 단 행위자는 무생물의 소유자 또는 관리자가 그들에게 부여한 유지 및 보수 권한을 가질 수 있다." 그가 이 세 가지 예를 함께 든 이유는 여행자들이 필요로 할 것이란 가정하에 교회와 병원을 다리 초입에 배치시키는 경우가 많았기 때문이다.

10. 국가를 일종의 무無로 보내는 개념은 현대 프랑스 정치사상에서 자주 볼 수 있다. 예를 들어 철학자 클로드 르포르Claude Lefort는 국가가 '빈 공간empty space'을 의미한다고 주장했다. 리바이어던은 이 공간을 실질적인 권력으로 채우려는 시도를 하고, 결국 전체주의로 귀결된다는 것이다(궁극적으로 이 공간을 채울 수 있는 것은 권력뿐이기 때문이다). 르포르는 민주주의가 공허함을 유지함으로써 인간의 창의력을 지속시킨다고 믿었다. 빈 공간은 항상 상상력으로 채울 수 있기 때문이다. 애초에 상상력을 이용한 정치를 고안한 사람이 홉스임에도, 그는 이 부분에서 또 전체주의라는 비난을 받는다(Claude Lefort, *The Political Forms of Modern Society: Bureaucracy, Democracy, Totalitarianism*, MIT Press, 1986).

2장 집단 사고와 구성원의 의지

1. 배심원실에서 어떤 논의가 있었는지 정확히 알 방법은 없다. 다만 평결 후 여러 해가 지난 뒤에야 조금씩 흘러나오는 단편적인 기억만이 있을 뿐이다. 배심원 평결이 신속하게 내려진 데에는 두 가지 요인이 있었다는 점엔 의견이 일치한다. 평결 전의 비공개 평의와 유죄라고 생각했던 두 배심원이 다수의 의견을 듣고 마음이 바뀐 것. 배심원단의 피로감도 한몫한 것으로 보이며, 재판을 너무 오래 끈다는 분위기도 감지되었다. 로스앤젤레스 지방검찰청 검사인 길 가세티Gil Garcetti는 판결 직후 이렇게 말했다. "분명히 이 판결은 감정과 이성이 얽혀서 나온 것이다(Timothy Egan, 'One Juror Smiled, Then They Knew', *New York Times*, 4 October1995)."

2. 크리스티안 리스트Christian List와 필립 페팃Philip Pettit은 집단 대리 행위group agency를 설명할 때 담론적 딜레마를 중심 개념으로 삼고 있으며, 이 주제를 광범위하게 논의하고 있다. 다음을 참조하라. Christian List and Philip Pettit, *Group Agency: The Possibility, Design and Status of Corporate Agents*, Oxford University Press, 2011; Christian List and Philip Pettit, 'Aggregating Sets of Judgments: Two Impossibility Results Compared', *Synthese* 140 (2004), 207 – 35.

3. 2019년 5월 앤서니 맥간Anthony McGann이 쓴 블로그 글을 가져와 브렉시트를 담론적 딜레마의 예로 사용했다. 이 포스트는 영국 정부가 국민 투표 결과를 어떻게 이행할 것인지에 대해 곤란을 겪고 있던 시기에 올라왔다. 맥간의 결론은 '국민의 뜻'을 무시하지 않고 난관을 벗어나는 유일한 길은 국민에게 정확히 무엇을 원하는지 물어보는 것이라고 했다. 즉 구체적인 브렉시트 안과 EU 잔류 중에서 선택할 수 있는 국민 투표를 진행해야 한다는 것. 하지만 이 방법은 수용되지 않았고, 대신 다른 종류의 투표(총선)를 통해 새로운 총리 보리스 존슨을 적극 지지하는 강력한 다수당이 선출됨으로써 곤경에서 벗어나는 데 성공했다. https://blogs.lse.ac.uk/brexit/2019/0501/deal-or-no-deal-the-only-way-out-is-to-ask-the-people-exactly-what-they-want/.

4. 네이글의 주장은 주로 의식의 본질에 대한 확고한 결론을 내리는 것이 철학적으로 어렵다는 것을 보여주려 한다. 의식적이기 위해서는 의식적인 것과 같은 존재가 될 수 있어야 하며, 만일 사람들이 박쥐 같은 존재를 이해하지 못한다면 의식의 일부 측면도 이해하지 못할 것이다. 이 설명에 따르면 최소한 의식은 물리적 영역으로 환원될 수 없다. 왜냐하면 박쥐 같은 존재가 되는 것이 어떤 것인지 물리적으로는 설명할 수 없기 때문이다. 네이글의 주장을 비판하는 사람들은 신경과학이 발전하면 박쥐처럼 경험하는 것이 어떤 건지 설명할 수 있다고 주장한다. 다음을 참조하라. Thomas Nagel, 'What is it like to Be a Bat?', *Philosophical Review* 83 (1974), 435 – 50. 전형적인 물리주의에 대한 비평은 다음을 참조하라. Daniel Dennett, *Consciousness Explained*, Little Brown, 1991.

5. 독재자의 통제가 없다면 집단의 의사결정은 결국 일관성이 부족하게 될 것이라는 견해는 노벨 경제학상 수상자인 케네스 애로Kenneth Arrow가 처음 주장했고, 정치학자 윌리엄 리커Willaim Riker가 이를 이어받아 널리 알렸다. 다음을 참조하라. William H. Riker, *Liberalism Against Populism: A Confrontation Between the Theory of Democracy and the Theory of Social Choice*, W. H. Freeman and Co., 1982. 이는 '홉스의 문제Hobbes's Problem'라고도 불렸다(Peter Stone, 'Hobbes' Problem', *The Good Society* 24 (2014), 1 – 14).

6. 민주주의는 많은 사람의 집단적 통찰력에 의해 고무되며, 이러한 방식으로 우리의 민주주의를 설계해야 한다는 이론을 '지식창출 민주주의(epistemic democracy, 민주주의를 지식의 한 형태로 간주하는 것)'라고 한다. 다음을 참조하라. David Estlund, *Democratic Authority: A Philosophical Framework*, Princeton University Press, 2008; Robert E. Goodin and Kai Spiekermann, *An Epistemic Theory of Democracy*, Oxford University Press, 2018. 콩도세르의 정리를 민주주의에 적용한 사례는 다음에서 찾아볼 수 있다. Christian List and Robert E. Goodin, 'Epistemic Democracy: Generalizing the Condorcet Jury Theorem', *Journal of Political Philosophy* 9 (2001), 277 – 306.

7. 젤리빈 사례는 다음을 참조하라. James Surowiecki, *The Wisdom of Crowds: Why the Many are Smarter than the Few and How Collective Wisdom Shapes Businesses, Economies, Societies and Nations*, Doubleday, 2004.

8. 오래전부터 집단 지성을 찾으려는 노력(아리스토텔레스까지 거슬러 올라간다)이 있었던 것과 마찬가지로 군중 행동이 주는 광기와 공포, 기묘함을 파악하려는 시도도 예전부터 있었다(플라톤까지 거슬러 올라간다). 후자에 대한 대표적인 현대 저서로는 찰스 맥케이의 《대중의 미망과 광기》와 귀스타브 르 봉 Gustave Le Bon의 *The Crowd: A Study of the Popular Mind*(1895) 두 권이 있다.

9. 2007년 6월 13일 CIA는 홈페이지에 〈예측 시장을 이용한 미국 정보 역량 강화Using Prediction Markets to Enhance US Intelligence Capabilities〉라는 논문을 발표했다. 장단점을 비교적 균형 있게 설명하고 있지만, 이 논문에서 예측한 많은 이점이 아직 실현되지 않았다. https://web.archive.org/web/20070613045642/www.cia.gov/library/center-for-the-study-of-intelligence/csi-publications/csi-studies/studies/vol50no4/using-prediction-markets-to-enhance-usintelligence-capabilities.html#_ftn2.
    예측 시장은 현재 유행이 지난 것으로 보인다. 대신 '슈퍼 예측가superforecaster'라고 알려진 개인들이 인기를 얻고 있다. 이들은 예측에 자신의 편견이 반영되지 않도록 여러 기술을 이용해 정확도를 높인다. 당연한 일이지만 이런 사람들은 매우 드물다. 다음을 참조하라. Philip E. Tetlock and Dan Gardner, *Superforecasting: The Art and Science of Prediction*, Crown, 2015.

10. 강력하고 거리낌 없는 레딧 기반의 의사결정과 답변이 어떻게 서로 영향을 미치는지 알고 싶으면 다음을 참조하라. Jason Koebler, 'Send This to Anyone Who Wants to Know WTF is Up With GameStop Stock', *Vice*, 27 January, 2021, www.vice.com/en/article/pkdvgy/send-this-to-anyone-who-wants-to-know-wtfis-up-with-gamestop-stock.

11. 1994년 미국 국채시장에 위기가 발생하자 카빌은 재정 정책을 강화해서 위기를 극복했지만, 그 여파로 미국의 장기국채 매도가 발생했다. 2022년 영국 엘리자베스 트러스 총리가 취임했을 때, 재무장관 쿼지 콰텡 Kwasi Kwarteng은 느슨한 재정 정책(정부 지출 증대와 감세)을 발표했고, 곧이어 영국 채권의 매도가 쏟아졌다. 트러스 총리는 이러한 후폭풍을 견디지 못하고 영국 역사상 가장 짧은 7주 만에 총리직을 사임했다. 국채시장은 정치인들에게 적응을 강요하고, 그렇지 못하면 쫓겨나게 만든다.

12. Ron Suskind, 'Faith, Certainty and the Presidency of George W. Bush', *New York Times*, 17 October 2004; www.nytimes.com/2004/10/17/magazine/faith-cer-tainty-and-the-presidency-of-george-w-bush.html. 서스킨드는 그 보좌관이 누군지 말하지 않았지만 다들 칼 로브Karl Rove라고 생각했다.

13. 서스킨드는 부시 행정부가 저지른 실수는 현실보다 희망 사항을 위주로 경영하는 기업에서 발생하는 것과 유사하다고 주장했다. 그는 이렇게 말했다.

    부시는 CEO 대통령이라고 불렸지만, 이는 단지 캐치프레이즈에 불과했다. 그는 한 번도 민간 기업을 운영해 본 적이 없다. 차라리 MBA 대통령이 더 맞을 것이다. 어쨌든 하버드 경영대학원은 졸업했으니 말이다. 기업의 실제 문제에 중점을 두는 이 대학원의 한 강의 방식은 '사례 해결case cracker'이라고 불린다. 하지만 사례 연구는 정적이며, 일반적으로 어떤 시점에 어려움을 겪고 있는 회사를 단편적으로밖에 보지 못하게 만든다. 학생들이 제시하는 다양한 '해결책'은 강의 시간 중 격렬한 반론을 이겨내야 하며 유효 기간이 매우 짧다. 사례 연구는 경직되고 부적절한 보상을 조장한다. 이는 대부분 대기업이나 중견기업에 입사한 하버드 경영대학원 졸업생들이 처음 몇 년간 배우는 것이다. 이들은 어떤 원인이 없어도 세상은 역동적이며, 변화하고 움직인다는 것을 알고 놀라기도 한다. 중요한 것은 논쟁에서 자신의 의견을 고수하는 것이 아니라 현실을 끊임없이 재평가하는 것이다. 간단히 말해 신중하게 다시 생각하라는 말이다(출처 위와 동일).

14. 2006년 영국 대법원은 공모 공범 원칙이 수십 년 동안 잘못 해석되어, 범죄가 발생할지 모른다는 예견과 범죄를 저지르겠다는 의도가 동일하게 취급되었다고 판결했다. 이후 영국에서는 공모 공범 혐의에 의한 유죄 판결이 점점 더 논란이 되고 있다. 비평가들은 또한 공모 공범죄가 '범죄 조직'의 소탕을 이유로 주로 젊은 흑인과 아시아 남성을 기소하는 데 사용되고 있으며, 이는 인종차별적이라고 비난했다. www.theguardian.com/law/2022/apr/27/jointenterprise-ruling-has-not-led-to-fewer-homicide-charges-report-finds.

3장 인간보다 오래 사는 대리인들

1. www.usdebtclock.org. 이 사이트에는 공공 및 민간 부채의 많은 다른 측정치(학자금 대출, 신용카드 빚, 정부 지출 및 수입의 주요 품목을 포함해)를 리얼 타임으로 보여주어 설득력이 있지만, 매초 달라지는 금액의 진위가 다소 의심스럽기도 하다.

2. 부채 시계에 따르면 미국의 총 민간 부채는 24조 달러 이상으로, 1인당 평균 7만 달러가 넘는다. 여기에 보다 금액이 큰 국가 부채를 더해야 한다.

3. 케네스 로고프와 카르멘 라인하트의 공저 《이번엔 다르다》를 보면, 특정 정권 유형이 채권자로서 갖는 상대적 신뢰성과 이러한 이점을 반복적으로 낭비하는 정부의 성향에 대해 설명하고 있다. 민주주의, '시민 채권자citizen creditors', 국가 부채 사이의 관계는 다음을 참조하라. James Macdonald, *A FreeNation Deep in Debt: The Financial Roots of Democracy*, Princeton University Press, 2006.

4. 국가가 부채 상환을 일축할 수 있는 능력은 국가가 가진 힘에 달려 있다. 힘이 적을수록, 특히 식민 통치를 받는 경우라면 그렇게 하기 어렵다. 이에 대해서는 다음을 참조하기 바란다. Catherine Porter, Constant Méheut, Matt Apuzzo & Selam Gebrekidan, 'The Root of Haiti's Misery: Reparations to Enslavers', *New York Times*, 20 2022, www.nytimes.com/2022/05/20/world/americas/haiti-history-colonized-france.html. 부채의 역사에 대해서는 데이비드 그레이버의 《부채, 첫 5,000년의 역사》를 읽어보길 바란다.
    최근에 비교적 가난한 국가가 다른 방식으로 화폐를 통제하려 했던 엉뚱한 시도는 다음을 참조하라. David Gerard, 'El Salvador's Bitcoin Law is a Farce: The System Doesn't Work, the Currency Crashed, and the Public Hates It', Foreign Policy, 17 September 2021, https://foreignpolicy.com/2021/09/17/el-salvador-bitcoin-law-farce/

5. 아르헨티나 정부를 압박하던 벌처펀드는 소송을 통해 상당 부분 상환받을 수 있었다. 2012년 미국 법원은 아르헨티나가 구조 조정에 동의한 다른 채권자들의 돈을 갚기 전에, 이러한 벌처펀드를 먼저 청산해야 한다고 판결했다. 사실상 미국 달러시장에 접근할 수 있는 조건을 통제할 수 있는 미국 법원은 이런 종류의 사건에 막강한 영향력을 행사한다. 다음을 참조하라. Martin Guzman and Joseph E. Stiglitz, 'How Hedge Funds Held Argentina to Ransom', *New York Times*, 1 April 2016.

6. 다음을 참조하라. 찰스 틸리Charles Tilly, 'Reflections on the History of European State Making', *The Formation of National States in Western Europe*, Princeton University Press, 1975. 영국 국가 발전 과정에서 전쟁과 부채 금융의 관계에 대한 대표적인 설명은 다음을 참조하라. John Brewer, *Sinews of Power: War, Money and the English State*, 1688 – 1783, Yale University Press, 1990. 식민지 개발을 강조한 수정주의적 관점은 다음을 참조하라. Steven Pincus and James Robinson, 'Wars and State-Making Reconsidered: The Rise of the Developmental State' *Annales* 71 (2016), 9 – 34.

7. 홉스의 리바이어던에 영감을 준 개념 중 하나는 고대 그리스 신화의 눈이 백 개 달린 거인 아르고스 파놉테스였다. 아르고스는 눈이 많아 몇몇 눈을 감아도 다른 눈들은 떠 있었기 때문에 항상 경계가 가능했다. 후에 제러미 벤담이 항상 간수들에 의해 감시되는 '패놉티콘'이란 감옥의 개념을 만든 것도 여기서 유래했다. 미셸 푸코도 현대 사회의 작동 방식을 포괄적으로 지칭하기 위해 패놉티콘이란 말을 사용했고, 미국의 현대 사회학자 쇼샤나 주보프Shoshanna Zubof도 직장의 감시 기술을 묘사하기 위해 이 용어를 사용했다. 미국 중앙정보국 요원 에드워드 스노든Edward Snowden은 미 국가안보국NSA를 가리켜 패놉티콘이란 별칭을 붙이기도 했다.

8. 민주평화론의 초기 대표적 이론에 관해서는 다음을 참조하라. Michael W. Doyle, 'Kant, Liberal Legacies and Foreign Affairs', *Philosophy and Public Affairs* 12 (1983), 205-35. 약간 변형된 최근의 이론으로는 토마스 프리드먼의 '황금 아치 이론golden archs theory'이 있다. 황금 아치는 맥도날드 로고를 뜻하는 것으로, 이는 맥도날드 점포가 있는 국가끼리는 전쟁을 하지 않는 주장이다(민주적 평화를 문명의 가치보다는 소비주의, 편의주의, 무역에 맡기다는 뜻이다). 그러나 이 이론은 2022년에 틀렸다는 것이 확실히 입증되었다. 러시아가 우크라이나를 침공했기 때문이다. 러시아에는 700개 이상의 맥도날드 매장이 있고, 우크라이나에도 100개 이상이 있다.

1914년의 전쟁 발발(제2차 세계 대전)에 대한 대중의 모호한 반응에 대해서는 다음을 참조하라. Catriona Pennell, *A Kingdom United: Popular Responses to the Outbreak of the First World War in Britain and Ireland*, Oxford University Press, 2012.

9. 전쟁에서 민주주의 국가가 더 뛰어난 이유에 대해서는 다음을 참조하라. John Ferejohn and Frances McCall Rosenbluth, 'Warlike Democracies', *Journal of Conflict Resolution* 52 (2008), 3-38. 또한 민주주의의 신중함과 적응력을 강조한 다음 책도 있다. Dan Reiter and Allan C. Stam, *Democracies at War*, Princeton University Press, 2002. 하지만 이 책에서 다룬 민주주의의 신중함은 2003년 미국의 이라크 침공으로 그 의미가 퇴색됐다.

10. 현재 국제형사재판소International Criminal Court, ICC는 전쟁 범죄로 개인은 기소할 수 있지만, 국가는 기소할 수 없다. 국제사법재판소International Court of Justice, ICJ는 국가 기소가 가능하지만 구속력이 제한적이다. 다음을 참조하라. Ellen Ioanes, 'Here's What the ICC Can Actually Do About Putin's War Crimes', Vox, 9 April 2022, www.vox.com/23017838/international-criminal-court-icc-putin-war-crimes.

11. 이 책을 쓰는 시점에서 기업의 부채액 순위는 다음을 참고해 인용했다. 'Companies with the Largest Debt Worldwide in 2002', www.statista.com/statistics/1235574/most-indebted-compa-nies/.

12. 동인도회사의 대마불사론 및 현대 기업의 유사한 사례는 다음을 참고하기 바란다. Nick Robins, *The Corporation that Changed the World: How the East India Company Shaped the Mo-dern Multinational*, Pluto Press, 2012. 최근의 인물 중심 사례는 다음을 보라. William Dalrymple, *The Anarchy: The Relentless Rise of the East India Company*, Bloomsbury, 2019.

13. 정부가 더 많은 현금을 지원하는 것도 한 가지 방법이다. 이는 '무너지면 그 여파가 큰' 기업에 하는 정부 지원과 동일한 방식이다. 현재 시장 상황에서 기업을 유지할 수 있는 또 다른 방법은 벤처 캐피탈이 보유하고 있는 막대한 현금을 이용하는 것이다. 벤처 캐피탈은 어떤 경우에는 정부 지원을 대신하기도 한다.

14. 고대 로마의 다양한 기업 형태와 활동에 대해서는 다음을 참조하라. Jeffrey L. Patterson, The Development of the Concept of the Corporation from Earliest Roman Times to A.D. 476', *Accounting Historians Journal* 10 (1983), 87-98.

15. 우니베르시타스와 소키에타스에 관한 역사적 흐름에 따른 구분은 마이클 오크숏의 저서 《인간의 행위에 관하여》의 3부 〈현대 유럽국가의 성격에 관하여On the Character of a Modern European State〉에 잘 나와 있다. 이 책의 처음 1부와 2부는 인간이 되는 것이 무엇을 의미하는지, 그리고 단순히 현대 정치의 특성과 다른 방식으로 인간이 공존한다는 것이 무엇을 의미하는지 설명한다.

16. 1946년에 오크숏은 홉스를 '인공'에 관한 뛰어난 철학자라고 기술한 《리바이어던》의 기념판을 출간했다. 이를 통해 오크숏은 홉스가 이성을 활용해 정치의 세계를 구축했으며, "이성은 그 자체로 인공적인 것이지 자연적인 것은 아니다"라고 주장했다. 즉 이성은 자연적으로 생성되는 것이 아니라 '습득하는' 능력이란 뜻이다. 이는 이성과 지능을 동일하게 본다면, 모든 지능이 정의상 인공적이기 때문에 AI라는 별도의 카테고리가 있을 수 없다는 의미다. 자연적인 것은 '의지will'다. 이는 인간이 태어날 때부터 가지고 있는 선택 능력(지능에 관계 없이)으로서 동물에게도 있다. 국가는 인공적인 의지를 가지고 있다. 비록 홉스는 아니라고 했지만 오크숏이 볼 때 이것은 국가를 인격체로 만들기에는 불충분하다고 생각했다. 인공 인격 조차도 말이다. 오크숏의 《리바이어던》 서문은 다음에서 볼 수 있다. https://oll.libertyfund.org/page/hobbes-oakeshott-s-introduction-to-leviathan

17. 《인간의 행위에 관하여》의 1부 〈인간 행위의 이론적 이해에 관한 연구On the Theoretical Understanding of Human Conduct〉에서 오크숏은 "인간의 대리 기관(특정 서비스를 제공하는 정부 기관)은 '무조건적인 태초에in the beginning'가 아니라 조건적인 '옛날 옛적에once upon a time'로 시작된다"라고 말한다. 즉 우리의 행위는 우리 자신의 이야기의 시작을 결정하고, 언제든지 그 이야기를 다시 시작할 수 있는 능력으로 결정된다는 뜻이다. 이러한 오크숏의 견해는 한나 아렌트의 탄생성natality에서 가져왔을 가능성이 있다. 탄생성은 언제든 삶을 다시 시작할 수 있는 인간만의 능력을 말한다.

18. 다음을 참조하라. Stephane Garelli, 'Why You Will Probably Live Longer than Most Big Companies', (2016) www.imd.org/research-knowledge/articles/why-you-will-probably-live-longer-than-most-big-

19. 리먼 브라더스의 초기 역사와 형제들 간의 관계에 대한 이야기는 이탈리아 작가 스테파노 마시니의 희곡 《리먼 트릴로지》에 담겨 있다. 자세한 내용은 이 희곡을 참고하길 바란다. 소설로도 출간되었으며, 이 희곡을 바탕으로 한 연극은 웨스트엔드와 브로드웨이를 포함해 전 세계에서 공연되었다.

20. 베버의 정의에 의하면, '연합'이란 말은 독일어의 '게마인샤프트Gemeinschaft'에서 비롯되었다. 이는 주로 '공동체community'로 번역되며 게젤샤프트Gesellschaft와는 대비되는 개념이다. 게젤샤프트는 현대 기업을 비롯해 합리적 이익이나 계약에 기반한 다른 유형의 조직, 즉 이익 집단을 의미한다. 아이러니하게도 독일 사상계에서는 현대 국가도 게젤샤프트의 한 형태라고 생각한다. 즉 홉스가 생각한 것과 같이, 국가를 목적 달성을 위해 도구로 사용되는 합리적인 사업체라고 여기는 것이다.

21. '연방 국가'란 개념은 원래 20세기의 탈식민지 국가 건설 프로젝트를 지칭하기 위해 만들어졌다. 이를 통해 다민족 사회를 정치 공동체로 전환시키려고 한 것이다. 다음을 참조하기 바란다. Alfred Stepan, Juan J. Linz and Yogendra Yadav, *Crafting State-Nations: India and Other Multinational Democracies*, Johns Hopkins University Press, 2011. 최근에는 미국의 역사가인 질 레포레Jill Lepore가 미 건국 초기 역사에 이 개념을 적용하기도 했다. 다음을 참조하라. Jill Lepore, *This America: The Case for the Nation*, Liveright, 2019. 19세기에 프랑스가 어떻게 프랑스라는 국가로 전환되었는지는 다음에서 찾아볼 수 있다. Graham Robb, *The Invention of France*, Picador, 2007

22. 불쾌한 골짜기 개념은 1970년 일본의 로봇공학자 모리 마사히로森政弘가 쓴 논문에 처음 등장한다 (https://web.ics.purdue.edu/~drkelly/MoriTheUncannyValley1970.pdf). 그보다 앞서 지그문트 프로이트가 1919년에 발표한 논문 〈불쾌함Das Unheimliche〉(영어로 하면 The Uncanny)이 최초라고 주장하는 사람도 있다. 이 논문에서 프로이트는 우리가 움직이지 않아야 한다고 믿는 것들이 움직일 때 발생하는 불안한 인간 반응의 원인을 탐구하며, 사람 같은 인형과 영혼이 있는 것 같은 무생물이 주는 기괴함에 대해 이야기했다. 하지만 프로이트는 정신 분석적 설명을 더 선호했다.

> 잘린 팔다리, 잘린 머리, 손목에서 잘려나간 손, 혼자 춤추는 것처럼 보이는 발. 이 모든 것들은 매우 섬뜩한 느낌을 준다. 특히 마지막 경우처럼 저절로 움직이면 더욱 그렇다. 이미 알다시피 이런 종류의 섬뜩함은 거세 콤플렉스castration complex와의 연관성에서 비롯된다. 많은 사람에게 가장 섬뜩한 일은 산 채로 묻히는 것이다. 하지만 정신 분석은 이 무시무시한 환상이 원래는 전혀 무섭지 않았고, 육체적 쾌락으로 가득 찬 또 다른 환상의 변형일 뿐이라는 것을 가르쳐주었다. 이는 자궁 내에서 존재하는 환상이란 뜻이다(https://web.mit.edu/allanmc/www/freud1.pdf).

23. 미국의 석유회사 엑슨모빌ExxonMobil은 기후 변화에 대한 연구를 후원하고, 그 연구 결과를 이용해 자체 사업 모델을 보호하려고 했다. 자세한 내용은 다음을 참조하라. Neela Banerjee, Lisa Song and David Hasemyer, 'Exxon's Own Research Confirmed Fossil Fuels' Role in Global Warming Decades Ago', *Inside Climate Change*, 16 September 2015; Neela Banerjee, Lisa Song and David Hasemyer, 'Exxon Believed Deep Dive into Climate Research Would Protect Its Business', *Inside Climate Change*, 17 September 2015

24. 흔히 일론 머스크를 테슬라의 창립자로 일컫지만, 사실 일론 머스크는 마틴 에버하드Martin Eberhard와 마크 타페닝Marc Tarpenning이 테슬라를 설립하고 난 9개월 후에 지분을 사들였다. 2009년, 소송을 통해 머스크는 다른 네 명과 함께 테슬라의 '공동 창립자'로 불릴 자격을 얻었다.

25. 기업이 주주 가치를 극대화하기 위해 존재한다는 생각은 경제학자 밀턴 프리드먼까지 거슬러 올라간다. 그는 1970년 9월 《뉴욕타임스》에 〈프리드먼 독트린: 기업의 사회적 책임은 이윤을 늘리는 것이다The Friedman Doctrine: The Social Responsibility of Business is to Increase Its Profits〉란 글을 기고했다. 다음을 참조하기 바란다. www.nytimes.com/1970/09/13/archives/a-friedman-doctrine-the-social-responsibility-of-business-is-to.html
《파이낸셜 타임스》 수석 칼럼니스트인 마틴 울프Martin Wolf는 세계화된 세상에서 강력한 기업의 더 큰 역량과 책임을 무시한 이 교리가 현재 민주자본주의가 맞닥뜨린 위기에 부분적으로 책임이 있다고 주장했다. 다음을 참조하라. Martin Wolf, *The Crisis of Democratic Capitalism*, Allen Lane, 2023

26. 미국의 정치 역사에서 시민연합 판결이 주는 의미에 대한 종합적인 설명은 다음을 참조하라. Adam Winkler, *We the Corporations: How American Businesses Won Their Civil Rights*, Liveright, 2019

27. 홉스의 영향을 크게 받은 메스트르는 기계적인 개념하의 사회는 "모든 스프링의 강도, 무게, 크기, 형태, 위치가 크게 달라도 완벽하게 시간을 유지하는 시계와도 같다"고 말했다. 문제는 자주적인 행위자들이 그 작동을 방해할 때 발생했다. 다음을 참조하라. Joseph de Maistre, *Considerations on France*, Richard A. Lebrun 편, Cambridge University Press, 2009.
관료제의 역할과 개념을 '기계'로 설명한 지난 200년간 영국 역사에 대해서는 다음을 참조하라. Jon Agar, *The Government Machine: A Revolutionary History of the Computer*, MIT Press, 2016.
베버의 정치 저술 전반에서 기계적이란 표현이 등장한다. 특히 막스 베버의 *Political Writings*, Peter Lassman and Ronald Spires 편, Cambridge University Press, 1994 중 'Parliament and Government in Germany Under a New Political Order'(1917)와 'The Profession and Vocation of Politics'(1919)를 참조하라.

4장 고대 제국과 현대 국가

1. 하라리는 유용한 '허구'의 전형적인 사례로 기업을 꼽는다. 여기에는 유한 책임 회사도 포함된다. 그는 다음과 같이 말한다.
   이러한 회사들은 설립자와 투자자, 경영진으로부터 법적으로 독립되어 있다. 지난 수 세기에 걸쳐 이러한 회사들은 경제 분야에서 주요한 주체가 되었고, 우리는 이에 너무 익숙해진 나머지 이들이 우리 상상 속에서만 존재한다는 것을 잊어버린다. 미국에서는 유한 책임 회사를 엄밀하게 '코퍼레이션corporation'이라고 한다. 그런데 이 단어가 '코르푸스corpus'라는 신체에 해당하는 라틴어에서 비롯되었다는 점은 참으로 아이러니하다. 기업에 딱 하나 부족한 것이 신체, 바로 몸이기 때문이다. 실체가 없음에도 불구하고 미국의 법 시스템은 마치 기업이 살아 있는 인간인 것처럼 법적 인격체로 대우한다(유발 하라리의 《사피엔스: 유인원에서 사이보그까지, 인간 역사의 대담하고 위대한 질문》에서).
   앞 장에서 설명한 것과 비교하면 매우 단순하다. 그럼에도 이 장(4장) 앞부분의 내용은 하라리의 설명에 많이 의존하고 있다.
2. 150명이라는 수는 이른바 던바의 수Dunbar's number에서 나온 것이다. 영국의 인류학자인 로빈 던바 Robin Dunbar는 인간이 사회적 관계를 맺을 수 있는 최대 인원은 150명이라고 주장했다. 다음을 참조하라. R. I. M. Dunbar, 'Neocortex Size as a Constraint on Group Size in Primates', *Journal of Human Evolution* 22 (1992), 469 – 93; Robin Dunbar, *How Many Friends Does One Person Need? Dunbar's Number and Other Evolutionary Quirks*, Faber and Faber, 2010.
3. 하라리는 《사피엔스》의 속편인 《호모 데우스》에서는 미래를 이야기한다. 자세한 내용은 유발 하라리의 《호모 데우스》를 참조하라.
4. 국가의 이성적이고 기계적인 통제로부터 개인의 주권을 해방시키려는 주목할 만한 시도에 대해서는 다음을 참조하라. James Dale Davidson and William Rees-Mogg, *The Sovereign Individual: Mastering the Transition to the Information Age*, Simon and Schuster, 1999. 이 책은 실리콘 밸리의 엘리트들에 매우 큰 영향을 미쳤다. 그중 하나로 다음을 들 수 있다. Mark O'Connell, 'Why Silicon Valley Billionaires are Prepping for the Apocalypse in New Zealand', *Guardian*, 15 February 2018, www.theguardian.com/new s/2018/feb/15/why-silicon-valley-billionnaires-are- prepping-for-the-apocalypose-in-newzealand
5. 2018년, 《뉴요커》의 인물 소개란에서 저커버그는 다음과 같이 말한 것으로 전해졌다. "여러분은 훌륭하기도 하고, 나쁘기도 하며, 복잡하기도 합니다. 저는 아우구스투스가 가장 매력적인 인물 중 하나라고 생각해요. 그는 매우 가혹한 접근법을 통해 200년간 세계 평화를 확립했습니다." 그는 또한 2012년 로마에서 보낸 신혼여행을 언급하기도 했다. "아내가 나를 놀리면서 세 명이 신혼여행 왔다고 했어요. 나와 아내 그리고 아우구스투스. 모든 사진에 아우구스투스의 조각상이 있었죠." 이 부부는 둘째 딸에게 아우구스투스라는 이름을 지어주었다.

6. 로마 제국을 데스 스타로 여긴 사람은 매그너스 라이언Magnus Ryan이 최초였다. 이 아이디어를 제공해준 그에게 감사한다.

7. 발터 샤이델의 책을 참조하라. Walter Scheidel, *Escape from Rome: The Failure of Empire and the Road to Prosperity*, Princeton University Press, 2019.

8. 첫 번째 '대분기'에 관해서는 다음을 참조하라. Walter Scheidel, 'From the "Great Convergence" to the "First Great Divergence": Roman and Qin-Han State Formation and its Aftermath', Walter Scheidel 편, *Rome and China: Comparative Perspectives on Ancient World Empires*, Oxford University Press, 2009. 로마 제국과 중국 제국이 서기 500년 이후 어떻게 갈라졌는지에 대해서는 다음을 참조하라. https://web.stanford.edu/~scheidel/acme.htm.

9. 제국과 비교했을 때 민족 국가가 단명하는 경향이 있는 것에 대해서는 다음을 참조하라. Niall Ferguson, 'The Unconscious Colossus: Limits of (and Alternatives to) American Empire', *Daedalus*, Spring 2005

10. 약탈적 제도와 수용적 제도에 대해서는 다음을 참조하라. Daron Acemoglu and James A. Robinson, *Why Nations Fail: The Origins of Power, Prosperity and Poverty*, Profile, 2012.

11. 벨기에 통치하에서 콩고에서 일어난 경악할 사건과 그것이 현대 벨기에에 미친 영향에 대해서는 다음을 참조하라. Adam Hochschild, *King Leopold's Ghost: A Story of Greed, Terror and Heroism in Colonial Africa*, Houghton Mifflin, 1998

12. 대런 아세모글루와 제임스 A. 로빈슨의 《좁은 회랑: 국가, 사회 그리고 자유의 운명》을 참조하라.

13. 이 시는 1928년 예이츠의 시집 《탑The Tower》에 처음 수록되었다. 그 첫 구절이 요새 유명해졌는데, 전체 시를 한번 읽어보는 것도 좋을 듯하여 전문을 소개한다.

1
노인을 위한 나라는 없다.
껴안고 있는 젊은이들, 나무 위 새들
– 죽어가는 저 세대 – 는 노래하고
연어가 뛰는 폭포와 고등어가 가득한 바다
물고기, 짐승, 새들이 여름 내내
잉태되고 태어나고 죽는 모든 것을 찬미한다.
모두가 관능의 음악에 사로잡혀
늙지 않는 지성의 기념비에 관심을 두지 않네.
2
늙은이란 그저 하찮은 존재
지팡이에 걸쳐진 낡은 코트일 뿐
육신의 옷이 너덜너덜해지는 것을
영혼이 손뼉 치며 노래하지 않는다면,
웅장한 영혼의 기념비를 배우지 않는다면,
노래를 배울 학교는 아무 데도 없으니.
그래서 나는 바다를 건너왔네
성스러운 도시 비잔티움으로
3
오, 거룩한 불 속에 서 있는 성인들이시여,
벽의 금 모자이크처럼
원을 그리며 신성한 불에서 내려와
내 영혼의 노래를 가르쳐주소서.

내 심장을 다 태우소서, 욕정에 병들고

죽어가는 동물성에 얽매여

자신을 알지 못하는 그 심장을, 그리고 나를 거두소서

영원히 죽지 않는 예술품 속으로

4

일단 자연에서 벗어나면, 나는 결코 다시는

자연적인 것을 닮은 것에서 내 육신을 취하지 않겠소.

오직 그리스의 금 세공인들이 만든 금박과

황금 에나멜로 만든 형상을 취하리라,

졸음에 겨운 황제를 깨우기 위해.

아니면 황금 가지 위에 앉아

비잔티움의 귀족과 부인들에게 노래하겠소.

지나간 것과 지나가는 것 그리고 다가올 것에 대하여.

14. 페리클레스의 장례식 연설 전문은 다음을 참조하기 바란다. Thucydides, *The History of the Peloponnesian War*, Book 2, 34 – 46; www.wright.edu/~christopher.oldstone-moore/pericles.htm.

15. 현대 그리스 민주주의가 놀랍지만 회복력이 약한 이유를 포함해, 고대 그리스 민주주의와 현대 민주주의의 차이점에 대해 알고 싶다면 나의 졸저 《쿠데타, 대재앙, 정보권력》을 참조하기 바란다.

16. 근대의 경제 및 정치 발전에서 기업국가와 이들의 핵심 역할에 대해서는 다음을 참조하라. Andrew Philips and Jason Sharman, *Outsourcing Empire: How Company-States Made the Modern World*, Princeton University Press, 2019. 동인도회사는 대표적인 '기업국가'인데, 동인도회사의 역사에 대해서는 다음을 참조하라. Philip J. Stern, *The CompanyState: Corporate Sovereignty and the Early Modern Foundations of the British Empire in India*, Oxford University Press, 2011

17. 이에 대해서는 장하준 교수가 현대그룹의 역사를 설명한 다음의 영상을 참조하라. www.youtube.com/watch?v=crS4miW92eA

5장 위대한 변환

1. 1950년대 이후 인간의 다양한 활동과 급격한 경제 성장을 두고 '대가속'이란 용어가 사용되었다. 이는 경제 성장뿐만 아니라 인구, 에너지 소비, 비료 사용, 물 소비, 외국인 직접 투자, 해외 관광 등 증가 패턴을 보이는 모든 분야에 적용될 수 있다. 때로는 지속 불가능함unsustainability을 의미하는 비하적 표현으로 사용되기도 한다. 다음을 참조하라. https://futureearth.org/2015/01/16/the-great-acceleration/. 이 사이트에서는 대가속을 '1950년대부터 현재까지 한 사람의 일생에 거쳐 거의 감소 징후 없이 동시에 일어나는 추세의 가속'이라고 정의한다.

2. 서구 문명의 발전 원인을 규명하고 이에 반박하는 문헌은 매우 많다. 초기 자료로는 다음을 들 수 있다. Douglass C. North and Robert Paul Thomas, *The Rise of the Western World: A New Economic History*, Cambridge University Press, 1973. 중국과 '대분기'에 관한 개념은 다음을 참조하라. Kenneth Pomeranz, *The Great Divergence: China, Europe and the Making of the Modern World*, Princeton University Press, 2000. 미국의 역사학자 케네스 포메란츠는 특히 석탄을 중요하게 생각했다. 자유 시장 경제와 사유 재산권을 중요하게 여기는 관점에 대해서는 다음을 참조하라. David Landes, 'Why Europe and the West? Why Not China?', *Journal of Economic Perspectives* 20 (2006), 3 – 22. 기술과 학문적 계몽을 중시하는 문화에 대해서는 다음을 참조하라. Joel Mokyr, *A Culture of Growth: The Origins of the Modern Economy*, Princeton University Press, 2016. 영국의 문화와 인구 구성을 중요하게 여기는 관점에 대해서는 다음을 참조하라.

Gregory Clark, *A Farewell to Alms: A Brief Economic History of the World*, Princeton University Press, 2007. 여기서 언급한 것은 빙산의 일각에 불과하다. 이 외에도 엄청나게 많은 문헌이 존재한다.

3. 같은 민족이라서 유사점이 많은데도 왜 1953년 이후 북한과 남한은 대조적인 운명을 맞이했을까? 대런 아세모글루와 제임스 A. 로빈슨의 《국가는 왜 실패하는가》에서 주요 사례 중 하나로 다루고 있다.

4. 다음의 자료들을 참조하라. Douglass C. North and Barry R. Weingast, 'Constitutions and Commitment: The Evolution of Institutions Governing Public Choice in Seventeenth-Century England', *Journal of Economic History* 49 (1989), 803 – 32; Douglass C. North, 'Institutions and Credible Commitment', *Journal of Institutional and Theoretical Economics* 149 (1983), 11 – 23; Douglass C. North, John Joseph Wallis and Barry R. Weingast, *Violence and Social Orders: A Conceptual Framework for Interpreting Recorded Human History*, Cambridge University Press, 2009.

5. 미국의 경제학자인 J. 브래드포드 드롱Bradford DeLong은 1870년을 (미국이 주도한) 현대 경제 성장의 전환점으로 꼽았다. 이를 현대적인 기업, 연구소, 세계화된 국제 무역이라는 세 가지 상호 연관된 혁신을 통해 설명한다. 국가의 역할은 덜 강조되지만 여전히 필수적인 전제조건으로 남아 있었다. 다음을 참조하라. J. Bradford DeLong, *Slouching Towards Utopia: An Economic History of the Twentieth Century*, Basic Books, 2022.

6. 아르헨티나의 기복이 심한 경제사 및 정치사에 대해서는 다음을 참조하라. José Ignacio García Hamilton, 'Historical Reflections on the Splendor and Decline of Argentina', *Cato Journal* 25 (2005), 521 – 40; Rok Spruk, 'The Rise and Fall of Argentina', *Latin American Economic Review* 28 (2019), 1 – 40

7. 노르베르그의 책을 참조하라. Johan Norberg, *Progress: Ten Reasons to Look Forward to the Future*, Oneworld Publications, 2016.

8. 이성적 낙관주의란 개념은 언론인 출신의 과학저술가 맷 리들리Matt Ridley가 펴낸 《이성적 낙관주의자 The Rational Optimist: How Prosperity Evolves》(Harper, 2010)에서 비롯되었다. 비슷한 주제를 다룬 다음의 저서들도 참고하라. RutgerBregman, *Utopia for Realists: And How We Can Get There*, Bloomsbury, 2016; Steven Pinker, *Enlightenment Now: The Case for Reason, Science, Humanism and Progress*, Allen Lane, 2018.

9. 인지 편향에 관한 위키피디아의 설명을 살펴보면, 역사의 종말 환상(end-of-history illusion, 미래는 크게 달라지지 않을 것이다)부터 와우 효과(Women-are-wonderful effect, 여성은 훌륭하다)까지 120개 이상의 사례가 나와 있다(https://en.wikipedia.org/wiki/List_of_cognitive_biases). 두뇌가 인지 편향을 만들어내는 이유에 대해서는 다음을 참조하라. Daniel Kahneman, *Thinking Fast and Slow*, Farrar, Straus and Giroux, 2011.

10. 1870~1970년의 경제 성장과 그 이후의 경제 성장을 비교한 내용은 장하준의 《그들이 말하지 않은 23가지》의 4장 〈인터넷보다 세탁기가 세상을 더 많이 바꿨다〉와 다음을 참조하라. Robert J. Gordon, *The Rise and Fall of American Growth: The US Standard of Living Since the Civil War*, Princeton University Press, 2016

11. 한나 아렌트의 《인간의 조건》을 참조하라.

12. 토마스 맬서스의 《인구론》과 다음의 도서를 참조하라. Robert J. Mayhew, *Malthus: The Life and Legacies of an Untimely Prophet*, Harvard University Press, 2014.

13. 노먼 볼로그를 찬양하는 전기도 많지만 비판적 관점을 보이는 것도 있다. 다음을 참조하라. Marci Baranski, *The Globalization of Wheat: A Critical History of the Green Revolution*, University of Pittsburgh Press, 2022.

14. 2010년 이후 태양광 및 풍력 발전의 비용 감소가 가장 눈에 띈다. 2022년 한 재생 에너지 비용에 대한 보고서는 풍력 발전 비용의 감소 이유를 다음과 같이 설명하고 있다.

> 2010년과 2021년 사이, 전 세계 육상 풍력 발전소의 평균 전기 생산 비용이 68퍼센트 내려갔다. 이는 발전기 설치 용량이 178GW에서 769GW로 증가한 것에 따른 것이다. 비용 감소의 주요 원인으로는 터빈 가격의 하락, 발전 산업 규모의 확대에 따른 플랜트 설립 비용 감소, 프로젝트의 평균적인 규모의 증가(특히 유럽 외 지역에서), 공급망 경쟁력 강화, 자본 조달 비용 감소(육상 풍력 기술의 발전으로), 최첨단 풍력 터빈의 높은 가동률

등을 들 수 있다.

그럼에도 태양광 및 풍력 에너지를 전력망에 통합하고 지속적인 공급과 저장 용량을 확보하는 것은 여전히 어려운 과제다. 다음을 참조하라. www.irena.org//media/Files/IRENA/Agency/Publication/2022/Jul/IRENA_Power_Generation_Costs_2021_Summary.pdf.

15. 에너지 체제의 전환이 불러올 정치적 · 학문적 도전 과제에 대해서는 대니얼 예긴의 《뉴 맵: 에너지 · 기후 · 지정학이 바꾸는 새로운 패권 지도》와 다음을 참조하라. Helen Thompson, *Disorder: Hard Times in the 21st Century*, Oxford University Press, 2022

16. 1784년은 다음의 저서에서 처음 언급되었다. Duncan Kelly, *Politics and the Anthropocene*, Polity Press, 2019. 인간에 의한 종의 멸종에 대해서는 다음을 참조하라. Elizabeth Kolbert, *The Sixth Extinction: An Unnatural History*, Henry Holt and Co., 2014.

17. 존 그레이의 《하찮은 인간, 호모 라피엔스》를 참조하라.

6장 누가 구축하는가

1. 다음을 참조하라. Guy Benson, 'No, Conservatives Aren't Taking "You Didn't Build That" Out of Context', Townhall.com, 19 August 2012. https://townhall.com/tipsheet/guyben-son/2012/07/19/no_conservatives_arent_taking_you_didnt_build_that_out_of_context-n691948.

2. 다음을 참조하라. 'Remarks by the President', 24 July 2012, https//obamawhitehouse.archives.gov/the-press-office/2012/07/24/remarks-president-campaign-event-0.

3. 미국 초대 재무장관인 알렉산더 해밀턴이 부과한 관세로 인해 생필품 수입과 면화 수출에 대한 의존도가 높은 미국 남부는 위협에 직면하게 되었다. 보호주의가 미국의 경제 성장에 필수적인 요소로 작용했던 기간에 대해서도 많은 논란이 있는데, 자유시장주의자들은 이 기간이 너무 길었다고 생각한다. 이 문제는 여전히 논란의 대상이다. 다음을 참조하라. Robert W. Merry, 'Protectionism in America', *National Interest* 146 (2016), 28 – 36: Benjamin O. Fordham, 'Protectionist Empire: Trade, Tariffs and United States Foreign Policy, 1890 – 1914', *Studies in American Political Development* 31 (2017), 170 – 92.

4. 다음을 참조하라. House of Commons Committee of Public Accounts, 'Covid-19: Cost Tracker Update', 2 February 2022, https://committees.parliament.uk/publications/8934/documents/152365/default/.

5. 마리아나 마추카토의 《기업가형 국가: 공공경제부분의 한계 극복 대안》을 참조하라. 개인적 경험을 바탕으로 유사한 주장을 펼친 저작도 있다. William H. Janeway, *Doing Capitalism in the Innovation Economy: Markets, Speculation and the State*, Cambridge University Press, 2012.

6. 이와 같은 최근의 사례로는 마이클 루이스의 《다섯 번째 위험: 트럼프 정권, 미국의 민주주의는 어떻게 실패했는가》를 참조하라. 부도덕한 민간 기업들이 수익성이 부족한 기업에 지원하는 정부 자금을 어떻게 이용해 돈 되는 사업을 이어나가는지에 대해서 볼 수 있다.

7. 다음 기사를 참조하라. Seth Stevens-Davidovich, 'The Rich are Not Who We Think They are. And Happiness is Not What We Think It is Either', *New York Times*, 14 May 2022(www.nytimes.com/2022/05/14/opinion/sunday/rich-happiness-big-data.html). 이 기사는 다음의 학술 자료를 기반으로 한다. Matthew Smith, Danny Yagan, Owen Zidar and Eric Zwick, 'Capitalists in the Twenty-First Century', *Quarterly Journal of Economics* 134 (2019), 1 – 72.

8. 아마존에 관한 내용은 다음의 책들을 참조하길 바란다. Brad Stone, *The Everything Store: Jeff Bezos and the Age of Amazon*, Little, Brown, 2013: Brad Stone, *Amazon Unbound: Jeff Bezos and the Invention of a Global Empire*, Simon and Schuster, 2021: Alina Utrata, 'The Anti-Dystopians' Guide to Amazon', Substack, 31 January 2022, https://alinautrata.substack.com/p/the-anti-dystopians-guide-to-ama.

9. 틸의 지적 성장사에 관해서는 다음을 참조하라. Max Chaf kin, *The Contrarian: Peter Thiel and Silicon Valley's Pursuit of Power*, Bloomsbury, 2021. 틸의 '자유주의'는 그의 다른 것들과 마찬가지로 다소 특이한 데 그 점에 대해서는 다음을 참조하라. 'The Education of a Libertarian', *Cato Unbound*, 13 April 2009, www.cato-unbound.org/2009/04/13/peter-thiel/education-libertarian/.

10. 다음을 참조하라. Coco Feng, 'Tesla's Elon Musk, Ant Group CEO Write for Magazine of China's Top Internet Watchdog', *South China Morning Post*, 13 August 2022. www.scmp.com/tech/big-tech/article/3188790/teslas-elon-musk-ant-group-ceo-write-magazine-chinas-top-internet.

11. 다음을 참조하라. Christopher C. Stacey, 'Getting Started Computing at the AI Lab', *MIT Working Paper* 235, 7 September 1982, https://dspace.mit.edu/bitstream/handle/1721.1/411-80/AI_WP_235.pdf.

12. 애플에 대한 내용도 마추카토의《기업가형 국가》에 잘 나와 있다. 실리콘 밸리의 혁신, 기업의 발전, 정부 제도 사이의 폭넓은 관계에 대해서는 다음을 참조하라. Margaret O'Mara, *The Code: Silicon Valley and the Remaking of America*, Penguin, 2019.

13. 1961년 1월 17일에 있었던 아이젠하워 대통령의 퇴임사를 참조하라. https://avalon.law.yale.edu/20th_century/eisenhower001.asp.

14. 이에 대한 내용은 제임스 윌리엄스의《나의 빛을 가리지 말라》를 참조하라. 구글 직원이었던 그는 비판자로 변해 내부자 입장에서 이를 설명한다.

15. 국가의 의도적인 느린 속도와 21세기 삶의 속도 간에 점점 벌어지는 차이에 대해서는 다음을 참조하라. William E. Scheuerman, *Liberal Democracy and the Social Acceleration of Time*, Johns Hopkins University Press, 2004.

16. 2017년 말에 나는 로스앤젤레스에서 열린 한 컨퍼런스에서 하사비스가 경외심에 찬 모습으로 알파제로의 능력에 대해 설명하는 것을 보았다. 그것은 기업의 발표 행사라기보다는 종교적 행사와 더 비슷했다. 자세한 내용을 내가 쓴 기고문을 참조하라. David Runciman, 'AI', *London Review of Books*, 25 January 2018, www.lrb.co.uk/the-paper/v40/n02/david-runciman/diary.

17. 회사의 운영 원칙은 다음과 같다. "우리는 AI를 해결하여 과학을 발전시키고 인류를 이롭게 한다. 이 사명의 핵심은 사회의 요구와 기대에 부응하여 AI 분야에서 책임감 있는 선구자가 되기 위한 우리의 약속이다." 자세한 내용은 회사 사이트를 참조하라. www.deepmind.com/about.

18. 대화의 전문은 다음에서 볼 수 있으니 참조하라. 내가 볼 땐 이상하고 매우 지루하다. Blake Lemoine, 'Is LaMDA Sentient? An Interview', *Medium*, 11 June 2022. https://cajundiscordian.medium.com/is-lamda-sentient-an-interview-ea64d916d917

19. AI의 발전을 이런 식으로 보는 것에 대한 반대 의견도 있다. 다음을 참조하라. Emily M. Bender, Timnit Gebru, Angelina McMillan-Major and Shmargaret Shmitchell, 'On the Dangers of Stochastic Parrots: Can Language Models be Too Big?', *FAccT'21*, *Proceedings of the ACM 2021 Conference on Fairness, Accountability, and Transparency*, 610-23

7장 국가를 넘어서

1. 카네기는 또한 이렇게 말했다. "다른 사람의 관점에 서서 그들의 열렬한 욕구를 일깨우는 것이 당신에게만 이익이 되고 그들에게는 해를 끼치는 일이 되어 그들을 조종하는 것으로 비춰지면 안 된다." 이 말은 현재 AI 분야를 선도하고 있는 테크 기업들이 기업 강령으로 삼기에 좋다. 세상을 구하겠다는 거창한 사명보다 더 겸손하고 낫다. 출판 이후 한 번도 절판된 적이 없는 카네기의《인간관계론》을 참조하라.

2. 다음을 참조하라. Frank Pasquale, *New Laws of Robotics: Defending Human Expertise in the Age of AI*, The Belknap Press of Harvard University Press, 2020

3. 다음의 책을 참조하라. A. J. P. Taylor, *How Wars Begin*, Hamish Hamilton, 1979. 제1차 세계 대전의 기원에 대해서는 다음을 참조하라. Chris Clark, *The Sleepwalkers: How Europe Went to War in 1914*, HarperCollins, 2013. 이 책은 당시 유럽 지도자들이 직면한 '남성성의 위기'에 중점을 두고 인간적인 요소, 특히 인간의 실패를 다룬다.

4. 냉전이 얼마나 위험했고, 얼마나 많은 재앙의 순간을 아슬아슬하게 피해 갈 수 있었는지에 대해서는 다음을 참조하라. Eric Schlosser, *Command and Control*, Penguin, 2014

5. 페이스북과 구글을 공공재처럼 규제해야 한다는 주장에 관해서는 다음을 참조하라. Josh Simons and Dipayan Ghosh, 'Utilities for Democracy: How and Why the Algorithmic Infrastructure of Facebook and Google Must be Regulated', *Brookings Institute*, April 2020, www.brookings.edu/research/utilities-for-democracy-why-and-how-the-algorithmic-infrastructure-of-facebook-and-google-must-be-regulated/

6. 다음을 참조하라. Elizabeth Warren, 'How We Can Break Up Big Tech', *Medium*, 8 March 2019, https://elizabethwarren.com/plans/break-up-big-tech.

7. 다음을 참조하라. Emily A. Vogels, 'Support for More Regulation of Tech Companies has Declined in US, Especially Among Republicans', *Pew Research Center*, 13 May 2022, www.pewresearch.org/fact-tank/2022/05/13/support-for-more-regulation-of-tech-companies-has-declined-in-u-sespecially-among-republicans/

8. 다음을 참조하라. 'How to Understand China's Common Prosperity Policy', *China Briefing*, 21 March 2022, www.china-briefing.com/news/china-common-prosperity-what-does-it-mean-for-foreign-investors/

9. 다음을 참조하라. Gan Yang, '"Unifying the Three Traditions" in the New Era', in *Voices from the Chinese Century: Public Intellectual Debate in Contemporary China*, Joshua Fogel, Timothy Cheek and David Ownby 편, Columbia University Press, 2019.

10. 그것은 때로는 감탄—Remaking the Chinese Leviathan(2002년에 출간된 책)—스럽게, 때로는 비판—'The Specter of Leviathan: A Critique of Chinese Statism'(2018년의 에세이)적으로, 때로는 절망적으로 이루어진다. 《뉴욕타임스》 기고가 리 위안은Li Yuan은 이렇게 말했다. "리바이어던에 아무것도 기대하지 마세요. 호소할 필요는 없습니다. 결국 우리는 스스로를 도와야 합니다." 다음을 참조하라. Li Yuan, 'With "Zero Covid" China Proved It's Good at Control. Governance is Harder', *New York Times*, 26 December 2022, www.nytimes.com/2022/12/26/busi-ness/china-covid-communist-party.html.

11. 이 분야에 관한 EU의 법제화에 대해서는 다음을 참조하라. 'The Digital Services Act Package', https://digital-strategy.ec.europa.eu/en/policies/digital-services-act-package.

12. 창업자에 대한 집착에서 벗어나고자 하는 이 (극도로 남성 중심적인) 비즈니스 문화에서 일하는 것에 대한 개인적인 기묘한 경험담이 있다. 다음을 참조하라. Anna Weiner, *Uncanny Valley: A Memoir*, Fourth Estate, 2020.

13. 다음을 참조하라. Benoit Berthelot, 'Amazon Europe Unit Paid No Taxes on $55 Billion Sales in 2021', *Bloomberg UK*, 20 April, 2022, www.bloomberg.com/news/articles/2022-04-20/amazon-europe-unit-paid-notaxes-on-55-billion-sales-in-2021.

14. 다음을 참조하라. Dominic Cummings, 'Regime Change #3: Amazon's Lessons on High-Performan-ce Management for the Next PM', *Substack*, 22 February 2022, https://dominiccum-mings.substack.com/p/amazons-lessons-on-high-performance.

15. 위와 같음.

16. 다음을 참조하라. Dominic Cummings, '"People, Ideas, Machines" 1: Notes on "Winning the Next War"', *Substack*, 10 March 2022, https://dominiccummings.substack.com/p/people-ideas-machines-i-notes-on

17. 브렛 빅터는 적절하게도 아이디어를 한 장의 포스터에 시각적으로 표현했다. http://worrydream.com/SeeingSpaces/SeeingSpaces.jpg.

18. 제임스 C. 스콧의 《국가처럼 보기: 왜 국가는 계획에 실패하는가》를 참조하라. 스콧이 최근 국가를 바라보는 관점에 대해서는 다음을 참조하라. Marion Fourcade and Jeffrey Gordon, 'Learning Like a State: Statecraft

in the Digital Age', *Journal of Law and Political Economy* 1 (2020). 이 논문은 "데이터 중심의 국가 운영으로 인해 국가의 기업주의적 재건이 촉진된다"는 주장을 담고 있다. 또한 다음의 논문도 참조하라. Henry Farrell, 'Seeing Like a Finite State Machine', *Crooked Timber*, 16 November 2020, https://crookedtimber. org/2019/11/25/seeomg-like-a-finite-state-machine/ Farrell. 그중 다음 부분을 주목하라.

간단히 말해서, 기계 학습 및 관련 기술이 권위주의에 재앙이 될 수 있는 매우 그럴듯한 일련의 메커니즘이 있다. 이러한 기술은 잘못된 의사결정 경향을 증가시키고, 오류를 바로잡는 데 도움이 될 수 있는 부정적 피드백의 가능성을 더욱 줄임으로써 권위주의의 장점보다는 단점을 강화시킬 수 있다. 이러한 재앙은 두 가지 방식으로 전개될 것이다. 첫 번째는 엄청난 인적 비용과 관련이 있다. 자기 강화(자기가 한 행동을 내면화하는 행위) 편향은 오늘날 우리가 위구르족에 대해 가지고 있는 것과 같은 외집단에 대한 차별을 강화시킬 가능성이 높다. 두 번째는 더 일반적인 자기 분열self-ramifying 오류와 관련이 있으며, 이는 광범위한 계획 재앙을 초래할 수 있다. 이 재앙은 스콧의 하이 모더니즘(High Modernism, 과학과 기술에 대한 확고한 자신감을 특징으로 하는 현대주의)에 대한 설명에서 묘사하는 것과는 달리 즉시 눈에 보이지는 않지만, 더욱 치명적일 수 있고, 정권의 정치적 건전성과 생존력에 더 큰 피해를 줄 수 있다.

19. 사이버신 프로젝트에 관해서는 다음을 참조하라. Eden Medina, *Cybernetic Revolutionaries: Technology and Politics in Allende's Chile*, MIT Press, 2011; George Eaton, 'Project Cybersyn: The Afterlife of Chile's Socialist Internet', *New Statesman*, 22 August 2018, www.newstatesman.com/culture/observations/2018/08/project-cybersyn-afterlife-chile-s-socialist-internet.

20. '사이버신 프로젝트' 관련 논평은 다음을 참조하라. Evgeny Morozov, 'The Planning Machine', *New Yorker*, 14 October 2014, www.newyorker.com/magazine/2014/10/13/planning-machine.

21. 다음을 참조하라. Georgia Frances King, 'The Venn Diagram Between Libertarians and Crypto Bros is so Close it's Basically a Circle', *Quartz*, 23 May 2018, https://qz.com/1284178/almost-half-of-cryptocurrency-and-bitcoin-bros-identify-as-libertarian.

22. 블록체인 기술의 매력과 국가에 대한 불신이 증가하는 것의 연관성에 관해서는 다음을 참조하라. William Magnuson, *Blockchain Democracy: Technology, Law and the Rule of the Crowd*, Cambridge University Press, 2022.

23. 암호화폐에 드는 비용은 환경적으로도 영향을 끼치는데, 엄청난 에너지를 소비한다. 미국은 현재 전 세계 암호화폐 생산의 약 3분의 1을 담당하고 있으며, 이로 인해 미국 전체 전기 사용량의 0.9~1.7퍼센트를 소비한다. 미국의 모든 가정용 컴퓨터 또는 모든 가정용 조명에서 소비하는 양과 동일한 수준이다. 전 세계 적으로 암호화폐에 소요되는 전력은 호주나 아르헨티나와 같은 국가의 전체 에너지 사용량과 비슷하다. 다음을 참조하라. Office of Science and Technology Policy, 'Climate and Energy Implications of Crypto-Assets in the United States', September 2022, www.whitehouse.gov/wp-content/uploads/2022/09/09-2022-Crypto-Assetsand-Climate-Report.pdf.

8장 인간과 기계의 미래 세계

1. 다음을 참조하라. Carl Benedikt Frey and Michael A. Osborne, 'The Future of Employment: How Susceptible are Jobs to Computerisation?', *Technological Forecasting and Social Change* 114 (2017), 254 – 80.

2. 한동안 기계 자동화로 인해 일자리가 사라질 것이라는 예측이 유행했었다. 리처드 서스킨드와 대니얼 서 스킨드의 《4차 산업혁명 시대, 전문직의 미래: 빅데이터, 인공지능, 기술혁신이 가져올 새로운 전문직 지형도》를 참조하라.

3. 칼 베네딕트 프레이의 《테크놀로지의 덫: 자동화 시대의 자본, 노동, 권력》을 참조하라.

4. 말과 관련된 직업에 대해서는 다음 문헌을 참조했다. Brad Smith and Carole Ann Browne, 'The Day the Horse Lost Its Job' *Microsoft Today in Technology*, 22 December 2017, https://blogs.microsoft.com/today-

in-tech/day-horse-lost-job/.

5. 코헨과 딜런의 작곡 속도를 비교하는 일화는 말콤 글래드웰이 그의 팟캐스트 역사 다시 쓰기Revisionist History에서 음악 평론가인 앨런 라이트Alan Light와 함께 다루기도 했다.

   앨런 라이트: 레너드 코헨과 밥 딜런은 서로 존경하는 사이였다고 합니다. 80년대에 두 사람이 만난 건 확실한 것 같아요. 두 사람은 파리의 카페에서 만났고, 딜런이 "〈할렐루야〉 노래가 참 좋아요."라고 말했대요. 이 이야기에서 흥미로운 점은 〈할렐루야〉가 대단한 노래라는 것을 처음 알아본 사람이 딜런이었다는 거예요. 딜런은 코헨에게 "노래가 좋군요. 만드는 데 얼마나 걸렸어요?"라고 물었대요. 코헨이 "2년이요."라고 대답했고요.

   말콤 글래드웰: 그건 거짓말이었어요. 코헨이 나중에 딜런에게 훨씬 더 오래 걸렸다고 고백했다고 하던데요. 그런 다음 코헨은 딜런에게 〈아이 앤드 아이I and I〉를 작곡하는 데 얼마나 걸렸는지 물었답니다.

   앨런 라이트: 딜런이 "15분 정도요."라고 대답했죠.

6. 보편적 기본 소득의 정치학적 관점에 대해서는 다음을 참조하라. Guy Standing, *Basic Income and How We Can Make It Happen*, Pelican, 2017; on the sometimes-surprising history of that politics, see Peter Sloman, *Transfer State: The Idea of a Guaranteed Income and the Politics of Redistribution in Modern Britain*, Oxford UniversityPress, 2019.

7. 다음을 참조하라. Will Ensor, Anderson Frailey, Matt Jensen and Amy Xu, 'A BudgetNeutral Universal Basic Income', *AEI Economics Working Paper*, May 2017, www.aei .org/wp-content/uploads/2017/05/UBI-Jensen-et-alworking-paper.pdf.

8. 다음을 참조하라. Chandrayan Gupta, 'Dealing with Loneliness Using an AI Chatbot', Medium, 26 February 2021, https://medium.com/invisible-illness/dealing-with-loneliness-using-an-ai-chatbot-4f86488caf2d. 'How Sam Bankman-Fried Put Effective Altruism on the Defensive', New York Times, 9 December 2022, www.nytimes.com/2022/12/09/books/review/effective-altruism-sam-bankman-fried-crypto.html.

9. 다음을 참조하라. https://futurecarelab.com/en/news/nursing-care-in-2040-from-futurecare-lab-in-japan.

10. 세계화의 종말에 관한 연구가 점차 증가하고 있다. 스티븐 D. 킹의 《세계화의 종말: 탐욕이 부른 국가 이기주의와 불신의 시대》와 다음을 참조하라. Finbarr Livesey, From Global to Local: *The Making of Things and the End of Globalisation*, Profile, 2017. 우크라이나 전쟁의 영향에 대해서는 다음을 참조하라. Adam S. Posen, 'The End of Globalization?', *Foreign Affairs*, 17 March 2022, www.foreignaffir s.com/articles/world/2022-03-17/end-globalization.

11. 고통을 느끼기 때문에 동물에게도 권리가 있다는 전형적인 주장은 피터 싱어의 《동물 해방》을 참조하라. 로봇이나 AI에게 권리가 있느냐에 대한 논쟁은 계속되고 있다. 현재는 로봇이나 AI에게 권리가 없다는 회의론이 우세하지만 미래에도 그렇다는 보장은 없다. 다음을 참조하라. David J. Gunkel, *Robot Rights*, MIT Press, 2018; John Basl and Joseph Bowen, 'AI as a Moral Right-Holder', in T*he Oxford Handbook of Ethics of AI*, Markus D. Dubber, Frank Pasquale and Sunit Das 편, Oxford University Pres, 2022.

12. 이러한 다보스맨을 겨냥한 책들이 많다. 대표적으로 아난드 기리다라다스의 《엘리트 독식 사회: 세상을 바꾸겠다는 그들의 열망과 위선》이 있다.

나오며: 인간의 상태가 바뀌는 지점에서

1. 인류 멸종에 관한 다양한 시나리오에 대해서는 다음을 참조하라. Toby Ord, T*he Precipice: Existential Risk and the Future of Humanity*, Hachette, 2020.

2. 상대적이면서도 긴급한 바이오 테러/에러의 위험에 대해서는 마틴 리스의 《온 더 퓨처》를 참고하라. 2017년에 마틴 리스는 이성적 낙관주의자 중 한 명인 스티븐 핑커와 유명한 내기를 했다. 바로 2020년 말

까지 단 하나의 바이오 테러/에러 사건으로 100만 명 이상의 사상자가 발생하리라는 것이었다. 이 내기의 결과는 코로나19 전염병의 원인이 무엇이냐에 달려 있다. 자세한 내용은 다음에서 확인하기 바란다. https://longbets.org/9/.

3. AI와 관련된 인류 최악의 시나리오에 대해서는 다음을 참조하라. Nick Bostrom, *Superintelligence: Paths, Dangers, Strategies*, Oxford University Press, 2014

4. 가능한 종말 시나리오에 대한 책임이 소수의 국가와 기업에 크게 집중되는 문제에 대해서는 다음을 참조하라. Luke Kemp, 'Agents of Doom: Who is Creating the Apocalypse and Why', *BBC Future*, 26 October 2021, www.bbc.com/future/article/20211014-agentsof-doom-who-is-hastening-the-apocalypse-and-why.

5. 다음을 참조하라. Ross Douthat, 'How Seriously Should We Take Putin's Nuclear Threat in Ukraine?', *New York Times*, 24 September 2022, www.nytimes.com/2022/09/24/opi nion/ukraine-war-putin-russia.html

6. 윌리엄 맥어스킬의《우리는 미래를 가져다 쓰고 있다: 가장 낙관적인 미래를 위해 지금 우리가 해야 할 것》을 참조하라.

7. 다음을 참조하라. https://80000hours.org/start-here/.

8. 샘 뱅크먼프리드의 실패가 효율적 이타주의에 미친 영향에 대해서는 다음을 참조하라. Jennifer Szalai, 'How Sam Bankman-Fried Put Effective Altruism on the Defensive', *New York Times*, 9 December 2022, www.nytimes.com/2022/12/09/books/review/effective-altruism-sam-bankman-fried-crypto.html. 효율적 이타주의에 대한 시의 적절한 도덕적·철학적 비판서로는 다음 책이 있다. Carol J. Adams, Alice Crarey and Lori Gruen (편), *The Good It Promises, the Harm It Does: Critical Essays on Effective Altruism*, Oxford University Press, 2022.

9. 정치적 결정을 현명한 사람들한테 맡겨야 한다는 에피스토크러시epistocracy에 관해서는 제이슨 브레넌의 《민주주의에 반대한다: 무능한 민주주의를 향한 도전적 비판》을 참조하라.

그림 목록과 출처

18. 보스턴 다이내믹스의 아틀라스 로봇 두 대와 스팟 댄스 로봇 한 대. 2020년 12월 29일 공개된 비디오 영상 이미지. 보스턴 다이내믹스 / 유튜브 • 240쪽
19. 미국 퍼스서에 자리한 핵 벙커 본부. Joseph Trevaskis, TayScreen • 259쪽
20. 브렛 빅터가 명명하고 데이비드 헬맨David Hellman이 그려서 프레젠테이션한 '시각의 방' 이미지 • 277쪽
21. 사이버신 본부. 99percentinvisible.org에서 볼 수 있음. 작가는 기 본지페Gui Bonsieppe • 282쪽
22. 뉴저지 시코커스에 있는 NBA 영상센터. ⓒ Andy Marlin – US투데이 자료실 • 295쪽
23. 로봇을 이용한 일본의 돌봄 서비스. 일본 지지통신사 AFP 통신. 게티 이미지 • 312쪽
24. 세계경제포럼에서의 영국의 전 총리 데이비드 캐머런. 2016년 1월 21일. ⓒ Fabrice Coffrini / Staff / 게티 이미지 • 321쪽
25. 영화 〈혹성탈출: 진화의 시작〉(2011)의 한 장면. Pictorial Press Ltd. / Alamy Stock Photo • 327쪽
26. 런던의 복싱 아카데미에서의 영국의 전 총리 보리스 존슨. ⓒ PA Images / Alamy Stock Photo • 331쪽
27. 신의 손과 만나는 로봇의 손. 미켈란젤로의 그림을 각색한 인터넷 밈. 자유 이용 저작물. • 345쪽

저자 및 출판사는 저작권이 있는 자료의 소유자에게 연락을 취하기 위해 백방으로 노력을 기울였으나 그러지 못한 것도 있습니다. 해당 저작권자에 대한 정보를 제공해 주신다면 진심으로 감사하겠습니다. 아울러 추후 개정판에서 해당 정보를 기꺼이 수정하겠습니다.

옮긴이 조용빈

서강대학교 영문학과를 졸업하고 현대자동차에 근무 중이다. 해외 영업, 상품, 마케팅, 내부 감사, 캐나다 주재원 등의 경력이 있으며 글밥아카데미를 수료하고 바른번역 소속으로 활동 중이다. 《리처드 루멜트 크럭스》《세금의 세계사》《변화하는 세계 질서》《나만을 위한 레이 달리오의 원칙》《트러스트》《오늘도 플라스틱을 먹었습니다》 등을 번역했다.

핸드오버

초판 1쇄 인쇄 2023년 12월 5일 | 초판 1쇄 발행 2023년 12월 25일

지은이 데이비드 런시먼 | 옮긴이 조용빈

펴낸이 신광수
CS본부장 강윤구 | 출판개발실장 위귀영 | 디자인실장 손현지
단행본개발팀 김혜연, 조문채, 정혜리, 권병규
출판디자인팀 최진아, 당승근 | 저작권 김마이, 이아람
출판사업팀 이용복, 민현기, 우광일, 김선영, 신지애, 허성배, 이강원, 정유, 설유상, 정슬기, 정재욱, 박세화, 김종민, 전지현
영업관리파트 홍주희, 이은비, 정은정
CS지원팀 강승훈, 봉대중, 이주연, 이형배, 전효정, 이우성, 신재윤, 장현우, 정보길

펴낸곳 (주)미래엔 | 등록 1950년 11월 1일(제16-67호)
주소 06532 서울시 서초구 신반포로 321
미래엔 고객센터 1800-8890
팩스 (02)541-8249 | 이메일 bookfolio@mirae-n.com
홈페이지 www.mirae-n.com

ISBN 979-11-6841-759-5 (03300)